TODOS ME PREGUNTAN POR USTED, SEÑOR ZWEIG

TODOS ME PREGUNTAN POR USTED, SEÑOR ZWEIG

Pere Rojo

Sílex

Editor: Ramiro Domínguez Hernanz

C/ San Gregorio, 8, 2, 2ª Madrid
España
www.silexediciones.com

ISBN: 978-84-19661-95-1
Depósito Legal: M-22161-2024
Colección:

Impreso y encuadernado en España

CONTENIDO

I

II

III

IV

A los que tienen algo que contar y a los que escuchan.

Figura 1. Placa conmemorativa del nacimiento de Stefan Zweig en Schottenring 14, Viena. Mi amigo Juan Ignacio, que preguntó mucho por usted, señor Zweig, me envió una foto como esta (dominio público, commons.wikimedia.org).

I

"Cuando no sepas de alguna materia,
escribe un libro sobre ella".
Josep Pla

STEFAN ZWEIG ERA UN PRÍNCIPE

Stefan Zweig nació en el mejor lugar posible el 28 de noviembre de 1881. Era el segundo y último hijo de una familia adinerada que vivía en el centro del universo conocido, Viena. Su casa en Schottenring 14 estaba en frente del Ringtheater que desaparecería por un trágico incendio a los pocos días, a tres kilómetros del enfermo palacio cosmopolita de los Wittgenstein, a dos kilómetros del edificio de la Secesión que aún no existía pero que presidiría Klimt y no precisamente por pintar pelirrojas, sino por romper con el arte anterior, a cinco minutos de la Universidad, y a cinco calles de la casa en la que viviría Freud desde 1891 hasta 1938.

Stefan era un príncipe. Hablaba cuatro idiomas: inglés, francés, alemán e italiano, los de sus padres y sus institutrices, y vivía en un sitio en el que hasta las viejas cocineras lloraban por la muerte de una diva. Muy pronto encontró su refugio en el arte y en los libros que leía incluso en la cama a la luz de una vela robando horas al sueño. En ese momento, la literatura se mezclaba con todas las artes: la música, el teatro, la poesía, la libertad. Los libros fueron su primer refugio del ajetreo de la vida familiar, de las mujeres italianas, de los hombres austriacos, del negocio del padre, de la escuela, de la frialdad de trato de Centroeuropa. Y los libros fueron su refugio siempre.

Mientras en la escuela enseñaban un canon rancio como verdad absoluta, Stefan y sus amigos leían a Baudelaire, a Rimbaud, a Keats en revistas marginales, algunas de ellas llegadas de París. Leer en el idioma original es leer dos veces poesía, y como siempre que se lee, está lo escrito y lo que construimos. La poesía fue la puerta de su primera casa, de la que ya no se mudaría a pesar de las circunstancias externas. En aquellos primeros años de lecturas decidió, sin saberlo aún, que quería ser libre como esos hombres libres, que no mujeres, casi nunca mujeres, y que quería dedicarse a escribir, a vivir en los libros, algo que logró muy pronto.

Los padres de Stefan eran buena gente. Su padre le decía que hay un tiempo para cada cosa y que se centrara en los estudios, ya que él quedó designado como la esperanza académica de la familia. Su madre, siempre con los pies en la tierra, insistía en que además de leer, jugara. Él oía lo que le decían, que es la forma de escuchar más sana que tienen los hijos.

Su padre se llamaba Moritz. Era un hombre recto, cauto y trabajador que les tenía preparado a Stefan y a su hermano un pequeño imperio que les dejó lo económico solucionado ya desde el nacimiento. La familia del padre se dedicaba al comercio de tejidos, pero él, Moritz, decidió dar un paso más y montó una industria textil al norte de Praga, en una ciudad llamada ahora Liberec, a más de 400 km del domicilio familiar. Moritz compró telares mecánicos en Inglaterra y le fue muy bien. Presumía de que su cuenta no conocía los números rojos. Era uno de los últimos creyentes en el capital antes de que el nuevo Dios fuera la especulación, por lo que siempre estaba atento a las ganancias, pero sin asumir riesgos, algo que podía permitirse ya que no era codicioso. En aquella sociedad estable, el ahorro era considerado una virtud y pensar en el futuro con la sensación de poder controlarlo era lo normal, al menos hasta que no solo desapareció el ayer, sino también el mañana. Moritz Zweig era un hombre de valores muy firmes. Además de ser precavido en los negocios, también lo era en su vida social; nunca aceptó condecoraciones y en vez de ir a fiestas o recepciones prefería quedarse en casa tocando el piano. Había nacido en 1845 en Prossnitz, Moravia, la misma región donde tendría años después su fábrica textil y donde hay constancia de que vivieron sus antepasados desde el siglo XVIII. Pero Hermann, el padre de Moritz, decidió mudarse con su familia a Viena en 1850 y así dejaron atrás la ortodoxia judía y se hicieron de una nueva religión, la burguesía, con la variante familiar que rechazaba la ostentación. Moritz prefería, por ejemplo, fumar cigarros nacionales en vez de habanos, y también se enorgullecía de su sentimiento de libertad interior que venía de no deber nada a nadie, algo que heredaron sus hijos. Moritz se crio en Viena. Allí estudió, allí vivió llegando a ser director de la Bolsa y allí disfrutó de la música; por ejemplo, presumía de haber visto *Lohengrin* dirigida por Wagner. Estaba casi siempre en Viena, desde donde gestionaba su empresa y donde se vendían sus productos. Consiguió salvarse de las sucesivas crisis gracias a su conservadora política de inversiones. La primera mujer de Stefan, muchos años después, diría de él que era el "príncipe consorte" de aquel reino donde gobernaba Ida, su mujer.

Ida Brettauer, después Ida Zweig, madre de Stefan, era una mujer nueve años más joven que su marido y provenía de muy buena familia, es decir, que eran bastante ricos. Ida había nacido en Ancona y sus familiares eran banqueros, catedráticos, abogados, médicos, que ambicionaban mantener o mejorar su estatus social y sentían una profunda admiración por la cultura. Al principio, todo les fue bien a Ida y a Moritz que se casaron en 1878. Cuando Ida tenía 25 años nació su primer hijo, Alfred, y dos años después le tocó a Stefan. Pero como consecuencia de la maternidad, Ida enfermó. Padeció trastornos hormonales y al poco sufrió una esclerosis del oído medio que la dejó rápidamente sorda. A partir de entonces siempre utilizó trompetilla. Así que Ida dejó de ir al teatro y a la ópera, aunque mucho tiempo después desarrollaría una gran afición por el cine que empezó siendo mudo y no hacía falta oír la música que lo acompañaba para entenderlo. Ida tenía un carácter fuerte y sus ataques de ira eran temidos. A veces esto se atribuía a su sordera, aunque también se achacaba a su ascendencia transalpina. Lo que sí es seguro es que su origen explicaba extravagancias tales como hacer servir a su cocinera alcachofas o risotto, o hablar en italiano cuando no quería que el servicio o los niños se enterasen del todo.

Estamos en la Viena de hace más de cien años. Las calles están llenas de carros de caballos, carros de transporte más pequeños movidos por hombres y algún tranvía. Está claro que ya se había inventado la rueda, pero aquellas ruedas y estas no se parecen.

Caminan sin respetar mucho la calzada hombres barbudos trajeados y con sombrero y trabajadores con ropas raídas. Apenas se ven mujeres. El Imperio es un medio casi feudal y aunque está enfermo de muerte no lo sabe. Mandan la Iglesia, el ejército y la burocracia. Las mujeres vivían encerradas y, en el caso de Ida Zweig, el aislamiento era doble por su sordera. Afuera, las únicas mujeres que se saltaban las normas conservadoras eran las mujeres prostituidas y las artistas. Las primeras tampoco es que fueran muy transgresoras, en realidad eran un engranaje más, y las artistas, bueno, en realidad a esas sí que se las despreciaba como a prostitutas salvo si eran cantantes de ópera.

Aquella era una sociedad opresiva que hacía aguas y que dio a luz al psicoanálisis para poder cuestionarse a sí misma de arriba a abajo. También hizo que aparecieran toda suerte de ideólogos estrambóticos que fueron atacados por los furibundos conservadores sin distinción. ¿Cómo no despreciar a Otto Gross, que utilizaba las orgías como terapia, que propugnaba saltarse todos los tabúes, incluso el del incesto, y que creía que el sexo con sus pacientes era algo bueno? Es verdad que, como compensación, abogaba por la liberación de la mujer, la supresión de la sociedad patriarcal y la socialización de la responsabilidad maternal. Nada menos, qué osado. Pero Gross no era lo mismo que Freud, ni de lejos.

En todo aquel magma, Ida no era una revolucionaria. Era una mujer rica que tenía mucho que perder ante una subversión del orden establecido. Además, para detectar una revolución hay que poder oírla. Pero volvamos a 1881. En la lista de Wikipedia de personas famosas nacidas en 1881, solo hay quinientas de las que conozco muy vagamente a muchas menos de cien y el diez por ciento o poco más son mujeres, la mayoría activistas o artistas. Lógico. Entre ellas, Ada Cornaro, actriz argentina que protagonizó la versión de 1944 de *Veinticuatro horas en la vida de una mujer*, basada en la novela homónima de Stefan.

Para Ida Zweig debió ser un golpe muy duro empezar a criar a sus dos hijos y enfermar. No sabemos cómo decidieron no tener más descendencia ni qué método anticonceptivo utilizaron. De esas cosas no se hablaba entonces y tampoco se habla mucho ahora. Aquella era una familia bien, con joyas de verdad, heredadas de generación en generación, que desaparecieron tras la muerte de Ida en 1938, ya con sus hijos exiliados. La casa de los Zweig tenía criados, cocineras, nodrizas e institutrices. Un universo tutelado donde el padre y la madre sí que eran figuras que se podían mirar con perspectiva porque no solían estar muy encima. Una multitud de yos auxiliares alquilados *ad hoc* se ocupaba de las tediosas tareas cotidianas, entre ellas, la atención de los hijos. Existe una fotografía de Stefan con su nodriza Margarete en la que el niño está desenfocado y la nodriza mira fijamente a la cámara. Nodriza. Pechos ajenos. Hijos ajenos. Por cierto, es la primera foto del niño y no está con su padre o con su madre. Niños objeto, amados desde la distancia con una madre sorda que delegaba en los criados y en su propia madre, la abuela Brettauer. Josefine Brettauer daba mucha importancia a este apellido, aunque el suyo de soltera era Landauer, y lo exhibía con orgullo diciéndoles a los chicos que ellos eran Brettauer de pura cepa, algo curioso, cuando el apellido de Moritz, Zweig, significa rama. La abuela estaría siempre, y cuando se mudaron a un piso más grande en Rathausstrasse 17, Josefine Brettauer, ya viuda, se iría a vivir al piso de al lado. Cosas normales dentro de las familias extensas de entonces.

Figura 2. Edificio de Schottenring 14, Viena, en el que nació Stefan Zweig (ca. 1875. Dominio público, commons.wikimedia.org).

Aquellos niños tenían una misión en la vida y no precisamente la de disfrutar. Por eso, su infancia estaba poblada de leyendas que apuntalaban las aspiraciones familiares y el frágil ego de los niños no desde el amor, sino desde el valor de los logros externos. Por ejemplo, en el clan Brettauer se contaba la historia de que un miembro de la familia real hizo parar su carruaje para hablar con un niño muy gracioso que paseaba con su padre por el parque. Ese niño era Stefan Zweig. Los dos hijos varones de la familia tuvieron institutriz. Una suiza que estuvo con ambos hasta que Alfred empezó la secundaria. La casa era un lugar cómodo y agradable, pero no era la casa de los Wittgenstein, llena de compositores, pintores, actores y artistas en general. El arte era demasiado disruptivo e inalcanzable para una madre sorda y un padre discreto. Sí que frecuentaban la casa los amigos de la familia: abogados, banqueros, industriales con sus esposas. Burguesía judía en general. Los Zweig no eran especialmente religiosos. No negaban ser judíos, y celebraban las fiestas judías más importantes, pero en diciembre no celebraban el Hanukah y tampoco, claro está, la Navidad cristiana. De todos modos, ponían un abeto de Navidad en la casa para el servicio y cuando se repartían regalos a los empleados, los niños Zweig sentían envidia. Esto es algo que se le quedó clavado a Stefan. Un niño no entiende que a otros les regalen cosas y a él no. Eso lleva mucho tiempo aprenderlo, con suerte.

La infancia de los niños fue todo lo feliz que podía ser en la Viena de aquella época. Es decir, no por ello libre de problemas y sufrimientos. Stefan escribió relatos que retratan su infancia y en una ocasión los prologó con este poema traducido por Cristina Sánchez en el libro *Las tres vidas de Stefan Zweig* de Oliver Matuschek:

> Oh, infancia, de qué manera yo, tras tus rejas,
> estrecha cárcel, lloraba a menudo
> cuando fuera con un centelleo azul y dorado
> pasaba volando el pájaro desconocido.

Los niños de las obras de Stefan no son niños felices, son más bien niños atormentados, oscuros, con miedo al abandono, como el protagonista de *Ardiente secreto*, como muchos niños reales.

EL MUNDO DE LA SEGURIDAD

En 1887, Stefan entró en la escuela primaria y se abrió su mundo, aunque siguió viviendo en una burbuja de estabilidad. De ninguna manera resultaban previsibles las crisis que le arrebatarían tres veces la casa y la existencia y lo llevarían a ser un refugiado e incluso un proscrito. Ahí empezó a forjarse el escritor humanista y pacifista que muchas veces pensó que el destino se había cebado con él por ser precisamente eso. Aunque tampoco ayudaba que fuera judío y austriaco, y siendo justos, la verdad es que las convulsiones de Europa maltrataron a todos sus contemporáneos. Stefan lo sabía y escribía: "¿Qué *no* hemos visto, qué *no* hemos sufrido, qué *no* hemos vivido?" Las dos guerras más catastróficas de la historia, el horror que se cebó en la población civil, los campos de concentración, los saqueos, los bombardeos.

Stefan había nacido en un imperio grande y poderoso, la monarquía de los Habsburgo, que desaparecería totalmente tras la primera guerra mundial. Después de muchos años de cierta placidez, justamente tras el nacimiento de Stefan, la historia se aceleró. No fue solo la revolución industrial, fue una revolución en todo. Quizá la culpa la tuvo la mecanización o la máquina de vapor que ya no ha parado de hacer girar la rueda cada vez más rápido. Tan rápido, que Stefan se preguntaba no ya cuál era su casa, cuando abandonó definitivamente Austria, sino ¿Cuál era su vida? ¿La de antes de la guerra? ¿La de las guerras? El Imperio austrohúngaro pasó de ser la verdad absoluta a vivir solo en los libros y en las películas de Berlanga.

Stefan añoraba el mundo de su padre y de su abuelo. Un mundo que ofrecía una sola vida de principio a final, tranquila, sin grandes altibajos; como mucho, alguna guerra lejana y localizada cuyos cañonazos nunca se oían. Francisco José, tío del heredero Francisco Fernando, emperador de Austria y rey de Hungría, en 1914 llevaba 66 años gobernando y oponiéndose a cualquier cambio. Pero llegó un terrorista, Gavrilo Prinzip, con un apellido premonitorio, y encendió la mecha. Se quedó corto con aquella frase que escribió en su celda: "Nuestras sombras andarán por Viena, se pasearán por la corte, atemorizarán a la aristocracia". No solo a la aristocracia. A todos.

Viena era en aquella época la ciudad que impresionaba a todos, incluido el propio Hitler. Adolf Hitler llegó en 1906, pero no aprobó el ingreso en la Academia de Bellas Artes y eso hizo que acabara marchándose y fracasando en otros lugares, aunque en todos los casos los culpables serían los mismos. Hasta 1913 estuvo por allí, cruzándose con Zweig en unas condiciones tan malas que en *Mein Kampf* daba gracias a la Diosa de los Problemas por alejarle de una vida cómoda y vacía. Endurecerse es necesario si uno es demasiado blando, pero él se endureció como solo se puede endurecer un paranoico. Ahora la Academia es el museo de arte más importante de Viena y allí luce el juicio final de El Bosco. Si los humanos no merecen el perdón, los vieneses tampoco. Después de la primera guerra mundial, Stefan decía de Viena que era una "ciudad maldita en horrible decadencia pudriéndose en lugar de morir". Entonces Stefan ya no quiso seguir allí, en esa Viena frívola y mentirosa que mostraba una cara reluciente y ocultaba todo lo que pareciera estar vivo. Aunque apreciara el arte, también lo odiaba con todas sus fuerzas por ser distinto. Pero regresemos un momento a 1913, a la ciudad que era el centro del mundo, en la que un día de aquel año pudieron cruzarse Hitler y Stefan con otro de los protagonistas de todo, Stalin. Stefan, el vienés rico, Hitler, el artista pobre que pintaba acuarelas de parques y edificios y luego las vendía como postales y Stalin, el revolucionario, que salía a pasear en los descansos, pues escribía con Nikolai Bukharin *Marxismo y la cuestión nacional*. Stalin era un hombre robusto y achaparrado, fumador incansable de cigarrillos rusos, que pertenecía al partido comunista presidido por Lenin en el exilio. Stefan se cruzó con los dos, pero no reparó en ellos porque sus referencias eran otras, las de un burgués de Viena, pulcramente vestido y preocupado por el arte. Al poco llegaría la guerra y lo cambiaría todo. Hitler sería herido y se mudaría a Múnich. Stalin seguiría medrando en el partido comunista hasta alcanzar el grado máximo, la paranoia asesina. Aquellos dos hombres que buscaban su destino en la Viena de 1913 firmarían un acuerdo muchos años después para repartirse Europa. Después Hitler se lo saltó y precipitó así su final.

La ambición desatada de Hitler y de Stalin contribuyó a la catástrofe del siglo XX. La de Stefan y otros muchos como él intentó hacer de contrapeso. Hitler y Stalin, dos hombres heridos que culparon a otros de sus problemas, casi destruyen el mundo en su venganza. Stefan y todos los demás humanistas del mundo solo tuvieron la opción de huir, y no durante mucho tiempo.

Stalin estuvo solo un mes en Viena. Llegó en enero de 1913 y cuando Leon Trotski lo vio no detectó nada amigable en su mirada. Trotski era un intelectual ruso exiliado que vivía en Viena desde 1907 y ahí había lanzado el periódico *Pravda*, *La verdad*. De Trotski se ha llegado a decir que vivía en los cafés de Viena. Seguramente allí se cruzó con Stefan, aunque sus respectivas motivaciones en aquellos primeros años del siglo XX no invitaban a un encuentro. Allí vivieron todos ellos el último año de la estabilidad. Justo después, el mundo que conocían se vendría abajo.

Stefan llamó en sus memorias "el mundo de la seguridad" a la época anterior a la primera guerra mundial. La edad de oro de la estabilidad, al menos eso sentía él, viviendo donde vivían los dueños del mundo. Derechos, moneda, normas, fortunas, intereses estables. Todo igual siempre. Las casas eran hogares seguros para una familia y para la siguiente generación. "Nadie creía en las guerras, las revoluciones ni las subversiones. Todo lo radical y violento parecía imposible en aquella era de la razón". La edad de oro de las compañías de seguros tenía los pies de barro, pero esto no siempre era visible, entre otras cosas por arrogancia. La fe en el progreso, como cualquier otra fe, como cualquier otro edificio, puede caer al suelo en unos minutos y llevarse por delante la libertad y la seguridad. Se extrañaba Stefan cuando escribió mucho tiempo después: "Aquel mundo de la seguridad fue un castillo de naipes. Sin embargo, mis padres vivieron en él como en una casa de piedra".

Viena era la capital del imperio de la seguridad y hace cien años, justo antes de la primera guerra mundial, tenía más de dos millones de habitantes. Los mismos que viven ahora pero en toda su área metropolitana. A principios del siglo XIX solo tenía 200.000 habitantes. Cuando nació Stefan eran más de un millón y esa población se duplicó en poco más de treinta años. Era entonces la cuarta ciudad de Europa en tamaño y uno de sus corazones culturales; un lugar donde incluso se hacían campañas para evitar que se demoliera la casa de Beethoven. Los actores y los cantantes eran perseguidos por los niños que, como Stefan, coleccionaban autógrafos y querían ser como sus ídolos, al menos durante un tiempo, hasta que se les pasaba y aceptaban ser ciudadanos normales. Eso les ocurrió a todos los compañeros de Stefan que parecían amar la poesía y el arte tanto como él, pero que luego se dedicaron a otras cosas. Stefan una vez explicó que las familias judías como la suya amaban Viena porque gracias a su amor por la cultura de la ciudad se sentían ciudadanos de pleno derecho. Es cierto que no había judíos en los cargos más altos del estado porque muchos eran hereditarios, pero tampoco es que los judíos se quejaran por ello. No obstante, había una distancia palpable con la aristocracia local que, por ejemplo, impedía al padre de Stefan entrar a comer al Hotel Sacher, aunque se lo pudiera permitir.

En un lugar en el que la cultura es muy importante, los teatros son los templos y el sueño de todo escritor es que sus obras se representen en el teatro más grande de la ciudad. Stefan lograría que una obra suya se representara en el Burgtheater a los 26 años. Cuando cerró el viejo Burgtheater para trasladarse al nuevo todo el mundo subió al escenario para llevarse un trozo, una reliquia, que luego enmarcarían o guardarían en una caja acolchada como si fuera una joya. Era lo que le quedó a aquel mundo de la seguridad, el gusto por guardar, por coleccionar, un gusto muy arraigado en Stefan que fue toda la vida un coleccionista de libros y de autógrafos, aunque al final tuviera que abandonar todo lo que no cupiera en sus maletas. Pero la seguridad, recordemos, no es para nada amiga del arte, sino más bien una aspiración de la burguesía.

Por aquella Viena paseaban Mahler, Schönberg, Strauss, Hofmannsthal, Schnitzler y otros muchos que serían conocidos después. Un poco más al norte, Alemania envidiaba su calidad de vida y su despreocupación desde la estéril defensa de un riguroso orden como valor máximo. Como llegó a dejar escrito Stefan: "La 'eficiencia' alemana... ha amargado y trastornado la existencia de todos los demás pueblos". El entrecomillado es de Stefan, pero es como si alguien lo acabara de escribir en mitad de la crisis actual o tras la falsificación de las cifras de emisiones de los Volkswagen que salió a la luz en 2015. Quizá entonces Viena era la bisagra entre la eficiencia y la pasión y quizá Stefan fue un digno hijo de aquella ciudad: por un lado un trabajador incansable y riguroso que dedicaba todas sus energías a su arte y a la vez un escritor centrado en las pasiones humanas. No hay que olvidar que en Viena las pasiones llevaban una vida subterránea, mientras que la superficie estaba llena de hombres y mujeres respetables. Ni que decir tiene que el riesgo cardiovascular era elevado, sobre todo en los hombres, que además fumaban. En las apariencias no cabía la palabra prisa por poco elegante e innecesaria. Todo iba a su ritmo esperado, esperable, mortal.

La escuela que le tocó a Stefan intentó convertirlo en un muerto más, pero él se rebeló y además mantuvo su rebeldía siempre. Inglés, francés, italiano, cinco años de escuela primaria y ocho de secundaria sentado en un banco de madera durante seis horas diarias con poco tiempo libre para el deporte y el ocio. Todo dedicado, en teoría, a las tareas académicas. Stefan se aburría siempre y cada vez estaba más agotado y con más ganas de librarse de ese fastidio. Le parecía que ninguna de las materias tenía que ver con la vida, y los maestros, con los que no se podía hablar, intentaban hacerle sentir tonto. Stefan nunca fue un viejo de esos para los que todo tiempo pasado fue mejor y, con respecto a la educación recibida, no perdía ocasión para hablar mal de ella. De hecho, Stefan la llama "cárcel de nuestra infancia", y en esto no estaba solo. No culpaba solo a los maestros, sino a un sistema perverso que se mantenía con la connivencia de todos. Los cuadernos se marcaban en rojo, los niños no recordaban el rostro de su maestro porque se les obligaba a tener los ojos bajos o cerrados, el único objetivo era frenar, amoldar, disciplinar, aplastar, y no animar, formar, liberar. La dictadura paradójica del "tú aún no puedes comprenderlo" era la regla de oro, aunque Stefan y muchos de los muchachos de su época tenían criterio propio: si no se esfuerzan en explicarlo, nunca lo comprenderemos, así que toca investigar.

Lo peor no era que nadie explicara las cosas realmente interesantes, sino que nadie preguntaba cómo te sentías. Los sentimientos no eran importantes, se ocultaban bajo todas las capas racionales de la realidad o, peor aún, no se tenían en cuenta, no se mencionaban, no existían. Por eso precisamente nació el psicoanálisis en Viena y por eso Stefan escribió siempre sobre los sentimientos.

Una vez Stefan habló en el aula magna de una universidad. Estar en la tarima lo puso muy nervioso y en un principio no supo por qué. Después de pensarlo, la única explicación que encontró fue que las clases ex cátedra impartidas desde lo alto de la tarima, insolidarias, autoritarias, le generaban tal rechazo y lo habían dejado marcado de un modo que no soportaba ser precisamente él quien ocupara el puesto de adoctrinador. También pensó que eso le había generado cierto complejo de inferioridad, pero yo hablaría en este caso más bien de trauma, del trauma de cuando intentan aplastar tu infancia y tus deseos. Stefan señalaría años después que no era casual que Freud se hubiera dedicado a estudiar la génesis y las consecuencias de los complejos de inferioridad después de cursar secundaria dentro de un sistema no muy diferente del que mantuvo preso a Stefan desde 1892 a 1900 en el Maximilian Gymnasium.

Figura 3. Placa conmemorativa en el Maximilian Gymnasium (ahora Wasagasse Gymnasium) en la que se comemora el paso por el centro de Stefan Zweig y Jakob Hegner. Los dos acabaron exiliados en el Reino Unido (Peter Gugerell. 2010. Dominio público. commons.wikimedia.org).

Toda educación tiene un componente represivo. No me refiero a que es necesario enseñar que la omnipotencia no es una opción y que hay que tener en cuenta también los deseos y necesidades de los demás, sino a que toda cultura educa para que sus pupilos acepten lo establecido dentro de ella. El problema es que la escuela en la que se crio Stefan no tenía ni entre sus objetivos decorativos formar personas libres. Para nada. Eso explica muchas cosas de esta historia. A los niños de aquel mundo, las criadas los asustaban diciéndoles que llamarían al "guardia" y ningún maestro preguntó nunca qué querían aprender aquellos muchachos sentados en parejas, como en las galeras. El sistema quiso triturarlos sumergiéndolos en aquel olor que ellos llamaban "fiscal", de habitaciones cerradas, de edificio oficial sin alma, de cortinas corridas para que ni las miradas pudieran escapar. Aquellos cuerpos jóvenes vivían cada vez más encogidos dentro de un mobiliario que inducía a la inmovilidad, con ridículos descansos de diez minutos en los que solo se podían ejercitar en el deporte de calentar el pasillo cuya estrechez no contrarrestaba su frialdad. A los quince años, Stefan tenía claro que en la escuela no aprendería nada esencial. Fuera de la escuela estaba la vida, Viena, los teatros, las librerías, la música, los museos, y Stefan y sus compañeros se hicieron adictos a la cultura. Tres cursos después la obsesión sería el fútbol, pero para entonces el destino de Stefan estaba sellado.

Aquella escuela no consiguió doblegar a Stefan, pero lo marcó y desde aquella tarima en la que se sintió mal dio, según él, la peor conferencia de su vida. El trauma de la escuela quedó minuciosamente retratado en *El mundo de ayer*, pero Stefan nunca lo había ocultado. Por ejemplo, en 1932 le pidieron que pronunciara un discurso conmemorativo en su colegio y declinó la oferta. Sin embargo, escribió un poema para el libro de honor en el que decía nada menos: "Lo llamábamos 'escuela' y queríamos decir aprendizaje, miedo, severidad, suplicio, coacción y cárcel".

En aquel 1932 también se escabulló para no leer su discurso en la conferencia sobre Europa que se celebró en la Roma fascista. El discurso de Stefan era totalmente antinacionalista y abogaba por educar a todos como ciudadanos del mundo dentro de un programa que él denominaba de "tolerancia mutua", pero lo leyó otra persona. Él se excusó porque no quiso plantar cara a Goebbels y a otros destacados nazis que estuvieron allí. Si él en persona se hubiera enfrentado a los fascistas tal vez se habría convertido en un referente moral y también en un enemigo público de los nazis. Pero Stefan evitó la confrontación. Aún vivía con su mujer en Salzburgo y en Viena vivían su hermano y su madre. Es comprensible. No todos podemos ser Snowden.

Gracias a la flexibilidad de su familia, Stefan pudo empezar a moverse en aquel mundo tan rígido con el que un espíritu libre como él no paraba de golpearse. Pero no pudieron engañarlo, siempre supo que aquello no era educar, era domesticar, era tejer la red que coartaba la voluntad, a veces para siempre. A los 13 años, Stefan consiguió librarse de la obligación del piano, pero seguiría el resto de su vida disfrutando de la ópera o del teatro. No le interesaban los deportes y no estaba de moda la vida sana. Con el dinero de las clases de baile compraba libros. Así, a los 18 años, no sabía nadar ni bailar ni jugar al tenis, habilidades normales para un joven de su alcurnia, y nunca aprendió a montar en bicicleta o a conducir un coche. El ajedrez sí le gustaba.

Dentro de su grupo de compañeros, cuatro o cinco querían ser actores, dos o tres eran músicos, pero la fiebre que arrasaba era la literaria. Compañeros de Stefan empezaron a publicar en revistas de prestigio como *Pan* o *Blätter für die Kunst*. Uno de ellos incluso escribió un drama sobre Napoleón animado nada menos que por Hofmannsthal, y el propio Stefan fue admitido como colaborador en *Gesllschatf*, una revista de vanguardia y en *Zukunft*, un semanario. Mientras en la escuela marcaban con rojo sus errores, ellos firmaban con pseudónimo en las publicaciones de la ciudad. Aunque aquel arte que crecía entre sus compañeros se acabara desinflando en todos ellos, la pasión creadora persistió en Stefan. Y es que, si no te quita el sueño, no es una pasión. De ahí el aspecto demacrado que muchas veces tenía Stefan durante el día por haberse pasado horas y horas leyendo.

Y al fin, un día se acabó la escuela y la liberación fue tal que Stefan escribió: “El único momento realmente feliz y alegre que debo a la escuela fue el día en que sus puertas se cerraron a mi espalda para siempre”.

EL JOVEN STEFAN BUSCA UNA GENEALOGÍA

Pero no solo de lecturas vive el hombre. Además, todo lector es un poco mitómano y Stefan, que lo era mucho, tenía el grave problema de que se cruzaba por la calle con los poetas o los músicos que admiraba. Así se cierran los círculos. Cuando un niño intenta conseguir autógrafos de los grandes hombres y lo logra y además es una actividad reconocida en su entorno puede pasarle lo que le ocurrió a él, que se convirtió en coleccionista y en artista. El niño reconocía a los músicos en la calle, los veía actuar, se cruzó con Mahler un día y ese fue el acontecimiento del mes. También le contaron que de pequeño había sido presentado a Brahms y que el músico le había dado un golpecito amistoso en el hombro. Hay golpecitos que dejan marca. Stefan se tomó lo de su colección de autógrafos en serio y empezó a pedirlos por carta, primero a los cantantes y actores que admiraba. Como no recibía respuesta, llegó a cambiarse el nombre y firmó sus peticiones como Stefani Zweig. Tal vez pensó que en este mundo asimétrico las chicas podrían tener más fácil esta pequeña parcela, pero esa estrategia tampoco resultó. La solución le vino de mano del escritor Julius von Stettenheim que le envió manuscrito un poema en el que le explicaba que era más fácil recibir respuesta si enviaba un sello. Este poema lo recordaría su hermano Alfred toda la vida, incluso cuando ambos estaban exiliados en Nueva York (de nuevo la versión es de Cristina Sánchez):

> Bien barata es la popularidad,
> aunque no tanto como uno a veces se imagina.
> Te piden que envíes algunas frases,
> mas en esa cartita tan persuasiva
> difícilmente encontrarás el sello,
> y si lo sumas a otros, en un año gastas una buena cantidad.

Stefan empezó a mandar sellos en los sobres y se gastó buena parte de su dinero, pero las respuestas llegaron y así dio comienzo otra actividad que lo ocuparía toda la vida, mucho más aún que la colección de autógrafos: la correspondencia. Además, después de las primeras oleadas de solicitud de autógrafos, empezó a enviar sus textos a las revistas y le funcionó.

Ahora que este libro se encuentra en un estado larvario, pienso que cuando esté terminado debería seguir el ejemplo de Stefan y escribir cartas a las editoriales empezando por Acantilado, que es la que ha publicado todas sus obras últimamente y multitud de libros que hablan de sus contemporáneos. Después de las fórmulas de rigor, podría terminar diciendo: "creo que completaría muy bien su colección un libro titulado *Todos me preguntan por usted, señor Zweig*, así que son ustedes los primeros en recibirla. Espero que sea de su agrado. Atentamente". No creo que valiera la pena entrar en más explicaciones ni romperse la cabeza, al menos si lo que quiero es emular al joven Stefan.

Porque Stefan era entonces un escritor apresurado y reconocía no ser concienzudo. Cuando terminaba un texto estaba deseoso de pasar al siguiente y no quería perder el tiempo repasándolo o dejándolo reposar. Él se justificaba diciendo que una vez escrita la última palabra no podía cambiar nada, pero eso no era más que una excusa dramática para justificar su deseo de no gastar el tiempo revisando. Años después, su estilo cambiaría radicalmente y su forma de escribir sería mucho más elaborada, reduciendo el torrente inicial de palabras a un destilado cuanto más puro, mejor.

En su época del instituto perseguía la gloria sin descanso y como por edad tenía prohibido publicar sus obras, empleaba pseudónimos. Cada minuto disponible lo dedicaba a estudiar libros y revistas y a escribir. Alargaba sus jornadas de trabajo todo lo que hiciera falta. Él y sus amigos eran un grupo alegre que se mantenía unido por su amor por la literatura y siempre estaban con lo mismo. Pero había un pequeño problema: sus padres querían que continuara con el negocio familiar. Stefan era un chico brillante que, para sorpresa de sus padres, que lo creían bastante pusilánime en cuanto a los estudios, sacó una de las mejores notas de su promoción, en parte debido a la extensa disertación que presentó en la asignatura de alemán. Leer siempre tiene sus ventajas. Pero Stefan no quería ser catedrático ni empresario; él quería escribir. Esto generó en casa más de un altercado y puede que en uno de ellos le rompiera un dedo a su padre como cuenta Siegfried Trebitsch en su *Chronik eines lebens*, posibilidad que queda subrayada por el hecho de que su hermano Alfred llegara a amenazar al cronista para que retirara el pasaje del libro. Aunque no ocurriera así, es seguro que su familia quería que Stefan fuera un hombre de provecho y que al menos tuviera estudios y eso es lo que acordaron, que él fuera a la universidad. Esto resultó muy fructífero para él, porque se matriculó en lo que quiso, filosofía e historia de la literatura, aunque en realidad lo que hizo fue disfrutar de la vida de estudiante y escribir. Mientras, su hermano se encaminó a gestionar el negocio familiar.

Los Zweig aceptaron un hijo poeta siempre que obtuviera el título de doctor. Es de suponer que pensaban que ya se le pasaría, como de hecho ocurrió con sus compañeros de instituto, pero Stefan nunca se apartó de su plan y sí que acabó perdiendo el contacto con todos ellos. El camino de los hombres distintos es distinto, incluso el de los hombres aparentemente dóciles como Stefan, que no dejó de ir de vacaciones con sus padres a Marienbad o al mar de Bélgica.

Stefan siempre estuvo muy apegado a sus padres y a su hermano, pero buscó una nueva familia que lo comprendiera mejor. Primero eligió a sus compañeros de clase y a los autores a los que leía y traducía. Escribía con un ahínco que terminó por convencerlos a todos. Este fue su truco, trabajar en lo que le gustaba con tanta intensidad que las dudas de los demás se despejaron y asumieron que iba a ser lo que él quería. Para crecer se trasplantó él mismo a una habitación propia como escribiría Virginia Woolf. Es verdad que no se alejó mucho de la casa de sus padres y que pasaba a comer con frecuencia, pero era libre, muy libre, sobre todo en un país en el que la mayoría de edad se alcanzaba a los veinticuatro.

Según contó él, apenas pisaba la universidad. Llegó a decir que solo había entrado en la universidad tres veces: para matricularse, para obtener el certificado de asiduidad, pura paradoja, y para hablar con un profesor. Como la asistencia no era obligatoria, tenía todo el día para hacer lo que le apetecía: leer y escribir. Esa vida era el paraíso de todo aspirante a escritor que quiere dejar atrás el mundo de sus padres y crear uno nuevo. Además, el problema del dinero no existía. La vida bohemia, la vida mejor, sobre todo si te pasa una pensión mensual tu padre y si tu abuelo acaba de fallecer y has heredado. Pero la cosa no acabó ahí. En un breve espacio de tiempo, la economía de Stefan quedó saneada de forma indefinida, ya que al alcanzar la mayoría de edad recibió 40.000 coronas de la herencia de su abuela Josefine, a la que siempre estuvo muy unido. Como le pasó muchos años después a Paul Auster tras la muerte de su padre, una herencia marcó el camino de la escritura. Solo que en el caso de Stefan, la economía estaba mucho más a su favor. De hecho, también quedó establecido dentro de la empresa Zweig que Stefan recibiera 20.000 coronas anuales de la fábrica familiar de la que ya se había hecho cargo su hermano. El dinero no lo es todo, pero, una vez satisfechas las necesidades económicas básicas, uno puede dedicarse enteramente al espíritu y a podar y regar su nuevo árbol genealógico.

Antes de poder salir al mundo, con las demoras que imponía aquella sociedad puritana, la salvación de aquellos muchachos consistía en esconder poemas de Rilke tras el forro de la gramática latina o en leer a Nietzsche o a Strindberg mientras los profesores peroraban sobre "la poesía ingenua y sentimental" de Schiller, o en huir de la escuela y correr hacia cualquier templo de la cultura. A veces faltaban a clase para hacer cola en los teatros desde la mañana con la excusa de que estaban enfermos, de una enfermedad, por cierto, bastante saludable. También se colaban en la universidad, iban a todas las exposiciones de arte, se hacían pasar por estudiantes de medicina en las aulas de anatomía y veían autopsias, acudían a los ensayos de la Filarmónica, y entre unas cosas y otras, leían. Leían todo. Conocían a los autores que serían famosos con años de anticipación, por ejemplo, a Paul Valéry. En cierta ocasión, Stefan le contó al francés que conocía su obra desde 1898 y Valéry le pidió que no le mintiera porque su obra no se había publicado hasta 1916. Entonces, Stefan le describió la portada de la revista marginal donde lo había leído por primera vez y aquello maravilló a Valéry. Los jóvenes encuentran poetas porque los necesitan, sin que el criterio de edad tenga aquí mucha importancia. Sea como fuere, aquellos muchachos estaban vivos. Iban al barbero del teatro a cortarse el pelo para enterarse de algún chisme de los actores que admiraban. Eran muy agradables con un alumno de un curso inferior porque era sobrino del jefe de iluminación de la ópera y les dejaba pisar el escenario donde sentían el estremecimiento de Dante cuando se elevó a los círculos sagrados del Paraíso.

Aquella forma de aprender siguiendo regueros de pólvora era muy estimulante. Si hablaban de Nietzsche y alguien decía que Kierkegaard lo superaba en algo, salían corriendo a buscarlo en la biblioteca. Eran una horda de locos por el saber que habrían matado por estrechar la mano de Rilke. Tal vez fuera el poeta que más admiraban, seguramente porque se veían muy reflejados en lo que decía aquel muchacho solo seis años mayor que ellos. Los poemarios de Rilke salían con tiradas ridículas de doscientos o trescientos ejemplares, de los cuales como mucho tres o cuatro llegaban a Viena, pero ellos conseguían uno y en un momento lo habían leído, copiado y memorizado. Aquellos muchachos, aún en los pupitres de la escuela, eran el mejor público. Idolatraban a los artistas y sobre todo a los poetas. La admiración por Rilke solo era comparable a la que sentían por Hugo von Hofmannsthal que era también un puñado de años mayor que ellos, y además, vienés. Stefan decía de él que nadie dominaba la lengua mejor, con las posibles excepciones de Keats o Rimbaud. Aquel joven poeta era alguien único que dejaba boquiabiertos a críticos y escritores veteranos. De él dijo Arthur Schnitzler que su impresión era que había conocido a un genio por primera vez en su vida. Stefan vio en persona a Hofmannsthal cuando tenía dieciséis años, y a esa edad lo que sentía era una total reverencia por aquel poeta que hasta sin apuntes hablaba maravillosamente ante las audiencias. Hofmannsthal era hijo de un director de banco, un burgués, como Stefan, y se había formado o deformado en el mismo sistema educativo esterilizador. Stefan pensaba que si en sus mismas condiciones había nacido un poeta perfecto a una edad tan temprana, siempre tendría él una oportunidad. Y aunque compararse con Hofmannsthal era suicida, por lo menos estaba Rilke, que en sus poemas de juventud, de los diecisiete o dieciocho años era inmaduro, ingenuo, un poco como Stefan, pero que luego a los veintidós o veintitrés se convirtió en un poeta extraordinario.

Stefan respetó profundamente a Hofmannsthal, pero este nunca apreció mucho a Stefan, ni siquiera cuando se convirtió en un escritor de fama mundial. Stefan llegó a la conclusión de que Hofmannsthal no superó haber sido un prodigio. Stefan llegó a decir: "Su vida fue una larga tragedia: llegó a la perfección con veinte años, y después los dioses le privaron de voz". No llega a la crueldad de Borges con Hemingway, pero es duro. No debe resultar fácil ser Rimbaud, y si no, que se lo pregunten al propio Rimbaud. Los contemporáneos a los que uno admira pueden aparecer en la realidad y generan disonancias, por eso no le pasó lo mismo con Balzac, que llevaba muchos años muerto. Stefan siempre encontró fascinante a Balzac, desde esta frase suya que leyó en la juventud: "Las personas famosas eran para mí como dioses que no hablaban, no caminaban y no comían como los demás". Balzac escribía sobre la vida, pero también hablaba de Napoleón y de cómo había encandilado a una generación en Francia ejemplificando el triunfo de la juventud en aquel mundo en el que para ser algo había que nacer príncipe o noble. Claro, Napoleón fue general a los veintidós años y soberano de Francia a los treinta. Una revolución innegable e imparable que deformó toda la vida de Stefan y ante la cual siempre estuvo ambivalente. Una parte de él amaba el arte nuevo, los nuevos ritmos y timbres con Mussorgski, Debussy, Strauss, Schönberg; el nuevo realismo de Zola, Strindberg, Hauptmann, y Dostoievski; los poetas más vivos que ningún otro poeta vivo o muerto: Verlaine, Rimbaud, Mallarmé; la revolución de la filosofía de Nietzsche. Se podía respirar en aquel mundo en el que los autores ya no llevaban sus hermosas barbas entrecanas posadas sobre sus poéticas chaquetas de terciopelo y ya no se fotografiaban con sus poses dignas. Stefan amaba los cambios, la vida, pero no soportaba que la revolución desbaratara su día a día, aunque entendiera que las vanguardias artísticas anunciaban cambios muy profundos y seguramente dolorosos. Los choques eran inevitables, como cuando Stefan fue a ver el estreno de una obra atonal de juventud de Arnold Schönberg y a mitad de representación un espectador silbó. Su amigo Bushbeck se levantó y le propinó un bofetón al maleducado convirtiéndose a su vez en algo peor. El mundo iba a cambiar, tenía que cambiar, no podía permanecer igual, pero nadie sabía el cúmulo de desgracias que ello conllevaría.

EL MISTERIO DE LA CREACIÓN ARTÍSTICA

Tras el angustioso trámite del examen final de bachillerato, Stefan llegó a la universidad gracias a los recursos de su familia. Era todavía una época en la que para demostrar la propia hombría había que responder al ideal romántico de joven pendenciero que a la mínima se bate en duelo y si no lo ofenden, se hace el ofendido para añadir una cicatriz a su tersa piel burguesa. También había que pasar las novatadas típicas, por ejemplo, beber hasta vomitar o vaciar de un trago una jarra de cerveza. Y no olvidemos que allí la medida "jarra" se corresponde con un litro. Stefan pasó su primera época en la universidad huyendo de estas hordas agresivas y serviles, según él, lo peor y lo más peligroso del espíritu alemán.

La materia de sus estudios les daba igual a sus padres y también a Stefan que se embarcó en la vida de universitario con posibles y alquiló un pisito de soltero que fue decorando con los retratos de su nueva familia: Rodin, Verhaeren, el rey Juan de William Blake, la Canción de mayo de Goethe y el Barón de Münchausen. Stefan además empezó a hacer gimnasia, tomó clases de equitación y salía a escribir o a traducir al aire libre en el parque Schönbrunn, en el Prater o en otros lugares. Según él, ahí descubrió la naturaleza. Su pasión por lo intelectual había hecho que durante mucho tiempo se olvidara de su cuerpo y sus necesidades, presionado también como estaba por el ansia de alcanzar los logros a los que un varón vienés de buena familia debía aspirar. Es verdad que él siempre buscó altos ideales, pero eso formaba parte de la exigencia que llevaba implantada desde niño, solo que él la dirigió hacia otro lado. La inconsciencia y la energía de la juventud aún no le dejaban caer en la melancolía. Era un infiltrado en la universidad que veía provechosa para lo que él, orgulloso, llamaba "talentos medianos", pero no para los "espíritus creadores", para los que resultaba superflua y prefería el axioma de Emerson, según el cual los buenos libros sustituyen a la mejor universidad. Además, Stefan sabía que el pensamiento abstracto no era lo suyo, que lo teórico le resbalaba, que él pensaba mejor rozándose con personas, objetos, acontecimientos concretos. Allí tomó el primer contacto con su yo creador, con el que seguiría dialogando toda la vida.

Figura 4. Stefan Zweig con su hermano Alfred en 1900 (Kunst Salon Pictzner. Dominio público. commons.wikimedia.org).

En 1936, en Buenos Aires, pronunciaría una conferencia titulada "El misterio de la creación artística" dedicada al extraño fenómeno que consiste en que un individuo puede condensar en una obra toda su experiencia y su deseo y de repente producir algo nuevo que lo sobrevivirá. En una palabra: crear. Una suerte de transustanciación en la que un simple mortal puede dar lugar a algo inmortal, a una luz que nos permita acceder a lo incomprensible. En su conferencia Stefan se quejaba con Poe de los pocos informes autobiográficos que existían sobre el oficio de creador, pero quizá sería mucho exigirle al artista que además de su arte se dedique a contarnos lo que va haciendo. Es como pedirle al principio de incertidumbre que nos cuente más de lo que es físicamente posible. Es pedirle al artista que abandone su quehacer y nos haga de corresponsal. Las obras del artista y su vida es todo lo que podemos saber y es suficiente. En el caso de Stefan, su vida y sus obras nos cuentan mucho porque son casi la misma cosa.

Aunque el joven Stefan creyó durante un tiempo en la inspiración como motor de la creatividad, rápidamente se dio cuenta de que esa explicación era romántica, sin más. Es cierto que ha habido creadores inspirados, que de una sentada componían sus obras como Mozart, pero en los manuscritos de otros como Beethoven se ve justo lo contrario: mucho sudor, muchos borradores y muchos tachones. Y Stefan estudió muchos manuscritos. Su hipótesis final de la creatividad se parece al esquema del método científico. El artista caza una idea que le cae no se sabe de dónde o que busca haciendo otras cosas como cuando Beethoven corría por los campos ensimismado y lo tomaban por loco, pero no lo era porque llevaba un papel y un lápiz de carpintero en el bolsillo. Eso sería la inspiración, que no consiste solo en que suene la flauta, sino en escucharla y registrar su sonido, como en la inducción científica. Y luego vendría la otra fase, la de la deducción, llamada entre los artistas la de transpiración, la parte más humana. Aunque mi sensación es que cuanto más intentemos diseccionar las características del artista, más inseparables nos van a parecer, porque la condición de artista en general o de escritor en particular es un hecho confirmado a posteriori y para que se dé deben cumplirse las dos reglas que enunció Wilde: tener algo que contar y contarlo. Siempre dando vueltas al deseo y a la vida, golpeados por una realidad ingobernable. Si todo son preguntas sabemos que nos movemos ¿Debemos prestar atención únicamente a la obra terminada? ¿Debemos prescindir de la vida del autor? ¿Es por tanto esta historia sobre Stefan algo innecesario? Este libro está hecho saltando por los campos, los libros, encontrando joyas y repeticiones, mientras llevaba un lápiz en el bolsillo. Sí, pero también recogiendo centenares de notas y uniéndolas para convertir algunas de ellas en este párrafo y seguir contando esta historia un sábado por la mañana en un estudio con la puerta cerrada donde suena Satie.

Resumiendo, la universidad le ofreció a Stefan lo único que quería: unos años de total libertad. El plan era leer y hacer entre lecturas lo que le diera la gana y esto Stefan se lo tomó muy a pecho.

En aquella época no existía el programa Erasmus, pero él diseñó uno propio que lo llevó a Berlín, el otro centro de la cultura germánica. Y he dicho "Berlín" y no "Universidad de Berlín" deliberadamente. Berlín 1902, a ojos de un vienés, era emigrar a una sociedad mala, libertina, irresponsable, en la que había, por ejemplo, cabarets. Para un joven con ganas de ver mundo era ir donde pasaban cosas, a una ciudad abierta en la que ser joven no estaba penalizado. Eso sí, Berlín seguía siendo prusiano en muchos otros sentidos: el café era aguado y malo, la comida sosa, todo lo que se salía del ambiente bohemio era apagado, triste, riguroso, tacaño. Por ejemplo, debido a la rigidez de su casera, Stefan tuvo que abrir un cuaderno para anotar exhaustivamente sus gastos, algo que nunca habría necesitado fuera de Berlín.

El objetivo de Stefan en Berlín era estar libre de compromisos, y dentro de lo inalcanzable que es el ideal budista, pudo dedicarse casi exclusivamente a la vida y a la literatura. Entre el rigor prusiano invivible, y las cloacas habitables en las que se refugiaban alcohólicos, homosexuales, morfinómanos, conoció mucha gente interesante como Peter Hille, una especie de hippie alemán septuagenario que seguramente seguía viviendo en Berlín porque aún no existía Ibiza; Rudolf Steiner, futuro creador de la antroposofía, una especie de integración filosófica entre Oriente y Occidente que Stefan nunca comprendió; o E. M. Lilien, que le dibujó un *ex libris* que representa a un joven desnudo.

Lilien también le dibujó a Stefan un logotipo con una "S" y una "Z" enlazadas que utilizó durante muchos años en su papel de cartas y en un sello de goma. Stefan consideraba a Lilien un artista y un amigo. De hecho, en una ocasión, en su afán por captar el fenómeno de la creación artística, compartió con él la idea de que sería bonito trabajar juntos, uno cerca del otro, y poder asistir a la evolución de sus respectivas obras.

Desconocemos lo que Stefan vivió en Berlín porque en sus memorias despacha este apartado con una frase: "experimenté la vida en sus mil formas y variedades y no me hastié". Ya había publicado su primer libro, pero en Berlín dejó de parecerle bueno. Resultaba inmaduro. Y la novela que se llevó en la maleta, en vez de revisarla y terminarla, la quemó. Berlín hizo que Stefan se detuviera y cambiara de rumbo. Decidió aprender viviendo y traduciendo por ejemplo a Verlaine o a Keats y no volvió a publicar hasta transcurridos tres años. Con la poesía aún tardó más. En Berlín, el exquisito Hofmannsthal dejó paso a lo terrenal, a Baudelaire, a quien también tradujo, y a Zola. El artista solo puede viajar de la ética a la estética y no al revés. El arte solo no vale, o al menos no le valía a Stefan. Él quería encaminarse hacia el hombre, conocerlo y eso hizo toda la vida. La libertad, la paz y la humanidad, serían por siempre sus ideales.

Figura 5. Ex libris de Stefan Zweig dibujado por E. M. Lilien (dominio público. commons.wikimedia.org).

Un chico muy serio este Stefan, sin duda, que a la vuelta de Berlín le reconoció a su amigo Hermann Hesse que siempre permanecía un poco sobrio, incapaz de abandonarse a la embriaguez.

Algo se estaba cociendo en Centroeuropa desde hacía décadas. En 1848 Marx y Engels ya habían comenzado su *Manifiesto comunista* con aquella frase inapelable: "Un fantasma recorre Europa: el fantasma del comunismo". Lo que ocurre es que nadie era capaz de imaginar las dimensiones de la convulsión. Eran todavía tiempos de protestas inocentes en las que los obreros llevaban flores en la solapa y los policías no tenían órdenes represivas.

El joven Stefan, totalmente dedicado a su ambición literaria, prestaba poca atención a los movimientos políticos que se producían. Mientras las masas se levantaban, él y sus amigos escribían versos y hablaban de poesía. El miedo de las clases altas y la rabia de los pobres se estaban encontrando y caería el mundo de la seguridad, pero Stefan estaba feliz porque había conseguido publicar su primer libro en 1901. Su calidad y su perseverancia hacían buena pareja, y antes de cumplir los veinte años seleccionó sus mejores poemas, que le parecerían buenos un breve lapso, y los envió a la mejor editorial de poesía de Alemania: Schuster & Löffler. Casi nunca es así de sencillo, pero a veces sí. La editorial decidió publicar el libro y reservarse los derechos para el siguiente. *Cuerdas de plata* recibió elogios de poetas importantes y le sirvió a Stefan para enviar ejemplares firmados a los autores que admiraba. Por ejemplo, Rilke le correspondió con un ejemplar de su último libro dedicado. Incluso Richard Strauss, el compositor vivo más importante de la época, puso música a seis poemas que se independizaron de Stefan y de su posterior rechazo a aquella primera obra. El libro se reseñó en todas partes y Stefan recortó y pegó los artículos, más de cuarenta, en cartulinas. A partir de ese momento, la tarea de hemeroteca pasaría a su madre, que se ocuparía de coleccionar las apariciones impresas de su pequeño Stefzi.

Aquel poeta resultó ser tan inmaduro para sí mismo que, cuando recopiló su poesía completa mucho tiempo después, no eligió ninguno de los poemas del libro. El poeta joven es un traductor inconsciente de sentimientos y percepciones. Los estímulos de su pasado lo han hecho poeta, pero él no lo sabe y lo descubre al escribir, al sentir cómo de manera mágica brotan las palabras de su boca y dicen tanto sin saber realmente de dónde vienen. *Silberne Saiten, Cuerdas de plata.* Suena bien, sugerente, ¿son cuerdas de tu jaula de plata, son cuerdas delicadas o musicales o todo a la vez?

Todo fueron éxitos para el joven Stefan que planificaba el envío de sus textos a los lugares adecuados y no cejaba en su plan. Algo que deberíamos aprender todos. Los escritores jóvenes podían ser escuchados, algo que no ocurría con los hombres jóvenes, ya que no se veía en sus textos su escasa edad y eran leídos una primera vez sin prejuicios. A Stefan lo escuchó también Theodor Herzl, entonces redactor de la *Neue Freie Presse*, hombre llamado a ser un personaje histórico, aparentemente a su pesar. A Herzl le tocó ser corresponsal en el caso de Alfred Dreyfus y ver a un hombre proclamar su inocencia mientras lo degradaban de forma injusta solo por ser judío. Herzl decidió que debía hacer algo para solucionar el problema del rechazo hacia los judíos y, tomando su báculo imaginario al estilo de Moisés, hizo un plan. Él conduciría a todos los judíos de Austria hasta la iglesia de San Esteban para que se bautizaran también en el cristianismo y acabar así de una vez por todas con ese problema. Cuando este plan fracasó, su conclusión, al no poder eliminar la segregación, fue hacerla total y en su cabeza fue donde nació el Estado de Israel. Al principio se rieron de él y en el teatro llegaban a burlarse llamándole "Rey de Sion", pero a la vista está que la idea funcionó.

Los judíos pobres del este, también los que más sufrirían el Holocausto, fueron los más entusiastas con el plan de recuperar la Tierra Prometida. Con lo difícil que es encontrar cada cual su lugar, imagínate que encuentras uno que se llama así: "Tierra Prometida". Debe ser difícil resistirse.

Herzl le habló a Stefan de la "entrega incondicional" a los proyectos en los que uno cree y hablaba en serio. Stefan también se entregó con igual compromiso a su obra. Herzl le aceptó el texto que le mandó, lo apadrinó y fue una de las personas que empujó a Stefan a que viajara lejos, porque sostenía que todo lo había aprendido en el extranjero que es el único sitio donde se puede pensar con la suficiente distancia. Herzl repudiaba Viena por su inmovilidad que curiosamente fue lo que le mató. Murió a los cuarenta y cuatro años, casi mi edad al escribir esta línea, a causa de una insuficiencia cardiaca, un mal muy común en aquella sociedad de hombres sedentarios, obesos y fumadores que se autoinmolaban en el altar de la vida burguesa sin saberlo. Sus restos fueron transportados en 1949 desde Viena al monte Herzl en Jerusalén, donde también hay un museo Herzl, una calle Herzl y no sé cuántas cosas más con su nombre.

Herzl fue el que convirtió en escritor a Stefan porque tras aparecer su texto en la *Neue Freie Presse*, aquel chaval de 19 años que nunca había destacado en nada y que parecía un diletante más, de repente fue reconocido como escritor por su propia familia.

Después de su primer libro y tras su catarsis berlinesa, Stefan dejó de publicar obra propia durante un tiempo y se dedicó a viajar y a traducir, actividades perfectamente complementarias, porque Stefan acabó conociendo a muchos de los escritores que traducía. El autor al que dedicó más tiempo fue Emile Verhaeren, a veces confundido en Alemania con Verlaine, algo que compartiría con otro amigo de Stefan, Romain Rolland que era confundido con Rostand, o con el propio Stefan que sería confundido con Arnold Zweig.

Para Stefan, Emile Verhaeren era el Walt Whitman europeo, un poeta que no miraba al pasado y que alababa al hombre del futuro, con su tecnología y sus ciudades. En general, los poetas eran sofisticados, pero Verhaeren era sencillo, vital, apegado a lo terrenal, a la comida y al amor. Verhaeren fue un revolucionario y la prueba está en que las vanguardias lo alabaron y sus padres y el cura de su localidad intentaron comprar el mayor número posible de ejemplares de su primer libro de poemas, *Les flamandes*, para quemarlos.

Por esto, después de dejar Berlín, Stefan, en vez de pasar en verano en Marienbad con su familia, se fue a París y luego a Bélgica a conocer a Emile Verhaeren. Cuando llegó a Bruselas le dijeron que Verhaeren no estaba, así que le presentaron más gente y, cuando visitaba al escultor Van der Stappen, que precisamente trabajaba en un busto de Verhaeren, apareció el poeta. En tres horas les cambió la vida a los dos. Tres horas son suficientes para conocer bien a alguien, para hacerse amigo del alma o para enamorarse. Stefan estableció un vínculo indisoluble con Verhaeren, a quien siempre llamaría "maestro". Verhaeren era para Stefan un ejemplo, un artista independiente, libre, entusiasta. No escribía guiado por el dinero o por la fama, prefería vivir pobre en el campo y a cambio no sentirse obligado a escribir una sola línea.

Figura 6. Emile Verhaeren retratado en 1914 por Charles Bernier (dominio público. commons.wikimedia.org).

Después de aquel afortunado encuentro, Stefan decidió traducir al alemán todos los libros de Verhaeren, con lo cual dejaría de escribir sus propias obras un par de años. Además, Stefan incluyó en su plan para el verano una parada en casa de los Verhaeren, la familia que lo adoptó una década, pero también hizo un sprint final para doctorarse en filosofía. En casa de sus padres habían encargado el trofeo de un título y en unos pocos meses estudió lo que debía haber estudiado durante cuatro años. Además escribió una tesis doctoral, porque era algo necesario para ser el primer doctor de los Zweig, que dedicó a la filosofía de Hippolyte Taine, un pensador con el que no tenía gran afinidad. De hecho, la idea de Taine de que todas las decisiones del hombre están determinadas por la herencia y la realidad histórica y social, se opone al concepto de individuo libre que siempre fascinó a Stefan. Por eso estudió y coleccionó tantos autógrafos y por eso se centró en estudiar las biografías de tantos personajes a los que admiraba, precisamente por su capacidad para separarse de los mandatos de la manada. Eso es lo que estudió Stefan durante toda su vida, los casos que por su especial personalidad despuntaban y escapaban del marco de Taine debido a su gestión de las pulsiones y los sentimientos, algo en lo que pocos habían reparado. Stefan era un adelantado y además se las ingenió para ganarse la vida con sus obras.

En el verano de 1903 estuvo en casa de Verhaeren terminando su tesis y también en la isla de Bréhat. Escribía la tesis y a la vez, textos propios y las traducciones de Verhaeren. Mientras Stefan recorría el mundo real y el imaginario, su hermano se tuvo que hacer cargo de la empresa familiar. Moritz Zweig se recuperaba de una operación y durante un año no pudo trabajar, así que Alfred fue nombrado apoderado único de la empresa. Eso era casi un sacrilegio: un hombre tan joven haciéndose cargo de algo recién cumplidos los veinticuatro. Pero es que en la gerontocracia obligatoria de Viena y sus jóvenes barbados y envejecidos prematuramente para ser respetables o para morir de infarto, los hermanos Zweig solo se dejaron bigote. Stefan era el hijo de un estado viejo, gobernado por un emperador viejo, administrado por ministros viejos, con la única aspiración de que nada cambiara. Pero esto no le puede servir a un joven. En aquel mundo que desconfiaba de la juventud, en el que Mahler, un genio de 38 años, les parecía extremadamente joven como director de la Ópera, Stefan era un niño. Por eso necesitaba salir de allí, aunque volviera para aprobar su tesis y sacar un sobresaliente por primera y única vez en su vida.

De aquella época data un encuentro con el legendario Max Brod, que ambos relatarían después. Stefan contaba que Brod era un veinteañero bajito, flaco y muy discreto que, en vez de hablar de su obra, se empeñaba en hablar de un tal Kafka que según él era el maestro de la prosa y la psicología contemporáneas. Brod dio a entender que no le cayó muy bien Stefan, que vivía independiente pero a dos pasos de sus padres, decía sentencias filosóficas a pesar de ser solo un poco mayor que él y lo invitó a una copa de aguardiente de Danzing en la que flotaban, como signo de sofisticación, trocitos de pan de oro. Vivir cerca de los padres no tiene por qué servir para descalificar a alguien. La laguna de Walden estaba a un paseo de casa de la madre de Thoreau y ella además le hacía la colada y no por eso su obra deja de tener sentido. No obstante, parece que la química no funcionó y cada uno siguió su camino. Con Kafka sí le funcionó a Brod y juntos escribieron uno de los capítulos más legendarios de la literatura del siglo XX. En las dos décadas de vida que aún le quedaban a Kafka, Stefan no lo conocería, aunque fuera a Praga a dar conferencias y Kafka llegase a ser el representante del Instituto de Seguros de Accidentes de Trabajo en la zona donde estaba la fábrica de los Zweig.

Por fin, el 19 de julio de 1904, Stefan se doctoró y al poco publicó el libro de relatos *El amor de Erika Ewald*. La narración que da título a esta obra es un folletín en el que una pianista, Erika, se enamora de un violinista y cuando, después de muchas dudas le confiesa su amor, huye despavorida. Tiempo después ella decide buscarlo de nuevo, pero se lo encuentra en brazos de otra y sale corriendo con la intención de "entregarse" al primero que aparezca. Erika recapacita y hace una loa al amor que siente por él y que sabe que será irrepetible. Es un texto bien escrito y como novedad, se centra en los sentimientos de Erika con una sensibilidad poco frecuente entonces, pero un siglo después, la problemática resulta bastante anacrónica, como en la mayoría de las novelas de Stefan. Ahora no entenderíamos que una chica se obsesionara de un modo tan absoluto con un ser tal altivo y distante, que no se enrollara con otro si no tan buen músico, sí más atento o más musculado y, desde luego, nadie en su sano juicio defendería el amor irrepetible con la vehemencia del narrador. ¿O sí?

Pero ese relato y todos los demás rápidamente quedaron atrás. El joven que era Stefan no paraba. Tenía esa mezcla de entusiasmo y perseverancia que es pura alquimia. Leía, buscaba escritores contemporáneos a los que admirar, intentaba acercarse a ellos y aprender, y no hacía otra cosa que trabajar. Así es como se formó el escritor. Su gasolina era el tabaco y el café de los que quiso librarse muchas veces, pero no pudo.

Después de Berlín el destino obvio para cualquier joven inquieto era París, la única ciudad del mundo que podía estar a la altura de Viena en cuanto al arte. Además, París era la libertad. Un lugar donde todo el mundo se sentía acogido en aquella época en la que no hacían falta documentos para viajar. Las barras de pan eran como árboles, el vino era bueno, se podía vestir como uno quisiera. Ni raza, ni clase eran importantes, aparentemente. El estatus no impedía que la gente se relacionara; no como en la cultura germánica, pues en el propio Berlín, lo único vivible eran las cloacas. En París, a Stefan le fascinaba que una chica pudiera ir del brazo de un negro y entrar con él en un "petit hotel" como si nada. Y todo le olía a la Revolución. Habían pasado poco más de cien años, pero él intuía y buscaba sus fantasmas. Por ejemplo, en el Palais Royal estaba el lugar donde Camille Desmoulins se había subido a una mesa para anunciar a la multitud que la monarquía había terminado, lo que desembocaría dos días después en la toma de la Bastilla. Pero esa época no era la que más le interesaba a Stefan. Él peregrinaba a los rincones donde habían parado Balzac o Victor Hugo. Y también se detenía al pie de los cien escalones que subían a la buhardilla donde había vivido la poeta Marceline Desbordes-Valmore de quien años después escribiría una biografía. Stefan le mostró toda esta geografía oculta a André Gide quién, aun siendo parisino, quedó maravillado.

Para Stefan no había fronteras visibles entre pobres y ricos. Él era un austriaco rico y había cosas que quedaban en su ángulo muerto. Quizá desoía las bromas acerca de su aparente sosiego que, según decían, se debía a la eterna protección que sienten los herederos. Pero esta situación le daba a Stefan margen para perseguir los fantasmas de aquella ciudad y acercarse maravillado a sus monumentos.

RILKE, EL RENACIDO

Y es que París tenía muchos monumentos que visitar y uno de ellos era Rilke, que había nacido en 1875, como Machado. A Rilke lo trató más en París que en cualquier otro lugar, aunque luego compartieran destino militar en el Archivo de Guerra, pero, en el Archivo, Rilke no podía ser Rilke y volvía a ser un frágil sietemesino. Rilke se tuvo que incorporar forzosamente, a pesar de sus poderosos protectores, a la sección literaria del Archivo de Guerra en enero de 1916. Allí lo vio llegar Stefan de forma inesperada y lo encontró anulado, apenas capaz de hablar debido al trauma juvenil de su paso por la escuela militar que él llamaba "Diccionario elemental del horror".

Medio año después lo licenciaron tras una solicitud firmada por muchos amigos importantes. La fragilidad existe y en el caso de Rilke no era, como a muchos les gustará pensar, fingida para conseguir beneficios. No. Su fragilidad era tan evidente y estructural que años después Freud descartó analizarlo por si tratar su neurosis pudiera afectar a su genialidad.

No hay que olvidar que Rilke era una persona difícil, pero Stefan era muy perseverante con todo y al final consiguió hacerse amigo de aquel hombre al que tanto admiraba, Rilke, el poeta nómada que no tenía casa ni una dirección fija a la que se le pudiera escribir. Es difícil seguir a alguien que solo obedece a su trabajo, aunque lo lleve al otro lado del mundo, aunque se pase años en blanco.

A Rilke lo bautizó "Rainer" Lou Andreas Salomé, porque antes era René, que significa lo mismo pero en francés, renacido. Su madre eligió el nombre por otra hija que se le había muerto y lo educó en ese equívoco. Qué ocurrencia llamarte renacido cuando una hermana tuya acaba de morir. Los caminos del duelo son retorcidos y aumentaban la confusión de aquella madre ya de por sí compleja y llena de medias verdades. Por ejemplo, era de origen judío, pero se casó con un cristiano para esconderlo. Así Rilke vivió con una madre vestida de negro y, hasta que se separaron, con un hombre vacío al que solo le preocupa su aspecto, que no cuidaba de su mujer ni de su hijo y del que heredó la tendencia a enfermarse para no enfrentarse a las responsabilidades. Era raro aquel hombre que peroraba ante el niño acerca de las virtudes del ahorro, del trabajo, del sentido práctico cuando toda su biografía lo contradecía. Así, con una madre ocultadora, junto a la que debía aparentar ser el burgués adinerado que no era, su hijo se convirtió en lo que quería la madre, un poeta, pero lleno de migrañas y ataques de anginas, el poeta que más claro hablaba de lo que no era visible. En eso tenía experiencia.

Rilke, cuando todavía era un niño que debía haber nacido princesa, vivía en un mundo fantástico de caballeros y castillos con escudo nobiliario propio, en el que su madre era la reina. Todo lo que tiene que ver con el poeta lo cuenta estupendamente Mauricio Wiesenthal en su obra: *Rainer María Rilke (El vidente y lo oculto)* que se pone al lado de aquel niño que no entendió que sus padres se separaran, que su padre desapareciera aún más y que su madre se oscureciera. Aquella madre le hacía soñar con madres que encarnasen la grandeza, la bondad, el sosiego, que lo hiciesen sentirse a salvo de su mayor temor, la locura, pero ella no era así. Su hijo siempre temería compartir el destino enfermo de los más grandes artistas debido a la creencia liderada por Walter Morgenthaler de que existía una relación entre arte y locura. Tal vez por eso Rilke conoció y enamoró a muchas mujeres y se fue con ellas, con lo que pudo alejarse de su madre. Estas mujeres, algunas de ellas damas aristocráticas, lo protegían. Sin embargo, él acababa huyendo. No podía entregarse a ninguna de ellas, porque solo estaba realmente comprometido con la poesía. En este sentido era casi un místico que pasaba semanas y semanas con la íntima necesidad de no ver a nadie y de no ser visto, aunque de vez en cuando necesitaba ser rescatado y prefería que su rescatador fuera una princesa como la princesa Marie von Thum que lo llevó una vez al castillo de Duino.

Lou Andreas Salomé fue la única que irrumpió en aquel juego de repeticiones y espejos con intención de desmontarlo, porque ella siempre rompía todos los moldes. En parte lo desbarató y a la vez ayudó a crearlo porque su relación con Rilke fue muy temprana. Lou era rusa pero de una familia alemana muy cercana al zar. Estudió en Zurich y allí descubrió que era una rebelde de forma irreversible. Con veinte años salía hasta las tantas por Roma con Nietzsche y su amigo Paul Rée con los que llegó a pactar una relación a tres basada en el estímulo mutuo de sus tres almas creativas. Recomendaría aquí una pausa para ver la fotografía con la que sellaron este pacto en la que Lou va montada en un carrito del que tiran los dos hombres. Nietzsche es fácilmente reconocible por el bigote y ella lleva una fusta.

Figura 7. Lou Andreas Salomé, Paul Ree y Friedrich Nietzsche representando una escena cómica planteada por Nietzsche, una vez que Lou había rechazado las peticiones de matrimonio de los dos (Jules Bonnet, Lucerna, 1882. Dominio público. commons.wikimedia.org).

Claro que es más interesante aún la fotografía de los tres desnudos en la que Lou sostiene un pene en cada mano y que no es difícil encontrar en Internet. Una cosa es perorar sobre la transmutación de todos los valores y otra cosa es escenificarlo. No obstante, esta relación abierta no funcionó porque Nietzsche le propuso a Lou casarse. Él creía que era la única mujer que podría comprenderlo, pero ella lo rechazó. Lou siempre presumió de su libertad y aunque estuvo casada casi el resto de su vida con Carl Friedrich Andreas en una relación que se cita como célibe, nunca renunció a tener amantes o mejor dicho, a tener las relaciones que le apeteciera. Lou es una mujer que merece que se le dediquen más películas y libros en los que se explique por qué impresionó tanto a Freud o cómo decidió escribirle a su madre para pedirle que no la rechazara, que en realidad debía estar orgullosa. De hecho, Freud dos años antes de su propia muerte, escribió esto en su obituario que está incluido en sus Obras completas, edición de Biblioteca Nueva: "Claramente sabía dónde hay que buscar en la vida los verdaderos valores. Los que estaban más próximos a ella tuvieron la más intensa impresión de autenticidad y armonía de su naturaleza, y pudieron descubrir con asombro que todas las fragilidades femeninas y tal vez la mayor parte de las de las fragilidades humanas le eran ajenas o habían sido dominadas por ella en el curso de su vida". Pero es que además, cuando ya estaba casada, Lou fue una especie de maestra para Rilke. Se conocieron cuando él tenía veintiún años y ella treinta y cinco. Solo fueron amantes un tiempo, pero su relación duró toda la vida.

Rilke fue un hombre especial que trabajó un tiempo como secretario de Rodin y que vivió en París por temporadas, cuando consideraba que residir allí era bueno para su poesía. El joven Stefan buscaba en aquella época referencias y las dos más importantes fueron Rilke y Verhaeren, pero la primera de todas fue Rilke. Sus *Cartas a un joven poeta* no estaban dirigidas a Stefan, pero sí que tuvo una intensa relación epistolar con él y es probable que parte de la sabiduría que contenían aquellas cartas lo alcanzara. No en vano admiraba a Rilke desde su época del instituto. Según aquellas cartas, Rilke opinaba que si ante la pregunta "¿debo escribir?" que se hace todo escritor, la respuesta es sí, el escritor debe entregarse a su destino y cargar con él, con su peso y su grandeza, sin dudas, asumiendo que eso va a complicar las cosas, pero que no hay una alternativa mejor para el que es un verdadero artista. Este razonamiento es un poco circular, pero en todo artista hay una fuerza que lo arrastra, cuyo origen no es precisamente diáfano. Como dejó dicho Rilke: "Una obra de arte es buena cuando brota de una íntima necesidad".

Figura 8. El joven Rilke en 1900 (dominio público. commons.wikimedia.org).

De la correspondencia que mantuvieron Stefan y Rilke, se conservan cartas que van desde 1906 a 1921. A lo largo de todas ellas resulta muy llamativa la extrema cortesía y cuidado con que se trataban. Era el estilo de la época y hasta sus fórmulas, pero está claro que se apreciaban. Gran parte de las cartas están dedicadas a buscar un momento para quedar la próxima vez que se cruzaran, sobre todo en París, dado que quedar con Rilke era una tarea compleja, no solo por su errancia, sino por lo obsesivo que era en relación con su inspiración. En bastantes de ellas le insiste Stefan desde la admiración para que prepare sus obras completas y las dé a conocer, pero Rilke se resiste todas las veces y dice que prefiere esperar unos años. Era un poeta en extremo perfeccionista, un hombre con una misión ante la cual, todo lo demás era secundario. Esto causaba una fuerte impresión en los que le conocían y así conseguía que acabaran cuidando de él, porque además era extremadamente pobre. Sus protectoras le daban cobijo, sus amigos lo cuidaban lo que se podía y, por ejemplo, durante la primera guerra mundial, Romain Rolland, a petición de Stefan, consiguió recuperar muchas cosas y papeles de Rilke que se habían quedado en París y que iban a ser subastados por pertenecer a un enemigo.

El 12 de marzo de 1913, Stefan comenzaba su temporada parisina de ese año con la que era fiel como un reloj y lo primero que hizo fue escribirle a Rilke. En su carta le recordaba que habían coincidido por primera vez en aquella ciudad dos años atrás. Para entonces Stefan ya está habituado a los ritmos de Rilke y en la breve misiva le decía que iba a estar tres o cuatro semanas allí y proponía verle alguna noche que le quedara libre o algún rato que no destinara al trabajo. Más abierto imposible. Rilke le respondió al día siguiente pidiéndole que lo visitara en su casa, que por las noches no tenía energía para salir. Ante la rápida respuesta, Stefan volvió a escribir el día 14 invitándole a una comida a la que acudirán también Verhaeren, Romain Rolland y León Bazalguette. El mensaje es el ejemplo perfecto de una oferta que no pudo rechazar ni el esquivo Rilke.

Alrededor de aquella mesa del restaurante Boeuf à la Mode, a la que sí acudió Rilke, se reunieron todas las influencias importantes de Stefan. No es que no se aprecie aquí su mano como facilitador y casi mecenas del arte, pero es que hay mucho más. Es como elegir durante años a tu familia de adopción, en este caso a tus padres adoptivos, y reunirlos a todos para una fiesta: el maestro-poeta Verhaeren, el bondadoso, noble y hombre de ética intachable Rolland, el amigo que le presenta París, Bazalguette, y el poeta puro que más admira desde siempre entre los de su mismo idioma, Rilke. Dios mío. Hay reuniones que deberían estar grabadas, o al menos de las que quedara un selfi. De esta queda el diario de Stefan. Allí aparece un Rilke moreno, recién llegado del sur de España, concretamente de Ronda donde todavía perdura su nombre al menos en una inmobiliaria, una papelería, una autoescuela y un pub. No lo describe exactamente como una belleza: nariz de patata, ojos planos y claros y boca sensualmente curvilínea que habla de su viaje a Rusia y su encuentro con Tolstoi. En aquella comida, a poco más de un año del inicio de la primera guerra mundial, se habló de la necesidad de una unión europea. Parece que ahí Rolland planteó su sueño de hacer una revista internacional y los otros se lo discutieron porque ellos ya eran internacionales, solo que Francia estaba mal informada. Durante la guerra todos se acordarían de aquella reunión y de lo que decía Rilke de que cuando regresaba a París se preguntaba por qué viajaba si realmente todo estaba allí.

Stefan volvió a hacer la sobremesa con Rilke al día siguiente en su casa, rue Campagne Première, entre los Jardines de Luxemburgo y el Cementerio de Montparnasse, en un lugar menos céntrico que el alojamiento de Stefan que estaba junto al Palais Royal. El lugar era como los lugares de Rilke, casi vacío: solo un cuadro antiguo, su escudo de armas y algún baúl lleno de libros y manuscritos. En ese momento el poeta llevaba año y medio sin escribir un poema. Se enfrentaba a la dificultad de traducir lo que sentía en palabras. No encontraba la salida. Eso es lo que anota en su libreta. Cuando nazcan los poemas los pasará a limpio en un diminuto devocionario, con sus versos apretujados. El proceso de escritura es tan laborioso para él que no puede llevar un diario; tiene que permanecer inmóvil mucho tiempo y no malgasta su energía ni siquiera leyendo.

Stefan lo deja en aquel mundo en el que la guardesa del anfiteatro de Verona le abrió la cancela fuera de hora en cuanto oyó que Rilke era poeta y se va a pasar el resto de la jornada junto a la chimenea de Verhaeren, otro modelo de artista, que está a punto de cerrar su temporada en Saint-Cloud. Para Rilke, Verhaeren es también la persona que más quiere en París, pero se queda en su guarida, paralizado en sus rituales. Una estricta maraña de normas no le permite hacer y le obliga a mirar el mundo a través de una rendija.

A finales de abril, como todos los años, el disciplinado Stefan deja atrás París. Esta vez lleva consigo un manuscrito que le ha regalado Rilke a petición suya. Según le escribe, Stefan se marcha a disgusto por las relaciones personales que deja atrás. Rilke, Rolland, Verhaeren son los responsables de la relación de amor que une a Stefan con París y también alguna mujer que no menciona. Lo del amor que siente por sus iglesias y que cuenta en sus cartas es otro amor.

Los artistas son paseantes. Les gusta bañarse en la realidad y no le hacen ascos a mojarse en ella. Por ejemplo, Stefan vio una vez a Verhaeren en un muelle del Sena y no se dirigió a él hasta haber observado sus movimientos durante un buen rato. Su maestro estaba en la calle con la curiosidad con que mucha gente visita un museo. Miró libros usados en un buquinista, se perdió entre la gente, observó las maniobras de descarga de un barco y habló con los marineros. Rilke también era un paseante avezado que conocía París como un guía. En francés se llama "flaneur" al que pasea sin rumbo y permite que la ciudad que recorre lo impresione y Rilke era uno de esos, pero caminaba con cuidado, algo imprescindible si eres pequeño y frágil como él. Los buenos paseantes regalan paseos a sus amigos, como el que le regaló Rilke a Stefan cuando le habló del poeta André Chenier. Stefan buscaría su tumba en el pequeño cementerio de Picpus, muy cerca de la Plaza de Nation donde fue ajusticiado. En aquel paseo hasta los restos de un hombre que fue condenado por Robespierre, porque escribió contra él en el Journal de París, lo acompañaría Friderike, la mujer que utilizaría el nombre de Friderike Zweig hasta su muerte en 1972. Cien años después de la muerte de Chenier, Umberto Giordano le dedicó una ópera en la que contaba la idealizada historia de amor entre él y otra condenada, aunque a la que guillotinaron con él fue a una princesa de Mónaco. La princesa y Chenier recorrieron en carreta el camino desde la prisión hasta el cadalso solo tres días antes de que se guillotinara al propio Robespierre y se acabara el conocido como "periodo del terror".

Si Stefan pensaba en Rilke, lo veía en París. Al final de su vida, cuando Rilke había muerto, le consolaba pensar que al menos no había tenido que conocer la ciudad en su hora más triste. Siempre había pocas cosas con Rilke, pero no faltaban las flores, como la rosa que lo remató y que quedó retratada en su epitafio, y tampoco los libros bien encuadernados, un escritorio ordenado, un crucifijo y un icono. Rilke era la perfección y la delicadeza de cartas sin tachones en las que si había un error se repetía la hoja, de los libros que devolvía envueltos en papel de seda. Y sobre todo la libertad y la pobreza del artista diferente, bondadoso, místico y algo esnob. El drama de Rilke es el drama del hombre contemporáneo: la vida lo expulsó del rebaño, del nosotros y no pudo regresar. Por eso tuvo que construirse su mundo y buscar, buscarse donde fuera, en el placer estético o en los amores de las mujeres que no se sentían correspondidas.

A aquella comida que convocó Stefan, Rilke venía directo de la España que le había presentado su amigo Zuloaga y que latía dentro de él tras un largo periplo que lo había llevado al frío Toledo de el Greco y luego al sur: Córdoba, Sevilla, Ronda. Y también de la España que le había interesado desde que escribiera un soneto a Velázquez.

Es verdad que el viaje de Rilke a España llevaba mucho tiempo gestándose, pero se volvió realidad a partir de una irrealidad. En una sesión de espiritismo en Duino, en la que Rilke ofició de médium, apareció el espíritu de una desconocida que lo citó en un sitio lejano para que fuera debajo del puente y cantara para liberarla. Esta desconocida hablaba de paisajes en los que él reconoció España, porque lo que describía se parecía a un grabado de Ronda que había visto en Rusia y al *Viaje español* de Meier-Graefe. Además tuvo un sueño en el que aparecía una mujer diciéndole: “recordadme que no me quedaré en Toledo, y que iré al Sur”.

Como solía, sobre todo si le intentaban dar charlas moralizantes, Rilke pidió dinero prestado y se marchó. Su destino era Toledo, una ciudad muy importante para aquel súbdito del imperio austrohúngaro, pues había sido la capital de otro imperio y sus calles permanecían ahogadas por la heráldica. Rilke llegó nada menos que el día de los Santos de 1912 a aquella aparición salvaje que se alza al cielo como estrangulada por el Tajo. Durante días peregrinó dando vueltas y vueltas por el casco. La catedral, Santo Tomé, San Juan de los Reyes, acompañado por los retratos de los ángeles que buscaba y que había dejado pintados el Greco. Dijo de la ciudad que "la tensión entre las cosas que la componen es equivalente a la que se da entre una aparición y aquel al que se aparece, un mutuo no poder creer". Al final el frío y sus dificultades para encender la chimenea lo echaron de aquella difícil ciudad y siguió la llamada de la desconocida que era la llamada del sur. Llegaría hasta Ronda sin encontrarla y luego regresaría a París, como siempre, hasta llegar a la comida a la que le invitó Stefan.

Rilke, como todos, hizo aquel viaje a su imagen y semejanza: una experiencia casi mística y dramática que lo llevó desde la España del norte a la del sur. Stefan hizo lo mismo unos años antes y en un artículo habló sobre todo de Sevilla, aunque también estuvo unos días en Toledo: "… en el plomizo Toledo, rodeado de murallas y que pende amenazador de la roca que quiebra con furia el cauce del Tajo, aún viven los monjes de otrora y los severos Grandes de España, las personas a través de las cuales la tierra yerma y los peñascos abruptos y hostiles parecen haber adquirido apariencia de vida. Pero es solo una apariencia: porque esas ciudades viejas tienen algo de sepulcral, y sus habitantes algo frailuno". Stefan pone a Sevilla como ejemplo opuesto: lugar de la alegría, donde las puertas de las casas están abiertas, y la compara de forma premonitoria con Salzburgo, diciendo de ella que es un lugar donde uno puede ser feliz. Pero Toledo queda en su bruma. Por circunstancias de la vida, cuando leí su descripción de Toledo, más de cien años después de que él la escribiera, yo estaba trabajando allí y, salvo destacadas excepciones, lo que vi y viví fue exactamente lo que contaba Stefan, o por ser más benévolo, también se parecía al resumen que haría Rilke después diciendo que en esa ciudad convergían tres miradas: la de los vivos, la de los muertos y la de los ángeles.

EL POETA ESCRIBE Y VIVE

En sus crónicas, como en sus ensayos, Stefan es profundo y certero hasta resultar sorprendente, porque ya en aquel febrero de 1905, camino de Argel, a sueldo de la prensa vienesa y en general deslumbrado por

España, fue capaz de ver el drama de las dos Españas: "... porque España constituye una unidad solo en el mapa, pero en la realidad está dividida en dos partes que se oponen de forma casi esquemática...", siendo una de ellas lo que él describe así: "La España de Pizarro y Torquemada sigue también viva, el espíritu sombrío y fanático de Castilla ha encontrado nuevas formas en las que perpetuar su orgullo y crueldad...". Las dos Españas que él describe acaban caricaturizadas en los recuerdos que podía uno traerse de ellas: dagas de Toledo, y guitarras y castañuelas de Sevilla.

Aquel 1905 fue muy movido para Stefan. Después de su ruta por el sur, subió a París, donde se quedó hasta mediados de junio. Desde allí fue a conocer por fin en persona a Herman Hesse que vivía en la aldea de Gaienhofen a orillas del lago Constanza. Los dos hombres se escribieron durante 35 años, y eso que Hesse evitaba el trato con otros escritores. La última vez que se vieron fue en 1937, cuando quedaron por teléfono, ya que Hesse le confió el secreto para poder contactar con él, aunque le pidió que no lo divulgara: en la guía de teléfonos de Montagnola aparecía con el nombre de Bodmer. Este era el nombre de Hans, el amigo de Hesse que le construyó la casa en la que vivió desde 1931 y también un nombre que volverá a aparecer en esta historia por otros motivos.

Hesse también se planteó el suicidio, pero mucho antes que Stefan, cuando era un chaval al que sus padres querían convertir en un hombre estándar. Amenazó con matarse si le obligaban a estudiar en una severa institución de la época y como ni sus padres ni él cedieron, acabó en un manicomio. Pero el tiempo jugaba a su favor y su determinación no cedió. Luego, en su autobiografía, lo embellecería todo resumiendo su decisión en estas palabras: "seré poeta o nada". Al final, llegó un momento en el que sus padres lo dejaron tranquilo y él encontró trabajos que le duraban poco en general relacionados con los libros, aunque también estuvo empleado más de un año en la fábrica de relojes Perrot. Desde ahí las cosas le fueron de cara, se pudo librar del servicio militar por sus problemas de la vista y a los 27 años le publicaron su novela *Peter Camenzind* que tuvo el éxito suficiente como para permitirle casarse y vivir de sus libros, aunque fuera humildemente.

En este caso fue Hesse quien escribió primero. En 1903 le pidió a Stefan un ejemplar de su libro sobre Verlaine y para disculparse por su atrevimiento, le envió un ejemplar de sus poemas, que también contenía una traducción del poeta francés. Stefan, cuatro años menor, ya lo admiraba, y en su respuesta llena de emoción se hermana con él dentro de la "Liga secreta de los melancólicos". En aquel momento eran dos escritores jóvenes enfermos de literatura buscando su camino y a veces en la cuerda floja, como cuando ese mismo año Hesse le confió a Stefan que si no funcionaba su novela tendría que intentar algo diferente fuera de la literatura. El hecho de ayudarse y comprenderse cuando aún eran unos aprendices desconocidos les permitió ser amigos toda la vida.

En aquel lejano 1903, Stefan le contaba a Hesse que no tenía su propia poesía en alta estima, mientras que su corresponsal, que le escribía desde Basilea, a la que Stefan llegaría siguiendo los pasos de Erasmo y de Castellio, le ofrecía un autorretrato íntimo. Hermann Hesse confesaba en aquellas cartas su inconstancia y su alma de soñador y a la vez que su corazón nunca había pertenecido a las personas, sino a los libros. Él era consciente de que sus libros yacían empaquetados en hatillos en algún rincón, pero la creación era para él siempre placer, nunca trabajo y no estaba dispuesto a convertirse en un "folletinista", palabra clave en su obra décadas después, por orgullo, por pereza o tal vez por incapacidad. Hesse se describe a sí mismo bebiendo en tabernas al salir del trabajo en una pequeña librería de viejo o paseando por las montañas los días libres, siempre solo. La soledad era su compañera y únicamente la abandonaba para relacionarse con pintores y arquitectos, donde él sentía que latía el impulso creativo, reconociendo su aversión por literatos, actores y músicos.

Stefan, a vuelta de correo, le habló de que quería volver a Bretaña, sobre las hermosas mujeres parisinas y sus mimos, y de sus tribulaciones respecto a la consecución de su doctorado, algo que hacía para complacer a sus padres en contra de su deseo. Le confesaba que siempre había permanecido sobrio, algo que le reprochaban algunos amigos suyos, apóstoles de la embriaguez.

En estas primeras cartas, recogidas en el volumen *Correspondencia (1903-1938)* publicado por Acantilado en traducción de José Aníbal

Campos, aparecen varios temas típicos de Stefan: su obsesividad, la importancia que da a sus obligaciones que lo apartan, como ocurre con el doctorado, de lo que él quiere hacer, la angustia por no llegar a lo que dicta su ideal, el miedo a hacerse viejo. Por ejemplo, en una carta a Hesse, Stefan despliega sus prejuicios hacia la vejez que él cree que le hará perder en el abatimiento y la pereza lo que él llama su más querida posesión, la inquietud de viajar, de verlo y disfrutarlo todo. Una profecía autocumplida en toda regla, escrita nada menos que en 1904.

Stefan tenía tantas ganas de conocer a Hesse que, cuando llegó a su casa, por el ímpetu, se pegó tal un golpe en la cabeza con el marco de la pequeña puerta que quedó inconsciente. Sería simplificar mucho decir que Stefan conseguía así incorporar a su colección un ilustre, un retrato, un manuscrito. No, Stefan estaba haciendo mucho más. Corregía así un fallo de la naturaleza y la cultura que lo habían hecho tan ávido de experiencias afectivas y artísticas y a cambio lo hicieron nacer en una industriosa y discreta familia de judíos que se dedicaba a comerciar con telas. Así Stefan, como hizo siempre, incorporaba una rama nueva y llena de vida a su árbol. Zweig: rama, ramita, ramo.

El contraste no podía ser mayor en las montañas de Suiza. Un burgués finolis, un hombre de mundo acostumbrado a tener servicio, y un tipo enjuto, austero y misántropo al máximo, que se había ganado el derecho a escribir en una pelea a muerte con sus padres y que vivía en una casa sin agua corriente. Pero en sus cartas se llamaban, "querido amigo", se ayudaban, se aconsejaban. Stefan le llegará a decir a Hesse que no ha negociado bien sus derechos ante el editor y que eso no puede ser porque para entonces ya era un hombre casado con una familia que atender.

Años después, Friderike hablaría así de la austeridad de Hesse: "no conozco a nadie que se administre a sí mismo una medida más escasa de los placeres habituales". Toda su vida fue una especie de monje que se dedicaba a escribir y, aun acudiendo a los placeres mundanos, no se sumergía en ellos. Temía descontrolarse, perderse, apartarse de su misión. En eso era un hermano gemelo de Stefan. Esa era la raíz de su inquietud, de su deseo de volver a estudiar piano, de su necesidad del siguiente cigarro, de que no pudiera llegar nunca al final de un programa de música. Qué chico este Hermann. Friderike lo llamaba "Monomaníaco apasionado". Muchas pulsiones pero poco duraderas, como sus *Lecturas para minutos*, y una sola pasión verdadera.

Aunque todo el mundo, incluido yo, admire a Hesse, también hay voces autorizadas que lo critican, por ejemplo, Julio Cortázar. El argentino-parisino, con Vonnegut, decía que lo que da lugar a la fuerza que tiene Hesse en los jóvenes es precisamente la debilidad de los jóvenes, que prefieren las vagas búsquedas de felicidad o de perfección a las opciones más claras, más radicales. Es decir, al compromiso político, a una lucha de frente. Lo que según Cortázar da lugar a una especie de "escapismo literario de alta calidad", a un individualismo que engaña al lector haciéndole creer que está dentro de una realización metafísica cuando en realidad escapa de sí mismo, del tiempo que está viviendo.

A esta crítica, quizá no le falte razón, pero sí perspectiva. *Demian*, el libro que Cortázar califica como "estafa", está publicado justo después de la primera guerra mundial por un hombre en crisis que, ante la salvaje destrucción que ha originado la lucha entre países e ideologías, busca refugio en la libertad individual y en la escritura. Así creo que tiene sentido y no en las celebraciones de su centenario, en los politizados años 1970. Pero es que hay más. Está *Siddhartha*, donde Hesse dice que el budismo es una forma de escapar y que no hay una verdadera diferencia entre el trabajador alcohólico que huye de su vida y el budista que medita y se refugia en esa forma delicada de individualismo. El problema es el de siempre, que queremos ser Prometeo y robarles a los dioses su poder, y olvidamos que no es posible por mucho tiempo y que a lo mejor no medimos bien nuestras fuerzas como le pasó a Ícaro. Esta imagen doble de la mitología griega es la que me surge al leer las cartas de estos dos hombres, porque es la misma imagen central de mi primer libro, *Los escritores suicidas*, en el que Zweig solo apareció de puntillas hasta reclamar este espacio propio. Pues bien, en su libro *La lucha contra el demonio*, terminado en 1925, en el que recoge las biografías de los tres espíritus creadores más puros de su época, dice: "Hölderlin, Kleist y Nietzsche son como Prometeos que se precipitan llenos de ardor contra las fronteras de la vida, de una vida que, rebelde, rompe los moldes y en el colmo del éxtasis acaba por destruirse a sí misma". Menos mal que lo leo ahora, porque si me pilla unos años atrás, a lo mejor me desanimo y no termino aquel libro. Porque, la verdad, todo está escrito ya, o casi. Todo ya, pero no hay más opción que seguir cantando, porque no aceptamos la finitud, y tanto el budismo como la literatura o el arte son formas de rebeldía, de autoafirmación, de narcisismo sano. En contra de lo que dice el militante Cortázar, Hesse, en realidad, aboga por la búsqueda de un equilibrio entre el mundo interior y el exterior, entre el individualismo y la vida con los demás. Es una pena, pero no se puede ser cronopio todo el rato y Prometeo también se sienta muchas tardes a esperar a los bárbaros vaciando la tarjeta de crédito.

Figura 9. Retrato de Hesse en 1905. Obra de Ernst Würtenberger (dominio público. commons.wikimedia.org).

Pero nos estamos adelantando mucho. Es solo el verano de 1905, año en que Stefan empezó a escribir en unos cuadernos escolares una obra de teatro premonitoria, *Tersites*, fascinado por aquel hombre que quiso parar una guerra. Stefan cumplirá 26 años en unos pocos meses y querrá sacar del anonimato a aquel hombre que la historia pintaría como feo, vulgar y ridículo porque se atrevió a señalar los intereses de los poderosos en una guerra. A la pequeña puerta de Hesse, Stefan llegó del París de su mitomanía en el que las mujeres podían hablar con un hombre sin que fuera una deshonra, en el que las relaciones se entablaban y se rompían con facilidad, en el que todo era sencillo, menos quedarse en casa. En las montañas de Suiza conservaba todavía el olor de París con su Café Vachette en el que Verlaine golpeaba una mesa de mármol cuando estaba borracho, con su Île Saint-Louis en la que todos los visitantes sueñan como hogar, con sus sinecuras que permitían a sus escritores ingresar un sueldo sin muchas obligaciones. En aquella época los escritores se ganaban la vida como bibliotecarios, médicos, galeristas, profesores de instituto, ayudaban en editoriales y eso les dejaba espacio libre de crear, sin ser esclavos del cine o de las grandes tiradas. La seguridad en el mundo externo, aunque fuera dentro de una relativa pobreza, era una garantía de libertad. Entre los pobres pero libres estaba Léon Bazalgette, el amigo de Stefan que introdujo a Whitman en Francia, como después haría León Felipe en España hasta convertirse él mismo en una especie de Whitman. Enfermedad contagiosa por lo visto la de Whitman que sin ir más lejos me llevó a buscar su tumba en las afueras de Filadelfia hace unos veranos.

Bazalgette esperaba siempre a Zweig en la estación, lo cuidaba, pero no apreciaba demasiado sus escritos de entonces y se lo decía. Honestidad absoluta sin concesiones a la cortesía. Whitman era el padre, Verhaeren el hermano del padre y Bazalgette, junto con Hesse y Rilke los hermanos mayores. En uno de aquellos paseos por París, Verhaeren llevó a Stefan a conocer a Rodin porque defendía con vehemencia que la época de la escultura y la pintura no había concluido porque existía aquel artista. Allí se vuelve a cumplir la regla enunciada por Stefan, según la cual los grandes hombres son siempre los más amables y además viven de la forma más sencilla. Viendo a

Rodin y a Verhaeren concluye que la receta del arte es simple: vida sencilla y mucho tiempo dedicado al arte con la fe y la furia de un iluminado. De esa furia arrebatada fue testigo Stefan el día que Rodin le permitió ver cómo trabajaba. El escultor tenía entre sus manos un busto y al concentrarse en la tarea llegó un momento en que se olvidó de Stefan que lo contemplaba fascinado. El misterio de la creación artística estaba ahí, delante de sus narices y él lo condensaría en estas palabras algo afectadas: "concentración, acopio de fuerzas y sentidos, el éxtasis, el transporte del artista hacia otro mundo". Aunque no debería olvidar algo muy importante y tal vez más prosaico: que ser artista es fácil, que hacer obras de arte es fácil, basta con trabajar en ello toda la vida. Stefan también debía estar en su propio éxtasis porque solo se dio cuenta de que Rodin no recordaba que lo estaba observando cuando dio por terminada la escultura, colgó la bata y se fue dejándolo en el taller. Éxtasis mutuo.

En aquella escena y en aquella época, Stefan estaba dejando de ser un observador de la vida para empezar a vivirla, aunque había escenas que contradecían esta afirmación, como aquel baile de carnaval en el que su amigo Oskar Fontana vio como Stefan seguía observándolo todo con sus ojos oscuros, pequeños y brillantes. La música, las vendedoras de flores, las carreras de los camareros, las chicas, sus amigos; Stefan estaba, participaba, pero seguía distante y eso lo llevaba a la melancolía.

Después de recorrer la parte occidental de Europa pasando siempre por París, en su gira de 1906, Stefan decidió llegar a Londres. Se impuso pasar dos o tres meses allí para conocer a los que habían sido los dueños del mundo durante muchos años. Intentó aprender inglés, pero no se pudo sacudir el acento alemán, algo que le pesó toda la vida. Comunicándose en francés se sentía muy cómodo. Era como una lengua materna para él, casi como el italiano, pero el inglés, no. En Londres, además, no encontró el ambiente alegre, vital y de camaradería que tenía en París. Londres le fue hostil como a tantos que van allí a hacer fortuna. Ahora no se observa tanta diferencia, pero entonces Stefan sentía que París acogía al ocioso, al espectador, mientras que Londres lo rechazaba por no tener millones y por no respetar las normas locales, por algo denominadas "victorianas".

Stefan pasó la mayor parte del tiempo escribiendo en su cuarto o en la biblioteca del Museo Británico.

Aunque Stefan no se pudo integrar en la vida cultural de Londres, uno de sus pocos contactos, Arthur Symons, lo invitó un día a la Casa de Yeats. Stefan había traducido poemas de Yeats por puro amor y allí estaba él: en una habitación pequeña, con todos los invitados muy apretados en taburetes y sentados en el suelo escuchando al bello Yeats. El vienés veinteañero con aspecto de colegial con bigote contemplaba al maduro y majestuoso poeta irlandés. En un par de décadas le darían el premio Nobel, pero a Stefan no le convenció aquella teatralidad. Ya conocía la pureza de Verhaeren y de Rilke.

Aquella noche Stefan regresó a su pequeño refugio sintiendo las palabras de Yeats reverberando en cabeza. La casa de Yeats siempre tuvo algo extraño y ya nunca se lo podría sacudir, por mucho que en la placa de su fachada solo ponga que allí vivió Yeats y silencie que años después allí vivió y murió Sylvia Plath.

El oficio de poeta es muy extraño. Kafka escribió lo que escribió, pero los poetas tienen despertares a veces muy parecidos al que él nos contó. Por ejemplo, bien pudo suceder que una mañana, incluso una mañana londinense, al despertar de un sueño intranquilo, Stefan Zweig se encontrara en la cama transformado en un insecto monstruoso. Debió ser como descubrir por fin y de un golpe que no debemos hacernos ilusiones, que solo hay dos posibilidades, abrir los ojos o no abrirlos. Pudo ser en 1906 o en 1936 cuando los abriera del todo y entonces se convirtió en un auténtico coleóptero, en un ser extraño para los demás, que ya no podía vivir como antes, que poco a poco se había alejado de su familia, de su barrio, de su ciudad y llevaba tiempo perteneciendo a una especie distinta.

Pero 1906 era demasiado pronto para digerir tanta verdad. Así que el joven Stefan conservaba intacta su capacidad de ilusionarse y paseaba feliz por haber llegado a Hyde Park. Él esperaba un parque como los de Viena o los de París, pero se encontró un pedazo de campiña inglesa al que daban calles y ventanas. Las distintas ciudades que conforman Londres se miraban en el parque y su lago que se llenaba de bañistas cuando asomaba el sol. Alrededor estaban, como siempre, sus rincones para los amantes, su cielo color plomo y su

Speakers' Corner. En Londres, su capacidad para ilusionarse le dio para quedar fascinado por el ilustrador William Blake y compró la lámina en la que aparecía el rey Juan que fue de las pocas cosas que lo acompañaron durante treinta años hasta que finalmente también la tuvo que dejar atrás.

Aquella época, Stefan la llamó en su autobiografía: "Rodeos en el camino hacia mí mismo". Intuía ya que no iba a ser un gran poeta. En 1907 le escribió a Rilke contándole que, aunque algunos de sus versos eran personalmente valiosos para él, no le parecía que lo fueran para la literatura y que solo estaba orgulloso de su traducción de Verhaeren, a quien, como sabemos, consideraba el poeta más grande de aquel momento. Y de todo esto daba cuenta desde su posición más habitual, en el corazón de un café, en el corazón de Europa. El centro del universo vienés de Stefan no eran las librerías ni los teatros, eran los cafés. En aquellos clubes democráticos era donde más rodeos daba. Allí estaban sus tertulias y sus publicaciones nacionales y extranjeras por el precio de un café. Un problema inesperado que se iba a encontrar en Nueva York, donde le llevó uno de sus rodeos, era la ausencia de cafés al estilo vienés. Al otro lado del océano, los cafés no cumplían las funciones de oficina, hogar y club y eso lo descolocaba. Porque en Londres sí había cafés y servían de lugar de reunión en el que sentirse vivos los exiliados, pero en Nueva York, no. La ciudad todavía no era la capital del imperio, pero a Stefan le sorprendió que la gente estuviera ocupada todo el tiempo, que hasta comiendo tuvieran que estar haciendo algo a la vez, aunque fuera leer el periódico. Todos corrían para todo y parecían incapaces de gastar su tiempo en no hacer nada.

EL APRENDIZ INTENTA SER AUTOR TEATRAL

Entre los dieciocho y los treinta años, Stefan llegó a decir que solo recordaba haber hecho dos cosas: viajar por el mundo y frecuentar cafés acompañado de mujeres. La verdad es que además de eso no paró de escribir, pero no era lo que él recordaba, porque repudió en mayor o menor medida toda su obra anterior a los treinta años.

Insistió más veces en esta conclusión y tal vez exageraba cuando decía que no era capaz de recordar haber hecho ningún trabajo o haber aprendido algo en aquellos años.

A pesar de eso, su fama como escritor creció progresivamente. Estaban sus traducciones de Verhaeren, sus colaboraciones, el contacto con los grandes, Rilke, Hesse, Schnitzler, Freud. Y también estaba su pasión coleccionista que lo hacía relacionarse con un mundo paralelo, el de los autores vivos y no vivos. Por ejemplo, a Schnitzler le regaló un autógrafo de Goethe a cambio de un manuscrito suyo. Coleccionar manuscritos y autógrafos era una moda en Viena, donde a principios de siglo se comerciaba con las cartas de los autores y era posible, por ejemplo, comprar cartas originales de Hofmannsthal o de Schnitzler por tres o cuatro coronas.

De todos modos, a los veinticinco años, Stefan ya era un tipo reconocido al que llegaban adolescentes con sus manuscritos. Eso le pasaba a menudo y era amable con los que lo abordaban, incluido René Fülop-Miller, que se acababa de fugar de casa con 14 años y que se plantó delante de él en un café de Viena en 1905. Era amable hasta con los ladrones, como cuando por aquellos años, en su hotel de París le robaron una maleta y al aparecer intacta no quiso denunciar al autor ante la indignación del dueño del hotel.

Pero la verdad es que Stefan no paraba de escribir. En otoño de 1906 publicó su segundo poemario. *Wege*, Caminos. Ése era el título original, pero al final lo llamó *Las coronas de flores tempranas*. Fue un éxito de crítica, pero ¿a dónde lleva la poesía si uno es un hombre práctico y Stefan lo era? Si tienes un empleo satisfactorio o aspiras a catedrático de literatura en la universidad, te puede servir ser poeta, es una bonita corona, temprana o no, pero si solo quieres dedicarte a la literatura como Stefan, la poesía puede ser un estorbo, siempre que no seas Rilke. Eso sí, todo buen escritor tiene un poeta dentro que cuela versos en cada párrafo. Si no es así, lo mejor es no leerlo.

El camino hacia uno mismo es tortuoso. Tal vez se refería a eso Stefan cuando decía no recordar haber hecho nada entre los dieciocho y los treinta. ¿Nada? Educado como burgués, la consecución del éxito social y económico eran las metas que lo rondaban y tenía que pelearse con ellas y con el designio de sentar cabeza.

Stefan siempre fue muy exigente consigo mismo y le pesaba el sentimiento de provisionalidad que presidía su vida aquellos años, aunque supiera que precisamente eso era lo que le daba vida. La inestabilidad del movimiento y de la no certeza, paradójicamente, le daban estabilidad mental y la tranquilidad de saber que lo que hacía se acercaba a lo que quería hacer. Muchos pensaron y piensan que él pudo porque era rico y no les falta razón, pero no hay que olvidar que para Stefan el dinero era un medio y no un fin. Él utilizó el dinero de su familia para independizarse y para hacerse escritor y para vivir bien, pero como escritor. No se puede decir que el apartamento que ocupaba en Viena fuera pobre. No lo era, pero era el pequeño refugio de un escritor y desde la pared lo miraba el manuscrito de Goethe de su *Mailied*, o sea, su *Canción de mayo*. Estas son sus tres primeras estrofas:

Wie herrlich leuchtet
Mir die Natur!
Wie glänzt die Sonne!
Wie lacht die Flur!

Es dringen Blüten
Aus jedem Zweig
Und tausend Stimmen
Aus dem Gesträuch

Und Freud' und Wonne
Aus jeder Brust.
O Erd', o Sonne!
O Glück, o Lust!

(¡Con qué magnífico brillo / me ilumina la naturaleza! / ¡Cómo luce el sol, / cómo ríe la pradera! // Las flores estallan / en cada rama / y mil voces / desde de los arbustos // Alegría y gozo / en cada pecho. / ¡Oh Tierra, oh sol / oh felicidad, oh placer!)

La palabra "Zweig" manuscrita por Goethe preside el poema y la casa de Stefan que aún consideraba que sus obras solo eran experimentos, ensayos de algo que estaba por venir. Lo mismo le ocurría con las mujeres con las que "tenía amistad". El eufemismo es de Stefan. Pero con los ensayos llegó a los treinta años, edad a la que todos sus contemporáneos ya estaban casados, con hijos y con una profesión. Él no tenía compromiso, no tenía hijos y se consideraba un aprendiz. A pesar del mandato cultural y paterno de ser un hombre de provecho, llegaba a disfrutar de tener todo el tiempo del mundo y de no comprometerse, pero sintiendo que tal vez fuera errónea esa manera de educarse en la provisionalidad. No obstante, en su biografía diría que la sensación de vivir sin ataduras le resultó útil para las pérdidas y despedidas que estaban por venir.

Goethe también estaba muy interesado por el misterio de la creación artística y por todo en general. De hecho, su teoría del color superaba la de Newton al tener en cuenta no solo la física sino también la percepción. Decía que para entender el arte no basta con observar y disfrutar el resultado final, sino que también hay que ver su génesis. Por eso Stefan tenía su manuscrito en la pared, y por eso había conseguido también unas galeradas de su admirado Balzac, llenas de anotaciones. En ellas se observaba una de las características del artista: la tenacidad más absoluta, la búsqueda de la expresión correcta como forma de perfección.

En aquella época, el coleccionismo de Stefan era un deporte de adultos que había nacido en su infancia, se había desarrollado en su adolescencia, y ahora, como adulto joven con posibles, podía alcanzar la madurez reuniendo una colección de verdad. En ocasiones, su coleccionismo era pura mitomanía, pero es verdad que al buscar, encontraba cosas sorprendentes. Un día, su vecina de arriba en Viena, la profesora de piano, lo paró en la escalera para disculparse por las molestias, pero le acabó contando que vivía con su madre, que era ni más ni menos la hija del doctor Vogel, el médico de Goethe. Stefan alucinó con la escena. En su piso, en un mundo ya con luz eléctrica y teléfono, él dictaba a su secretaria, y mientras, en el piso de encima, tan modesto como el suyo, aún vivía una octogenaria que había conocido al poeta de los poetas alemanes y todavía podía contarlo. Stefan, como coleccionista, a lo más que podía aspirar era a tener un manuscrito o la pluma de oca de Goethe, pero allí tenía a una mujer que podía hablarle de otro mundo, de que la nuera de Goethe, la famosa Ottilie, había sido su madrina, de que el propio Goethe había asistido a su bautizo, de su vida hasta los quince años en la casa de Goethe que después sería museo. Dentro de su colección, aquella mujer sobre cuya cabeza una vez Goethe posó su mano, quedó guardada en un lugar de honor junto con otros personajes que conocería, como Cósima Wagner, la hija de Liszt, Elisabeth Förster, la hermana de Nietzsche, o Georg Brandes, el hombre que había conocido a Whitman, Flaubert, Dickens y Wagner.

Stefan dedicaba mucho tiempo y esfuerzo a su colección y tenía ya originales de Rolland, Rilke, Claudel, Gorki, Freud y muchos otros. Con sus contemporáneos seguía un procedimiento muy sencillo y muy eficaz: les enviaba un libro suyo acompañándolo con una amable carta. A vuelta de correo solía recibir una carta manuscrita y ya estaba. Pero un buen coleccionista como él no se conformaba con eso, así que la relación epistolar solía continuar y cuando la relación era más íntima, pedía a sus corresponsales algún manuscrito de una obra vieja o un borrador lleno de correcciones que tuvieran por ahí. Por ejemplo, su correspondencia con Freud comenzó cuando Stefan le envió su *Tersites* en 1908. A la primera carta, Freud le respondió contándole que conocía sus versos y que le gustaban y no dejó pasar la oportunidad de señalar que Stefan y no Aquiles había matado en la obra al hombre que según los poetas antiguos había vuelto sano y salvo de Troya. Los dos hombres se escribieron durante treinta años, hasta la muerte de Freud. El padre del psicoanálisis se dirigía a Stefan con un educado "querido señor", mientras que Stefan solía empezar sus cartas con un "querido y respetado profesor".

El museo del coleccionista Stefan se instalaría años después en Salzburgo, donde le dedicaría una sala de su casa palaciega. Para entonces, él ya tenía una meta mucho más importante como le escribió a Rolland en 1918: "Mi objetivo sería convertirme algún día no en un gran crítico ni en una celebridad literaria, sino en una autoridad moral". Esta declaración era consecuencia de la guerra, pero siempre vivió con Stefan, incluso cuando era mucho más joven y todavía buscaba la casa para sus libros que encontró muy pronto. Insel-Verlag (Editorial Isla) era una editorial de verdad, que hacía de cada libro una obra de arte y a los veinticinco años le dio a Stefan el permiso de residencia en esa joven república en la que también vivían Rilke y Hofmannsthal. Allí creció durante treinta años en los que presumiría de no haber encontrado ninguna errata en sus obras. Pero nada es para siempre y, transcurrido ese tiempo, lo acabarían expulsando cuando ser judío era incompatible con la vida en Alemania. A Stefan le pareció casi más difícil dejar Insel que dejar su patria.

De los habitantes de Insel, Stefan admiraba profundamente a Hofmannsthal, pero como ya he dicho, el sentimiento no era mutuo. Hofmannsthal fue un talento temprano, pero Stefan no, tardó en madurar, aunque al final sí tuvo un éxito abrumador. Hofmannsthal se conformó con ser el poeta más aplaudido de su generación mientras que Stefan quería ser escritor. Por ejemplo, cuando Kippenberg, el dueño de Insel, le pidió a Hofmannsthal que incluyera a Stefan en un almanaque austriaco que iba a elaborar para la editorial después de la primera guerra mundial, el poeta laureado le dijo que lo incorporaría porque él se lo pedía, pero de mala gana. El mensaje no tiene desperdicio y no solo arremete contra todos los escritores austriacos vivos, según él, claramente mejores que Stefan, sino que tacha a Stefan de "vulgar literato". Stefan siempre fue mucho más elegante que este poeta elitista que llegó a envidiarlo porque vendía más que él desde el bombazo editorial que supuso *Ardiente secreto*. Esta obra publicada en 1911, sería el principio del boom de Stefan y tendría una larga vida que aún no ha terminado. Por ejemplo, *Ardiente secreto* llegaría a los cines en 1933 y sus afiches colgados por la ciudad serían un chiste certero en el Berlín nazi donde las llamas devoraban el Reichstag. También Kubrick querría filmarla en los 1950s, aunque al final la llevara de nuevo a la pantalla un ayudante suyo, pero en 1988. No obstante, Kubrick siguió enamorado de la idea de convertir en cine la obra de uno de aquellos escritores vieneses que lo fascinaban por su escepticismo y por ser también librepensadores con un pie dentro y otro fuera del sistema. Así que su última película, *Eyes wide shut* se basó en la obra *Relato soñado* de Arthur Schnitzler, buen amigo de Stefan.

Pero nos encontramos todavía en la época en la que Stefan está algo acomplejado con los monstruos que conoce y admira y solo se atreve con narraciones cortas. Aún no ha empezado a escribir biografías pero publica una obra de teatro, la ya mencionada *Tersites* que, como todo lo que escribió antes de los treinta y dos, no permitió que se reeditara.

Tersites sería el primero de una larga nómina de derrotados a los que encumbraría Stefan en la obra que sería la de su vida: proclamar a los cuatro vientos que el verdadero éxito es el éxito ético, aunque a veces haga perder la cabeza de forma más o menos figurada. Erasmo y no Lutero, María Estuardo y no Isabel, Castellio y no Calvino, Tersites y no Aquiles fueron sus héroes.

Pero antes de descubrir esto, algo que le llevaría muchos años al joven Stefan, decidió intentar ser autor teatral y al principio parecía que todo iba bien. *Tersites* lo leyó el director del Teatro Real de Berlín y le dijo que lo quería estrenar con uno de los mejores actores, Adalbert Matkowsky, que haría de Aquiles. Ahí comenzó un duro aprendizaje para Stefan que llegó a resumir con su frase: "no hay que alegrarse de una representación antes de que el telón realmente se haya levantado". Primero se aplazó el estreno por enfermedad de Matkowski, pero es que a la semana el actor falleció. Otros teatros querían programar la obra, pero Stefan se desanimó. Ya no imaginaba otro Aquiles.

Es muy fácil hablar, ponerte en modo agenda de autoayuda y decir que nunca confíes en que todo va a ir bien ni te decepciones porque todo vaya mal. Es imposible que las cosas vayan como quieres mucho rato seguido. En el mundo hay intereses y azares que van en contra de lo que tú quieres. Acéptalo cuanto antes. Los freudianos podrían llamarlo "atravesar la dura roca de la castración". Tú puedes llamarlo "realidad" a secas y a Stefan le esperaba una buena dosis de realidad con la excusa del teatro.

El otro actor que compartía el título inexistente de mejor actor de Alemania era Joseph Kainz que se interesó por hacer de Tersites, pero el nuevo director del Burgtheater no quiso representar la obra. Tras esta negativa, Kainz le pidió a Stefan una obra corta para lucirse. No hay que olvidar que el joven Stefan admiraba profundamente a aquel actor al que en su momento consideró un dios del olimpo de la cultura. Así que, siguiendo la máxima de su maestro Goethe, que le miraba desde la pared, con su inquebrantable voluntad, dio órdenes a la poesía. Stefan escribió la obra y Kainz quedó contentísimo y repetía que le venía "como anillo al dedo". La obra en verso se llamaba *El comediante transformado* y trataba de un episodio galante en la corte alemana del siglo XVIII. Dicen que era divertida. Solo hacía falta esperar a que regresara Kainz de su gira, hiciese los ensayos y estrenase en el Burgtheater, pero volvió enfermo y ya no levantó cabeza. Lo operaron de cáncer y, a las pocas semanas, falleció.

Después de eso, si yo hubiera sido actor en Alemania, probablemente no me habría animado a interpretar nada de Stefan Zweig. Habría pensado que estaba gafado. Pero, desgraciadamente, como no hay maldición que cien años se recuerde, hubo una tercera vez. Unos años después, en 1912, el nuevo director del Burgtheater, Alfred Baron Berger decidió dirigir la obra *La casa a orillas del mar* que Stefan había publicado el año anterior. Stefan miró preocupado la lista de actores y se tranquilizó al comprobar que no había ninguno famoso. Sin embargo, quince días antes de que se iniciaran los ensayos estaba muerto el director.

La maldición que en ocasiones leyó Stefan en los curiosos hechos lo persiguió y, cuando después de la primera guerra mundial tuvo un éxito enorme y en todos los idiomas conocidos con sus obras *Jeremías* y *Volpone*, siguió temiendo que a alguno de los actores implicados le pudiese ocurrir algo.

De hecho, nunca se quitó aquello de la cabeza, porque en 1931 rechazó que su obra *El cordero de los pobres* fuera representada por su amigo Alexander Moissi con una excusa, a pesar de que era el actor más adecuado para hacerla. En realidad a Stefan le aterraba que el futuro dueño del anillo de Iffland, el objeto que hacía las veces de corona de la escena alemana y que pasaba del mejor actor al que consideraba su sucesor, volviese a morir antes de representar una obra suya. De hecho, estaba tan obsesionado con el asunto, que en su recuerdo el anillo había pertenecido a Kainz, que según los registros no lo tuvo, pero como ya hemos dicho, sí falleció antes de representar una obra de Stefan.

Aquí nos cruzamos con la historia de otra maldición y no es la del anillo del Nibelungo, la obra magna de Wagner que se basa en la historia de un anillo mágico fundido con el oro encontrado en el fondo del Rin que concede a su portador el poder de dominar el mundo, siempre y cuando asuma el precio de renunciar al amor. Vamos, lo de siempre, que si decides triunfar, es decir, dedicar tu vida a satisfacer tu ego y los valores de tu cultura no tendrás espacio para amar a otros y, en compensación, ellos no te amarán. No pretendo con esta frase ahorrar al lector quince horas de ópera, sino saltar momentáneamente a otra historia de anillos también de tradición germánica, la de los anillos de la primera escuela de psicoanálisis. La cosa es que Freud entregaba a sus discípulos más queridos, entre ellos, Marie Bonaparte, Lou Andreas Salomé y Anna Freud, un anillo que certificaba su pertenencia al círculo de los elegidos. No está mal para un misógino de hace un siglo, ¿verdad? Pero sigamos con el anillo de Iffland. El dueño hasta 1911 fue Friederich Hasse y no Kainz, que nombró heredero a Albert Bassermann. Este tuvo que nombrar a lo largo de más de tres décadas a tres herederos y los tres murieron de forma consecutiva, así que ya no nombró un cuarto. El tercero de ellos fue Alexander Moissi, el amigo de Stefan. A pesar de haber sido rechazado para representar la obra de Stefan en 1931, Moissi insistió. Le habían dado el Nobel de 1934 a Pirandello y Moissi fue a ver a Stefan y le pidió el favor de que tradujera una obra de Pirandello que debía estrenar: *Non si sà come*, o *No se sabe cómo*. Pirandello llevaba toda la vida montado en su enseña: "cuando no *se sabe cómo* vivir la vida, hay que escribirla", que nada tenía que ver con el funesto "no se sabe cómo" de la obra en la que un personaje comete un crimen involuntario y decide que, como merece un castigo, un amigo debe matarlo, aunque no se sabe cómo. Stefan realizó el encargo considerando que nada tenía que ver con la supuesta maldición y estaba en Viena cuando iban a empezar los ensayos. Le apetecía ver a Moissi interpretando a Pirandello, pero Moissi volvió con una fuerte gripe de Suiza y Stefan ya no pudo visitarlo porque estaba delirando por la fiebre. Falleció al poco.

En el entierro de Moissi, Bassermann, que nunca llevaba el anillo puesto, lo depositó sobre el ataúd para que fuera incinerado junto con el actor, pero el director del Burgtheater lo rescató con la excusa de que debía pertenecer a un actor vivo y no a uno muerto. Bassermann se lo quería quitar de encima porque tenía motivos para pensar que estaba maldito y ya nunca más sería su propietario. Bassermann, un hombre catorce años mayor que Stefan, lo sobrevivió diez años, pues murió en 1952, pero es que hasta 1954 ningún actor alemán llevó de nuevo el anillo. Tras el entierro de Moissi y el rescate *in extremis* del anillo, el objeto maldito quedó custodiado en la Biblioteca Nacional de Austria en Viena, y cayó en el olvido. Todo esto suena a *El señor de los anillos*, ¿verdad? Pero así fue. Finalmente, en 1954, tras rechazarlo en una ocasión, el anillo de Iffland, que es propiedad del estado austriaco, lo aceptó Werner Krauß. Krauß, que murió en escena interpretando *El rey Lear,* habría preferido legarlo a Alma Seidler, pero como solo era para hombres se lo pasó a Josef Meinrad y este al portador actual, el suizo Bruno Ganz, conocido en todo el mundo por interpretar a Hitler en *El hundimiento.* Para compensar de algún modo la desigualdad, en 1978 el gobierno creó el anillo Alma Seidler, equivalente femenino al de Iffland. La historia de los anillos amenaza con cerrarse ahora que Bruno Ganz ha dicho que podría nombrar sucesora y no sucesor, con lo que el mítico anillo de Iffland iría a la mano de una mujer, que podría reunirlos todos.

EN UN VAGÓN CON BALZAC, ROLLAND Y TOLSTOI

Si Stefan hubiera tenido éxito con sus primeras obras de teatro, su destino tal vez habría sido distinto, pero su vida no pasaba por ahí. Le tocaba hacer otra cosa y lamentarse en su autobiografía de su maldición con estas palabras: "Es como sí, sin tener en absoluto la culpa, siempre me tuviera que ver envuelto en el destino de otros". Stefan, ¿qué te podríamos decir? Así es la vida, no se puede no influir.

Tras la muerte de Adalbert Matkowsky en 1909, Stefan pudo dejar atrás el drama de *Tersites* y el teatro en general, y lleno de entusiasmo le contó a su hermano sus planes: había decidido dedicarse totalmente a Balzac. Ningún autor lo fascinó más, y aunque en 1920 publicó su biografía dentro del volumen *Tres maestros. Balzac, Dickens y*

Dostoievski, aquello no fue más que un borrador de lo que realmente quería hacer. Durante años Stefan escribió la biografía definitiva de Balzac que por definición no era posible terminar. La biografía de Balzac era para Stefan el resumen de la historia del hombre, un ser lleno de ambiciones de éxito que debe ir abandonando una tras otra hasta quedarse acantonado en el único terreno para el que tiene talento, en este caso, la literatura. Por desgracia, los libros no convirtieron a Balzac en el hombre poderoso que había deseado en un principio. A pesar de que Balzac había muerto en 1850, Stefan no dejó de encontrárselo a lo largo de su vida y no solo en los libros. Por ejemplo, cuando conoció a Rodin, este le pudo contar muchas cosas del novelista, ya que investigó a fondo su figura durante años para poder hacer el busto del escritor que le encargó la Societé des Gens de Lettres. Rodin trabajó en el busto de Balzac como trabaja un artista, manteniendo la tarea en su cabeza. Durante años estudió la figura de Balzac, visitó sus lugares, habló con su gente y finalmente hizo una escultura que le rechazaron y el encargo se lo adjudicaron a otro. A pesar de ello, si uno busca la estatua de Balzac en Internet solo sale la de Rodin que está en su museo de París. Por cierto, que Rodin se planteó hacer un busto de Stefan e hizo varios bocetos que se perdieron. Ni ellos ni el propio Rodin sobrevivirían a la primera guerra mundial. Stefan siempre lamentó que ese busto no llegara a realizarse, pero fue ahí donde comenzó su pasión por las biografías. En aquella época escribió la primera de todas, una breve semblanza de su padre literario, Emil Verhaeren, el hombre que le había presentado a Rodin. Ahí descubrió que desde el instrumento de la biografía podía llegar a comprender mejor el mundo y a sí mismo y gracias a esto acabaría convirtiéndose en el mejor de los biógrafos, o si no, en el más leído de la historia. Observada desde ahí, la vida de Stefan fue como un inmenso bucle que empezó en la primera biografía de verdad que hizo, la de Balzac y que acabó con la primera que dejó sin terminar, también del novelista francés. Balzac, con su trayectoria exagerada y vital, muere joven, a los cincuenta y uno, cuando por fin parece que la miseria queda atrás, cuando parece que puede ser feliz con la condesa von Hanska. El mismo día de su muerte lo visita su admirador Victor Hugo que tras el fallecimiento proclamará: "A partir de ahora los ojos de los hombres se volverán a mirar los rostros, no de aquellos que han gobernado, sino de aquellos que han pensado". Esos son los que le interesan a Stefan, y también los que acudieron al entierro de Balzac en el cementerio parisino de Père-Lachaise, entre ellos Courbet o los Dumas, precursores de un peregrinaje que no cesa, aunque el más visitado del cementerio sea Jim Morrison. Este es el hombre que nos interesa a todos, el Balzac que nos sigue mirando socarrón desde un daguerrotipo de 1842, y el que retrató Stefan, aunque Richardt Friedenthal tuviera que ordenar el manuscrito.

Figura 10. Daguerrotipo de Balzac en 1842 (Louis-Auguste Bisson. Dominio público. commons.wikimedia.org).

El principio del siglo XX fue una época de bonanza aparentemente imparable. El progreso era el nuevo credo y el optimismo del crecimiento cubrió todo. Nunca Europa había sido más fuerte, rica y hermosa, aunque eso tuviera que ver con la explotación colonial. Pero ¿a quién le importaba lo que ocurría a un continente de distancia cuando todavía el mundo se acababa a cinco kilómetros de casa?

Stefan también se contagió del optimismo y antes de la guerra trabajó mucho, publicó, recibió propuestas para colaborar y su nombre salía en los medios. No era consciente de que aquella época encubría una escalada que algunos llamarían "la paz armada". No solo veía a las ciudades más bellas, también a la gente. Las personas eran más bellas y más sanas porque empezaban a hacer deporte, a comer mejor, a trabajar menos, a tener otra relación con la naturaleza, al menos en lo que respecta a los conocidos de Stefan, que siempre vivió en un mundo irreal de niño bien. Las élites no terminan de darse cuenta de que fuera de su medio se vive distinto y por eso Viena fue un bonito espejismo para la aristocracia y la élite judía que sufriría un golpe de estado que la desbancaría para siempre. De los 250.000 judíos que vivían en Austria en 1933, para 1950 no quedaban ni 20.000. Los que sobrevivieron a los asesinatos en masa ya no quisieron vivir allí. Emigraron a Israel o a América. La vieja Europa tiene cosas buenas, pero nunca ha dejado atrás ese funcionamiento rural en el que, si no eres de la familia que manda o es mandada desde hace siglos, no vas a ser aceptado del todo. El nuevo mundo fue fundado por los distintos que se fueron allí a inventar una vida nueva sin los prejuicios con que te cubre tanta inmovilidad.

Stefan fue un apóstol más del espejismo. Sentía que la gente no solo era más bella, sino también más libre. Los domingos igualaron un poco a todos y se empezó a tolerar la curiosidad por el mundo. Los jóvenes estaban ya orgullosos de serlo y tenían menos miedo. Las barbas fueron desapareciendo y ya no hizo falta que los jóvenes se movieran o pensaran como viejos para poder vivir en aquel mundo rancio. Hasta las mujeres empezaron a vestirse como seres vivos y a trabajar, aunque fuera de secretarias. Stefan llegó a escribir esto: "en aquellos diez años hubo más libertad, despreocupación y desenfado que en los cien años anteriores". La gente se sentía europea o, al menos, las élites de las ciudades. Todos celebraban las hazañas de la nueva era, como el día que Blériot cruzó el Canal de la Mancha con su aeroplano. Y Stefan vio que en aquella confianza podían surgir los sentimientos que antes no podían mostrarse y que había una esperanza para la vida.

Pero los deseos de una fraternidad universal, de un mundo abierto, no consiguieron nada más que provocar un contraataque mucho más cruel por parte de los reaccionarios. Porque también había que tener en cuenta la codicia. Los países eran ricos, pero querían más y es muy fácil pensar que si le puedes arrebatar lo que tiene a tu vecino porque eres más fuerte que él, ¿por qué no lo vas a hacer? En el mundo de los machos alfa, los razonamientos son así. El deseo de poder no se sacia. Solo se puede apagar si se le da el cambiazo y se convierte en deseo de vida, pero las personalidades no cambian fácilmente y mucho menos las forjadas a imagen de los mundos infantiles del yo soy más, yo sé más, yo soy mejor y tú estás equivocado. El futuro de la humanidad, si lo tiene, pasa por dejar todo esto atrás.

Pero el futuro en aquel momento era una guerra que iba a llegar con cualquier excusa, porque todos los estados se sentían fuertes y quisieron probarse. Lo de medir las consecuencias tal vez les pareció poco viril. Los boxeadores saben que pueden llegar a ser campeones en el ring, pero a ratos se olvidan de que también pueden matar o morir. Los poderosos, los que nunca irían en persona a una guerra, encontraron una forma hipotética de aumentar su riqueza, su poder: invadir. Por eso en Alemania introdujeron un impuesto de guerra y en Francia se prolongó el servicio militar con la excusa de que había indicios de una revolución. La confianza en la bondad de la especie fue una torpeza. Si hubieran sabido lo que se les venía encima, los ferroviarios deberían haber volado las vías para que los soldados no llegaran al frente, y las madres deberían haber impedido que sus hijos fueran al matadero, o eso es lo que pensó Stefan después.

El hombre que, según Stefan, vio aproximarse la catástrofe era un escritor ignorado al que la fama le llegó muy tarde, como también les ocurrió a Valéry y a Proust, los más importantes escritores franceses de principio del siglo xx. Se trata de Romain Rolland. Stefan supo de su existencia por casualidad mientras esperaba a una escultora rusa que le iba a hacer un boceto. La explicación de Stefan es que, como era rusa, no conocía la puntualidad y él, que era extremadamente puntual, llegó a la hora y empezó a leer unas publicaciones que había por el estudio mientras esperaba. Eran los

Cahiers de la Quinzaine donde Rolland iba publicando toda su obra sin mucha repercusión. Stefan leyó lo que escribía aquel desconocido y quedó impresionado. Cuando llegó la escultora, Stefan le preguntó ansioso por el autor, pero no supo decirle gran cosa. Stefan estaba entusiasmado, porque había encontrado la obra que serviría para el hermanamiento de todas las naciones europeas. En su siguiente viaje a París les preguntó a Verhaeren y Bazalguette, pero ellos tampoco sabían mucho de aquel autor. Stefan siguió el procedimiento habitual. Le envió un libro suyo a Romain Rolland y, a vuelta de correo, le llegó una invitación para visitar su casa. Según Stefan, fue una amistad tan fecunda como las que mantuvo con Verhaeren y con Freud, pero además la calificó de decisiva.

En 1921 Stefan publicaría su biografía con el título: *Romain Rolland: Der Mann und das Werk. El hombre y su obra* sería la traducción, aunque en las obras completas de Stefan publicadas por Editorial Juventud en 1952 se titularía así: *La lucha contra el mundo*. Stefan ya se había dado cuenta de que cuando te encuentras con un verdadero artista merece la pena preguntarse por su vida, y la vida de Rolland empieza y termina en la música y en el piano que fue donde lo educó su madre. La trayectoria de Stefan y la de Rolland están llenas de paralelismos. Ambos admiraban a los artistas que les precedieron y escribieron biografías de ellos, ambos daban mucha importancia al trabajo destinado a hermanar los pueblos y a la responsabilidad de los hombres en esta tarea, ambos fueron presionados por sus familias para que estudiasen antes de dedicarse al arte, pero en todo precedió Rolland a Stefan que siempre lo consideró su maestro y su modelo a la hora de escribir biografías.

Rolland consiguió no hacerse ingeniero y acabó estudiando filosofía en la Escuela Normal de París, donde se formó en aquella época la élite cultural francesa con nombres como Renan, Jaurés, Michelet o Monot. Eso por no mencionar a los amigos de colegio de Rolland, nada menos que Claudel, Suarès y Peguy. Stefan se quejaba de que sus compañeros adolescentes, tan forofos como él de la poesía y el arte, abandonaron su pasión y lo dejaron solo, pero los amigos de Rolland perseveraron, y eso que todos tendrían que trabajar durante décadas en la oscuridad antes de ser reconocidos.

Probablemente, el momento más decisivo de la vida de Rolland se produjo cuando tenía veintiún años. Su admirado Tolstoi había publicado *Qué debemos hacer,* un panfleto en el que criticaba el arte y a los artistas. De Beethoven se quejaba porque era un instigador a la sensualidad y a Shakespeare lo calificaba de autor pernicioso de cuarta categoría. Estos, junto a Tolstoi, eran los artistas más admirados por el joven Rolland que entró en crisis. Tolstoi, en sus momentos de culpa, que parecían arrebatos místicos, caía en una melancolía destructiva. La misma melancolía que lo llevó a la muerte en una estación de tren cuando intentaba huir de toda su vida anterior a los ochenta y dos años. En aquella ocasión, lo que leyó Rolland fue que el arte era una trampa que solo servía a una selecta minoría y que no representaba ni transmitía los valores y los sentimientos del pueblo. Rolland estaba desesperado. Si no podía dedicarse al arte tal como había elegido, ¿entonces qué? Como no tenía nada que perder, escribió a Tolstoi. La respuesta tardó semanas, pero el 14 de octubre de 1887 le llegó a Rolland una carta de treinta y ocho páginas escrita en francés, firmada por el mismísimo Tolstoi, que comenzaba así: "Cher frère", querido hermano. En su carta, Tolstoi le animó a Rolland a continuar, aunque dejándole claro que el amor al arte no es nada si no está subordinado al amor a la humanidad, que si el arte no sirve para unir a los hombres, no sirve para nada. Como cuenta Stefan en la biografía de Rolland, la bondadosa carta que le regaló el ruso se reencarnaría en mil cartas que Rolland escribió a mil desconocidos, y ese germen le llegó a Stefan y nos llega a nosotros.

También fue importante el paso de Rolland por Roma. La Escuela Normal le concedió una beca de dos años para trabajar en el archivo del Palazzo Farnese y le dio tiempo para escribir sobre el saqueo de Roma rebuscando en los archivos del Vaticano. Pero el hecho decisivo de su estancia en Roma fue su encuentro con Malwida von Meysenburg. La aristócrata septuagenaria que había sido amiga de Wagner y de Nietzsche y el joven francés de veintitrés se hicieron buenos amigos. Ella lo contaba así en sus *Memorias de una idealista*: "Ciertamente no existe sobre todo en la edad avanzada, otra satisfacción más noble que la de encontrar en almas jóvenes el mismo ímpetu idealista, la misma aspiración a fines supremos, el mismo desdén de todo lo ordinario y superficial, el mismo valor en la lucha por la libertad de la individualidad". Para Rolland, el apoyo y la amistad de la idealista alemana fueron cruciales en sus años de aprendizaje. Hasta la muerte de Malwida se escribieron semanalmente y cuando tras el fallecimiento de la anciana en 1903 esos más de diez años de correspondencia le fueron devueltos, recibió por escrito la biografía sentimental de su gran personaje, Jean-Christophe. Ahí estaban todos los elementos que explicarían su vida posterior empezando por su apego a la doctrina de la "no violencia activa" descrita por su admirado Tolstoi en su obra *El reino de Dios está en vosotros*. Este movimiento culminaría con Gandhi que denominó sus actividades: "resistencia civil más ética". Por pura lógica, en 1924, Rolland publicaría una biografía de Gandhi.

No es de extrañar que la determinación de Rolland admirara a Stefan. Por ejemplo, al no encontrar hueco para sus textos en aquella sociedad literaria que Stefan describió como corrupta y trivial, Rolland, Peguy y Suarès fundaron los ya citados *Cahiers de la Quinzaine* y durante quince años, publicaron ahí sus obras sin cobrar nada por ello. Rolland publicó ahí todo su Jean-Christophe, sus dramas y sus biografías de Beethoven y Miguel Ángel. Fueron muchos años, muchas páginas, mucha soledad y su fe lo llevó a un olimpo que él no buscaba. Hasta su pequeña buhardilla de escritor en la que no faltaba lo necesario, porque lo necesario era poco, llegó el éxito y el Nobel en 1915. Allí se pasó Rolland muchos años, como un monje alto, delgado y oscuro que trabajaba mucho, dormía poco y apenas salía a la calle. Como decía su personaje Jean-Christophe: "El éxito no era su fin, su fin era la fe".

En octubre de 1910, en aquel París de tres millones de habitantes, Rolland, aún un anónimo catedrático de música de la Sorbona, fue atropellado por un coche en los Campos Elíseos. Tuvo que estar tres meses en cama y allí escribió buena parte de su biografía de Tolstoi.

En sus *Momentos estelares de la humanidad*, Stefan tituló "La huida hacia Dios" al capítulo teatralizado que narra los últimos días de Tolstoi. El escritor ruso, guía de todos los escritores y lectores del mundo, intentaba a su vez encontrar la mano de Dios para que lo llevara. Su conflicto era universal: la lucha entre lo terrenal y el mandato divino. O dicho de otro modo más mundano, la lucha entre los deseos y las obligaciones. Algo que se convierte en trágico cuando el campo de batalla es un hombre muy religioso que opina que es mucho mejor sufrir por una convicción que matar por ella. Por eso no veía con buenos ojos las revoluciones que se estaban fraguando. En las escenas que cuenta Stefan, el viejo Tolstoi aboga por la acción liberadora que lo aleja de su casa, de su mujer. No quiere seguir allí y decide hacer algo que lleva décadas meditando. Tolstoi se marcha, aunque resulte demasiado tarde y acabe muriendo en una estación de tren. Todo viajero que se precie debería morir en una estación o en un aeropuerto como Vázquez Montalbán. Stefan, para concluir, escribe esta frase en la que no solo hablaba del autor ruso: "Precisamente aquellos que aman a un gran hombre, suelen interponerse entre ese hombre y su misión".

Mucha mística del "gran hombre". Demasiada. Sobre todo si se hojean los diarios de su mujer, Sofia Behrs. Ella se casó con Tolstoi a los 18 años, cuando él tenía 34 y estuvieron juntos 48 años. Se quisieron mucho, pero el amor no puede con todo. Sofía fue su secretaria y se encargó no solo de los hijos, sino también de las finanzas y de la promoción de Tolstoi. El genio era un hombre de un humor muy variable y de unas ideas muy radicales que por ejemplo impedían las medidas anticonceptivas en contra de la opinión de su mujer que dio a luz a 13 hijos. Pero lo peor vino al final, cuando Tolstoi se descolgó con que quería donar todos sus bienes y sus obras a la humanidad y, en consecuencia, dejar a su mujer en la calle.

Tolstoi, a pesar de todo esto, sí que fue un gran hombre, aunque solo fuera por su obra y por el tamaño de sus luchas internas y externas. Él, que era profundamente religioso, acabó excomulgado por la Iglesia Ortodoxa porque rechazaba algunos de sus dogmas. Él, que tenía una buena posición, se quiso convertir en una especie de asceta que era contrario a la propiedad privada de la tierra y por este motivo se enfrentaba a los zares y se ponía del lado de los campesinos. Le encantaba el concepto de desobediencia civil de Thoreau, y Kropotkin lo mencionó como filósofo del anarquismo cristiano en su artículo sobre el anarquismo en la Enciclopedia Británica.

En la noche del 27 de octubre de 1910, con 82 años, decidió dejar la filosofía hermenéutica y con el Marx que rebatió a Feuerbach, pasarse a la filosofía práctica y empezar a transformar el mundo. Abandonó Yásnaia Poliana, su casa de toda la vida, abandonó a su mujer y a sus hijos, y decidió entregarse a la lucha por la justicia y unirse a los campesinos. A su hija Alexandra le dejó una carta en la que explicaba que no lo siguieran porque su decisión de abandonar a su mujer era firme. Como la vida de Tolstoi era pública desde hacía años, las noticias de su desaparición y del intento de suicidio posterior de su mujer dieron la vuelta al mundo en pocas horas. Parece que quería ir al Cáucaso, donde fue feliz en su juventud como oficial de artillería a pesar de que fueron las deudas en el juego las que lo llevaron allí. Pero la fiebre hizo que se quedara en la casa del jefe de la estación de Astápovo, donde falleció el 20 de noviembre por una neumonía.

LA LUCHA CONTRA LA REALIDAD

Tolstoi, en su lucha contra la realidad, encontró la muerte en una casa ajena poco después de que llegara su mujer a despedirse de él. La lucha de Stefan en aquel año de 1910 era mucho menos radical y todavía rondaba esta pregunta: ¿Cómo compaginar mis ideales de éxito personal con el ideal de fundar una Europa nueva, unida por valores espirituales? Stefan era un hombre contradictorio, como lo somos todos. Quería el éxito literario pero también buscaba un camino ético; amaba a las mujeres, pero no demasiado porque temía que lo apartaran de su búsqueda; deseaba ser un novelista de éxito mundial como Tolstoi, pero empezaba pareciéndose a Romain Rolland. Stefan tenía buen ojo para los escritores, no hay duda, y le gustó aquel francés longuilíneo y encorvado que comía poco, que no fumaba ni bebía y que evitaba los esfuerzos físicos porque dedicaba toda su energía a la lectura y a la escritura. Rolland sabía de literatura, de filosofía, de historia, de todos los países y de todos los tiempos y tocaba muy bien el piano, pero es que además, Rolland era un nuevo Balzac. Estaba empeñado en meter toda la realidad en los diez volúmenes del *Jean-Christophe*. La realidad como aspiración y como némesis, sabiendo, como le dijo a Stefan, que "nada puede contra la realidad".

La realidad desembocaría en la primera guerra mundial y esta lo envolvería todo. Rolland se autoexiliaría en Suiza y, como pacifista militante, sería acusado de traidor y también lo compararían con Zola. Rolland pudo ir a Suiza porque otros como Castellio habían peleado antes por la libertad individual contra las tiranías. Y Rolland, en Suiza o donde fuera, pudo seguir investigando sobre el hombre y sobre la ética. Como su amado Tolstoi, decidió dejar atrás las teorías y pasar a la acción. Por eso Rolland se convertiría en el padre literario más importante de Stefan tras la infortunada desaparición de Verhaeren durante la guerra.

Rolland en Suiza sufrió una metamorfosis y empezó a ser un activista. Lo contrario de lo que había sido hasta entonces. Durante todo el conflicto trabajó como voluntario en la Cruz Roja y no paró de escribir contra la guerra. Su texto *Au-dessus de la m*êlée (*Más allá de la contienda*) sigue siendo la referencia del antimilitarismo, pero lo más potente que escribiría contra aquella guerra estaba ya en su *Jean-Christophe*. En aquella obra que fue creando durante más de una década se cuenta la historia de un músico alemán que se va a vivir a Francia con todos sus prejuicios. Al principio cree que los franceses son vagos, pusilánimes y sentimentales pero la convivencia con el enemigo a lo largo de toda la obra lo va transformando en un hombre mucho más comprensivo que incluso llega a hacer crítica de los valores alemanes. El proceso de apertura que hace el personaje Jean-Christophe al principio del siglo XX dentro de la obra de Rolland es el proceso individual que hizo el autor a lo largo de su vida y el que Europa no pudo hacer de forma colectiva. Se parecería al intento de renacimiento que, como secuela de la Ilustración, vivió Europa a mediados del siglo XIX con las frustradas revoluciones liberales. "Liberal", curiosa palabra totalmente vaciada de alma en el siglo XXI. "Liberales" eran los revolucionarios que en 1848 pedían libertad, fueron derrotados, y la amenaza que suponían sirvió para que conservadores y monárquicos utilizaran la represión y legitimaran las dictaduras.

Rolland, con su *Jean-Christophe*, quería fundar una Europa nueva, pero empezó la primera guerra mundial y se exilió en Suiza. Emulando a su admirado Walt Whitman, sirvió a causas humanitarias durante la guerra. Y si Whitman había sido enfermero en la Guerra de Secesión, Rolland colaboró con la Cruz Roja de Ginebra. Quince años mayor que Stefan, Rolland tenía clara su posición con respecto a las guerras y a la vida, cosa que no era aplicable a su joven amigo austriaco en 1914. No obstante, a lo largo de los cinco años de guerra, la influencia del pacifista Rolland no dejó de crecer en Stefan que acabó por adoptar al francés como modelo de escritor y de hombre.

Rolland veía con claridad el bucle de los desastres de la guerra al que llevan todas las guerras, que siempre acaban pareciéndose a los aguafuertes de Goya. Todo lo que estaba ocurriendo en Europa a principios del siglo XX era consecuencia directa de la guerra franco-prusiana de 1870-71. Aquella contienda aparentemente olvidada fue promovida por Bismarck con una maniobra retorcida para que Francia le declarara la guerra a Alemania y así, después de vencer en la contienda, poder unificar toda Prusia. Aquella victoria confirmó todos los prejuicios de alemanes y no alemanes y marcó el destino de Europa al conducirla de forma inexorable a la primera guerra mundial y a la segunda guerra mundial. Aunque en realidad, el bucle viene de antes, pues el ambicioso Bismark fue nombrado primer ministro después de los acontecimientos revolucionarios de 1848 y 1849 y lo primero que hizo, con la excusa de la crisis, fue disolver el parlamento, exactamente como haría Hitler en 1933, aunque Bismark no le prendió fuego. El problema para el siglo XX fue que la guerra franco-prusiana solo había sido una guerra de transición, con armamento antiguo, en la que solo participaban soldados en campo abierto sin apenas destruir ciudades ni matar civiles. Eso hizo que la gente tuviera un concepto de guerra muy edulcorado de modo que pensaban que a veces era necesaria y que se podía utilizar para ganar territorios en momentos de oportunidad. Desgraciadamente, no son lo mismo las guerras del siglo XIX que duran meses y matan unos miles de soldados y las guerras del siglo XX que duran años y producen millones de muertos.

La guerra franco-prusiana la perdió Francia y con ello la historia del mundo empezó a girar aún más deprisa. Los prejuicios de los alemanes prepotentes, los mismos del *Jean-Christophe,* se enfrentaron contra los franceses supuestamente indolentes y ganaron la guerra. Toda una profecía que se cumplía, al menos si uno miraba desde Alemania. Después de hacer preso a Napoleón III en la batalla de Sedán, los alemanes siguieron avanzando y sitiaron París durante cuatro meses. Justo en ese momento se proclamó la tercera república francesa que, por cierto, duraría hasta la invasión nazi en 1940. En París se organizó la famosa Comuna, pero no pudo resistir, y Francia se rindió el 10 de mayo de 1871. Cerca de 200.000 muertos, la mayoría franceses, y otros tantos heridos. Nada menos que en el salón de los espejos de Versalles se proclamó el segundo Reich con Guillermo I como Emperador y Francia se comprometió a entregar los ricos territorios de Alsacia y Lorena y 5.000 millones de francos de oro. El odio que quedó entre las dos naciones fue muy intenso y no lo pudo resolver ni Jean-Christophe, ni Rolland, ni nadie. De hecho, Rolland empezó escribiendo obras de teatro patrióticas como *San Luis* y *Aert*, según Stefan, con la intención "de devolver a la nación oprimida su fe y su idealismo", aunque luego vio que ese no era el camino.

Durante los más de setenta años que transcurrieron hasta la derrota nazi en 1945, se repitió el mismo esquema hasta casi destruir el planeta. Los alemanes se creían mejores y por eso atacaron Francia en 1914. Los franceses los odiaban tanto que resistieron y con la ayuda de los aliados los vencieron y les hicieron firmar en 1919, en el mismo salón de los espejos, el Tratado de Versalles, que era la venganza perfecta: Alsacia y Lorena de vuelta y una multa tan enorme que condenó a Alemania a la crisis. Y la crisis volvió a hacer pensar en revoluciones, no liberales esta vez, sino comunistas, y la gente tuvo miedo y crecieron los partidos de derecha radical y al final la gente votó a las mentiras de Hitler porque les parecían bonitas. "La Gran Alemania". Y como Bismark, Hitler fue nombrado mandamás. Como Bismark tomó el país y echó mano de la propaganda para cambiarlo todo. Si Bismark fue un visionario que empezó a utilizar el incipiente arte de la fotografía para promocionarse, Hitler fue más allá y desde 1923 tuvo a Heinrich Hoffmann como fotógrafo personal. Utilizó la fotografía, el cine y todos los medios a su alcance como propaganda. Bismark intentó germanizar Alsacia y Lorena a partir de 1871 sin gran éxito porque los métodos de adoctrinamiento eran rudimentarios todavía. Hitler enroló a todos los jóvenes en las juventudes hitlerianas y en unos pocos años militarizó y cegó a la población y, en cuanto pudo, empezó la más grande de todas las guerras. Hitler atacó a todo el mundo en su delirio megalomaníaco y claro, empezó por apoderarse de Alsacia y Lorena de nuevo. Por cierto, que entre las dos no superan el tamaño de la provincia de Cuenca.

A principios del siglo XX había muchos pacifistas que defendían como Stefan o como Rolland una ideología europea a favor de la armonía entre hombres libres contra la tiranía de la incultura, pero no eran suficientes. Rolland vio la rueda de la historia que volvía para traer más horrores y quiso al menos poner palos en su girar incesante. Su deseo quedó plasmado en la cita de Schiller que abría su manifiesto por un teatro del pueblo en 1900: "Ha concluido el tiempo viejo, comienza una era nueva". Los hombres desean y la realidad dispone.

A mediados de julio de 1914, Stefan visitó a su madre en Marienbad y luego fue a Bélgica con Marcelle, a quien recogió en París. La conocía al menos desde 1913 y ya había estado con ella en primavera haciendo su personal ruta del Loira. Primero visitaron la tumba de Leonardo en Amboise y luego la casa natal de Balzac en Tours. Allí, en un cine, cuando salió el emperador Guillermo, todos pitaron y patalearon. Stefan se asustó. Años de propaganda habían dado sus frutos. Quedó preocupado y lo comentó a sus amigos, pero no lo tomaron en serio, excepto Rolland, que comentó que cuanto más ingenuo es un pueblo, tanto más fácil es embaucarlo. Su plan en Bélgica era pasar allí el verano, primero en uno de los balnearios de Ostende y después en la casa de Verhaeren en Caillou-qui-bique. Pero allí tuvo que ser testigo de toda la escalada que desembocó en la primera guerra mundial. En Ostende, nadie pensaba seriamente en una guerra. Nadie creía que Bélgica, que era un país neutral, entrase en ningún conflicto. Pero se veían soldados movilizados, armamento en las carreteras. Stefan llegó a bromear diciendo que podían colgarlo de un farol si Alemania llegaba a invadir Bélgica. Parecía imposible, pero no lo fue. Stefan creía que los tratados entre las naciones eran algo que no se iba a profanar, pero para las guerras del siglo XX no había nada sagrado. Esa conmoción Adorno la concretó así: "Escribir poesía *después de Auschwitz* es un acto de barbarie".

Y en un mes se lio. El 28 de junio fue el atentado de Sarajevo y el 28 de julio, Austria-Hungría, después de asegurarse el apoyo alemán y de plantear a los serbios un ultimátum muy difícil de aceptar en el que exigía represión total contra los sospechosos del atentado, le declaró la guerra a Serbia. El 1 de agosto, Alemania le declaró la guerra a Rusia, el 3 de agosto a Francia, y el día 4 invadió Bélgica, motivo por el cual el Reino Unido le declaró la guerra a Alemania. En ese momento parecía un juego de ajedrez. Todos habían movido ficha. Pero resultó ser una reacción en cadena imparable.

En Ostende, los veraneantes abandonaron la playa y abarrotaron los trenes. Stefan se tuvo que despedir de Marcelle. Su historia acabó ahí y nunca la contó. Era demasiado personal. Desde luego que podría haberla escrito, pero no pensaba que pudiera publicarla.

Stefan decidió montarse en el tren muy tarde, casi demasiado tarde. Era el primero de agosto de 1914. Le avisó a Verhaeren de que no se reunirían al día siguiente, tal como habían quedado, y se subió al vagón. El expreso de Ostende en el que viajaba fue el último tren que hizo el trayecto Bélgica-Alemania, pero ese no era realmente el viaje. Su tren iba lleno de gente nerviosa que miraba por las ventanillas y vio cruzarse con ellos trenes cargados con cañones. Todos iban a la guerra; cada cual a la suya.

En su diario del 1 de agosto de 1914 Stefan dice: "La historia universal es sobrecogedora cuando se la mira de cerca" y unas frases antes: "esta guerra se prolongará hasta que no quede un solo hombre en pie". Stefan regresó a casa. Sabía que como no había hecho el servicio militar era poco probable que lo obligaran a ir al frente. Y así fue, pero no fue tan sencillo como resumiría en 1922 cuando dijo que nunca había cogido un arma. El día 4 llegó a Viena y en el Café Eiles se encontró con Friderike, la otra mujer que había en su vida. Stefan llegó con barba y Friderike se rio de él comparándolo con un obrero itinerante. Hablaron del significado de la barba que en tiempos bíblicos había sido un signo externo de duelo. Después de estar con ella Stefan se afeitó. Friderike le había escrito una carta muy comprensiva en la que le llamaba "hermanito" y en la que le deseaba que pasase hermosos días con su "amiga" francesa, para la que según Friderike debía ser una alegría abandonar el sucio y caluroso París para reunirse con Stefan. Friderike se conformaba de momento con tenerlo así, porque tampoco estaba en posición de pedirle más, ella, una mujer divorciada y con dos hijas. Friderike no lo sabía seguro, pero sí que debía intuir lo que Stefan escribía en su diario que, aparte de Rolland, ella era la única persona que tenía el poder de tranquilizarlo. Friderike tenía además mucha resistencia y sirvió de apoyo a Stefan toda la vida. En realidad, Friderike había cogido un tren para encontrarse con él en Viena, alarmada por lo que le había escrito Stefan acerca de acabar en Polonia como soldado raso. Un impulso muy frecuente entre los hombres era alistarse, como hizo Hesse al presentarse en la embajada Alemana en Suiza, aunque también lo declararon inútil para el combate y lo destinaron en Berna a asistir a los prisioneros de guerra en su embajada. En su nuevo puesto, Hesse fue el responsable de la librería de los prisioneros de guerra alemanes y también tuvo que enfrentarse a la enfermedad mental de su mujer y a otras catástrofes que lo llevaron a iniciar un tratamiento psicoanalítico. Es verdad que la historia canónica habla de que la mujer de Hesse tuvo que ser internada por una crisis esquizofrénica, pero Bärbel Reetz, autora de *Las tres mujeres de Hermann Hesse* cuestiona esta narrativa tan simple del gran hombre que sufre cuando en realidad lo que hace es parasitar a su esposa hasta que esta no puede más. Por cierto que Stefan nunca inició un tratamiento psicoanalítico a pesar de la admiración que sentía por Freud; o, al menos, no consta y, finalmente, gracias a la mediación de Friderike, fue destinado al Archivo de Guerra.

De aquel 4 de agosto, Stefan también escribió que era el día más espantoso de su vida, porque no quería asistir al inevitable desastre. Y eso que aún no era el pacifista convencido que conoceríamos después. Esa evolución resultaba muy difícil para un joven rodeado de una exaltación bélica que también encarnaba su madre, llorando por sus hijos, pero deseando a la vez que sirvieran a la patria. Por eso Stefan escribió una carta abierta a los amigos extranjeros en la que se despedía de ellos y de las ideas comunes durante la guerra. Rolland le echó una buena bronca y le vino a decir que Stefan hiciera lo que quisiera, pero que él no se rendía y que no abandonaría a nadie. Tan exaltado debía ser el tono de la carta, que en la siguiente Rolland se disculpó por ello. Stefan no había recibido la primera, pero los ecos sí le llegaron. Rolland ya estaba en la Cruz Roja de Ginebra, pero Stefan estaba en Viena, en una ciudad que vivía un delirio bélico. Había un entusiasmo general del que Stefan se contagió, como si las guerras se pudieran ganar. En sus memorias escribió: "En honor a la verdad debo confesar que en aquella primera salida a la calle había algo grandioso, arrebatador, incluso cautivador a lo que era difícil sustraerse". Una ciudad de dos millones de habitantes y un país de cincuenta querían y creían ser mejores que los demás. Como lo resumiría Stefan: "Todos estaban llamados a arrojar su insignificante 'yo' dentro de aquella masa ardiente". Los críticos no se atrevían a decir nada. ¿Qué se puede decir ante una convocatoria de guerra santa cuando hay tantos que quieren ser héroes? Freud llamó a esta situación "desgana de cultura".

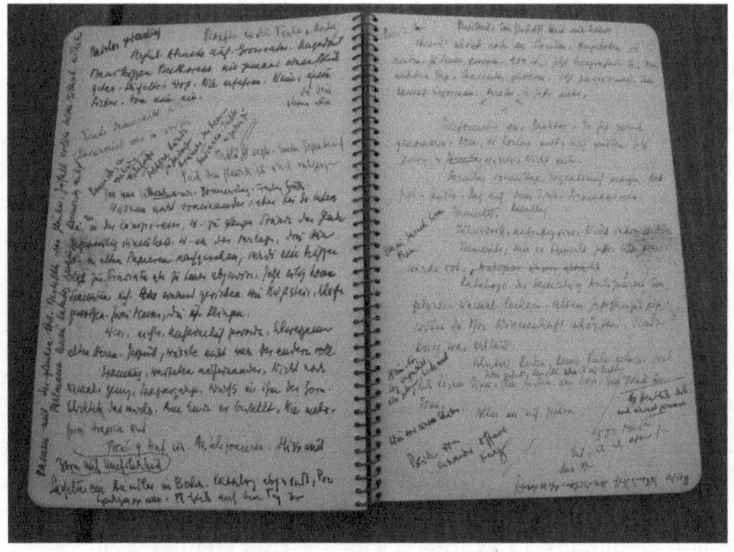

Figura 11. Diario de Stefan Zweig (Literaturarchiv Salzburg. Dominio público. commons.wikimedia.org).

Los horrores de esta guerra empezaron en Bélgica, cuando los belgas se resistieron a la invasión y los alemanes decidieron ejecutar a tres civiles por cada soldado alemán muerto, y solo fueron a peor. Esto explica que en la segunda guerra mundial las masas ya no estuvieran tan entusiasmadas con la guerra. Según Stefan, "nuestro mundo de 1939 ya no disponía de tanta credulidad ingenua e infantil como el de 1914". Para cuando llegó la segunda gran contienda, muchos recordaban que la guerra es el lugar menos romántico imaginable, que allí solo reina la barbarie.

Es sabido que en épocas de guerra no sirven los refinamientos filosóficos y se suele activar un funcionamiento paranoide muy básico que se resume en este planteamiento: nosotros no podemos tener culpa de lo ocurrido, entonces la culpa la tienen los otros, así que la razón nos asiste y por eso ganaremos y en Navidad estaremos todos de vuelta en casa. Pero no volvieron hasta cinco Navidades después, y solo unos pocos. Stefan tuvo la suerte de haber sido declarado inútil, mientras Wittgenstein, por poner un caso, casi muere en las trincheras, lo que hizo que tuviera que vivir lo inexpresable. Stefan tenía treinta y dos años cuando estalló la guerra. La actitud correcta habría sido declararse objetor de conciencia, pero no quería ser un mártir. Ya lo dijo en más de una ocasión, que el heroísmo no formaba parte de su carácter.

La guerra truncó el proyecto de traducir la obra de Verlaine que coordinaba Stefan. Verlaine era francés, por tanto, era un enemigo. Asunto zanjado. La mayoría de escritores de los dos bandos se dedicaron a escribir himnos para estimular a los guerreros. Entre los alemanes, las rimas de la época eran Krieg y Sieg, guerra y victoria, Not y Tod, necesidad y muerte. Los escritores creían que debían alimentar el entusiasmo de las masas y algunos juraron que jamás volverían a tener relación cultural con franceses o ingleses. Un caso extremo fue el de Ernst Lissauer, judío que quiso demostrar su amor a Alemania con un poema que tituló "Canto de odio a Inglaterra". Este canto fue muy famoso, al emperador le encantaba, los periódicos lo publicaron, la gente lo aprendió de memoria y se le llegó a poner música. Pero al final de la guerra, cuando había que volver a hacer negocios con el resto del mundo, todos se hicieron a un lado y Lissauer quedó señalado como el poeta del odio.

En la guerra los pueblos son muy vulnerables a las informaciones sesgadas, por eso la propaganda moderna nació en aquella época. Los letreros en inglés o en francés tuvieron que desaparecer de los comercios. La locura llevó a renunciar a la propia esencia, a renegar de todas las referencias culturales que no fueran germánicas, a apartar, por ejemplo, a Shakespeare, como si fuera posible. Las primeras semanas de entusiasmo bélico impedían que se pudiera hablar del tema sin jalear los lemas patrióticos y sin tener que callar ante estupideces como esta: "Quien no es capaz de odiar, tampoco lo es de amar de veras". Está claro que el principio de la guerra descolocó a todos. Stefan escribió a favor de la contienda, defendiendo de forma genérica la invasión de Bélgica y las campañas alemanas y austriacas. Hasta Freud dijo algo sobre la virilidad de Austria y su libido entregada al imperio. Pero ojo, que también hubo excepciones aparte de la de Rolland como las de Schnitzler o Kraus.

EN EL ARCHIVO DE GUERRA CON DOSTOIEVSKI

Stefan, tras la conmoción inicial, decidió recogerse y callar mientras los demás vociferaban. Friderike le convenció para que luchara con la pluma, porque él no estaba hecho para ser soldado. ¿Quién lo está? Stefan se presentó al examen físico y suspendió, y el sentido práctico de Friderike lo llevó al Archivo de Guerra. En su favor hay que decir que no tardó en dar la espalda a los belicistas. Y es que pasaron muchas cosas durante la guerra: su viaje a Hungría para el Archivo, el goteo de fallecidos, las crónicas de la carnicería, lo que ocurrió con Rolland y con Verhaeren y, finalmente, su fuga consentida a Suiza. Su escaso patriotismo se volvió nulo, se convirtió en un pacifista para siempre, y el proceso quedó documentado en su obra de teatro *Jeremías*.

En el Archivo de Guerra apareció un buen día Rilke que era inútil como soldado por sus nervios hipersensibles y también por lo ridículo que estaba de uniforme. Ya lo advertía el propio Rilke, que detestaba la ropa militar desde su paso fallido por la escuela de cadetes. Creía haber dejado atrás todo lo castrense para siempre, pero no, a los cuarenta años tuvo que volver. Supongo que si mi abuela lo hubiera visto habría dicho que el uniforme le quedaba como a un Cristo tres pistolas. Por eso lo licenciaron rápidamente, gracias a una benévola revisión médica. El poeta se despidió con frases de poeta, tal como lo recordaría muchos años después Stefan en sus memorias: "Me voy al extranjero. ¡Ojalá todo el mundo pudiera irse al extranjero! La guerra es siempre una prisión". Stefan, se quejó de su dramatismo y Rilke se fue.

A las pocas semanas Stefan se mudó a un suburbio para salir un poco de aquella locura y empezar "su guerra personal". Todos tenemos una guerra propia que atender. Stefan recordaba lo que había vivido y no entendía cómo el mundo de la seguridad se había quebrado de un solo golpe como un cántaro. La música del mundo de ayer se interrumpió en mitad de un compás de la banda de música que él escuchaba en el parque del balneario de Baden. Veraneaba allí igual que lo había hecho Beethoven y en la víspera de la festividad de San Pedro y San Pablo leía tranquilamente oyendo a la banda. La música paró bruscamente y entonces anunciaron el atentado y la muerte del heredero del trono y de su mujer en Sarajevo.

La supuesta paz de antes de 1914 no era tal, pero los disparos no eran escuchados excepto cuando se producían magnicidios. Si damos la razón a Marx respecto a la lucha de clases, los anarquistas eran los únicos que defendían a los pobres, pero su método era el terrorismo. El asesinato de Francisco Fernando podía haber sido uno más en la nómina del anarquismo: el zar Alejandro II en 1881, Carnot, el presidente francés en 1894, el rey Humberto I de Italia en 1900, McKinley, el presidente de los Estados Unidos en 1901; eso por no hablar de los cuatro presidentes del gobierno español que fueron asesinados por anarquistas entre 1870 y 1921: Juan Prim, Antonio Cánovas del Castillo, José Canalejas y Eduardo Dato; pero no.

La sucesión en el imperio austrohúngaro no era un tema menor y Stefan respiró aliviado al saber que Francisco Fernando no iba a suceder al eterno Francisco José. Nadie quería de emperador a aquel hombre de ojos fríos e inexorables que no sonreía y que solo sentía verdadera pasión por la caza. A lo largo de su vida había matado casi 300.000 animales cuyos restos disecados inundaban su palacio de Bohemia.

Pero un anarquista con mala puntería, no como su víctima, dio fin a la vida del que era heredero desde 1896. Stefan, como la mayoría de sus convecinos, habría preferido al príncipe heredero, Rudolf, único hijo del emperador y de Sisí, pero había muerto en 1889, a los treinta años. Rudolf era un liberal de los de entonces y tenía en mente un proyecto de reformas en el que quería incluir a Francia y a Inglaterra para crear una Europa Liberal. Pero no pudo ser. A pesar de los persistentes rumores que atribuyeron su muerte a una conspiración que la hizo parecer un suicidio, lo más probable es que Rudolf realmente se suicidara. Era consciente de la muerte demenciada que le esperaba debido a la sífilis que lo iba minando y decidió matarse en un pacto suicida con su amada, Mizzi Caspar. No sé qué encontraban de atractivo en un pacto suicida los hombres inquietos de aquella época. Podemos llamarlo romanticismo, pero Mizzi no compartía aquel deseo y al final Rudolf cerró el pacto suicida con otra. Dicen que María Vetsera lo amaba y en el pabellón de caza del príncipe en Mayerling él le disparó primero a ella y luego se mató. Algunos lo llamaron suicidio por amor, pero amor y suicidio no tienen nada que ver, me parece a mí.

En aquella época, tras la tragedia de Mayerling, había quien opinaba que el final de la monarquía de los Habsburgo estaba escrito y no le faltó razón. A Stefan, un hombre lleno de proyectos y de energía, un suicidio doble no le cabía en la cabeza, al menos no todavía. Precisamente, en aquella época, Stefan tenía el proyecto de reunir en un volumen las biografías de los tres mejores novelistas del siglo XIX. *Tres maestros* sería el título: Balzac, Dickens y Dostoievski. Tres maestros de los tres países más poderosos que inventaron según Stefan un concepto de vida nuevo dotado de una armonía tal que hacía que el mundo adoptara una nueva forma. Al menos el mundo de Stefan. Stefan opinaba que los artistas son los que crean un universo nuevo que sirve para que la vida de los hombres sea mejor. Por desgracia, lamentó Stefan, no encontró ningún novelista alemán a la altura, ni siquiera Goethe. El deseo de Stefan era ser como ellos, aunque no se atreviera a ponerlo por escrito. Y si no había ningún alemán, el constatarlo podía servir de aliciente para que apareciera uno.

Como le dijo a Hesse por carta durante la guerra, Stefan estuvo muy ocupado y en realidad desatendió a los otros dos, dedicándole tres años al ensayo de Dostoievski. Sus novelistas más admirados no aparecerían en un mismo volumen hasta 1919 y Stefan contaría después que el libro le costó diez años. Nada que ver con la factoría de biografías que montaría después en Salzburgo.

Mientras el mundo se autodestruía, Stefan tenía en su cabeza a Dostoievski. En su diario de 1915 escribió: "Vivo encerrado en mi mundo. Cartas, libros Dostoievski, trabajo, ¡tranquilidad!" Todos los días. La tesis de Stefan es que no hay en la vida de ruso un instante placentero, ninguna tregua. ¿Pero no es siempre así? En un mundo de hombres tibios, aparece este que sufre tres periodos de enorme éxito y tres caídas brutales. Si existe Dios, ¿por qué castiga a los que ama? Dostoievski es un escritor mágico que con veinticuatro años entrega *Pobres gentes* a un amigo y este la lee en voz alta con otro amigo y no pueden parar y al terminar, de madrugada, acuden a la casa de Dostoievski a abrazarlo. La crítica hace lo mismo poco después y Dostoievski está asustado. Tal vez intuye que toda su vida le llevará a convertirse en un personaje de su primera obra. Su vida es un folletín, pero sus novelas son los folletines más profundos. Su historia es la de un hombre atormentado que pierde a su madre de adolescente y se siente culpable por desear la muerte de su padre, que además muere en extrañas circunstancias ahogado en vodka. Hasta Freud le dedica un artículo en el que considera que sus ataques de epilepsia se intensificaron por la culpa que sentía. Son de folletín sus ascensos y de Kafka sus caídas. También de noche, al poco, llegan los cosacos y lo llevan preso. Lo condenan a muerte por participar en una discusión sobre el socialismo utópico cuando en realidad él solo pasaba por allí. Pero qué más da. Las instituciones zaristas son tan injustas que solo durarán cinco décadas más o tal vez no. De ese viaje se trajo *Recuerdos de la casa de los muertos*.

La cosa es que te sacan de la cama de madrugada, te condenan a muerte, un día al alba te atan a la estaca y te vendan los ojos, redoblan los tambores, llega tu indulto y no te matan, esperan que mueras tú solo, te envían a trabajos forzados a Siberia, durante cinco años no paras de trabajar y el único libro permitido es la Biblia. Como dice Stefan, cada ascensión se paga con una caída, pero esta fue tan, tan dura. Cuando Dostoievski regresa, recupera lo perdido en un año, como si Rusia fuera un casino, funda una revista con su hermano, lo escribe casi todo, las autoridades la prohíben, mueren su mujer y su hermano, intenta vencer a las deudas pero tiene que huir de Rusia perseguido por los acreedores. A ese casino ya no podrá volver, pero tendrá todos los de Europa, aunque acaben por no dejarle entrar tampoco. La miseria le trae la soledad y la tristeza. Es un extranjero triste y hambriento en Dresde, en Ginebra, en París, donde entra a los museos sobre todo para calentarse. Tiene otra mujer, le persigue la epilepsia, le persiguen los caseros y en esas condiciones escribe *Crimen y castigo*, *El idiota* y *El jugador*.

Dostoievski, encerrado de por vida con su maldición, muere el mismo año que nace Stefan. Stefan que se encerró con él los años de la guerra. Uno de los escritos de formación de Dostoievski fue la obra de teatro *María Estuardo* y nada menos que se enamoró de la literatura cuando tuvo que traducir a Balzac para saldar una deuda. Stefan siente por el ruso admiración y terror. El estilo de Stefan es dramático. Leyendo a Dostoievski intuye que le sobra a veces palabrería, pero cuando la deja de lado es certero. Stendhal dijo de Dostoievski que era un "inventor de sensaciones inéditas", así también Stefan nos lleva a terrenos inexplorados. Tiene la torpeza de todo descubridor. Con *Ardiente secreto* nos revela el trauma de un niño que entra en contacto con el mundo de los adultos y vende diez mil ejemplares el primer año. El tema de la lucha entre el deseo y la represión vende en Centroeuropa y más si vence la represión. Un niño retorcido que posee la voluntad de su madre porque tiene el secreto que puede hacer que ella caiga en desgracia. Un niño que ha descubierto las mentiras de los adultos y se aprovecha de ellas, pero cae derrotado también porque se convierte en un engranaje más de la represión.

Se ha hablado mucho del destino satánico de Dostoievski, dándole a su epilepsia un protagonismo desmedido. Demasiado "vivir muriendo cada día". Como si escribir en aquel mundo no fuera ya suficiente tortura. Dostoievski, no le demos más vueltas, ni carguemos más la salsa, es un hombre ruso de su época: su destino puede ser triste y lo será, su vida puede ser corta y lo será, se puede morir su mujer, su hermano, sus hijos y morirán, lo podrán encarcelar de forma arbitraria y así ocurrirá. No es un hombre con una enfermedad que le aguza el oído como dice Stefan, es un hombre enfermo que tiene el oído fino, le presta atención y además sabe comunicar lo que percibe. En eso se parece a Stefan. Junto con él se refugia en el mundo de los libros, "eterno refugio de todos los descontentos, asilo de todos los desdeñados", tal como dice Stefan en *Tres maestros*.

Dostoievski es la tragedia. Stefan solo lo acabará siendo, pero durante su vida es un *Homo faber* organizado, una especie de artista enjaulado en su factoría de libros que en las noches frías echa en falta el fuego de Dostoievski. Después anhelará la sabiduría visionaria de Nietzsche, la locura de Hölderlin, el romanticismo salvaje de un joven como Kleist. Stefan echa de menos parecerse a esos artistas trágicos que reúne en grupos de tres: Balzac, Dickens y Dostoievski; Hölderlin, Kleist y Nietzsche, aunque al final de su vida emulará a Kleist.

Su maestro Dostoievski le susurra al oído mientras los hombres están en las trincheras: "para mí nada puede haber más fantástico que la realidad". Stefan todavía no sabe si él es también un artista. Su honestidad le hace tener dudas. No es tan buen poeta como Verhaeren, Rilke o Hofmannsthal. No es tan buen novelista como los genios que él recoge en este libro, ni como su contemporáneo Hesse. Lee a Dostoievski y define el estilo del ruso como "realismo mágico" adelantándose cincuenta años al boom, pero en este caso lo hace por sus descripciones parciales, no exhaustivas, y a la vez vibrantes y llenas de emoción, de pasión. Esto es lo que aprende Stefan del apátrida ruso que sí pudo regresar a su tierra. Dostoievski es su padre que le enseña a transgredir y a tener en cuenta la psicología, a hablar de los sentimientos, algo de lo que nadie hablaba con esa profundidad. Porque sí, todos los novelistas hablaban de amor, pero de un amor estándar, prefabricado, idealizado. Dostoievski habla de un amor real, que duele, que ahoga, que no sale bien, que puede englobar muchos sentimientos distintos.

FRIDERIKE GANA

La primera vez que aparece Friderike en la vida de Stefan es en 1908. Stefan había ido al concierto de despedida de Alexander Girardi en

Rodaun. El actor y cantante se iba a trabajar a Berlín. Y allí estaba Friderike con un acompañante que la informó de que aquel hombre que se sentaba en la mesa de al lado era el escritor y traductor Stefan Zweig. Parece que ella le sonrió y después se empezó a interesar por él y por su obra. Mucho tiempo después, comparando sus recuerdos, descubrirían que sus caminos ya se habían cruzado antes. De niños habían pasado el mismo verano en Pörtschach. Los dos recordaban ese verano en el que el campanario de la iglesia se derrumbó durante la misa de domingo y sepultó a una persona que pidió ayuda durante varios días hasta que fue rescatada. Los recuerdos borrosos decían que Stefan tenía ocho años y Friderike siete. Aquel verano, Friderike Burguer se reía mucho con un niño que podía ser Stefan.

Mientras la vida volvía a juntarlos, Stefan, siguiendo el consejo de Herzl y de su amigo Walther Ratheneau, decidió viajar por el mundo. En el mismo 1908 emprendió un viaje de cinco meses por la India, Ceilán y Birmania. Ir a la India sí que era una aventura. No bastaba con coger un avión. Había que cruzar en barco el Mediterráneo, el Mar Rojo y luego el Océano Índico. Existe una fotografía de ese viaje en la que Stefan aparece con un traje claro de explorador victoriano y un salacot. India lo impresionó, su pobreza, su colorido, sus monumentos, su gente. En aquella época eran pocos los turistas. Nadie se aventuraba tan lejos si no era por negocios. En el viaje de vuelta conoció al geógrafo Karl Haushofer y se hicieron amigos. Hasushofer, sería nada menos que el mentor de Rudolph Hess, y el autor que se sacó de la manga la teoría del Lebensraum o "espacio vital" que interesó mucho a Hitler. El espacio vital sería la excusa de Alemania para reclamar más territorios, lo que le valió a Haushofer una audiencia de Hitler por mediación de Hess. Cuando Hess huyó a Gran Bretaña en 1941, Haushofer cayó en desgracia y él y su mujer acabaron en el campo de concentración de Dachau, aunque se salvaron. En el juicio de Nüremberg la pareja fue exculpada, pero la presión que sintieron al ser señalado Haushofer como ideólogo de las ansias expansionistas nazis les llevó a suicidarse juntos en 1946. Los dos tomaron arsénico. Ella se colgó. Él no pudo.

En 1911 le llegó el turno a los Estados Unidos de Norteamérica, siguiendo también la recomendación de Ratheneau. Nada más llegar a Manhattan, Stefan se dio otro golpe con la realidad al confundir su realidad con la de los demás. Preguntó al recepcionista de su hotel dónde estaba la tumba de Whitman y el empleado no sabía de quién le hablaba. Le extrañó que no conociera a "¡El hombre que hizo de todo el universo un hogar divino!" a quien Stefan veneraba desde el instituto.

Recién llegado a la tierra prometida, Stefan decidió comprobar si las calles estaban pavimentadas con oro y se hizo pasar por un inmigrante pobre. La verdad es que encontró trabajo, aunque no se presentó al tajo. Si se hubiera incorporado o si se hubiera hecho pasar por mendigo como Jack London, podría haberse convertido en un escritor distinto.

En la Metropolitan Opera House vio *Parsifal* de Wagner y escribió una crítica. Tomó muchos vapores que lo llevaron a Canadá, Cuba, Puerto Rico, Panamá. Siguió escribiendo crónicas. En el transatlántico de vuelta estaba Ferruccio Busoni, el compositor que yo conocería gracias a James Rhodes en 2016 por su transcripción de la Chacona de Bach para piano. El compositor le regaló a Stefan una obra manuscrita y es de suponer que a cambio él le dedicara algún libro suyo. Aquel regreso fue triste porque en el mismo barco iba Mahler enfermo de muerte. Lo escoltaban su mujer, Alma, su suegra y la compañía naviera que había habilitado un recinto cerrado al resto del pasaje para sus paseos. Mahler había sido un símbolo de su infancia. El primer hombre que se atrevía contra la dictadura de los viejos. Mahler fue nombrado director de orquesta de la Opera de Viena con menos de cuarenta años, para lo que sí tuvo que renunciar al judaísmo y abrazar la fe católica. En el viaje de vuelta por el Atlántico, "el pobre Mahler" ensombrecía la alegría de los jóvenes que aún no conocían la muerte. Según el relato de Alma, un joven austriaco les ofreció su ayuda a través de Busoni, pero cuando lo necesitaron no estaba y cuando se puso a contarle un cuento a su hija, Mahler le pidió a través de su esposa que se callara. Mahler aún vivió unas semanas más, hasta mayo de 1911. Stefan le había dedicado un poema, *Der Dirigent*, el director de orquesta. Una versión austriaca de *The show must go on*. Al final del poema, el espectador vuelve a la realidad: "Estamos en la playa, en ella han quedado varados los sueños". Stefan no sabía entonces que la vida realmente apasionante iba a ser la de Alma.

El segundo encuentro con Friderike se produjo en 1912, cuatro años después. A partir de ese momento la comunicación entre ellos nunca se interrumpió, como atestiguan las cartas que cruzaron y que ha publicado Acantilado en 2018 bajo el título *Correspondencia (1912-1942)* en la traducción de Joan Fontcuberta. Según Friderike, el bohemio se había convertido en un joven elegante que le envió una sonrisa desde una mesa cercana al ver como un caballero le regalaba a ella los *Himnos a la vida* de Verhaeren en traducción del propio Stefan. Estaban en el jardín de la hospedería Riedhof en Viena y ella le devolvió la sonrisa. Allí arrancó todo.

Aquel mundo de 1912 era un mundo loco en el que por unas ostras podías pillar el tifus como el padre de Friderike, que acabó muriendo como consecuencia de aquello. También había muerto Anna María, la hermana de Friderike, y sus padres culparon a la escuela pública. Entonces los mocos del parvulario podían tener un fin trágico. Friderike contó que no era tan querida como la hermana muerta, o al menos eso era lo que sentía ella en aquella casa, lo que la hizo autosuficiente y también orgullosa. Siempre quiso ser libre y deseaba ganarse la vida por sí misma. Fue una de las primeras mujeres en la universidad de Viena. De joven ganó un campeonato de tenis mixto con un inglés y recibió la felicitación de Mark Twain que estaba en Viena para visitar a su hija que estudiaba piano con Leschitizky.

La vida seguía siendo complicada para una mujer, aunque su familia tuviera dinero. Como en *Veinticuatro horas de la vida de una mujer*, todo eran limitaciones. Las convenciones y ropajes eran el burka vienés. Además, al hombre le podía dar por el juego como a Dostoievski y sus personajes o como al cuñado de Friderike que se pulió la dote en Montecarlo y la familia lo tuvo que rescatar financieramente hasta que se hartaron. El matrimonio le supuso un gran sacrificio a Friderike y no le devolvieron todo lo aportado. A ella le tocó un hombre amable, pero pusilánime que no fue de ninguna ayuda durante la crianza de sus hijas. Según resumía de una forma benévola Friderike, habían evolucionado distinto los dos. Él quedó atrás, por más que antes leyeran partituras juntos. Después de considerarlo detenidamente, se distanció de su marido, ya que él se había distanciado de ella y decidió dedicarse a la literatura con el apoyo de su suegro. Stefan lo resumía en su diario de otro modo: "De nuevo la historia del marido impotente".

El 26 de julio de 1912, Stefan abrió la primera carta de Friderike que llevaba fecha del día anterior. En ella se disculpa por su "incorrección" de dirigirse a él y habla de su primer encuentro cuatro años atrás al que ella se refiere como un hito en su vida. Después le habla del libro que le regalaron de Verhaeren, de algunos de los poemas, y de lo bien traducido que estaba. Por último, Friderike menciona que ella también escribe poesía y termina de la forma más educada posible dadas las circunstancias:

> Sé su dirección por alguien que, al examinar mi lista de libros pedidos para Navidad, vio que figuraba en ella su Tersites. Creo que no es necesario que hable usted a nadie sobre esta tonta carta. Y no le escribo para que me responda, aunque me complacería. En caso de que le apeteciera hacerlo, dirija la respuesta a María von W., lista de correos Roseburg am Kamp. Muchos saludos.

Stefan respondió a la desconocida, pero no se conserva ni esa carta ni las que él le escribió los primeros años, aunque sí el diario que Stefan llevaba. En la segunda carta de Friderike, del día 30 de julio, ella le dice que efectivamente ante su nombre figura el tratamiento de "señora" y también le dice que le llamará por teléfono al día siguiente para oír su voz. No olvidemos que estamos en 1912 y que se trata de una de las primeras relaciones de pareja que empezó por teléfono, porque verse, verse, no se vieron hasta el 23 de septiembre.

Friderike Maria von Winternitz era un año menor que Stefan. Su padre era un alto funcionario y ella estudió para ser profesora de francés. Se casó con Felix von Winternitz en 1906 y alquilaron una casa en Viena. Un año antes de la boda, para cumplir las costumbres locales en cuanto a incompatibilidad de religiones, Friderike había abandonado la comunidad judía de Viena y se había bautizado. Aquello no funcionó desde el principio. Ella habla de "hito" o de "época de cambio" según otra traducción en su primera carta porque el mismo día que vio a Stefan en 1908 había ido a visitar a su marido en el hospital donde estaba ingresado por una enfermedad de estómago, pero lo encontró tan recuperado como para prestar atención a otra mujer. No sabemos lo que vio Friderike, ni si se pareció a la escena que muchos años después tendría que presenciar en Niza. Aun así, la relación no se rompió y mejoró lo suficiente como para tener una segunda hija en 1910. Susanna Benediktine, conocida como Suse, que enfermó antes de cumplir los dos años y el padre se desentendió bastante, lo que condenó la relación. El apoyo constante de su suegro, consciente de las limitaciones de su hijo, permitió respirar a Friderike.

Cuando Friderike le propuso a Stefan verse, a él le apeteció la idea. Stefan era un hombre soltero de 31 años y ella lo admiraba, pero no iba a ser fácil. Stefan se fue a su viaje veraniego a Francia a principios de agosto y a finales de mes ella le volvió a escribir. Le contó que había leído *Tersites*, y le adjuntó artículos que ella había publicado en prensa. Quedaron, pero una de las hijas de Friderike se puso mala y tuvo que cancelarse su visita a la casa de Stefan. Así que tuvieron que posponerlo porque ella debía salir de viaje.

Al final, el encuentro se produjo, pero existe una versión apócrifa de Friderike que tiene encanto por rocambolesca e inesperada aunque no la registra Stefan. Según ella, resulta que Erich Störk, médico y amigo de infancia de Friderike, iba a recoger a sus hijos en el coche de un paciente. Los niños estaban al cuidado de Friderike y en el coche iba casualmente el primo del dueño, un tal Stefan Zweig. Stefan no sabía que iba a conocer a Friderike, entre otras cosas, porque hasta entonces solo habían cruzado cartas que él enviaba a un apartado de correos y porque ella firmaba de forma casi anónima como María von W. La sorpresa de ella debió ser mayúscula. Cuando lo relató en su biografía lo comparó, críptica, con el encuentro que ocurriría veintinueve años después que no puede ser otro que el suyo con Stefan en el consulado británico de Nueva York, cuando llevaban sin verse desde que huyeran de Europa por separado.

Lo que es seguro es que, como hemos dicho, el 23 de septiembre de 1912, Stefan apareció en casa de Friderike después de quedar con ella por teléfono. Él le regaló un libro suyo de relatos, *Primera vivencia*, hablaron de literatura y también de temas personales. Stefan anotó en su diario que ella dijo que le parecía trágico tener hijos de un solo hombre. Su sinceridad y claridad lo impresionaron. Ella no tenía tiempo para tonterías y mucho menos si tenemos en cuenta que entonces, una mujer de treinta años con hijos y separada era lo más parecido a un cacharro inservible. A Stefan le gustó sentir eso que ya había detectado que ocurría con ciertas personas, que se abrían con total sinceridad en su presencia. De hecho, él anotó que eso que desencadenaba en mujeres y también en hombres rechazaba aprovecharlo en lo erótico, lo que facilitaba aún más la confianza depositada en él.

Aunque en la primera visita de Stefan apareció de forma inesperada el marido de Friderike, quedó claro para los dos que querían seguir en contacto y eso hicieron. Empezaron a escribirse con regularidad y probablemente se vieran, lo que hacía que Stefan no pudiera concentrarse adecuadamente en las tareas que se había autoimpuesto.

A finales de octubre se estrenó su obra de teatro *La casa a orillas del mar*. La crítica fue benévola excepto la firmada por Kalbeck que debía ser el hater de turno y, como todo buen hater, tenía su parte de razón. Aparte de toda una serie de crueles críticas, Kalbeck decía que la obra de Stefan tenía un romanticismo de novela de aventuras ya olvidada y que coqueteaba con el vodevil. Para rematar, decía que lo interesante sería el caso psicológico del propio autor. A los pocos días el *Hamburger Fremdenblatt* publicó una crítica favorable firmada por Friderike. La gira de Stefan con su obra estaba a punto de comenzar.

El mejor biógrafo de Stefan, Oliver Matuschek, sin cuya obra *Las tres vidas de Stefan Zweig* no habría podido escribir este libro, critica a Friderike cuando dice que ella urdió otros planes en relación con Stefan, pero si te gusta alguien, ¿no harías tú lo mismo? Friderike en aquel momento estaba intentando ganarse la vida como escritora, pero la relación con Stefan la desbordó y también a él. Para estar con él, le escribió contándole que iba a estar dos semanas en Berlín y en Hamburgo a sabiendas de que coincidiría con la gira de Stefan.

Pero antes de empezar aquel viaje, el 12 de noviembre, estuvieron por primera vez a solas en el piso de Stefan en la Kochgasse 8 y él escribió que ella habló con timidez, que le gustó eso y que sin embargo no se atrevió a nada erótico. Eran sus precauciones habituales. Stefan también anotó en su diario que no debía cortejarla para no echarlo todo a perder, pero unos días después estuvieron alojados en el mismo hotel de Berlín. La carta de ella del día 19 había sido clara pues, no solo le decía que se alojaba en el Fürstenhof, sino que añadía: "No me presentaré personalmente porque no quiero entorpecer sus planes, pero me gustaría tener noticias suyas cada día y cada noche". Nunca conoceremos los detalles, pero sí sabemos que Stefan arrancó cuatro páginas de su diario. Ante el dilema universal de dar o no dar el paso, Stefan lo dio, siempre detrás de Friderike.

Stefan conocía el otro lado, el de sentirse deseado, por ejemplo, por una escultora, y sin saber casi nada de ella acabar los dos desnudos en su cama. Unas miradas podían bastar para conocer a fondo un cuerpo. Las novelas de los autores a los que admiraba hablaban del amor, pero no del sexo. El sexo era una sombra que Stefan vivía como algo acechante. En aquellas semanas Stefan se asustaba de su deseo y anotaba: "Debo evitar que todo se reduzca a sexo, peligro que de verdad nos amenaza". ¿Qué significaría para él el sexo? ¿Por qué le parecía tan peligroso? ¿Creía que así se comprometía más aún? Él le enviaba libros a ella. Ella le respondía hablando de su deseo. Stefan se sentía transgresor y se decía que las "cartas de la perversión" se servían cada vez más a las claras. ¿Por qué llamar perversión al deseo? Viena era así. Muchísimos hombres recurrían a la prostitución o a las amantes estables, y eso se aceptaba, pero desear, amar, eso le podía llegar a parecer una perversión a Stefan. El erotismo le daba pavor, eso es lo que anotaba en su diario, le hacía perder el control y lo dominaba. Y luego estaba el problema de que Stefan había rechazado cualquier relación prolongada porque lo podía apartar de lo que él consideraba su misión: ser escritor.

Parece que todas estas dudas no cabían en el equipaje de aquella gira de 1912. En Berlín, Friderike cambió su hotel para estar en el de Stefan. En Hamburgo, Stefan le reservó habitación directamente en su hotelazo, el Vier Jahereszeiten, y cuando ella llegó se encontró un ramo de flores, unas vistas preciosas al lago Binnenalster, y una carta en la que programaba su reencuentro para después de la representación, y también la invitaba a celebrar su cumpleaños en la siguiente parada, Lübeck. Stefan, antes de enseñarle Lübeck, la interrogó como un profesor acerca de lo que ya conocía de la ciudad. Pero lo importante no era Lübeck, ni siquiera el momento en que se acercaron a Travemüde para que Friderike viera por primera vez el mar. Lo importante es que ahí ya compartieron habitación.

Figura 12. Stefan Zweig en 1912 (dominio público. commons.wikimedia.org).

De Alemania, Friderike volvió enamorada. Ella que era madre ante todo, quería seguir creciendo, algo que no podía hacer si seguía ligada a su marido, con quien hacía tiempo que no convivía. Lo que quería Friderike estaba claro, pero la pregunta era: ¿qué quería Stefan? Por el momento a Friderike le bastaba con lo que él quisiera darle.

La verdad es que Stefan tardó mucho en decidirse del todo, años, pero nunca se alejó de Friderike. En la mesa legendaria del restaurante Boeuf à la Mode que reunió en 1913 a Stefan con Verhaeren, Rilke y Bazalguette, todos los presentes firmaron en una postal que Stefan le envió a Friderike. Pero allí, en París, la que estaba presente era Marcelle. Stefan salía con más mujeres en París, pero con la que estuvo realmente aquel año fue con ella. Marcelle era una modista de origen humilde que había dejado a su marido porque la maltrataba. Ella permitía a Stefan seguir en su paraíso de París, dedicándose a ir al teatro, a quedar con sus amigos, a salir con ella y a lo que llamaba "el demonio del coleccionismo" que se llevaba buena parte de su dinero. Aquel año consiguió manuscritos de Stendhal y de Verlaine que le serían muy útiles para llevar adelante su plan de promocionar a los autores franceses en los países de habla alemana. Entretanto Friderike le escribía y le contaba que estaba trabajando en su novela.

En París, Stefan estaba tranquilo porque no debía elegir entre las dos, pero las vacaciones parisinas terminaron y regresó a Viena. Friderike tenía claro que debía alejarse más de su marido y alquiló una casa en Baden, al sur de Viena, para ella y sus hijas. Su marido y su suegro sabían de la relación que mantenía con Stefan y la toleraban, pero eso no bastaba. Si ella quería una relación estable con Stefan debía divorciarse, algo que no conseguiría hasta el año siguiente debido a la reticencia de su marido.

El dilema de Stefan era un clásico: ¿Cómo se elige entre dos mujeres? Las dos eran fuertes y cariñosas, las dos lo amaban y él amaba a las dos. ¿Por qué era necesario elegir? Stefan eludió la cuestión todo lo que pudo. Con Marcelle era feliz, aunque los dos sabían que era algo pasajero, pero se querían y disfrutaban mucho juntos. Con Friderike, Stefan tenía un alma gemela, y todo era muy fácil.

De las seis semanas que Stefan pasó con Marcelle en la primavera de 2013 escribió: "hemos compartido las emociones más intensas que jamás he experimentado con una mujer". Y no exagera, porque aparte de las alusiones al sexo oral que disfrutó Marcelle por primera vez o a la extenuación sexual a la que se refiere Stefan en su diario, Marcelle quedó embarazada y ambos soñaron con tener un hijo llamado Octave. Marcelle estaba ilusionada y lo iba a tener, mientras Stefan no estaba muy contento con la idea, pero el proyecto acabó en un aborto espontáneo. Justo después, Stefan se marchó a Austria bastante aliviado.

El escenario para tomar la decisión definitiva quedó dispuesto en París en marzo de 1914 y uno de sus vértices fue la habitación de Friderike en el Hotel Beaujolais. Ella llegó allí después de ofrecerse para hacer de mecanógrafa comprometiéndose de forma explícita a comportarse de forma discreta. Stefan se había reencontrado con Marcelle y salía con ella mientras trabajaba con Friderike. Aquellos días pudo comprar un manuscrito de Balzac y celebrarlo con Marcelle. La actitud permisiva de Friderike, que se preocupaba hasta cuando él estaba afectado por la ausencia de respuesta de Marcelle, era la táctica perfecta para volverse imprescindible. Aunque así le permitía a Stefan seguir pasando noches en paz y armonía con su amante francesa, Friderike tenía todas las de ganar y ella lo sabía. Sabía que Marcelle no podía hacerle sombra y se lo tomó con toda la calma del mundo. Podemos pensar muchas cosas, pero también podemos pensar, para simplificar, que era amor.

Desde el hotel Beaujolais, regresaron los dos juntos a Viena para asistir al mejor momento de Friderike en años: el 28 de mayo de 1914 obtuvo el divorcio y un mes después vio publicada su novela *La llamada de la patria*, gracias al apoyo de Stefan. Todo ese tiempo estuvieron juntos. De hecho, seguían juntos el 28 de junio, cuando la banda interrumpió la música en el parque del balneario de Baden para anunciar el asesinato del heredero. Stefan estaba allí porque estaba con Friderike.

CUANDO LA GUERRA NO TE MATA, TE CAMBIA

Stefan acabó en el Archivo del Ministerio de la Guerra a finales de año, vestido con un ridículo uniforme que incluía un sable. Un amigo suyo intercedió para que recalara en el departamento de prensa, pues las noticias que llegaban acerca de la suerte de la infantería en las trincheras no eran alentadoras. Como estaban en guerra, el examen médico lo declaró apto, aunque con dudas por la cicatriz de su operación de pleura de 1909. El retrato burocrático que queda de él es el de un hombre de religión mosaica, de profesión escritor, de treinta y tres años, 1,74 metros de estatura, moreno, de ojos castaños, rostro alargado y barbilla prominente que escribía y hablaba el alemán. Su entrenamiento inicial y sus tareas posteriores le resultaron tan tediosos que llegó a entender por qué Balzac y otros oficinistas se convirtieron en poetas y escritores. Con el empleo de sargento, su tarea consistía en ensalzar las supuestas hazañas de los soldados que iban a recibir condecoraciones. Allí se acuñó la expresión "peluquero de héroes" para su trabajo y también circulaba la broma de sustituir el Österreich-Ungarn in Waffen (El imperio austrohúngaro en armas) por el berlanguiano Österreich ungern in Waffen (Austria en armas de mala gana).

Así eludió Stefan la guerra de trincheras que mató a Apollinaire y que dañó de manera irreversible a Céline. El otro Zweig escritor, Arnold, escribiría en la línea defensiva alemana de Verdún dos años después: "Respiramos miseria. La ropa interior de los hombres remendada cientos de veces se cae a trozos. La comida es escasa. La gente roba las raciones de los demás. Les dan igual los piojos. Lo peor es que el ejército ha empezado a acusar a los judíos por la gran tristeza y el sufrimiento de Alemania". La catástrofe ya era terrible y en caso de sufrimiento siempre funcionan los mecanismos más básicos, entre ellos, el de echar la culpa a otro.

Poco a poco fueron mandando al frente a los "peluqueros" al pasar nuevas pruebas médicas. Stefan siguió porque a sus antecedentes pulmonares se añadió una "enfermedad de los nervios" de la que no se sabe más. Allí todo el mundo intentaba hacerse imprescindible y se esforzaba por escribir las crónicas más enardecidas sobre sus héroes. No se sabe cuánto contribuirían así a acrecentar el desastre. Stefan presentó un proyecto que se convertiría en revista en 1917. Una de las misiones de Stefan para el Archivo durante la guerra era recoger y archivar todos los anuncios y proclamas rusos en suelo austriaco durante la ocupación. Viajó por el país y como era el propio ejército el que reunía para él panfletos y carteles no era un trabajo muy duro. En julio de 1915 tuvo que viajar a Galitzia para hacer un reportaje de la incursión enemiga. Dentro de su uniforme sin insignias de sargento primero vio la miseria de los judíos pobres del este que vivían hacinados en guetos. Ya nunca se apartaría de ellos, pues seguirían visitándolo toda la vida encarnados en su amigo Joseph Roth al que aún no conocía. Vio trenes hospital que no eran más que vagones de carga sin ventanas, hediondos, manchados de excrementos y yodo, con hombres heridos sobre paja o directamente sobre la madera. Stefan ayudó a acarrear agua para limpiar la sangre que nunca desaparecía del suelo. La comprensión de la catástrofe es profunda cuando es en primera persona y sin palabras, y Stefan comprendió, como comprendieron casi todos los testigos de la guerra más cruel de la historia hasta la fecha.

Pero en esa guerra las clases privilegiadas todavía veían otra realidad. A unas horas del frente, Stefan llegó a Budapest y allí parecía que no pasaba nada: coches impecables recorrían las calles con damas bien vestidas y caballeros afeitados que les compraban violetas. Stefan sintió asco e ira. Mientras hay gente que instiga a la guerra o hace cálculos de dominación, otros mueren de la peor manera. Todos tenemos responsabilidad. Allí Stefan chocó de frente con una de las grandes cuestiones de cada día: ¿cómo debe vivir el escritor? La literatura no serviría nunca más para dar la espalda a la realidad. No se puede uno declarar neutral. No es posible.

Stefan decidió luchar contra la guerra y enfrentarse a los mismos de siempre que llaman cobardes a los prudentes, débiles a los humanitarios, y luego se extrañan de las catástrofes que producen. En la primavera de 1915, empezó a escribir una obra de teatro sobre un personaje al que nadie creía a pesar de lo certeras que eran sus catastróficas predicciones. Podía haber elegido la historia de Casandra de Troya, a la que un Apolo despechado maldijo y a partir de entonces solo pudo acertar en sus predicciones sin que nadie la creyera. Pero Stefan prefirió la historia de Jeremías, el profeta al que nadie tomaba en serio. El argumento está claro y es muy siglo XXI también: aquellos a los que la masa acusa de débiles por no aceptar su única verdad resultan ser los fuertes y los mejores. Esta fue la primera obra de Stefan de la que no renegó. La guerra y *Jeremías* viajaron en paralelo y Stefan llegó a saber que, si no hubiera sido por todo lo que sufrió él y su mundo, no habría madurado del modo que lo hizo y habría seguido siendo el escritor que era antes, según su criterio, bastante prescindible. Porque no es lo mismo escribir sobre un sufrimiento imaginado que sobre un dolor que se tiene clavado en el vientre.

El propio Stefan diría que *Jeremías* era su obra más personal y privada después de *Erasmo*, la otra biografía que también le ayudó a superar una gran crisis, la que lo echó de su país. Jeremías fue el elegido porque su historia incluía estos tres elementos: la profecía, el pacifismo y el problema judío. Los judíos siempre derrotados y a pesar de ello, siempre supervivientes. Durante el proceso de redacción, Stefan se preguntaba cómo iba a llegar a los escenarios alemanes semejante obra que predecía la derrota y que no proclamaba el "vencer o morir" típico. Finalmente *Jeremías* apareció en la Pascua de 1917 y se vendió como rosquillas. 20.000 ejemplares en pocos días con los directores de los principales teatros intentando reservar la obra para los tiempos de paz. Jeremías se sigue vendiendo en la actualidad y siguen saliendo traducciones como la reciente de Roberto Bravo de la Varga que, según el editor, mejora la de Alfredo Cahn. En aquel momento, hasta los más belicosos mostraron respeto por *Jeremías*. Stefan no se lo esperaba. Estaba claro que 1917 ya no era 1914.

Cuando empezó la guerra, Stefan seguía teniendo su apartamento en la Kochgasse. Todo en él estaba dedicado al trabajo. En la cocina tenía un despacho con archivo en el que en vez de criada tenía secretaria, Mathilde Mandl. Por supuesto, no se podía cocinar, y para comer algo había que salir a la calle. Impresionaba su habitación de color rojo oscuro como la sangre de 4.000 sajones decapitados, que decía su amigo Ambrosini, el escultor que le hizo un busto y que decía que Stefan era el eterno peregrino de la psique humana. Su rutina de escritor, algo que no había podido desbaratar ni siquiera una mujer, fue demolida por la guerra. Ya no podía levantarse temprano y quedarse escribiendo en la cama o alrededores sin afeitar para obligarse a no salir. Todas las mañanas tenía que ir al Archivo y ver la guerra. Stefan quería enfrentarse a la barbarie, pero no era fácil. Escribió *A los amigos en tierra extraña*, un artículo que le publicaron en el Berliner Tageblatt y solo le censuraron una frase: "sea quien sea al que corresponda la victoria". Ese artículo permitió que se fortaleciera su amistad con Rolland y alimentó su deseo de crear una hermandad europea por encima de las nacionalidades y la guerra. Stefan y Rolland llegaron a planear una conferencia de intelectuales en Suiza, pero no estaba el horno para bollos. Thomas Mann acababa de reivindicar los derechos alemanes, Rilke se inhibía "de toda acción pública y colectiva", Dehmel firmaba sus escritos como "teniente Dehmel", y tampoco se podía contar con Hofmannsthal ni con Wassermann. Y luego estaba el agudo y a la vez destructivo Karl Kraus que en *Los últimos días de la humanidad* ridiculizó el éxito de Stefan al decir de él, que era un "escritor de cosas emocionantes", había dominado todas las lenguas de la tierra, excepto una. La petulancia y la agresiva superioridad de Kraus eran tan llamativas que Musil lo llegó a llamar "dictador intelectual". Pero lo más triste es que este argumento satírico según el cual Stefan no dominaba el alemán se convertiría en un bulo contra Stefan en época nazi.

Figura 13. Romain Rolland en 1914 (Agence de presse Meurisse. Dominio público. commons.wikimedia.org).

Era época de esconder las dudas y su amigo Ratheneau le dijo que no era momento para fomentar la paz espiritual. Ratheneau era su alter ego. Es como si el joven inquieto, de aguda inteligencia y de intereses amplios desde la filosofía hasta la literatura, pasando por la historia, en vez de dedicarse a escribir se hubiera dedicado a las cosas importantes, a la gran política. La elección de Stefan fue la correcta, no solo porque era lo que él deseaba, sino por cómo acabó su amigo. Eso por no hablar de la imposibilidad de verse con normalidad por lo ocupado que estaba siempre Ratheneau, al que solo podía ver a salto de mata. Por ejemplo, en el verano de 1907, se vieron por primera vez tras una larga relación epistolar, a las once y cuarto de la noche en la casa de Ratheneau porque se iba al día siguiente al África alemana con el Secretario de Estado durante tres meses. Ratheneau era así, todo orden, todo eficacia y también vanidad y servilismo, como registró Stefan en su diario. Su encuentro se prolongó hasta la madrugada y ahí se selló su amistad.

En tiempo de guerra se agudiza el ingenio y no solo para lo malo. Su artículo *A los amigos en tierra extraña* no se podía publicar en Francia, pero a un amigo de Stefan se le ocurrió que si en Troya había servido lo del caballo de madera, él había dado con uno de papel. Su plan fue criticar el artículo en la prensa francesa y para hacerlo de la forma más contundente posible tuvo que traducirlo y publicarlo junto con su crítica.

Probablemente, el artículo pacifista más influyente entre todos los publicados durante la guerra fue el ya mencionado *Au-dessus de la m*êlée de Rolland, quien se convirtió gracias a él en la conciencia ética de Europa.

Casi todo lo que tenía que decir Rolland había quedado escrito en su *Jean-Christophe*. Lo tuvo en la cabeza más de veinte años, aunque lo escribió a lo largo de la década que siguió a su divorcio de Clotilde Bréal en 1901. Rolland se recluyó en su habitación monástica del 162 Boulevard Montparnasse, su isla, donde hoy una placa recuerda que vivió ahí hasta 1913 y que en ese periodo escribió su obra maestra. Para empezar está la dedicatoria en mayúsculas: AUX ÂMES LIBRES - DE TOUTES LES NATIONS - QUI SOUFFRENT, QUI LUTTENT ET QUI VAINCRONT (a las almas libres de todas las naciones que sufren, que luchan y que vencerán). El protagonista se llama como San Cristóbal, que etimológicamente quiere decir "el que carga a

Cristo", porque Rolland se inspiró en la leyenda que cuenta que el gigante Cristóbal, al buscar al mayor rey que existiese para servirle, conoció a un ermitaño que le enseñó la fe cristiana y que le sugirió que para servir a Cristo ayudara a la gente a vadear un peligroso río, ya que no veía ningún sentido a rezar y fustigarse. En vez de construir un puente o una barca, le hizo caso y un día, al cruzar a un niño en sus hombros casi no pudo llegar al otro lado porque cada vez pesaba más. El niño resultó ser Cristo y antes de desvanecerse le explicó que era normal lo que le había pasado, que además de llevarlo a él había llevado todo el peso del mundo. Rolland tomó todo el peso de su obra, un mundo en sí mismo, y lo llevó adelante, ignorando que cada vez iba a pesar más. Según Stefan, en este caso, el artista tampoco sucumbió bajo el peso del mundo y siguió siendo un mensajero de esta forma ética de escribir que compartió con Stefan.

Jean-Christophe es una mezcla de Beethoven y Rolland, una especie de extranjero de Camus, pero venido del norte. Como Rolland dijo una vez: "Cada obra que se puede encerrar completamente en una definición, es una obra muerta". Y el *Jean-Christophe* no hay forma de resumirlo. Es una obra al estilo de Balzac, una novela que lo abarca todo, una hija de *Guerra y paz.*

Uno de los protagonistas principales de la obra es la creación artística. Según Stefan, "el problema de los problemas". En su biografía de Rolland, Stefan dice que el genio está predestinado. No me convence. Algo de predestinación habrá y mucho de crecimiento, de sed. El escritor es "un vampiro que se nutre con cada experiencia". El creador es como Jean-Christophe Kraft, Juan Cristóbal, el que lleva sobre sus hombros el peso del mundo con una inmensa fuerza (Kraft). Stefan dice esto del que ha nacido creador: "la vida no le saluda como una casa acogedora en la que se puede instalar cómodamente; para él no es más que el material para el nuevo edificio en que otros vivirán más tarde. Por eso no le está permitido el descanso. *Ve sin tregua*, le dice Dios, *hay que buscar eternamente*". Es la condena del artista. Stefan mitifica la violencia de la creación, su obstinación, su fuerza, su sufrimiento y su alegría. A pesar de todas las relaciones íntimas que el artista tiene a lo largo de su vida, su camino, como el de todos los artistas, es de soledad. No le sirven los prejuicios para caminar por el mundo. No puede viajar con los prejuicios alemanes mucho trecho. El prejuicio alemán dice así: "Los franceses son buena gente, pero flojos... artistas sin médula, malos soldados, políticos embusteros, mujeres frívolas pero inteligentes, divertidas y liberales". Y va junto al anhelo de un poco menos de orden, un poco menos de sobriedad germánica. En su furia de la disciplina, el joven Jean-Christophe cree que si no llega donde quiere es por falta de disciplina. Buen argumento de obsesivo. Si no consigue lo que quiere es porque no ha sido suficientemente perfeccionista. Error.

Pero los prejuicios pueden dejar paso a la realidad si uno les deja y Jean-Christophe no puede evitar tener los ojos abiertos y es que además son muchas páginas las de su vida. Conoce a Sidonie, la criada que lo cuida cuando está enfermo, a Olivier, su hermano francés. Y acaba descubriendo lo que hace grande al pueblo francés, la libertad. Cuenta Stefan, que a los franceses no hay manera de organizarlos y de reunirlos y que eso puede parecer una debilidad, pero también es una fortaleza que los salva contra el orden que entumece y que puede convertir a los pueblos en una masa.

Los alemanes son el alma de Jean-Christophe, amante de los grandes ideales, de la verdad, del orden, de la laboriosidad, del poder, del orgullo militarista. Pero la victoria corrompe. La victoria en la guerra anterior había convertido a Alemania en un tirano engreído con sueños llenos de complacientes valquirias.

Claro, la conclusión de Jean-Christophe es que Alemania y Francia son las dos alas de Occidente. Las dos son necesarias para volar. Esta conclusión ya estaba en la carta que le había escrito Tolstoi, en la que hablaba de los valores superiores al bien de la patria, de la sociedad, de la raza; los valores internacionales, que llamó él. Después, abrazando las contradicciones y las limitaciones del ser humano, Rolland llegaría al que bautizó como "sentimiento oceánico".

El pacifismo de Rolland no consistía en idealizar la paz, sino en construirla. Aunque Stefan tuvo cuidado de no ser exactamente un activista, escribió a amigos de ambos bandos pidiéndoles que se adhirieran a su noble causa de la hermandad Europea. Algunos quisieron, otros no. Verhaeren no pudo y quiso seguir odiando a Alemania y a sus aliados: "Si yo odio, es porque aquello que vi, sentí y oí es terrible". Durante la guerra, Verhaeren escribió con todas sus energías contra los invasores alemanes y su sadismo. Cuando uno de aquellos poemas, lleno de rabia y de mochilas de soldados alemanes cargadas con piernas de niños llegó a manos de Stefan, él sintió que caía en un abismo. Su padre literario lo había abandonado y se había convertido en un propagandista del odio hacia su pueblo.

La guerra acabó con muchas cosas y también con Verhaeren que murió en un tonto accidente de tren. Ocurrió el 27 de noviembre de 1916. Había ido a visitar las ruinas de la abadía de Jumièges y por la tarde dio una conferencia de prensa. En la estación de Rouen, la multitud que se congregó lo empujó debajo de las ruedas de un tren que partía y en el que pretendía montarse. La leyenda dice que sus últimas palabras fueron: "mi mujer, mi patria". Las máquinas, a las que había cantado, también acabaron con él.

Stefan lo conoció con veinte años y fue el primer poeta de verdad con el que tuvo una relación estrecha. Tres años antes, cuando Stefan era solo un adolescente, había escrito a Verhaeren pidiéndole permiso para publicar las traducciones de sus poemas. De París llegó una respuesta afirmativa que Stefan guardó como un tesoro y no solo porque fuera el autógrafo de un autor famoso. Verhaeren era un hombre accesible, abierto al mundo y a sus experiencias y por eso dejó que el joven austriaco se acercara, maravillado ante una recepción cuya calidez no había conocido en Viena.

La relación con Verhaeren creció poco a poco hasta que los intercambios de saludos se convirtieron en centenares de cartas. Cuando Stefan terminó los estudios, lo llamó su primer año de libertad y se fue a París. Llegó de noche y al primero que escribió anunciando su llegada fue a Verhaeren. Por la mañana, le llegó de vuelta una invitación a almorzar a la casa del número 5 de la rue Montretout, ahora rue Verhaeren, en Saint-Cloud. Para ir de París a Saint-Cloud, Verhaeren siempre iba en tercera, rodeado de obreros y gente humilde, pero Stefan estaba acostumbrado a ir en primera. El propio Verhaeren le abrió la puerta. A Stefan le sorprendía lo modesto que era su hogar. Ninguno de los escritores que conocía vivía de un modo tan humilde y a la vez rodeado de tanta paz espiritual y de tantos amigos de todas las edades y nacionalidades que pasaban por allí. Ese fue su primer modelo de vida, el del escritor cercano y generoso que se levantaba muy pronto, desayunaba algo, no se apartaba de su escritorio hasta las diez, y después dedicaba el resto del día a vivir, a leer, a caminar, a estar con los amigos. Desde el otoño a la primavera, Verhaeren y su esposa vivían allí, pero luego se iban a su parte flamenca y campestre en Caillou-qui-bique que solo abandonaban cuando llegaba la fiebre del heno que vencía al poeta. Para huir de la alergia, los Verhaeren se iban a la costa y durante el mes de mayo, el peor de todos, se escondían en un cuarto piso del Bulevar du Midi en Bruselas.

Stefan se convirtió en hijo adoptivo de aquella pareja que no tenía hijos. Marta y Émile Verhaeren se encontraban con él en París, en el campo y en Ostende. En París y en el mar del norte eran su referencia, pero el lugar en el que convivían más era en Caillou-qui-bique. Por desgracia, la casa de Caillou-qui-bique, también humilde, quedó absorbida por el frente. Durante la guerra la ocuparon soldados alemanes y fue destruida por la artillería el último día de la guerra. Aunque aquello era vivir en el campo, donde todo era de un color verde salpicado de vacas, también era vivir en el centro de Europa, a cuatro horas de Londres y de París.

Stefan pasó allí cinco veranos que se mezclaban en su memoria. Los días duraban mucho y a la vez pasaban rápido. Verhaeren jugaba con las palabras y con su cigarro pardo por el campo y por el bosque y Stefan aprendía de él. A Verhaeren le gustaba pasear del brazo de sus amigos y palmearles la espalda. Stefan aprendía maneras que no se parecían a la represión vienesa. Verhaeren era igual de independiente en lo que vestía y en lo que escribía. Todo se debía a la herencia paterna de la que vivía. Por lo que contaba Stefan en la biografía de su maestro, el joven Verhaeren debió gastarse una buena parte de lo heredado y cuando paró de gastar todavía le quedó para una vida. Al principio coleccionó cuadros y libros, pero un buen día los vendió y se despegó un poco de lo material. No se comprometió con ninguna profesión, ningún partido, ninguna sociedad. No hizo ningún trabajo por encargo y tampoco hizo nada para ser famoso. Tenía suficiente para vivir de forma modesta y eso hizo. Eso y escribir. Cuando llegó el éxito, no cambió.

Verhaeren le puso caducidad a su arte, pues decía que a partir de los sesenta no escribiría más. Creía que a partir de esa edad uno solo se repite. Más adelante suavizó su afirmación, hablando de setenta en vez de sesenta porque, como le dijo a Stefan que le señaló el cambio según se acercaba la edad señalada, si no escribía, ¿qué otra cosa podría hacer, aunque sus poemas no valieran nada? Esa idea anidó en Stefan, como tantas enseñanzas de Verhaeren, y por desgracia reaparecería con toda su virulencia en el exilio, cuando Stefan cumplió tantos años como su maestro.

Verhaeren no tenía enemigos. Una vez Stefan lo vio llegar muy contento y le contó que había tendido la mano a un viejo adversario a quien no saludaba desde hacía muchos años y que él otro le había aceptado el saludo. ¿Y qué decir de su honradez? Si había metido la pata se disculpaba y si le multaban por circular en bici por donde estaba prohibido pagaba la multa y no intentaba colar la mentirijilla de que no había visto el cartel, tal como le sugería el juez, conocido suyo. Verhaeren era la bondad y la generosidad y agradecía mucho la promoción que le hizo Stefan y toda la gente que le presentó. Aparte de traducir sus obras y de hacer todo lo posible para publicarlas en alemán, en 1912 Stefan había acompañado a Verhaeren en una gira de conferencias por Alemania que había organizado él mismo y que fue una escenificación de fraternidad franco-alemana. Su periplo culminó en el abrazo de Verhaeren, el gran poeta francófono, y Dehmel, el gran poeta alemán, en Hamburgo. La guerra acabaría con los dos. Dehmel estuvo a favor del conflicto y se alistó en 1914. Aunque fue herido en 1916 y tuvo que abandonar el frente, falleció en 1920 por las secuelas.

Verhaeren no confiaba en Alemania porque sentía que el pueblo era demasiado sumiso ante la casta aristocrática y poco amante de la libertad individual. Pero eso no era motivo suficiente para odiarlos. Bastó, eso sí, que invadieran Bélgica a sangre y fuego, sorprendidos por la resistencia de los belgas, para que Verhaeren tomara partido y convirtiera todo su verbo en arma de guerra. Aquella invasión brutal, armada con los lanzallamas que quemaron Lovaina, también hizo que los demás países se aliaran con Francia. Stefan anotó en su diario, después de leer el panfleto de Verhaeren contra los invasores: "Dudo que sea capaz de dirigirle la palabra jamás". Pero Verhaeren hizo lo que habríamos hecho cualquiera, ¿qué puede hacer un hombre cuando destruyen la casa en la que ha nacido, cuando los invasores ocupan su hogar, cuando lo echan de su país, cuando asesinan a sus vecinos?

REFUGIADOS EN LA SUIZA DADAISTA

Llegó la guerra y con ella la desaparición de millones de personas jóvenes y de su posible descendencia. Un vacío irreparable. Tras el dolor y la pérdida se puede seguir viviendo, pero nada es igual después de un episodio tan cruel como esa guerra. Si no, ¿por qué todos los soldados que regresaron volvían enfermos de los nervios o de silencio? El que vive la guerra no la quiere nunca más. La gente no es que se olvide, es que se muere y entonces vienen otros que no han visto la guerra y no saben, no pueden saber, porque nadie te lo puede explicar. Es lo que pasa con la experiencia humana. Hay cosas que o se viven o hay que fiarse de los que saben y lo saben contar, y ni aun así. Berta von Suttner lo contó en su *¡Abajo las armas!* publicado en 1889. Ella fue brevemente secretaria de Nobel y de la relación de amistad que mantuvieron durante décadas salió la idea del Nobel de la paz que ella recibió en 1905.

Pero en 1914 no había tiempo para pensar. Llegó la guerra y justo ahí, cuando Stefan dejó atrás a Marcelle, empezó el "nosotros" para Friderike. Con lágrimas de arrepentimiento Stefan lo contó a Friderike el último episodio con su amante parisina. No sería la primera vez que Stefan tuvo que ser protagonista de la escena del hombre entre dos mujeres sin el comodín del poliamor. En aquel caso, como en todos, la elección era sencilla: no había elección. Máxime con una guerra de por medio. Por eso lloraba, por eso había pasado noches en vela, por eso se lamentaba también cuando estaba solo, porque no había salida y cuando uno sabe que va a perder, llora. De hecho, Friderike cuenta que lo volvió a ver llorar cuando Italia le declaró la guerra a Austria.

Y ahí fue cuando Stefan empezó a pensar seriamente en vivir con Friderike. Stefan siempre será leal, pero no estrictamente fiel. Ella lo anclará a la tierra, le permitirá tener libertad y le dará fuerza para crear una empresa floreciente durante las dos décadas que vivirán en Salzburgo. Tras la guerra, en la ciudad de los veintitantos campanarios, Stefan emprenderá su gran obra: mostrar los mecanismos del mundo y reconciliar al hombre con sus orígenes y sus deseos. Ella será su intermediaria respecto a las amarguras de la vida real y le pondrá límites terrenales a su desmedida ambición literaria antes de que se haga daño. Friderike será la compañera perfecta para Stefan y en aquel momento empezó a dar claras muestras de ello.

En 1915 Friderike deja atrás Baden y el recuerdo de Lissauer, un pretendiente "serio" que ha tenido que no le gustaba demasiado, y se muda a Viena para estar más cerca de Stefan. Él sigue con su vida normal y con sus "episodios", que era como llamaba a sus rollos con mujeres. Anota en su diario cosas como esta: "Al atardecer me reúno con la alegre Eva C. y el encuentro me sienta de maravilla". Pero con Friderike en la ciudad empieza a ser posible tropezarse con ella de forma inesperada y eso cambia un poco las cosas, por más que Friderike le escribiera diciendo que no debía esconderle sus amoríos. Aunque no le gustara nada, era lo que había y ella prefería saber.

En 1916 estuvieron en Salzburgo durante un permiso y, paseando, se toparon con una casa que les gustó mucho. Al año siguiente vieron un anuncio en la prensa en el que se ponía en venta una vivienda en Salzburgo que no podía ser otra que la que les había encantado. Stefan quería alejarse de Viena después de la guerra y ella quería lo que fuera con Stefan, así que compraron. 90.000 coronas, 8.000 metros de parcela. Friderike estaba muy contenta con su relación y se atrevió a recoger la siguiente anotación en su diario el día 3 de noviembre de 1916: "Stefan me ha nombrado hoy su 'conejita mayor' permanente. No pido más: que disfrute de vez en cuando con conejitas menores. Les deseo lo mejor, a ellas con él y a él con ellas, siempre que yo siga siendo la conejita mayor". Lo que ocurre dentro de las relaciones es casi siempre un misterio, pero el misterio de la relación entre Stefan y Friderike no es tal.

A lo largo de toda una vida juntos, Friderike asumió que Stefan no podía quedarse demasiado tiempo quieto, por lo que de vez en cuando dejaba atrás a su mujer y a su casa y se marchaba para no dejar escapar la fantasía de la aventura. Ser pareja de artista tiene tela.

Figura 14. Friderike en 1920, fotografiada por Franz Xaver Setzer (dominio público. commons.wikimedia.org).

Durante la guerra, las desgracias no cesaron. Una que impactó especialmente a Stefan y a Friderike fue la muerte en 1916 de su amigo Erich Störk que trabajaba en un hospital en el Tirol con su joven esposa Emmi. Ambos perecieron por una avalancha de nieve. Friderike, exagerando un poco en sus memorias, habla de Emmi preguntándose "¿Qué habría sido de su vida sin la de él?" ya que ella se había enfrentado a su aristocrática familia por Störk, un novio que según ellos no le convenía. Friderike les escribió una canción póstuma titulada: *En mi consuelo*. A esto se sumaban las noticias de todos los frentes de la guerra, que eran muchos. El 21 de noviembre de ese año falleció el eterno emperador Francisco José y el día 29, un día después de su cumpleaños, Stefan supo de la muerte de Verhaeren. Pasó la noche hojeando la correspondencia con él. Durante un tiempo, en señal de luto, usó tinta negra en vez de la tinta violeta que siempre utilizaba. No poder despedirse siempre complica el duelo, pero es que fueron muchos los duelos complicados entonces y eso debió influir en el cambio de carácter de Stefan.

Stefan siguió trabajando en *Jeremías* que finalmente se estrenó en Zúrich el 27 de febrero de 1918. Jerusalén, al final, caía. La predicción de Jeremías se hizo realidad, aunque nadie le hiciera caso. En el ejemplar que dedicó a Friderike, Stefan venía a decir que en aquel mundo en llamas, ella era la compañera que le había protegido a él y a su obra. Desde entonces Friderike se volvió la garante del orden en el universo tormentoso del creador. Stefan era Jeremías, un hombre más moderno que bíblico, que tiene una lucha pendiente. Es un Jeremías que también es Hamlet pues se pregunta: ¿Me quedo con los míos a pesar de todo o huyo? Esa es la lucha. Esa fue también la lucha de Stefan.

La relación de Stefan con Suiza había sido tortuosa. En su diario de 1906 la odiaba por pequeñoburguesa y durante la guerra elogió su esfuerzo humanitario y acabó refugiándose allí. A finales de 1917, el temor a que lo llamaran al frente fue interrumpido por un permiso para viajar a Suiza. Stefan había solicitado asistir al estreno de *Jeremías* y el jefe del departamento en cuestión no se opuso. En cambio le dijo: "Gracias a Dios, usted no era uno de aquellos estúpidos que pedía la guerra a gritos. Hala, pues, haga ahí fuera todo lo posible para que esto termine de una vez". Así entró Stefan en un país que no estaba en guerra. La impresión al entrar en Suiza fue muy profunda. Se podía comprar carne y pan sin cartilla de racionamiento, había oficinas de correos que permitían realizar envíos a todo el mundo, había periódicos de todas las nacionalidades, ¡había chocolate! Todo lo prohibido en Viena estaba permitido allí. Aquello era Jauja.

Pero lo primero que hizo para no dejarse deslumbrar por aquella abundancia fue dejar atrás Zúrich, su puerta de entrada, y acudir a su gurú, Romain Rolland, que vivía junto al lago Leman. Su habitación era igual que la de París, como la celda de un monasterio, solo que con la mesa tapada con libros y revistas. Era el primer francés con el que hablaba después de tres años. Rolland trabajaba solo, como siempre. Escribía su diario, leía todo, se carteaba con muchísima gente. Stefan creía firmemente que Rolland era en aquel momento la persona más importante del mundo porque ¿qué importa que millones se maten si al menos hay uno que no acepta la imposición del odio?

Rolland era un refugiado más en Suiza, como también lo era Nabokov. Aunque hay teóricos actuales que dicen que la culpa de aquella guerra fue de todos los europeos, seguro que de aquellos exiliados, no. Stefan se presentó con Friderike en el Hotel Byron de Villeneuve. El edificio en sí no era nada romántico aunque el lago hubiera sido testigo de la noche mágica que alumbró a Frankenstein. Lo primero de lo que hablaron fue de la muerte de Verhaeren y de la ciudadela moral de Goethe, el único lugar del hombre donde no debe entrar nadie más: su conciencia ética. ¿De qué otra cosa hablar cuando las únicas opciones son odiar o ser desterrado?

Aquellos días Stefan cumplió 36 años y le entregó a Rolland un sobre lacrado que este solo podría abrir si recibía un telegrama en el que se le comunicase que debido a su negativa a prestar el servicio militar, y por tanto a utilizar armas, Stefan iba a sufrir consecuencias terribles. El texto era su *Testamento de la conciencia moral.* Un hombre con ética es peligroso. En una guerra puede decidir no empuñar un fusil y organizar un lío. Seguramente será fusilado, pero el daño ya estará hecho. Stefan, como Sócrates, podía haber huido desertando o alegando enfermedad, pero él no quería hacer eso. Lo que ocurre es que la ética, aunque salve una cultura, puede condenar a un hombre. Pero la verdad es que si Stefan acabó la guerra en Suiza fue gracias a Friderike que volvió sola a Viena y le consiguió la corresponsalía en Suiza para la *Neue Freie Presse.* Friderike era ante todo una mujer valiente y se fue decidida a ver al editor, Ernst Benedikt, que se olvidó de sus reservas ante a la amenaza de que si no accedía, Stefan no volvería a escribir para ellos. Con este contrato en la mano, Friderike consiguió todas las autorizaciones necesarias para que Stefan tuviera la dispensa del servicio militar. Y eso que el ministro de Asuntos Exteriores escribió al margen de la solicitud: "me consta desde hace tiempo que el doctor Zweig es un emboscado". Según el diccionario, "emboscado" es el hombre que elude el servicio militar en tiempo de guerra.

Así obtuvo Stefan una prórroga del servicio militar hasta el 28 de febrero de 1918, aunque permaneció en Suiza después con Friderike y con su hija Suse, la pequeña, que ella se llevó junto con el manuscrito de Dostoievski. Por mucho que hubiera escrito en su diario: "La verdad es que pese al chocolate y las botas de piel, este país me sigue pareciendo una tortura" tenían algo que celebrar. Con esas se fueron unos días a St. Moritz, aunque allí había unos cuantos exiliados que Stefan detestaba, entre ellos, Karl Kraus.

Si el miedo al comunismo atenazaba a Europa, resulta difícil imaginar lo que significaba esa palabra en Suiza, el paraíso de la propiedad privada. Pero allí el orden siempre está por encima de todo y, a pesar de los intentos de huelga general, no hubo manera. Stefan y Friderike dejaron Ginebra y regresaron a Zúrich, donde veían con frecuencia a viejos amigos como Hesse o Busoni y a otros amigos nuevos. Con uno de ellos, Pierre Jean Jouve, Stefan organizó una lectura conjunta en la que lo que leyeron fue menos importante que verlos a los dos ante el público. Como acto de pacifismo no está mal que dos escritores de países enemigos que se están masacrando lean juntos en un escenario, cada uno en su idioma y que al final se estrechen la mano.

Zúrich nunca ha sido el centro del mundo, pero en 1917 seguía siendo uno de sus refugios. En realidad toda Suiza lo ha sido durante siglos, desde que Calvino llegó huyendo a Ginebra y cuando él mismo hizo que Castellio tuviera que refugiarse en Basilea. Lo mismo le ocurrió al médico y escritor Georg Büchner que fijó su residencia en Zúrich en 1836 cuando huía de sus perseguidores por revolucionario. Desgraciadamente, murió de tifus al año siguiente con solo veintitrés años dejando la primera descripción científica de la esquizofrenia en su obra *Lenz*. Büchner vivía en la Spiegelgasse, la calle del espejo, que sí era el centro del mundo en 1917. En el número 14 vivía Lenin con su mujer y una placa de piedra reza en alemán: "Aquí vivió Lenin, el líder de la revolución rusa desde el 21 de febrero de 1916 hasta el 2 de abril de 1917" En el número 1 estaba y sigue estando desde 1916 el Cabaret Voltaire, lugar mítico en el que nació el dadaísmo. El fundador del movimiento fue Hugo Ball y sin él las vanguardias artísticas del siglo XX ya no serían las mismas. Aparte de los conocidísimos Tristan Tzara, Jean Arp o Marcel Duchamp, en el grupo había muchos otros artistas como Emmy Hennings y Sophie Taeuber. Ball era el marido de Hennings y también buen amigo de Hesse, de quien publicó en 1927 una biografía demasiado precoz. Claro que él moriría al año siguiente, pero en 1917 los dadaístas estaban vivos, muy vivos. Abrían una galería, inventaban la performance, publicaban un panfleto llamado *Cabaret Voltaire* en la que colaboraban nada menos que Apollinaire, Marinetti, Picasso, Modigliani, y Kandinski. La guerra no dejaba lugar a dudas: la humanidad estaba equivocada. El dadaísmo era antiartístico y antitodo y quería derribar la razón como motor del mundo cuestionando todas las convenciones. Su primer odio era el artista burgués, cuyo ejemplo perfecto, desde luego, era Stefan.

Pero en Zúrich había aún más gente interesante. Un tal James Joyce pasaba sus días en el Café Odeon, a siete minutos a pie del Cabaret Voltaire. Joyce era entonces un joven con barbita y gafas excesivamente gruesas que alejaban unos penetrantes ojos tan oscuros como los de Stefan. El irlandés, un año menor que Stefan, le prestó el único ejemplar que tenía de *Retrato del artista adolescente* junto con la obra de teatro *Exiliados*, que Stefan quería traducir y que acabó ayudando a producir. Lo que maravilló a Stefan de aquel hombre "enjuto, pequeñoburgués, agudo, inteligente, pero muy extravagante" fue que era un traductor fantástico que tenía cinco traducciones para cada palabra en varios idiomas. También le impresionó que nunca estuviera de buen humor y que no riera. Stefan le tomó prestada aquella frase que lo acompañaba siempre en sus exilios y que Joyce aplicaba a su lengua, pero que Stefan aplicaría a la suya: "No puedo expresarme en inglés sin formar parte de una tradición".

Muchos vivían entonces y seguirían viviendo entre dos culturas. Entre dos países, y por eso Stefan los llegó a llamar "seres anfibios". Los seres anfibios han de gastar mucha energía en poder nadar y correr a la vez. No pueden elegir. Su vida es un duatlón. Stefan, por ejemplo, ante el odio repentino de los austriacos por lo italiano después de entrar en guerra ambos países, escribió un artículo titulado "un italiano en casa de Goethe" alabando un libro que acababa de publicar Benedetto Croce, que sería años después ministro en

Italia. Stefan quería recordar así que no siempre se habían llevado mal ambos países. Sabemos que Croce se divirtió de lo lindo con este sutil mensaje.

Stefan era hijo del *Yo acuso* de Zola o del *Más allá de la contienda* de Rolland, pero ellos no eran los líderes que todo el mundo sigue reclamando. Rolland, cuando le pedían consejo respondía algo así: "Obrad de acuerdo con vuestra conciencia. Buscad vuestra propia verdad y realizadla. No existe una verdad terminada, una fórmula fija, que el uno pueda entregar al otro". Todo un psicoterapeuta, este Rolland, que cuando recibió el Nobel, donó las 149.223 coronas suecas que recibió, una fortuna, a la Cruz Roja Internacional y a asociaciones francesas. Otro anfibio. Rolland rechazaba la servidumbre de las ataduras y avisaba que seguiría fiel a sus convicciones incluso en contra del mundo entero.

Pero es que aún no hemos terminado con las historias de la Calle del espejo, pues en la versión más mítica del origen del nombre del movimiento dadaísta, "dadá" no vendría de su significado en francés: caballo de madera. Y eso que estaría bien que así fuera, porque el dadaísmo es un caballo de Troya que introdujo la duda y lo distinto en lo convencional. Pero también se cuenta que en el fragor de las primeras sesiones dadaístas, aún sin nombre que las designara, un tipo gritaba: "¡Sí! ¡Sí! ¡Sí!" ¿Y si aquel tipo fuera Lenin, vecino de aquella calle? ¿Y si lo dijo en ruso "Da! Da! Da!"? Bueno, pues aquel mismo Lenin le pidió a Rolland, el mismo Rolland que escribió a Stefan al inicio de la guerra que él no abandonaría nunca a sus amigos, que lo acompañara en su regreso a Rusia porque creía que una autoridad reconocida mundialmente como él podría ser buena para la causa bolchevique. Aunque Rusia era el ojito derecho de Rolland y había escrito artículos saludando a la revolución del proletariado que conseguiría según él la libertad para todos, decidió no acompañar a Lenin y conservar su independencia. Finalmente, Lenin y su séquito de treinta personas abandonaron Zúrich en un tren que les llevó a Berlín con escolta alemana. Tras muchas paradas llegaron a Petrogrado el 16 de abril de 1917 y fueron recibidos con el himno de los socialistas rusos que entonces era la Marsellesa. Y de ahí a octubre y a la historia.

La "atmósfera pigmea" de Suiza le sirvió a Stefan para encontrar cierta paz y para hacer tiempo mientras la guerra terminaba. Los meses de convivencia con Friderike fueron un ensayo general que hizo que Stefan decidiera casarse con ella. Alix, la hija mayor de Friderike, se fue a vivir con la pareja y contrataron a otra institutriz porque no dejaron cruzar la frontera a la de Viena. El mundo de los ricos era así. Bueno, es así, o incluso peor, porque la hija pequeña de Friderike estuvo un tiempo en un hogar para niños en Zúrich. Así, como el resto de su vida, Stefan pudo ocuparse de sus borradores, de sus libros, de que las editoriales los prepararan correctamente y los enviaran a las librerías, de su colección de manuscritos, de sus cuitas personales. Aquel hombre de treinta y tantos no quería tener hijos propios. No había espacio para ellos ni en aquel mundo ni en su mundo.

LA MUERTE DEL IMPERIO

Austria moría de hambre por el bloqueo. Los generales había empujado al emperador a la guerra y ahora la mitad de su ejército había muerto y también había muerto el emperador, pero de viejo. Carlos, el nuevo emperador, intentaba negociar la paz porque él había estado en el frente y sabía cómo era. Llegó a ofrecer concesiones a Francia y a Inglaterra, pero no a Italia y por eso fracasó. Hasta el emperador de Alemania se planteó negociar la paz, pero sus generales más belicosos, con Ludendorff a la cabeza, querían una victoria rápida, ahora que su maniobra para favorecer a Lenin había sacado a Rusia de la guerra. Al final, Alemania desató una ofensiva total en agosto de 1918. Todos sus hombres disponibles atacaron Francia. Alemania, con su furor guerrero, sacaba las tuberías de plomo de las calles para hacer balas y después de descolgar las campanas centenarias para fundirlas, les hacía un funeral. Pero no contaron con que los soldados que venían del frente oriental trajeran ideas subversivas. El marxismo era revolucionario, el pacifismo era revolucionario, todo lo que no es obedecer es revolucionario. La propaganda de Ludendorff, con estudio de cine propio, no alcanzaría la madurez hasta dos décadas después. En Alemania había huelgas, tranvías volcados, detenciones. Cualquiera que hiciera huelga era enviado al frente para atacar sin ningún sentido. Avanzaron tanto los alemanes que se quedaron sin suministros y el ataque en algunas zonas se detuvo porque los soldados encontraron comida en abundancia por primera vez en mucho tiempo y se pusieron a comer. Otra vez el ejército alemán fue detenido por los aliados en el Marne, a las puertas de París y se quedó desconectado de su retaguardia. Los alemanes, técnicamente derrotados, se negaban a rendirse. Cada día había miles de bajas. A finales de octubre se inició una revolución en los puertos del Reich. El Káiser abdicó el 7 de noviembre y a las 11 horas del día 11 del mes 11 callaron los cañones y la guerra paró porque se firmó un armisticio en un tren en medio de la campiña francesa. Era una rendición total solo para obtener el alto el fuego. En la segunda guerra todo sería aún más difícil y eso que para entonces iban más de diez millones de soldados muertos, muchos de ellos desaparecidos, y veinte millones de heridos. El destrozo en las vidas fue tan grande y visible que hubo que consolidar el diagnóstico de "neurosis de guerra".

Muchos hombres regresaron cabizbajos de la guerra: Tito, Hitler, Truman, Göring, Hemingway y toda una generación de escritores norteamericanos, Disney, Tolkien, de Gaulle, Fritz Lang, Maurice Chevalier, Humphrey Bogart, Jean Renoir, Max Ernst, Jean Cocteau. Está claro que no tuvo el mismo efecto para todos. Joseph Roth dijo: "habíamos vuelto a casa, infructuosos e inconsolables, lisiados, una generación dedicada a la muerte, desdeñada por la muerte". La guerra no había sido como la que aparece retratada en las pinturas de siglos anteriores, algo heroico, sino el horror retratado por Masereel, heredero de Goya. Los grabados de Masereel eran tan impactantes que Stefan llegó a fantasear con lanzar reproducciones desde aviones contra el enemigo común, la guerra.

Cuando Stefan escribía se escondía. Su autobiografía es un relato muy completo de toda su época y su peripecia vital, pero no recoge apenas sus sentimientos negativos hacia otras personas y no habla de sus cuitas personales o de sus relaciones de pareja. De hecho apenas cita a su esposa, ni a la primera ni a la segunda. En una carta a Hesse en 1903 le decía que era muy cauto cuando hablaba en sus relatos con franqueza y que se escondía en personajes femeninos como en la protagonista de *El amor de Erika Ewald* que le había enviado a su amigo para que lo valorara. En aquel relato, como en todos, solo Stefan sabía lo que era verdadero y lo que no. Hesse le respondería tras la lectura que ese relato es lírico, psicológico y que habla de las profundidades del alma, pero que carece de narración. Claro que se lo dijo con todo el respeto y el tacto y sin sentar cátedra, pero ahí dio en el clavo. El relato es muy breve y no pasa gran cosa, como ya dije. Es un compendio de desencuentros y al final el amor de Erika se lía con una cantante de ópera. Un estándar vienés. No solo ella se parece a Stefan, también él. Aquí podría ser cruel con Stefan y cebarme en lo difícil que me resulta leer algunos de sus relatos porque me parecen aburridos, pero no lo haré, porque le reconozco el enorme mérito de ser el precursor de las narraciones en los que los sentimientos pasan a ser un personaje principal. Está claro que los que inventan cualquier cosa no siempre disponen de herramientas avanzadas. Cuando Hesse escribió la reseña del libro le pudo el cariño. Su elogioso comentario concluía diciendo que, aunque Stefan no era todavía un narrador maduro y acabado, se trataba de una personalidad muy singular y entrañable.

En lo que Stefan ya era un experto era en las biografías de seres tormentosos. Friderike, por ejemplo, no entendía su interés por los retorcidos personajes de Dostoievski con los que ella no simpatizaba. Friderike era más pragmática y prefería no darle tantas vueltas a todo. Sin embargo, Stefan era un enamorado de la búsqueda de sentido, algo que no dejó de perseguir en todas las biografías que escribió. Pero es que con Friderike podía amarla a ella y amar la vida a la vez y parece que así, paradójicamente, le encontró sentido a lo que pasaba en Austria y durante un tiempo pudo vivir sin miedo.

A Stefan le gustaban de Dostoievski esos personajes tan intensos, tan dramáticos que son capaces de dejar su mundo pulsional a la vista, hasta llegar al asesinato. Esos personajes y su autor, que era un personaje más, lo acompañaron durante años y se convirtieron en viejos amigos. ¿Qué parte es destino y qué parte elección? Stefan entiende esos deseos, pero siempre parece ser un hombre recto. No se deja llevar por el alcohol o por el sexo, pero no puede dejar de fumar y hay muchas mujeres en su historia. A Stefan le impresiona que Dostoievski robe dinero a su mujer para jugárselo a la ruleta. “Hay que amar antes la vida que el sentido de la vida”, escribe mientras ama a dos mujeres.

A pesar de ello, él sabe que no puede seguir con las dos. Ahí termina su adolescencia eterna.

En sus diarios escribía más claramente, pero no del todo. Por ejemplo, el 29 de septiembre de 1912 anota que lleva a casa a dos mujeres y afirma que disfrutó de sus hermosos cuerpos, aunque ese tipo de encuentros lo cansaran. Durante toda la vida, el escritor tiene que hacerse la siguiente pregunta: cuento toda la verdad como si hablara conmigo o con mi analista o tapo cosas. Nadie es totalmente sincero, pero el arte verdadero está ahí, en serlo y en hablar sinceramente de tus deseos de verdad, sin miedo o con miedo. Stefan no lo hizo. ¿Qué tienen de malo nuestros deseos para ocultarlos tanto, cuando en realidad todos nuestros deseos son tan similares, tan humanos? Pero es que hablamos del mundo de ayer, que era otro mundo en el que los deseos y la realidad no contactaban y la contradicción era tan poderosa que llamó la atención de Freud.

Y en esas, acabó la guerra. El imperio austrohúngaro desapareció, el Káiser se exilió y llegó la venganza de Versalles. Stefan ya lo había escrito en su diario de 1915: "veo el hundimiento con más pavor que nunca. Sé que nadie en el mundo pedirá clemencia para Alemania, la pisotearán hasta aplastarla. Porque ahora conocen su poder y saben que en cincuenta años resucitará con su fuerza demoniaca, de modo que hay que doblegar a los alemanes sin contemplaciones". Los imperios, en su estertor final, dejaron una cicatriz en el medio de Europa. ¿Serviría el amor por la literatura para seguir viviendo o no sería suficiente?

Los altibajos anímicos de Stefan no habían mejorado con la guerra, ni siquiera con su final en noviembre de 1918. La tentación era pensar que el infierno había quedado atrás, pero no. Stefan era un Jeremías completo, perfectamente consciente de la epidemia de gripe que arrasaba el mundo, que le profetizó esto a Rolland el 18 de diciembre en la traducción de Cristina Sánchez: "Hay momentos en que me pregunto si vale la pena seguir viviendo durante los próximos veinte años. Noto cómo me aplasta el doble peso del odio del que no me siento culpable, el odio a Alemania, causante de la guerra, y el odio a los judíos de Austria por haberse lucrado de la guerra. Sabe Dios que yo ni he provocado la guerra ni me he aprovechado de ella, pero en los momentos de peligro no puedo dejar en la estacada ni a los unos ni a los otros. La vida, sin embargo, va a ser insoportable para todos aquellos que no son ambiciosos o tiranos: a las personas como yo nos aniquilarán, ni siquiera nos dejarán un poquito de aire para vivir. ¿Pero adónde escapar? El mundo permanecerá cerrado para nosotros, y yo no puedo vivir cautivo de un estado que me desprecia como extranjero y enemigo. Resulta imposible encontrar a lo largo de los pasados siglos una situación vital tan crítica como esta, la de un judío austriaco autor en lengua alemana".

Figura 15. Fotografía de Stefan Zweig que apareció en sus libros publicados por la Editorial Insel a partir de 1927 (Franz Xaver Setzer. Dominio público. commons. wikimedia.org).

II

"¡Hablad, recuerdos, elegid vosotros en lugar
de mí y dad al menos un reflejo de mi vida
antes de que se sumerja en la oscuridad!".
Stefan Zweig en *El mundo de ayer*
(final de la introducción)

LOS ESCRITORES SUICIDAS II

Ya no era posible vivir en Viena. El imperio, la Kakania de Musil, se había derrumbado, y no es de extrañar, porque su máximo ideal era que nada cambiara. Tan soporífera era su hegemonía que al desaparecer no dejó rastro en muchos de los territorios que ocupaba. Pero eso no ocurrió en Viena, donde el hombre sin atributos se había pasado los últimos días de la humanidad bailando la Marcha Radetzsky. Stefan ya no podía vivir allí, aunque en las décadas anteriores la ciudad hubiera alumbrado muy a su pesar la arquitectura moderna, la música dodecafónica, la pintura no figurativa y el psicoanálisis. Las trincheras habían producido el *Tractatus* y ya no era posible seguir viviendo igual. La Viena en la que leer a Kant bastaba para ser un intelectual ya no existía y tampoco parecía ser suficiente decir "yo leo a Kierkegaard", aunque fuera el filósofo más importante del siglo XIX según Wittgenstein. La ética abstracta y categórica de Kant ya no bastaba. Hacía falta una ética del individuo, existencial, ¿pero quién se para realmente a conversar con los filósofos y a cambiar su vida? En general la gente prefiere alguien que les ordene lo que hay que hacer, que les guíe. Europa en general y Viena en particular habían llevado la ortodoxia hasta un límite que la convertía en irreversible. Por eso se hizo necesaria una revolución, aunque eso luego solo dé lugar a un breve periodo de esperanzas y después a la génesis de una nueva ortodoxia, así, sin descanso.

La Viena de después de la guerra era a la que regresó *Mendel el de los libros*, obra breve escrita por Stefan en 1929. Mendel era un vendedor ambulante de libros que iba por los cafés ofreciendo su mercancía y su sabiduría ignorando lo que ocurría fuera. El escenario es un café vienés sin nombre, uno de tantos, cuyo ahumado perpetuo irradia pasividad como si inyectara un narcótico. A mitad de la guerra, Mendel es acusado de colaborar con los países enemigos por vender libros escritos en francés o en inglés y finalmente es encarcelado por hacer su trabajo. Tras la guerra regresa como una aparición que pretendía vivir igual que antes y si nos lo hubiésemos cruzado en un café se habría acercado con su montón de libros. A mí me habría gustado consultarle entonces por un tal Stefan Zweig. ¿Qué habría dicho Mendel? Tal vez que Stefan Zweig es un joven que anhela el Santo Grial de la escritura pero que todavía no lo ha encontrado. De momento parece que busca más una familia que un libro y por eso todo lo que ha publicado hasta ahora no han sido más que experimentos fallidos, pero creo que tendrá éxito por su perseverancia. Eso sí, cuando no se pierde en perífrasis, me recuerda a los narradores de mi infancia en los que tenía mucha más fe que en los de ahora, porque los escuchaba con toda mi atención y confianza, dispuesto a tragarme todo lo que quisieran contar. Todo. Pero a la vuelta de la guerra, Mendel ha perdido su conocimiento enciclopédico acerca de los libros. Y no solo ha desaparecido su memoria, sino también sus clientes. El sufrimiento lo ha cambiado todo y Mendel ya no puede vivir ahí sustentado únicamente por su amor a los libros, de modo que los elementos dan cuenta de él. Pero es que Mendel es también Stefan, como tantos de sus personajes. La literatura es lo único que importa para Stefan que dice al final del relato: "Los libros solo se escriben para encontrarse con los demás, más allá de las simples conversaciones y defenderse así de lo inexorable de la vida: lo efímero y el olvido". Aun así le queda la duda, también en traducción de Berta Vias Mahou: "¿Para qué vivimos, si el viento tras nuestros zapatos ya se está llevando nuestras últimas huellas?".

Stefan también regresa aturdido a Viena. El mundo de ayer no existe y hay que hacer uno nuevo. La estabilidad, la buena conducta, la conformidad, el orden, la represión no sirven. Ya no es posible seguir viviendo dentro de aquella burbuja burguesa en la que Bruckner enseñaba piano a Boltzmann, Mahler acudía a Freud, los Wittgenstein podían invitarte a sus veladas o Loos podía hacerte una casa. ¿Quién iba a querer hacerse una casa en un mundo como aquel? Durante un tiempo las preocupaciones artísticas se habían dejado a un lado y daba un poco igual aquello que decía Loos de que la arquitectura no es un arte porque la obra de arte pretende arrancar a los hombres de la comodidad, mientras que la arquitectura busca lo contrario. ¿Cómo encontrar la comodidad allí? Era complicado, y eso que Viena no había sufrido de forma directa la guerra.

Muchos opinan que la caída del imperio de los zares fue mucho más estrepitosa que la del imperio de los Habsburgo, pero después de las revoluciones del 1917 y de las guerras entre rojos y blancos, siguió habiendo un país, un imperio. En el caso del Imperio Austrohúngaro no quedó nada. El emperador vivía atrincherado en su burocracia y la rigidez de todo el sistema hizo que saltara en mil pedazos. Ya no iba a servir cambiar un rey por otro. Los fragmentos resultantes eran tan pequeños que no se podrían volver a pegar y serían víctimas fáciles de los países más grandes. Sus tres ciudades más importantes: Budapest, Praga y Viena, nunca volvieron a estar unidas y, a pesar de estar muy cerca, siguen muy distantes. Con razón se decía en las últimas décadas del imperio que la situación era siempre desesperada, pero nunca seria.

Pero no todo fueron desventajas con la caída de la vieja Austria. Stefan nunca pudo regresar a su antigua vida después de la guerra, pero al menos se pudo casar por fin con Friderike María que dejó de ser von Winternitz para ser Zweig. Al estar casada según la legislación católica, un segundo matrimonio la convertía en bígama, la Rota mediante, así que bastó esperar a que cayera la antigua Austria para poder casarse a principios de 1920. Stefan ironiza sobre esta paradoja en una carta a su amigo Anton Kippenberg. En aquellos años el propio doctor Zweig se diagnosticó a sí mismo "burofobia", la enfermedad que tanto sufrimiento le causaría al final de su vida, cuando Friderike ya no se ocupaba de todo. En 1919 escribió un artículo titulado así, "burofobia" en el que recogía los síntomas que le abordaban cuando tenía que ir de oficina en oficina haciendo papeleos: "fuertes latidos del corazón y un regusto amargo en la garganta, así como una náusea invencible". Kafka, también hijo del imperio, fue capaz de inventar un género literario con esto, pero no todos somos Kafka.

El plan de Stefan era claro. Empezar de nuevo con su novia fuera de Viena. Empezar como un escritor nuevo. Después de cinco años de guerra solo quería tener una casa para él y sus libros y escribir. Y si la cosa no marchaba podía subastar su colección de autógrafos.

Como diría después Stefan, Viena estaba "budapestada". Le recordaba el Budapest vacuo que vivía con elegancia y despreocupación la catástrofe que ocurría en el frente. Viena era así, seguía siendo así, y también sus habitantes. Lo que nadie sabía era la balcanización que se les venía encima, pero al regresar de Zúrich lo único que se veía era una ciudad de fiesta y Stefan se reencontró con su gente. Si el país se había fragmentado sin remedio, algo similar iba a ocurrir con las artes. Los artistas que revolucionaron la música, la pintura o la arquitectura empezaron a tener seguidores mucho más integristas y, por tanto, menos artistas. El arte que se repite deja de ser arte. Aunque entonces nadie podía preverlo, una crisis peor estaba por venir y no iba a venir sola.

No es que Stefan fuera un visionario y saliera huyendo de la catástrofe. Lo que le quedaba de romántico o de hombre libre quería un lugar propio, un lugar para el artista que quería ser, independiente de los vaivenes del materialismo. Por eso, sin dilación, preparó la mudanza a Salzburgo a su estilo, con sirviente y secretaria. Ellos se ocuparon de empaquetar todos los libros y manuscritos porque Stefan en aquel momento no sabía deshacerse de nada. Aquello fue en realidad un "preexilio", una preparación no deliberada para lo que vendría después. Stefan y Friderike se refugiaron en un lugar estupendo en el centro de Europa. Como también diría un romántico: escapar, afán inútil. Pero qué bien se vivía en Salzburgo y qué bien vivieron allí Stefan y Friderike durante quince años.

En *La cripta de los capuchinos* de Viena terminó la carrera de novelista de Joseph Roth y también la dinastía de los Habsburgo. El imperio se convirtió en república y todo él y los restos de doce emperadores, incluidos los de Francisco José, quedaron en la cripta de los capuchinos, Kapuzinergruft, que es su columbario. Y justo en aquel momento, Stefan se fue a vivir al Kapuzinerberg, la montaña donde está el monasterio de los capuchinos. Stefan cambió las torres de Zúrich por las de Salzburgo, dos ciudades que parecían no haber sido alcanzadas por el desastre ni casi por el siglo XX. A la nueva casa de Stefan se llegaba por el camino del Kapuzinerberg, al que se accede por el arco de la Linzergasse, siguiendo un empinado camino de tierra que casi nunca disuadió a los fans.

Figura 16. Pasaje de acceso al camino del Kapuzinerberg que lleva a la que fue casa de Stefan Zweig en Salzburgo (fotografía del autor).

Cuando estuve en Salzburgo por primera vez, allá por 2011, no presté atención a las huellas de Stefan. Visité la casa natal de Mozart y quedé impresionado por la escasez de comodidades en comparación con la vida actual y por la certeza de que Mozart sí que vivía bien para la época. No hay duda de que Mozart era un genio y encima su padre explotó todas sus cualidades musicales al máximo, por lo que el resultado fue el que fue. Aquel día de verano fuimos con nuestros hijos que eran relativamente pequeños y no hicimos noche, con lo que dejamos muchas cosas sin ver y muchas calles sin pasear. No subimos al castillo, aunque sí nos hicimos fotos en la fuente de *Sonrisas y lágrimas*. Ahora, cuando viajo tengo más tiempo de mirar en las guías y si lo hubiera tenido, me habría encontrado con más huellas de Stefan y las habría seguido, pero dos niños tiran mucho y ellos solo tenían ganas de comer algo y de volver a casa a saltar en la cama elástica que había en jardín. También puede que yo no quisiera encontrarme mucho con Stefan. Para entonces, mi libro *Los escritores suicidas* estaba muy avanzado, aunque congelado, y de lo que sí estaba seguro es de que Stefan Zweig no tenía un capítulo asignado. Los últimos capítulos serían el de Sylvia Plath y el de Mario de Sa Carneiro, escritor suicida fácil donde los haya porque murió joven y dejó poca obra y poco rastro. Servía mucho mejor que Stefan a mis deseos de hablar del último día del escritor suicida y de terminar aquel libro de una buena vez.

Con este libro, todavía no estoy en esa situación. Ya he llegado a la mitad de su vida y, aunque sé que me queda mucho más de lo que he escrito, tengo cientos de páginas de notas que me van a guiar hasta el final. El único problema grande que tengo es que la parte en la que Stefan vive en Salzburgo no pasa nada y eso es mortal para un libro. Bueno, sí, pasan cosas, pero son bastante grises. Salzburgo es la calma entre una tempestad y otra. Stefan pasó años y años escribiendo y en primavera salía de su encierro monacal del Kapuzinerberg y se iba a recorrer Europa con la idea de visitar a viejos amigos y promocionar sus libros. A veces viajaba con Friderike, a veces no, pero ella siempre dio soporte a aquella vida tranquila. En invierno, sobre todo en los primeros inviernos, Stefan escribía en la cama porque el resto de la casa era frío. En una postura similar a mía actual, también en la cama, aunque yo teclee en un portátil esta frase.

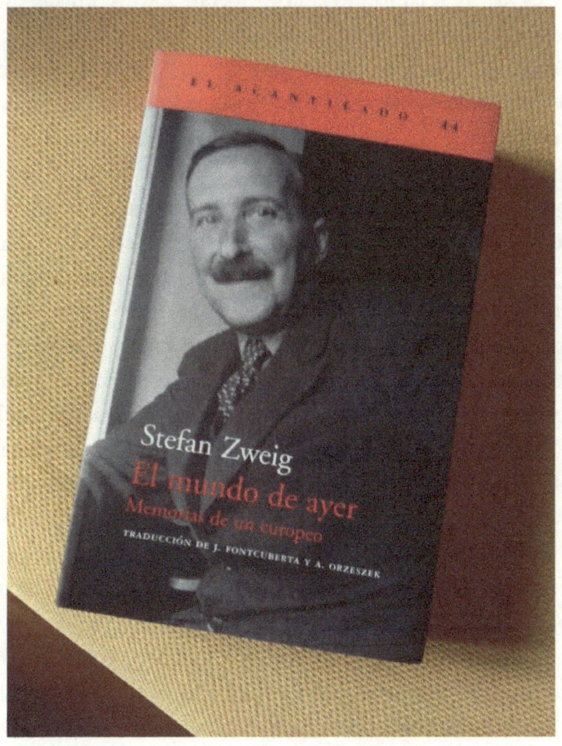

Figura 17. Mi ejemplar de *El mundo de ayer*. Memorias de un europeo de Stefan Zweig en la edición de 2012 publicada por Acantilado (fotografía del autor).

Stefan vivió en Salzburgo desde 1919 hasta 1934, allí escribió sus obras más importantes y vivió mucho a través de sus personajes. En este momento de paz, entre libro y libro, quiero contar por qué empecé este casi sin querer. Cuando publiqué *Los escritores suicidas* mucha gente me preguntó que para cuándo la segunda parte, a lo que yo respondía que ni de coña, que ya había tenido bastante. De eso estaba seguro, no deseaba embarcarme en un proyecto tan extenso y mucho menos con tantos suicidas. Ya me había costado salir del trance una vez y no quería tentar a la suerte en una segunda ocasión. Sin embargo, en las primeras presentaciones del libro hubo algunas preguntas relacionadas con Stefan Zweig en las que no reparé demasiado hasta que mi amigo Pepe me preguntó que por qué no tenía capítulo propio. La verdad es que era el mejor candidato para tenerlo: muy conocido, muy interesante su peripecia vital y las circunstancias de su suicidio, muy relacionado con los escritores de su época, por ejemplo, con Joseph Roth, dudoso suicida que sí tenía capítulo propio. Supongo que lo fui dejando para después y su candidatura se cruzó con mi decisión de terminar el proyecto en algún momento. Llegó un día que decidí que no cabía ningún capítulo más y que todo lo que tuviera que decir tendría que entrar en los capítulos planificados que terminaban, como ya he dicho, con Mario de Sa Carneiro. También es posible que no me metiera con Stefan porque para estudiarlo a fondo tendría que leer muchísimo y yo no estaba ya en la fase de fascinación con el libro, estaba más bien en mi fase de desear terminarlo cuanto antes, aunque ese "cuanto antes" fueran varios años todavía. Esto último creo que solo lo intuí, pero fue una intuición correcta. Lo de Pepe fue una gota más en el vaso de Stefan, pero yo seguía sin tener ganas de meterme de nuevo en algo parecido. Me había costado tanto terminarlo, que me daba miedo su fantasma.

Lo que ocurre es que según va pasando el tiempo uno se olvida o siente de otra manera y una mañana, casi cuatro meses después de la primera presentación del libro, fui a la estantería buscando algo de poesía y me encontré con *El mundo de ayer*, reeditado en España por Acantilado en 2001. Esta es la traducción que cito en este libro y quiero hacer constar que estoy profundamente agradecido a Joan Fontcuberta y a Agata Orzeszek por su versión. El libro lo compré diez años atrás, cuando estaba metido hasta el fondo en la fase inicial de *Los escritores suicidas*. La verdad es que en *El mundo de ayer* hay poca información en relación con los últimos días de Stefan y recuerdo que ese detalle me decepcionó un poco. Yo buscaba información sobre su suicidio doble cuando medio mundo estaba en poder de los nazis, pero no la encontré y la idea del "capítulo Zweig" quedó sepultada debajo de otras muchas y finalmente postergada *sine die*. Pero ese día lo saqué de la estantería, empecé a leer y no paré, y entonces recordé las preguntas que hicieron varios y también el comentario de Pepe y tuve un momento de inspiración. A lo mejor era el momento de escribir algo sobre Zweig. Siempre es más cómodo escribir sobre otro que sobre uno mismo.

Con el libro en la mano me apeteció saber más de ese hombre. Me interesaba mucho entender por qué se había matado con su mujer en un lugar tan mítico como Río de Janeiro y abrí un fichero llamado "Proyecto Z". A partir de ese momento empecé a leer todo lo que encontré de Zweig que era mucho: los libros que hay en Internet, los cientos de artículos en todos los idiomas, los libros de Acantilado en las bibliotecas que frecuento, los libros de segunda mano, y por fin, después de buscarlas durante unos meses, sus obras completas que encontré en la Feria del Libro Antiguo de Madrid. Estaban en la última caseta y solo di con ellas después de preguntar en todas las demás. El tipo que me las vendió tenía los cuatro tomos de cuero verde envueltos en celofán como para regalo. 80 € me pareció que era eso, un regalo. Ese día ya pintaba bien desde el principio, porque en la primera caseta, junto a Cibeles, me enseñaron un ejemplar de *Brasil, um país do futuro* con la firma del propio Stefan Zweig, dedicándole el libro a una mujer brasileña en 1941. No me atreví a hacerle foto, pero sí a preguntar el precio.

El libro que me convenció para seguir leyendo, aparte de *El mundo de ayer,* fue *Las tres vidas de Stefan Zweig* de Matuschek, y por qué no, *Destellos de vida* de Friderike Zweig, que ocultando más de lo que enseña, resulta que consiguió despertar aún más mi curiosidad. Estamos hablando de 2015. Ese año escribí mucho, pero poco sobre Zweig. Me limité a marcar con lápiz los pasajes más interesantes y a tomar notas de todo lo que leía. No me pasó esta vez lo que con *Los escritores suicidas*, que como eran tantos los libros a consultar, marcaba muy suave las páginas de los ejemplares de la biblioteca, tomaba las notas y luego borraba el lápiz. Así que los libros que me costaba encontrar los encargué.

Podría contar muchas más cosas sobre la gestación de este libro, pero me adhiero a la teoría del iceberg de Hemingway, que se podría enunciar así: si sabes de lo que hablas, no hace falta que lo cuentes todo, basta con que cuentes lo que te parezca más relevante y el lector rellenará los huecos seguramente mejor que tú. Solo añadir, para que veáis por qué el libro tenía título antes de tener páginas, dos escenas consecutivas ocurridas en pocos días aquel mismo año. Era primavera y nos visitó Remco, mi amigo holandés, al que llevaba años sin ver. Cuando le conté lo de *Los escritores suicidas* y le regalé el libro ¿a que no sabéis qué fue lo primero que me preguntó mientras lo hojeaba? Correcto: "¿No está Stefan Zweig?" Me contó que hacía poco se había enterado del suicidio del escritor y que le producía curiosidad. A mí también. Con eso habría sido suficiente, pero un par de días después salí a comprar y me encontré con Jaime, un profesor de la facultad, erudito jubilado que lleva media vida escribiendo la historia de nuestra sociedad partiendo del mito de Frankenstein y pasó lo mismo. "Tiene que estar Stefan Zweig" me dijo. Después me empezó a contar que según él Zweig era un hombre del 68, muy avanzado a su tiempo, un hombre que basaba su experiencia y su obra en el sentimiento, algo que lo hacía estar totalmente fuera de lugar en el momento que le tocó vivir. Es de suponer que de ahí vinieran, al menos en parte su depresión, su desesperación y su suicidio.

LA SEGUNDA VIDA DE STEFAN ZWEIG

Stefan escribió: "Desde el punto de vista de la lógica, lo más insensato que podía yo hacer tras la derrota de las armas alemanas y austríacas era volver a Austria". Pero regresó. La casa que había comprado en Salzburgo gracias a la mediación de Friderike sería su casa. Se mudaría junto a la frontera alemana, a unos pocos kilómetros del Múnich donde se iría ganando los galones de líder (Führer) Adolf Hitler. Austria era entonces un cuerpo mutilado que se arrastraría hasta la anexión de 1938 con la que se pondría fin a este trozo de su no existencia y a la segunda vida de Stefan Zweig. A Austria se le había prohibido explícitamente unirse a Alemania y se le ordenó ser un país aparte. Y como sus antiguos aliados del Imperio Austrohúngaro no quisieron tener nada que ver con ella por miedo a dar pie a un nuevo imperio, Austria se quedó sola.

La segunda vida de Stefan empezó a los 37 años y esta fue también la vida del hombre que decide sentar la cabeza con una mujer, aunque sospeche que el amor no dura para siempre. Friderike era una mujer de la edad de Stefan que ya tenía dos hijas de 11 y 8 años, lo que liberaba a Stefan de la obligación de tener sus propios hijos. Por eso quizá, porque las hijas de Friderike no eran sus hijas, llevó tan mal su adolescencia y llegó a vivirlas como una carga.

Stefan sabía que volvía a la peor época de su país, pero era su país y él siempre sería un privilegiado. Eso también lo sabía. Su sentido del deber hacia su familia y hacia la propia Austria también pesó en su decisión. Cuesta imaginar al autor comprometido que escribe *Jeremías* en plena guerra, trasladando su residencia a América o permaneciendo en Suiza. Pero la ética no alimenta y la vuelta no fue fácil. Stefan lo comparaba con una expedición al Ártico porque uno partía de Suiza, de la tierra de la abundancia, a Austria, un erial abandonado y arrasado por la guerra. La gente se llevaba de vuelta todas las provisiones y el chocolate que les permitían. Y eso por no hablar de la ropa y de los zapatos. Merecía la pena ponerse suelas en Suiza antes de volver, porque en Austria solo había suelas de madera.

Stefan escribió que sabía que regresar era "la decisión de su vida". O, al menos, la decisión de su vida hasta ese momento, porque luego tendría que tomarla unas cuantas veces más. Su tren de regreso se cruzó con el del emperador Carlos, el último de los Habsburgo tras setecientos años de imperio, que se marchaba. Al emperador lo acompañaba su esposa Zita, vestida de negro para la ocasión.

La guerra de Stefan empezó en la frontera belga, cuando acertó a montarse en el último tren que salía del país y terminó en otro tren que lo llevaba al purgatorio elegido de Austria. En este caso era un tren desmantelado por la necesidad de un país vaciado de alma, de ayer y de poder. Si al salir de Bélgica se cruzó con el ejército alemán, al regresar a Austria se cruzó con el último emperador que acabaría siendo beatificado. Aquel era uno de los momentos estelares de la humanidad que no retrataría Stefan. El emperador, que había elegido el nombre duplicado de Carlos I, y que para distinguirse de otros

Habsburgo utilizaba también el título de Carlos IV de Hungría, fue beatificado por el Papa Juan Pablo II en 2004. Las razones de esta beatificación se basan en las tentativas que Carlos hizo por promover la paz en 1917, tachadas de traición por sus aliados, y algún que otro milagro. Según la Iglesia Católica, Carlos habría curado el cáncer de mama a una mujer de Kissimmee, Florida, pues esta recibió de una amiga una estampa que se trajo de Europa del aspirante a beato. La conclusión es disparatada como tantas cosas: ya que no había explicación médica para la curación, concluyeron que sería un milagro del antiguo emperador. En su corto reinado, Carlos no lo tuvo fácil, pero no se rindió cuando tuvo que salir hacia su exilio en Suiza. En 1921 hizo un intento desesperado por recuperar al menos Hungría y, de nuevo, acabó desterrado y esa vez tuvo que tomar un barco, también con Zita, hacia su destino final, Portugal.

Figura 18. La casa del Kapuzinerberg 5, Salzburgo, que durante dos décadas perteneció a Stefan Zweig (fotografía del autor).

El hombre derrotado que se marchaba de Austria en un tren de lujo con toda su comitiva se cruzó con el modesto transporte de Stefan que regresaba. A Stefan lo acompañaban: Friderike y sus dos hijas, Alix y Suse, la institutriz Loni Schinz y Erwin Rieger, el amigo de Stefan que fallecería en extrañas circunstancias en 1941 y que Stefan mencionaría en su carta de despedida. Stefan regresaba a otro mundo que no conocía, que nadie conocía. La fábrica de los Zweig estaba ya en otro país y Alemania otra vez estaba desmembrada. Nada hay más doloroso para un país de guerreros que solo se une para la guerra, para la victoria. Pero las victorias que consiguen los guerreros llevan siempre a una derrota mayor, porque ellos solo saben luchar. Esta es la ciclotimia imposible que explica la historia.

Viena ya nunca volvería a ser la capital de nada, pero Stefan al menos tenía una casa enorme que rehabilitar y mantener. Eso serviría, aunque el aterrizaje en Salzburgo fue lento y tortuoso. Stefan, tan pijo como siempre, se quejaba ya al llegar de que no hubiera ningún mozo de cuerda en la estación. Parece que estaba acostumbrado a ser rico. La decisión de irse a vivir a Salzburgo con Friderike y sus dos hijas se la comunicó a sus padres por carta y les dijo que tenía intención de casarse con ella. Así abandonaba la tutela materna que, por si acaso, le había reservado habitaciones en la nueva casa familiar. Su madre respondió a Stefan también por carta acogiendo con sorpresa la noticia y también con cierta ilusión y por supuesto, agradeciendo el chocolate suizo que la acompañaba. Al poco, las dos mujeres negociarían el traspaso del varón y la madre advertiría así a Friderike en las cartas que cruzaron antes de conocerse: "Stefan requiere un trato extraordinariamente delicado". No sabemos si hablan de un hombre, de un niño, o de un objeto valioso.

Stefan se ilusionó con la casa en Salzburgo. El edificio está en una colina que es la mínima y última expresión de los Alpes, en medio de un bosque, tras la barrera natural de un sendero de montaña con su *vía crucis* de varios siglos de antigüedad y más de cien escalones. Y además, desde la terraza se ven los tejados de la ciudad y sus torres. Stefan se había distanciado de sus amigos de antes debido a la guerra y no parecía mal lugar como torre de marfil. Su plan coincidía con el de su amado Montaigne que a los 38 años, en 1571, se retiró a su castillo y empezó a escribir los *Ensayos*. Ahí escribiría toda su obra con el anzuelo de su pregunta característica: ¿Qué sé yo? Era el mismo plan que tenía Stefan, aunque él quería salir de vez en cuando. Además, la casa de Salzburgo estaba en el corazón de Europa. En los trenes de la época, a hora y media de Múnich, a cinco de Viena, a diez de Zúrich o Venecia y a veinte de París.

Años después, Stefan diría que la casa era romántica pero incómoda. De hecho, al principio era casi inhabitable y a pesar de su enorme y fastuosa fachada, solo tenía nueve habitaciones útiles. Necesitaba urgentemente una reforma que en aquel momento era imposible hacer. No se podía arreglar nada porque los carpinteros no tenían madera ni los hojalateros plomo. Pero lo peor era el frío. Durante meses, Stefan escribió con los dedos entumecidos. A cada rato tenía que meter las manos bajo las mantas para sacudirse algo del frío. Eso por no hablar de que también tuvieron que acoger a gente sin hogar, una familia por habitación libre, soldados licenciados y prisioneros de guerra principalmente pero, por suerte, casi nadie quería subir los cien escalones para morirse de frío.

Los protagonistas de la vida en aquella posguerra austriaca eran el frío y el hambre. El pan negro sabía a resina y a cola, el café era malta, los perros y gatos a veces no regresaban a casa, los hombres iban vestidos con uniformes viejos de cualquier ejército o con sacos, los escaparates estaban vacíos. A los estraperlistas se les llamaba "acaparadores" e iban a los pueblos a conseguir lo que fuera. En los años posteriores la situación empeoró aún más. Vino la devaluación y el trueque y antes de que llegara a Alemania, la inflación alcanzó a Austria. Fue una locura. Los que habían ahorrado lo perdían todo, los que debían dinero, saldaban sus deudas. La corona austriaca era la única moneda que se devaluaba, así que el país se llenó de turistas extranjeros. Stefan lo retrata desde los ojos asombrados de la élite: "los hoteles de Viena estaban llenos a rebosar de esos buitres; lo compraban todo... Insignificantes porteros de hotel suizos y estenotipistas holandeses vivían en los principescos apartamentos de los hoteles del Ring". Otro ejemplo aún más exagerado y más cercano a Stefan: el hotel de lujo "L'Europe" de Salzburgo fue alquilado durante mucho tiempo por obreros ingleses sin trabajo que, gracias a su subsidio de desempleo en Inglaterra eran ricos en Austria. El gobierno prohibió subir los alquileres y debido a la inflación, toda Austria vivió en una casa casi gratuita durante más de una década.

Los alemanes cruzaban la frontera al reino de la abundancia, ignorantes de que su inflación sería después un millón de veces más grande. De todos modos, no podían llevarse a Alemania nada porque se lo confiscarían en la frontera, así que muchos solo cruzaban para beber cerveza. Así ocurría, que tenían que ser devueltos totalmente ebrios en carretones. Esta guerra de la cerveza se repetiría después en sentido contrario, pero como en todas las guerras, no ganó el pueblo de ningún país.

La inflación era el caos, pero hasta a eso se acostumbró la gente. El dinero dejó de tener valor y aquello simplificó todo. Stefan llegó a decir que nunca en su vida había vivido y trabajado de forma más intensa. La escasez, la inseguridad da a luz a seres vivos que hacen todo con esa intensidad del que intuye que puede ser la última vez. La estabilidad y la abundancia tienen hijos que carecen de intensidad porque saben que habrá mil oportunidades. De la escasez, de la inseguridad, también nació el comunismo y el fascismo. El mundo se quedó huérfano de imperios y de emperadores a principios del siglo XX y hubo un momento en que había que elegir entre el comunismo y el fascismo, aunque en realidad resultaron muy parecidos y un extraño sucedáneo del emperador.

La valoración de Stefan es que Austria salió de aquello milagrosamente por "su innato talante conciliador". En toda situación de dificultad hay gente que mantiene el tipo, que tiene orgullo, honor, y sostiene todo en pie mientras otros hacen negocio. Por ejemplo, Stefan cuenta que en la ópera de Viena, los músicos daban lo mejor de sí en cada actuación porque podía ser la última. Y también, que en el peor momento los dos partidos antagónicos pactaron y gobernaron en coalición.

Y cuando pasó lo peor de la crisis, llegaron de golpe los locos años veinte y los jóvenes se independizaron de la tradición, al menos un buen puñado de ellos en Viena. Según Stefan: "La homosexualidad y el lesbianismo se convirtieron en una gran moda no por instinto natural, sino como protesta contra las formas tradicionales de amor, legales y normales". Es una forma de interpretarlo. El arte despertó y aparecieron el cubismo y los surrealistas que eran hijos de Rembrandt y de Velázquez, pero hijos libres. Cambió la forma de escribir y los textos empezaron a parecerse más a los telegramas. A Stefan aquello le chocaba. Le parecía una época alocada en que las bailarinas bailaban casi desnudas con "fingidas" contorsiones. Pero no solo había cambiado el mundo, él también había cambiado. No quiso reeditar sus libros y toda su obra anterior la incluyó dentro de su "época estética". Como quien quema las naves una vez que le han quemado el país e inicia una nueva vida, Stefan empezó su serie de los *Constructores del mundo* y también *Amok* y *Carta de una desconocida* con calma. Según su propio testimonio, 1919, 1920 y 1921 los pasó encerrado en Salzburgo, como en una pandemia, y llegó a renunciar a la esperanza de volver a ver el mundo. Stefan, siempre era muy exigente consigo mismo y hablando de este momento escribiría: "Había alcanzado la mitad de la vida, la edad de las meras promesas se había acabado; ahora se trataba de ratificarlas y responder de mí mismo o desistir definitivamente".

Salzburgo sirvió como refugio a un hombre que describía aquella época como alocada, anárquica, inverosímil, libertina en la que se valoraba lo extravagante y lo incontrolable. Fue la edad de oro de la teosofía, el espiritismo, la antroposofía, la quiromancia, el misticismo de Paracelso, la grafología y otras ciencias ocultas y ocultadoras. Pero debajo de todo eso, Stefan veía claramente una mezcla única de impaciencia y fanatismo de la que no era posible resguardarse ni con las drogas de la época: morfina, cocaína, heroína, sexo o dinero. Un hombre moderado como Stefan, hijo de un industrial judío y vienés, sufría porque las únicas opciones fueran el comunismo y el fascismo, pero sabía que aquella revolución era necesaria. Estaba claro que el problema no era que un fantasma recorriera Europa, sino que eran más. Su generación había pecado de prudente y los jóvenes de los años veinte querían de verdad un mundo mejor, aunque el mundo tuviera sus propios planes. Stefan colaboró con una organización que se iba a llamar "Clarté" por sus ideas claras acerca de la reconciliación de los pueblos, constituida por intelectuales de todas las nacionalidades, pero los comunistas creían que la hermandad universal solo se podría alcanzar a través de su sistema y aquello se fue a pique. Así, Stefan se quedó quieto en Salzburgo.

El "alegre apocalipsis" que era Viena antes del verano de 1914 tenía que ver con que desconocía la guerra después de medio siglo de paz. La guerra era un cuento heroico en el que jinetes vestidos para un desfile cargaban con gloria sobre el enemigo y regresaban victoriosos. En cambio la guerra había sido una salvajada inimaginable. Los soldados cantaban en los trenes que les llevaban al frente creyendo que el enemigo se iba a rendir fácilmente, pero allí se encontraron con las ametralladoras, el gas mostaza, las esperas interminables con los pies en el fango, la muerte aleatoria por artillería, el miedo a las cargas suicidas y a las ejecuciones por deserción, las mutilaciones, la locura de trinchera y hasta con el alivio que suponía la muerte. Mirando hacia atrás, Stefan diría: "Las escaleras del templo de la paz están bañadas de sangre".

Por eso no se sentía bien en Viena, pero no solo por eso. De hecho ya le había contado por carta a Hermann Hesse, nada menos que en 1905, que no estaba a gusto allí. Era algo que tenía que ver con ser poeta, como decía Grillpartzer, que te convertía en un caminante con dos extranjeros y ninguna patria. Así que Stefan decidió fabricarse una patria. Salzburgo estaba bien y tenía buenas vistas, aunque su casa estuviera destartalada y llena de okupas con Toni, el hijo de la viuda del jardinero, a la cabeza. El muchacho había vuelto tocado de la guerra y era engorroso tenerlo por allí, pero había que arrimar el hombro. Además, Stefan, había decidido hacer voluntariado enseñando literatura a los trabajadores comunistas creyendo que así los vacunaba contra el radicalismo y la violencia.

LA SEÑORA ZWEIG Y EL AMOR

Somos humanos y nuestro mecanismo de negación es potente. Por eso hemos sobrevivido como especie, y por eso el optimismo se instaló rápidamente entre los austriacos. En Salzburgo. Friderike dejó de ser escritora y trabajó duro para ser la señora Zweig, porque todo eran dificultades. Para empezar, casarse con Stefan no fue nada fácil, pero ella no albergaba dudas y la máquina echó a andar. Friderike era muy eficaz organizando las tareas de la familia y de la casa, lo que permitía que Stefan fuera a la vez independiente y muy dependiente de ella. Alfred, el hermano de Stefan, no veía claro que se casara con una mujer que tenía dos hijas. Pero Stefan no hizo caso de su opinión, aunque también tomó una actitud clara hacia las hijas de Friderike: no las adoptó y Friderike se comprometió a pagar los gastos que generaran, aunque no se sabía con qué dinero. Era una época de incertidumbre para Stefan, porque no se sabía si tendría éxito, si podría vivir de lo que le diera la escritura o de lo que producía el negocio familiar, que era de lo que había vivido hasta entonces. Esta duda se aclaró rápido, cuando Stefan empezó a hacer planes de publicación e incluso acordó hacer una serie de viajes y voliveron a hablarle de derechos de autor. Para empezar, 2.000 coronas por los mil ejemplares de una primera edición. Eso no estuvo mal aunque, hasta bien entrada la década de 1920, hubo una escasez de papel crónica que retrasaba la edición de sus libros u obligaba a reimprimirlos con letra más pequeña.

Puede parecer extraño que a un hombre que había antepuesto siempre su libertad le diera por casarse casi a los cuarenta, pero Stefan se sentía obligado a darle cierta seguridad a Friderike. Alfred nunca quiso a Friderike y según él, el matrimonio nunca funcionó y ya nació viciado porque "se contrajo con ciertas salvedades un poco especiales" que se debieron tratar de viva voz y que nunca llegó a revelar. Muchos años después, en un cuestionario que Donald Prater le pasó a Friderike, ella contestó todas las preguntas, algunas muy íntimas, pero dejó en blanco la cuestión de si su unión era más una "afinidad electiva" o una "unión física". Friderike explicó que no habían tenido hijos porque Stefan no quería y que incluso la amenazó con pegarse un tiro si ella tenía otro hijo. A Friderike se le preguntó si Stefan estaba en condiciones de procrear y ella respondió críptica: "He was no Don Juan".

Al casarse una mujer podía cambiar de nombre y es lo que hizo Friderike que ya se llamaría siempre señora Zweig. Lo que muchos años después haría que Stefan se quejara, porque después hubo otra señora Zweig.

Él tenía su libertad. Se iba y regresaba cuando quería. Afuera se bañaba en el mundo con su dosis de éxito, admiración y mujeres, y luego regresaba. Muchas veces esto hería a Friderike, pero ese era el trato. Stefan organizó su vida en pareja con una separación estricta del trabajo. Friderike se ocupaba de todos los aspectos prácticos y todas las tareas del hogar ya fuera de un modo directo o delegado, y él escribía. Stefan llegó a referirse a sí mismo como "Stefan Pachá". Lo era. Los ricos también sufren, pero sufren por otras cosas.

No es que fuera la primera vez que Stefan vivía con Friderike y sus hijas. Los años anteriores habían cohabitado en pensiones, hoteles y en los pabellones de Kalksburg mientras Stefan trabajaba en el Archivo de Guerra. Pero Salzburgo contenía la promesa de la continuidad. Por eso Stefan se asentó con todas las de la ley. En la planta de abajo se quedó con dos habitaciones que daban a la terraza y con una gran biblioteca que se iría llenando. En la planta de arriba había un gran salón rococó y una división estricta de los espacios. Por un lado las habitaciones de Stefan y por otro las salas de Friderike con una pequeña sala con balcón, un dormitorio y la habitación de las niñas. La casa era enorme, casi palaciega y tenía también buhardilla, torreta, cenador, lavadero, habitaciones para el servicio y una cocina enorme. Si en aquellos años hubiéramos querido llamar por teléfono, el número era el 598 de Salzburgo.

En aquella casa, Stefan se hizo Zweig. La mayoría de sus obras más conocidas las escribió allí y las obras anteriores, no es solo que fueran repudiadas por él, sino que apenas se citan. Allí encontró el marco necesario para terminar de hacerse escritor. Para ello contó con la colaboración de su secretaria, Anna Meingast, a la que no menciona en sus memorias, pero que trabajó de una a seis durante casi veinte años despachando correspondencia, mecanografiando manuscritos y ocupándose del archivo. La casa era una factoría y una parada de postas para un hombre inquieto. Como tal funcionó hasta que de repente todo fue arrebatado y fue necesario abandonarla sin querer y queriendo a la vez, porque si quemas mis campos y dinamitas mi confianza ya no querré vivir contigo.

Pero eso es adelantarnos mucho. Todavía estamos con el hombre que está frisando los cuarenta y que decide vivir por primera vez con una mujer distinta de su madre. Como representante de Stefan y mucho después como albacea, Friderike contribuyó a que alrededor de la figura del escritor hubiese un velo protector y para potenciar el misterio decía que parecía comprensible que Stefan fuera reservado. También decía que la escritura era solo un tercio de todo lo que era Stefan y, para rematar, presumía de que nadie lo conocía bien aparte de ella. Todas las personas tienen cosas que no cuentan y Stefan hablaba poco de sí mismo, incluso en sus memorias. Menos mal que Friderike escribió *Destellos de vida* en 1964, aunque ella contó lo que quiso. Tal vez por eso no le gustaba que otros escribieran nada de Stefan pues opinaba que los apuntes biográficos no oficiales eran vanos y estúpidos. Quizá no le falte razón.

Y por fin, Friderike y Stefan se casaron el 28 de febrero de 1920. La ceremonia, en realidad, fue homosexual, como escribió Stefan en una de las invitaciones, porque en el registro civil de Viena, fue Felix Baum quien hizo de Friderike. No hubo foto, ni tarta, ni alianzas, ni fiesta.

Stefan ya era oficialmente pareja de Friderike, su conejita mayor. Friderike era la mujer que hacía innecesarias las demás mujeres o que quería hacerlas innecesarias. Ninguna conocía a Stefan como ella. No siempre se encuentra una pareja así y Stefan la había encontrado. Friderike también hacía la vista gorda en cuanto a los viajes y amoríos de Stefan y por eso era ella y no otra. Stefan no debía andar cargado con la caja de caudales del deseo y aquello facilitó las cosas. Como dijo Nietzsche, estamos más enamorados del deseo que del objeto deseado, y reprimirlo se lleva mucha energía.

Por otro lado, Friderike era una mujer a su altura: intelectual, educada en los usos de la burguesía vienesa, la cómplice perfecta con la que intentar alcanzar una comunión espiritual. Además, Friderike admiraba a Stefan y aunque soñara con un hombre más sedentario, sabía que él no era así, al menos por el momento. Como buenos centroeuropeos, Friderike y Stefan eran muy organizados. Todo estaba en su sitio, hasta la paz que habían acordado.

Entre las dos guerras hubo una década de locura y el centro del mundo fue París. El epicentro de la cultura era Montparnasse, y el de la libertad, Pigalle. Las mujeres se liberaron de los corsés y como durante la guerra habían aprendido que podían valerse por sí mismas, empezaron a independizarse. Nadie podía ver entonces que la guerra volvería, y en un descuido nació el arte contemporáneo. Aquello fue una invención grupal de los artistas apátridas que se refugiaron en París. La revolución fue tal que hizo sitio incluso para publicar un *Ulises* que nadie más había querido publicar por pornográfico. Imaginad, el *Ulises*, pornográfico. Se me ocurren otros adjetivos que lo pueden describir, pero ¿pornográfico? Aquel era el nivel de la represión.

Figura 19. Stefan y Friderike en el jardín de la casa del Kapuzinerberg 5, Salzburgo. La fotografía la hizo Ludwig Boedecker en 1922 y detrás está una de las hijas de Friderike (dominio público. commons.wikimedia.org).

La conspiración del silencio reinaba en Viena en torno al sexo y por ese motivo Freud tuvo que fundar una sociedad del anillo casi secreta y fue básicamente descalificado e ignorado hasta que sus obras fueron traducidas. La clase media vienesa no podía soportar verse en el espejo del psicoanálisis, cuando habían adoptado el lema del emperador: "ley y orden". Debajo de sus proclamas, el emperador estaba demasiado desnudo, como estamos todos. No es que la sociedad vienesa fuera la más patriarcal y puritana que uno pueda imaginar. Siempre hay quien te supera, e incluso en pleno siglo XXI se puede viajar a muchos sitios peores. Pero centrémonos en la Viena de principios del siglo XX. En torno a la sexualidad todo era falsedad, secretismo, disimulo, silencio. Esa extrema ocultación hizo que Freud pudiera ver con claridad el mecanismo de la represión de todo lo sexual y descubriera que había algo que no se podía ver, pero que existía, y que él bautizó como "inconsciente".

Es verdad que en la Viena de Stefan ya no había condenas atroces por el amor libre o extramatrimonial, pero la sexualidad no se adaptaba a las estrecheces de su visión de la vida y era desterrada de la luz. La sexualidad era algo de lo que resultaba mejor no hablar. "De lo que no se puede hablar, mejor es callarse", había escrito Wittgenstein en las trincheras, pero el sentido de su reflexión era mucho más hondo que aquel silencio atávico vigilado por las gárgolas de la costumbre. Silencio absoluto. Ni en la casa, ni en la calle, ni en los templos de la ciencia, a pesar de que el propio Charcot le había dicho a Freud que sabía por qué se producía la histeria, pero que no pensaba comentarlo en público. El que lo comentara abiertamente corría el riesgo de convertirse en un apestado. Solo se atrevió Freud porque en el fondo le podía su ética científica. Stefan tenía claro que todos los escritores hasta la fecha, excepto Dostoievski y Tolstoi, contaban hechos sublimados y atemperados. La verdad era demasiado. Por eso los actos fallidos invaden la realidad y nuestra casa es la *Psicopatología de la vida cotidiana*. Pero en aquella Viena era peor.

Karl Kraus en *Los últimos días de la humanidad* afirmó que Viena estaba construida casi literalmente sobre los cimientos de la hipocresía. Esa doble moral que detectó en todas las esferas le llevó a deducir de forma muy perspicaz que era un laboratorio del

Apocalipsis. Está claro que a los vieneses de principio de siglo les gustaban las referencias bíblicas y sobre todo el libro del *Apocalipsis*. Kraus lo veía claro porque era el hombre que velaba a la ciudad en busca de sus contradicciones. Dormía de día y escribía de noche para *Die Fackel*, la antorcha, la publicación satírica de la que sacó 922 números desde 1899 hasta su muerte en 1936. En ella escribía él casi en exclusiva y denunciaba esa hipocresía atacando a sus bestias negras: los Habsburgo, el psicoanálisis, los pangermanistas, los sionistas. Al meterse con todo el mundo fue demandado en múltiples ocasiones.

La eficacia de la sátira queda plasmada en esta frase de Kraus que ha recorrido y sigue recorriendo el mundo: "el psicoanálisis es la enfermedad espiritual de aquellos para los que el psicoanálisis se considera a sí mismo cura". Kraus creía que el psicoanálisis no era la cura para los problemas psicológicos de la clase media vienesa, sino que era una complicación más, producto de una sociedad corrompida. Para acabar con la histeria bastaba, según él, con desterrar el emparejamiento mercantil, y con dotar al vínculo del matrimonio de un significado de sincera satisfacción afectiva y sexual. Kraus temía que el psicoanálisis se convirtiera en una dictadura de lo normal y acabara con lo artístico, con lo distinto. Y es que él era un artista total. Por ejemplo, aparte de sus celebradas conferencias, hizo a lo largo de su vida más de setecientas representaciones unipersonales de obras de Brecht, Goethe o Shakespeare interpretando él mismo a todos los personajes, eso por no hablar de operetas en las que cantaba todos los papeles. Su principio artístico era: "Entre dos males me niego a elegir el menor".

Algunos, los materialistas dialécticos, pensarán que lo que ocultaba principalmente la sociedad vienesa era la explotación. La sociedad burguesa vivía en su escaparate de apariencias, y por otro estaba la verdad. La pobreza estaba superpoblada y sus harapientos habitantes se escondían en las alcantarillas, en muchos casos literalmente. Pero los más románticos ponen el sexo ilícito en primer lugar. De hecho, allí todo sexo era ilícito o cuando menos innombrable, y por eso lo inundaba todo. La prohibición es un buen atractivo y los vieneses vivían obsesionados por el sexo. Todo estaba sometido a los efectos de su brutal ocultación y represión.

Si alguien quería escribir sobre el sexo debía disfrazarlo como hizo Alejandro Dumas en *La dama de las camelias*. ¿Para qué decir "mujer prostituida" cuando puedes llamarla "cortesana"? ¿Para qué hablar de sexo, cuando puedes no hacerlo? Aun así, *Madame Bovary* fue prohibida por obscena.

Si repasáramos documentos de la época veríamos un silencio, un vacío en torno al sexo. Su ausencia era asfixiante, porque el deseo sí que estaba. Y para hacerlo más notorio, todos los humanos vivían envueltos desde el cuello a los tobillos para que no se viera un centímetro de piel más allá de lo permitido, para que no pudiera escapar su libido por ningún lado. Cuellos altos y almidonados, sombreros de copa, rígidas levitas negras, los hombres; corsés de ballena, cuellos altos y cerrados, el pelo recogido, manos enguantadas, piernas ocultas, las mujeres. Todos protegidos por esta suerte de armaduras, de corazas, que podían engañar acerca de lo que había debajo y, sobre todo, que impedían moverse, respirar y hasta pensar. Todo lo que no era decente, era indecente. ¿Qué se puede esperar de una época en la que era delito que una mujer llevara pantalones o mostrara un tobillo?

La relación entre sexos estaba regida por la dialéctica del cazador y la presa mucho más que ahora. El ritual de apareamiento era una danza rígida, antinatural, donde los paseos con carabina no eran optativos, porque algo malo podría pasar, porque si te saltas un muro que lleva toda la vida en pie es fácil que se desborde el río. Las niñas venían al mundo aparentemente cómodo en el que solo el marido, el tocólogo y la amortajadora verían sus hombros y sus rodillas. Las primeras mujeres que montaron en bicicleta o a caballo a horcajadas fueron recibidas a pedradas. No llegamos a comprender el enorme escándalo que rodeó a Isadora Duncan por bailar descalza. Parece una tontería que se montara tal lío por unos pies desnudos, pero si les preguntáis a vuestras abuelas os contarán que en el mundo de sus abuelas o incluso en el de sus madres era así, aunque vivieran en la mismísima Viena. Aquel mundo era un mundo de mujeres sin sexo, sin deseo. Su deseo no podía ser despertado ni por su marido. Mujeres objeto-florero-madre-cuidadora-santa-hogar como las que inspiraron y fueron rechazadas por Louise Bourgeois, nacida en París en 1911, a lo largo toda su obra. Mujeres desconocedoras absolutas del cuerpo del hombre y de su propio cuerpo. Y si tenían hijos, ya resultaba inimaginable verlas como mujeres deseables, algo que sigue ocurriendo hoy, por ejemplo, en Japón. ¿Qué solemne tontería es esa de que la mujer llegara al matrimonio con el cuerpo "intacto"? Así ocurría a veces que, a fuerza de negar, la muchacha pensaba que su marido, al que quería hasta entonces de forma no carnal, se había convertido en un demonio la noche de bodas porque intentaba desnudarla. Básicamente todo era un arte de dominación y enajenación que sigue vivo y parcialmente oculto, aunque cuando más lo miras, más lo ves. Lo que resumimos ahora como "heteropatriarcado" y cuyo descubrimiento para un hombre como yo, nacido en los años setenta del siglo XX, se parece a elegir la pastilla roja y convertirse, de repente, en Neo.

El encanto de la ignorancia no es encanto, es vacío. Intentar encerrar la realidad en moldes es una temeridad. Hacer que las mujeres permanecieran "puras" hasta que se casaran y después también, era la mejor manera de diseñar la histeria. Pero vamos, que estamos en el siglo XXI y en Occidente y hay padres que insisten en que sus niñas que entran a secundaria no saben que los Reyes Magos son los padres. Más bien diría que son los padres los que no saben. Pero retrocedamos un siglo: un mundo que prefería a las mujeres y a los hombres necios no era un mundo en el que Stefan quisiera vivir, y esa intuición lo llevó a exiliarse en Salzburgo. Stefan se saltó las normas de apareamiento de su sociedad y lo hizo todo mal: no se comprometió a la edad adecuada, no quiso tener descendencia que perpetuara su nombre y eligió a una mujer casada y con dos hijas que además era de otra religión.

La ocultación y el disimulo eran el idioma si se trataba de las cosas importantes, y el sexo parecía ser la más importante de todas, pero Stefan no quiso ser cómplice. Siempre nos han querido hacer creer, aún hoy, que los corsés estilizan, pero no, sobre todo, aprisionan. La educación sexual de los varones burgueses vieneses se confiaba a las prostitutas o a una criada joven que muchas veces se contrataba *ad hoc*. Como dijo Stefan, el calendario burgués no coincidía en absoluto con el de la naturaleza. Los jóvenes, para tener una relación sin fines matrimoniales, podían recurrir a tener una querida, algo caro de mantener. También podían buscar una casada, una camarera o una dependienta y, con mucha suerte, uno podía acercarse a las únicas mujeres libres de la época: actrices, bailarinas, artistas. Pero la manera más frecuente para tener sexo era la prostitución. Era una época en que en las calles uno se tropezaba con caballos y prostitutas y había que esquivarlas por las calles como si vas a Madrid y subes Montera solo. La prostitución callejera se complementaba con "casas de tolerancia", locales nocturnos, cabarets y dancings. Resultaba facilísimo alquilar una mujer para un cuarto de hora, una hora, una noche. Tan fácil como acceder a un paquete de tabaco o a un periódico. Stefan escribió esto sobre ellas: "Miles y miles de mujeres que con sus cuerpos y sus almas humilladas tenían que defender un concepto de moral caduco y carcomido frente a las formas de vida libres y naturales". Las mujeres prostituidas eran escudos humanos en una época en la que la sífilis y otras enfermedades de transmisión sexual campaban libres porque no había preservativos ni antibióticos. Eran frecuentes en las calles carteles de "Especialista en enfermedades de la piel y venéreas". Los infectados sufrirían durante toda la vida las consecuencias de la sífilis, los síntomas iniciales, el miedo, la culpa, las semanas de tratamientos frotando el cuerpo con mercurio, la intoxicación para siempre, y si todo iba mal, años después, la demencia. El diagnóstico de sífilis para un joven de la época era como descubrir que eras portador del VIH el 24 de noviembre de 1991, el día que murió Freddie Mercury. Por eso muchos se pegaban un tiro. La enfermedad se cebó con los artistas: Baudelaire, Byron, Gauguin, Heine, Joyce, Maupassant, Nietzsche, Rimbaud, Sade, Schubert, Stendhal, Verlaine, muchos de ellos admirados por Stefan. Al lado de aquellos hombres que tuvieron que vivir en un mundo lleno de amenazas en el que la muerte inesperada era esperable, nosotros estamos "empanizaos", como decía mi abuelo. Tenemos mucha mayor expectativa de vida, más que perder, aunque no nos demos cuenta de que todas las acepciones de "empanizao" suben el riesgo cardiovascular.

A pesar de la ocultación general, algún ministro de sanidad que sabía lo que era la sífilis estableció que las prostitutas pasaran un examen médico dos veces por semana. Tenían además un permiso especial de la policía con documento acreditativo. En realidad no sabemos si aquella medida era muy útil, ni la magnitud aproximada del problema. Además, como contaba Stefan, también había cierto intrusismo, por ejemplo, alguna de las bailarinas del ballet accedía a irse con el que pagara doscientas coronas. Sí, era cien veces más caro que una prostituta callejera, pero era otro nivel. Vaya vida sexual de mierda. Todo se hacía a escondidas, las mujeres eran objetos sexuales o jarrones tapados por infinitas capas de tela, había enfermedades incurables, hijos no deseados, chantajes, abortos arriesgados. Con tantas sombras y amenazas, había que ser un genio para poder llegar a tocar el amor y el deseo, que ya de por sí son difíciles de gestionar. Stefan al menos lo intentó. Si la ética científica impidió a Freud callar, Stefan también habló.

Muchos se quejan, empezando por mí, de que los relatos de Stefan son melodramáticos y anacrónicos. En un mal día podría decir que *24 horas en la vida de una mujer* es una historia irrelevante que te transporta a un mundo pijo y victoriano en el que todo el problema es que una mujer mayor y rica se deja engañar por un joven adicto al juego un solo día de su vida y que eso parece el fin del mundo para ella. Podría decir también que *Carta de una desconocida* es una venganza cutre en un planeta en el que los protagonistas parecen no reconocerse cuando se cruzan. Pero ojo, hay tres obras de Stefan que son imprescindibles para entender los afectos y la sexualidad en aquella época y que resultan francamente revolucionarias.

La primera de todas ellas, de la que ya he hablado algo, es *Ardiente secreto*, publicada en 1911. Cuenta la historia de un niño que no deja tranquila a su madre cuando ella está a punto de tener un rollo con un tipo en un balneario. El niño sufre doblemente porque el potencial amante lo ha engatusado a él con su amistad para poder acercarse a la madre y luego lo ha dejado de lado, y porque pretende, según cree el niño, arrebatarle a su madre. En el relato se escenifica el triángulo edípico sustituyendo el típico padre vienés decorativo por un verdadero competidor. El niño quiere una amistad auténtica con el hombre y por supuesto, conservar la íntima relación que siempre mantuvo con su madre, pero el amante solo lo considera como un objeto que le permite acceder a la mujer. Mientras sucede todo este drama masculino, la madre se deja querer por el potencial amante con cierta indiferencia. Todo aquí es escandaloso para 1911: la mujer casada que se deja querer y parece desear ser infiel, el hombre que ataca a una "familia indefensa", pues en el balneario están solos la madre y el hijo, pero lo peor de todo es el retrato casi cinematográfico del complejo de Edipo, concepto que acababa de acuñar Freud en 1910. Lo más curioso de la obra de Stefan es que el niño se comporta como la moral imperante y ataca físicamente al pretendiente de su madre de forma que este tiene que abandonar sus intenciones sexuales ilegales. El niño monta un escándalo y huye en tren a casa de la abuela donde guarda silencio sobre lo ocurrido hasta que aparece la madre. Finalmente se reconcilia con ella acordando de forma perversa recibir todo su amor a cambio de guardar el secreto, ardiente secreto. El ardiente secreto es que el complejo de Edipo no se resuelve de la forma sana. Lo suyo sería superarlo atravesando el complejo de castración, es decir, asumiendo que la madre es sexualmente del padre y saliendo al mundo a buscar otra pareja con la que respetaríamos el tabú del incesto. Pero no, el niño se queda pegado a la madre por el secreto y siente que ella le hace voto de no querer pertenecer a nadie más que a él, acuerdo que queda sellado con un cálido beso en los labios. Aquí termina el relato dejándonos toda suerte de malos augurios acerca de la salud mental del muchacho y de Viena en general.

El segundo relato es *Miedo* o *Angst* en alemán, que también se podría traducir por "angustia". Aquí, Stefan vuelve a ocuparse de otro territorio vetado: los deseos y las relaciones extramatrimoniales de una mujer. Aunque se publicó por primera vez en 1920, es un texto escrito en 1910 y empieza así en traducción de Roberto Bravo de la Varga: "Al bajar la escalera de la casa donde vivía su amante, Irene volvió a sentir aquel absurdo miedo, que en un instante se apoderó de ella. De pronto, un negro torbellino comenzó a girar ante sus ojos, un frío terrible paralizó sus rodillas, y tuvo que agarrarse a toda prisa al pasamanos para no caer de bruces". El resto del argumento es sencillo: Irene ama al joven pianista con el que se encuentra una vez a la semana. La aventura, cuyas escenas de sexo caben en el verbo "entregarse", está perfectamente integrada en su perfecta vida burguesa.

Pero aparece una extorsionadora que se hace pasar por la examante del joven y en unos días destruye el amor y la salud mental de Irene. Al final, y este es el *spoiler* definitivo, resulta que la extorsionadora es una actriz que ha contratado el marido, abogado, que cree que es mucho peor esperar con miedo el castigo que el castigo en sí, para que Irene vuelva con él y con sus hijos. Es extraño que al final le diga eso el marido, porque ella nunca los había dejado y porque la relación que tiene con sus hijos es muy distante, como ocurre en esas casas en las que los criados se ocupan de todo.

La angustia de Irene es también la culpa que le hace sentir que cualquiera con quien se cruce va a notar que ha estado con otro, y que envenena siempre los últimos minutos que pasa con su amante haciendo que quiera marcharse a toda prisa. El deseo por vivir una pasión conmueve y mueve, pero después de zarandear a Irene, ella siente miedo. Negarlo todo no sirve, nunca sirve, ¿Pero quién renuncia a vivir una gran pasión? Irene se había olvidado de este sueño de juventud, hasta que apareció el pianista. Y ahí empieza una lucha que no es solo la de una mujer por encontrar el amor, sino también la de una mujer que se enfrenta al mundo burgués y entonces entran en juego su vanidad, su orgullo, su sentimiento de traición. Aparece el artista como una bestia inaccesible y bella que la atrae y también le da miedo. Pero de repente se salta la barrera y ella se mete en la jaula del artista y lo domestica. Lo ve una vez a la semana, como a los suegros, y según Stefan, a ella se le amplía la felicidad como con un tercer hijo o con un automóvil. Los burgueses es lo que tienen, horizontes estándar. Y bueno, el desastre de la historia está en que Irene no le cuenta a su amante la verdad, simplemente se aparta de él y él no tiene la oportunidad de decirle que la chantajista nunca fue su amante. Así, Irene se libra de tener que decirle que mejor que lo dejen, simplemente se aparta y deja pasar el tiempo, pero cuando vuelve desesperada a la casa de él, ya hay otra muy similar a ella ocupando su lugar. Otra que podría quedar definida por estas palabras de Stefan que describen a Irene: "hasta el momento todo lo que había conseguido en la vida le había venido rodado y no había tenido que esforzarse nunca para forjar su propio destino". Es como la trágica Daisy de *El gran Gatsby*. Así que todo es un espejismo.

Irene parecía haber trascendido con su amante las relaciones frías y robotizadas de su cultura en las que nunca se cuenta nada personal, ningún sentimiento, ni a tu pareja, ni aunque la relación sea buena. Pero no. La pregunta es: ¿a qué puede dedicar su tiempo una mujer como ella, sin obligaciones concretas ni inclinación hacia la vida doméstica o especial cercanía con sus hijos? Toda la obra es el sueño angustioso de una mujer que despierta y descubre que puede sentir calor en medio de la fría Viena. El problema es que descubre que no puede dejar de ser quien es. Y eso es lo que garantiza la angustia perpetua. Según la teoría del marido, el que recibe el castigo se encuentra mejor, pero no en este caso. Ni la morfina prescrita por los médicos de la época puede remediar la angustia de Irene, tampoco en el siglo XXI.

Y el tercer relato es *La confusión de los sentimientos*, una historia que Freud calificó de obra maestra. Publicada en 1926, habla nada menos que de la homosexualidad, o eso es lo que habitualmente se dice. En realidad, como entonces no se había solidificado ese concepto, habla de la sexualidad como algo mucho más abierto que la dicotomía heterosexualidad/homosexualidad. Stefan no se pierde en definiciones y no aborda su cuestionamiento contra la sexualidad normativa con una retahíla tipo LGTBIQ+. Simplemente, no encasilla la sexualidad de sus personajes. Si en las obras anteriores hemos visto que la pasión amorosa puede producir estragos, imaginemos qué puede ocurrir cuando se sale de la heterosexualidad.

El protagonista de *La confusión de los sentimientos* se parece mucho al Stefan de 15 años después, pero se llama Roland, casi como el apellido de su mejor amigo que cumplió 60 años en el año de la publicación. En las primeras páginas declara que quiere contar la verdad de su juventud, confesar sus sentimientos, una vez que había pasado su vida relatando la vida de otros. Porque lo cierto es que se había contado todo de él excepto lo esencial.

La historia que cuenta Roland empieza en el Berlín que abrió la mente de Stefan, donde el joven se dedica a las drogas y a las mujeres y solo pasa por la universidad literalmente de casualidad. Al cabo de unos semestres de desorden aparece el padre que lo saca de ahí y lo envía a estudiar a una ciudad pequeña donde queda sellado su destino como hombre de letras. Antes nunca le interesaron los libros, pero una sola clase cambió su destino. En ese punto dice literalmente en traducción de Joan Fontcuberta: "me había sentido por primera vez conquistado por un profesor, por un hombre, había sentido una fuerza superior ante la que era un deber y un placer inclinarse". A partir de entonces, volcado hacia la vertiente intelectual de esta afirmación, se convirtió en la persona más cercana al profesor y a su esposa, haciendo finalmente de secretario y confidente del gran hombre. Así, el protagonista va descubriendo la pasión por el arte y concretamente por la literatura y la va poniendo en el centro de su existencia. La pasión va dando sentido a todo, pero el joven también va recibiendo información del lado oscuro del profesor que de vez en cuando abandonaba a su joven esposa y desaparece durante días regresando como un gato tras sus aventuras por los tejados. A partir de ahí el joven se convierte también en confidente de la mujer que hasta entonces solo había sido una figura accesoria sin voz. Ella parece estar acostumbrada a las escapadas del profesor, pero es difícil acostumbrarse y en Roland se enciende una ardiente curiosidad que lo va consumiendo. Pero entonces el profesor regresa y lo sigue deslumbrando con Shakespeare, con Homero, con Whitman, haciéndole entrever el misterio de la creación, del pensamiento, de la vida. Roland le dedicaba todo su tiempo al profesor hasta convertirse casi en su sirviente y por ello empieza a languidecer. En Berlín disfrutaba del desorden, de estar con mujeres, y allí se convierte en un ser ensombrecido, apagado. La mujer del profesor repara en ello y le dice que así no puede seguir mientras se va perpetuando una dinámica de desprecios por parte del profesor y de cuidado por parte de su mujer. Se construye un triángulo que es evidente a los ojos del lector, pero no para Roland. El profesor le llama hermano, pone sus manos en las de Roland, pero no es exactamente un hermano, aunque el deseo por alcanzar ese lugar le confunde. Este es el verbo clave. Roland dice: "nada confunde tanto los sentidos como el súbito cumplimiento de un deseo ardiente". Mientras, el maestro y el pupilo empiezan a tener una relación como las que uno puede imaginar en la antigua Atenas, pero sin sexo. La mujer vigila y advierte a Roland de que no se apoye en el profesor, tan capaz de confundir a la gente, tan carente de equilibrio propio dentro de su aparente grandeza. Los vaivenes del profesor hacen que el joven se sienta abandonado y la rabia por el abandono le hace cometer alguna transgresión, a mis ojos leve, como es hacer que todos le vean con dos "mujeres de mala reputación", pero sin siquiera acostarse con ellas. Entonces la mujer le rescata para que deje de cometer estupideces y entonces se acerca a ella y se inicia una historia de amor en ese lado del triángulo. En la obra hay una escena muy sensual que seguramente era casi pornográfica para la época cuando en una excursión ella tiene un "bañador mojado ciñéndole el delgado cuerpo de adolescente" y en un forcejeo se rompe un tirante y se le ve un pecho. Todo son trasuntos, cortinillas, sucedáneos del sexo, pero aun así, lo que Stefan nos cuenta es muy sugerente, muy profundo. Así que Roland acaba acostándose con la mujer de su maestro y entonces entona una diatriba contra el adulterio. El argumento de Roland contra el adulterio es curioso. No es que le moleste porque las mujeres engañen a sus maridos, sino porque traicionan lo más secreto de sus esposos, su intimidad. Suena raro, como si el adulterio de ellos no contara, como si los esposos fueran los propietarios de sus mujeres, algo que seguramente era así. En ese momento de la obra la mujer le confía a Roland el secreto de su maestro, el último secreto de un hombre, su sexualidad. Sabemos cuál es el secreto del maestro, que se va con hombres, pero nunca llegaremos a saber el secreto de Stefan, que solo podremos llegar a sospechar o a intuir en sus personajes.

Pero volvamos a la historia de Roland. La relación con la mujer estaba llena del tercero. El maestro de los dos mediaba entre ellos y tampoco los dejaba solos. Roland era consciente de su traición, y cuando el placer pesó menos que la culpa decidió marcharse. Entonces el maestro, ignorante de lo que ocurría, le pidió poder despedirse de él y ahí se desveló todo. El maestro, en vez de agredirle como se podía temer, le dice a Roland que el acuerdo con su mujer es que ella es libre y que puede hacer lo que quiera con quien quiera, que cómo ella no habría de amarle a él que es joven, inteligente y apuesto y entonces le dice: "Yo... yo también te amo". En este punto me terminé yo de enamorar de Stefan. En su búsqueda encontró que había hombres que amaban a las mujeres y hombres que amaban a los hombres e incluso muchas más combinaciones posibles y se atrevió a contarlo. Stefan habla del amor y la supuesta confusión de los sentimientos no es tal. Los sentimientos no mienten, la estructura del mundo es la que impide su expresión con su exigencia de normalidad y sus chantajes. Da igual que en las páginas finales del libro el maestro y el alumno solo se den un beso.

Ahora os pediría que dejarais de leer este libro y leyerais el de Stefan. Veréis, como yo he visto, que Stefan es buen escritor, muy bueno.

LA SEXUALIDAD Y LA VERDAD

El sexo también es caos y por eso puede hacer descarrilar una realidad asfixiante, así que la Viena burguesa había decidido que la solución para que no rompiera su equilibrio de mierda era no hablar de él. Lo que ocurre es que todo el edificio saltó por los aires con la guerra. Las supuestas ventajas del mundo de ayer: la ausencia de servicio militar, la paz inmóvil con emperador y olor a rancio, la posibilidad de viajar sin pasaporte, habían desaparecido de un plumazo y ya no era necesario mantener las costumbres que lo sostenían. Stefan miraría a los muchachos y muchachas de su mundo cosmopolita de finales de los años veinte y sentiría envidia por la "camaradería franca" con la que se relacionaban. Parecían de un especie nueva, esbeltos, sin pelo en la cara los chicos, con el pelo más corto las chicas, sin ropajes que ocultaran sus cuerpos. La prostitución no era ya "la única institución del amor permitida" y empezaba a haber lugares propicios para el amor y la libertad, o eso le parecía a él.

Aquellos días eran las ruinas que no habían llegado a pronosticar los grandes cuestionadores de lo tradicional. Marx había dicho que algo olía mal en el orden social y en Rusia ahora se llamaban marxistas tras una revolución proletaria. Nietzsche había dinamitado la moral cristiana y las bases de la sociedad y, aunque solo lo escribía, el mundo había explotado, pero la iglesia seguía en pie, como siempre. Del triunvirato que encumbrarían Ricoeur y Foucault como padres de la modernidad quedaba un tercero, Freud, que seguía vivo. Entre los tres consiguieron ensanchar nuestro mundo provinciano con conceptos como alienación, conciencia de clase, proletariado, lucha de clases, fetichismo de la mercancía, capitalismo, liberalismo burgués, comunismo, materialismo histórico y dialéctico, opio del pueblo, dionisiaco, apolíneo, voluntad de poder, superhombre, nihilismo, trasmutación de todos los valores, eterno retorno, complejo de Edipo, inconsciente, Ello, yo y superyó, libido, represión, neurosis, deseos, transferencia y contratransferencia, y un largo etcétera.

Pero es que Freud hizo algo que influiría de forma radical en Stefan y en todos nosotros: sacó los sentimientos y la sexualidad del sótano y los puso en primer plano. Por eso a Stefan le interesaba tanto lo que escribía Freud y se convirtió en uno de sus heraldos que siguió ligado a él hasta el final.

Tras leer *La Confusión de los sentimientos* se me quedó un regusto amargo. Me costaba entender que Roland no hubiera podido disfrutar más de la relación con ella, deliciosa a todas luces, y que no pudiera disfrutar más de la relación con él, claramente explosiva. Aunque soy consciente de que si toda la historia hubiera ocurrido ahora seguramente habría sido igual de frustrante, me cuesta aún recorrer esta desilusión. Cien años después seguimos muy atados y todavía no es fácil lidiar con el deseo no normativo, pero aquí Stefan nos frustra, seguramente hablando de su propia frustración. En su vida y en su obra se vio en la encrucijada que definen dos caminos, el del deseo que va del polo romántico e idealizador del amor, al del sexo; y el de expresión de los sentimientos que va de la ocultación total a la revelación más descarnada. Stefan fue un explorador cauteloso de toda esta región y fue desvelando que la mujer tenía deseos y que su represión sistemática era fuente de sufrimiento, que el sexo no era algo sagrado y mucho menos aún algo que debía gobernar la religión, que el erotismo estaba en el aire, que los deseos no normativos existían. No es poco. Era una mala época para ser joven, porque se vivía en un planeta distinto al de las muchachas de su edad, en un lugar que dificultaba el desarrollo físico y mental, con unos principios morales culpabilizadores que en el fondo nadie creía ni cumplía. Los biógrafos de Stefan insinúan que puede que le gustaran los hombres, aunque parece que le gustaban más las mujeres o como intenta resumir George Prochnik en *El exilio imposible*, siguiendo la estela de las insinuaciones póstumas de Friderike que citamos hace unas páginas, parece que su apetito sexual era amplio, pero ligero. ¿Y eso qué quiere decir? ¿Que Stefan daba más importancia a su obra que a sus amantes? Eso lo sabemos ¿Implica eso que su sexualidad con otras personas fuera como dice Friderike? Tal vez.

Figura 20. Mi mesa de trabajo donde se puede ver el libro Stefan Zweig. Correspondencia con Sigmund Freud, Rainer María Rilke, Arthur Schnitzler que me regaló Janko.

Creo que si pudiera tener una conversación con Stefan ahora mismo, le preguntaría muchas cosas, pero seguro que hablaríamos de sexualidad y para empezar me gustaría saber cómo se tomó aquello que le escribió Freud en 1926 después de loar su obra: "¿por qué no puede un hombre aceptar el amor físico de otro hombre a pesar de sentirse muy vinculado a él espiritualmente? No habría en ello nada contrario a la naturaleza de Eros, para quien sería un triunfo sonado vencer la rivalidad masculina natural". Le preguntaría que qué cara se le quedó cuando Freud continuó diciendo que no se trataba de un amor contrario a la "naturaleza" humana porque esta es bisexual y que vaya, que es una buena manera de eludir el plus de sadismo que envenena las relaciones heterosexuales. Claro, que lo mejor de aquella carta es cuando al terminar compara a Stefan con la profunda emotividad de Dostoievski con una diferencia a favor de Stefan: según Freud, él no es un neurótico perverso grave como el ruso en el que se nota el egoísmo compulsivo y la necesidad de liberar la tensión mediante la satisfacción al menos simbólica de horrorizar al lector, sino que Stefan es un observador que escucha atentamente con benevolencia y afecto. Si eso no es la consagración, no se me ocurre otro espaldarazo mayor.

Por cierto, que el libro *Stefan Zweig. Correspondencia con Sigmund Freud, Rainer María Rilke, Arthur Schnitzler* en traducción de Rosa S. Carbó del que he extraído estos textos me lo envió Janko, un amigo con el que, según nos cruzó la vida, debíamos haber rivalizado, pero no. Supongo que es otro más de la nómina de contribuyentes a la causa del libro de Zweig, porque me mandó este ejemplar que aparece en la imagen con una nota que decía que seguro que el libro me era a mí mucho más útil que a él.

Pero la conversación con Stefan no habría acabado allí. También le contaría dónde estamos ahora, que después del 68 y de los disturbios de Stonewall se estructuraron comunidades gays que durante décadas pelearon por los derechos de los homosexuales y que ahora sabemos que el problema no lo tienen los homosexuales, ni los bisexuales, ni los transexuales o los no binarios, sino que lo tenemos todos. Sí, todos tenemos una sexualidad que no se ajusta exactamente al canon heterosexual. Es como si la era de la heterosexualidad hubiera terminado, pero no sabemos bien qué viene ahora. Quizá sea mejor así y lo único que tenemos que hacer es una fiesta.

Es triste que no haga falta retroceder a la época de Stefan para encontrar que la única opción sexual es la ocultación. De hecho, con viajar unos cientos de kilómetros se puede llegar a un país donde se condena a muerte a los homosexuales, o basta con ir a mi pueblo para que toda sexualidad no normativa haya tenido que emigrar a una ciudad grande o viva semiencerrada. En la Viena de Stefan había historias tristes como la del coronel Redl, que Stefan nos cuenta. Resulta que unos chantajistas se enteraron de sus "inclinaciones homosexuales" y lo acosaron de modo que acabó vendiendo los secretos militares a los rusos y cuando se descubrió todo, se pegó un tiro. En un lugar así, cualquiera dice que le gustan los hombres.

Parece claro, con o sin la opinión de Friderike, que la ambición sexual de Stefan no era la de un Casanova. Sabemos que al joven Stefan le interesaban el teatro, los conciertos y los libros probablemente más que las mujeres que en su mente burguesa podían poner en peligro sus aspiraciones de artista. No obstante, cuando en la época de estudiante su amigo Victor Fleischer le ofreció alquilar una casa más grande juntos, Stefan se excusó diciendo que para la amistad podía no ser buena la convivencia y tampoco para su "vida erótica". Su hermano Alfred señalaba que nunca se le había conocido enamoramiento de joven, aunque sí que debía tener "aventuras amorosas". Según Alfred eran relaciones intrascendentes y decía que por entonces su hermano no había conocido el amor apasionado, solo lo había visto en los demás y así lo había descrito en sus obras. Su carrera de escritor era lo más importante. Lo tenía claro. Eso no dejaba mucho espacio para una mujer de las que se supone que eran las mujeres de principios del siglo XX. El trabajo era la manera de invertir en su independencia, siguiendo la loca ecuación de trabajar, trabajar mucho, trabajar mucho más durante muchos años para luego vivir bien. Contado así no parece buena idea, pero está muy extendida. Con un plan de este tipo no hay hueco para una mujer, con el tiempo que lleva el cortejo y la parafernalia de alrededor y encima con la necesidad de tener hijos nada más casarse y todo eso.

Los diarios de Stefan lo enmascaran todo. Por ejemplo, con una chica de París que fue a su habitación: "No pasó nada serio. No soy codicioso en esos asuntos, solo curioso". Se intuye que el erotismo lo asustaba como algo que podía dominarlo y apartarlo de su misión. Las mujeres le interesaban y atraían, pero las rehuía. El miedo lo paraba mucho en muchas cosas. Esto de tener una misión puede llegar a ser una calamidad, pero ayuda a tomar decisiones.

También ocurre que, aun siendo una época nefasta para las relaciones libres, no dejaba de tener todo una organización. El "sexo de verdad" era con mujeres, normalmente pagando, pero las relaciones intelectuales más o menos profundas eran con hombres. Por eso los intelectuales se cruzaban miles de cartas. Seguramente esto inspiró a Freud para inventar la sublimación como el destino noble de la pulsión y por eso algunos planteamientos del psicoanálisis suenan ingenuos. Pero es que en Viena, la diferencia entre lo que se contaba que se hacía en las zonas íntimas y lo que se hacía era abismal. Esto inducía al equívoco y al sufrimiento silencioso.

Los hombres y las mujeres vivían tan separados, aún bajo el mismo techo o incluso dentro de la misma cama, que aparecían patologías relacionadas con la represión; por ejemplo, la histeria en la mujer, y la obesidad y el abuso de tabaco y alcohol en el varón. Karl Kraus, como ya he contado, decía que Viena era un laboratorio de investigación para la destrucción del mundo. Freud, en cambio, como no era un autor satírico, inventó la psicoterapia.

Ese fue también el motivo por el que Stefan escribió las novelas que hemos mencionado. La tragedia que se masca en ellas era un reflejo de lo dramático que era el amor en la época. Pero no fue solo Stefan, otros autores intentaron dejar testimonio escrito de las costumbres vienesas que se intentaban ocultar. Entre ellos Arthur Schnitzler que publicó su obra de teatro *Der Reigen* en 1903. Esta pieza es una especie de baile de diez personajes que cuentan diez historias emparejándose de dos en dos, como en un corro (quizá esa es la traducción más adecuada para el título alemán, pero en español se conoce como *La ronda*): la prostituta y el soldado, el soldado y la criada, la criada y el señorito, el señorito y la joven esposa, la joven esposa y el marido, el marido y la muchachita ingenua, la muchachita ingenua y el poeta, el poeta y la actriz, la actriz y el conde y para terminar y cerrar el círculo, el conde y la prostituta.

Antes dije amor, pero más bien debería hablar de sexo. El sexo reprimido, oculto, escondido en el amor romántico domina a los personajes, a Viena y a todo el mundo conocido, aunque se hable poco de él. Quizá por eso hay unas cuantas versiones cinematográficas, incluida una de 2011 titulada *360*. Como ya hemos visto, Schnitzler no estaba solo, cerca de él estaban Freud o Stefan. Sorprende el ímpetu de los descubridores que se ve también en que a pesar de las dificultades siguen haciendo su trabajo. Schnitzler escribió *Der Reigen* en 1900 e hizo una tirada mínima para sus amigos. Tardó tres años en publicarla de verdad y a pesar del enorme éxito de ventas, 40.000 ejemplares, la prohibieron al año. No se pudo representar hasta 1920 y tras el estreno en Berlín tuvo que ir a juicio para poder seguir en cartel. Mientras, en Viena, radicales antisemitas no dejaron que terminara ni la primera representación. Qué paciencia.

Friderike y Stefan no eran los personajes adecuados para los dramas que hemos citado. Su relación era mucho más compleja y a la vez mucho mejor negociada. Estar junto a Stefan y ser su "conejita mayor" no debía ser fácil. Por ejemplo, las cartas privadas de Stefan las ordenaba Friderike porque había muchas muy personales y según ella, la secretaria de Stefan era demasiado "mojigata" para esa tarea. Friderike prefería gestionar las cartas de otras mujeres antes de que nadie más las viera. De todos modos, ella nunca se llevó bien con las secretarias de Stefan, lo que no deja de ser un certero presagio. La que tuvo en Salzburgo, la señora Meingast, a la que Stefan apreciaba mucho, era despreciada por Friderike y en alguna carta se refería a ella como la señora "Deingast" (que traducido quiere decir "tu huésped", y no "mi huésped" como dice el apellido original). Friderike se quedaba toda la esfera de lo privado y decía al respecto de esa tarea: "Cuando ordeno la correspondencia me molestan muchísimo las cartas escritas por mujeres en la época en la que yo pensaba que a mi lado no habría espacio para tantas". Y continúa: "Tú mismo has olvidado qué tipo de cartas, y cuántas inaceptables, hay. Pero con el tiempo reinará el orden en todo". A pesar de la rabia de Friderike, el acuerdo entre ellos parece claro. Ella era la principal y Stefan podía hacer lo que quisiera mientras ella siguiera siendo la principal.

Friderike se empleó a fondo para que acabara por reinar el orden. En el verano de 1920 escribió a Victor Fleischer y le contó que todo iba bien, pero que le inquietaba el "muchacho", porque a veces se había puesto violento y porque había ciertas intelectuales solteronas que, como frutas maduras a punto de "caer", querían hacer ejercicios de "caída" sobre él. Desde luego, no parece la relación ideal si llamaba "muchacho" a Stefan, y en la defensa de su trofeo, Friderike empezaba a sentir "una verdadera repugnancia" por la demás mujeres. A esa carta añadió Stefan lo siguiente que no está exactamente de acuerdo con Friderike: "Fritzi está ahora muy celosa, a pesar de que mis deslices todavía pueden contarse con los dedos de una mano… Pero ese es su punto flaco, y por desgracia el mío también". Friderike abrió luego la carta a escondidas para ver qué había añadido Stefan.

Habría que ver lo que significaba en ese contexto "celosa" o "desliz" para entender mejor su relación, así que nuestra interpretación tendrá que ser un poco libre. Por ejemplo, qué quiso decir Stefan en una carta que le mandó a Friderike desde Berlín a finales de 1921 donde se podía leer: "recibe un afectuoso abrazo de tu hasta ahora fiel Stefzi".

Stefan nunca contó en detalle su vida sexual como Piglia que reconoce en sus diarios que llegó a estar con seis mujeres a la vez. Solo nos dejó insinuaciones de las que podemos deducir con la misma fiabilidad que se iba a tomar café con mujeres o que tenía sexo con ellas. Esto último ocurría, pero no sabemos si fueron pocas o si fueron muchas las ocasiones. Ni siquiera sabemos si solo hubo mujeres y tampoco si era o no un amante fogoso. ¿Cómo fiarse del relato de Friderike? Tal vez la verdad sea demasiado, pero cuando uno habla con uno mismo solo debiera valer la verdad. Lo que es seguro es que Stefan se guardó la suya.

¿LIGERO DE EQUIPAJE?

A Stefan le gustaba alejarse de vez en cuando de Friderike y de sus hijas y de la factoría literaria que tenía en la provinciana Salzburgo. Cogía la maleta y ligero de equipaje, partía. En ocasiones viajaba con Friderike, pero ella tenía muchas obligaciones en Salzburgo. Era la capataza y gobernanta de aquello y tenía dos hijas y un "muchacho". Stefan, que no era exactamente un padre, a veces rivalizaba con las niñas o no se entendía con ellas, pues preferían saltar a leer. Stefan era un hombre que podríamos calificar de "antiguo", porque en algunos aspectos recelaba de los avances técnicos y no soportaba que las hijas de Friderike fueran un poco díscolas según su criterio. Por ejemplo, nunca quiso comprar un automóvil a pesar de que Friderike sí quería y, sin embargo, sí que tenía en la oficina un dictáfono. No toleraba la radio, consciente quizá de que se avecinaba la era de la propaganda, y por ello llamaba "radiotas" a los que la escuchaban, No olvidemos que Stefan era un hombre hecho a sí mismo que renegaba de la masa que según él se veía sumida en una embriaguez que instigaba a la pasividad. Como análisis de la psicología de las masas es bueno; el problema es que las hijas de Friderike escuchaban la radio y disfrutaban con los entretenimientos "modernos" como el cine y el baile. Pero los intereses de Stefan no iban por ahí, él prefería actividades de siglos anteriores como escribir y coleccionar.

Friderike siempre se creyó la garante de la paz de Stefan y entre sus muchas capacidades estaba la de solucionar los problemas del día a día permitiendo que Stefan emigrara de forma estacional. En una carta de enero de 1932 se lo recuerda: "Desde que estás conmigo, querido, tu trabajo ha crecido en una cadena ininterrumpida y yo, a pesar de no ser ninguna estenotipista, te he dado verdaderamente todo lo que un artista necesita en cuanto a tranquilidad". Este es un componente básico en el amor, la complicidad. En una relación puede no haber sexo de alta calidad, pero si no hay complicidad, no puede haber amor. Como se intuye, para entonces la relación entre los dos se había enfriado claramente. Por ejemplo, unos días después de esa carta que ella firmó como "tu ex mumu" coincidieron en París, pero Friderike se fue a esquiar sin él a Kitzbühel. Stefan le escribió una carta que terminaba con la insinuación de que no hiciera ningún salto con los esquís, y si acaso que lo hiciera en la cama.

Pero 1932 quedaba muy lejos todavía. Estamos aún en la década de 1920. Cuando necesitaba paz para trabajar, Stefan solía irse a orillas de Zell am See en Austria. Y cuando necesitaba cambiar de aires se iba hacia el oeste pasando siempre por París. Se marchara donde se marchara, cuando volvía, todo seguía igual, listo para acoger al escritor. Friderike era el ama de llaves perfecta.

Como todas las primaveras, en la de 1924 Stefan pasó por París a entregarse a dos de sus ocupaciones preferidas, pasear sin rumbo y mirar los libros de viejo en los buquinistas que siguen trabajando en las orillas del Sena. Aquel año, Masereel le hizo un retrato a Stefan

el flâneur que en algún lugar se dice que se perdió pero que debía parecerse al grabado que ha llegado hasta nosotros, que se puede ver en Internet y que me ha servido para hacer una de las posibles portadas de este libro.

Figura 21. Retrato pixelado de Stefan Zweig inspirado en el retrato que le hizo Masereel (imagen del autor).

Por lo visto, a Friderike le horrorizaba el retrato de Masereel, pero a Stefan le gustaba. En el grabado, está rodeado de libros, tiene una mirada muy despierta y a mí me parece que sonríe debajo de su bigote. Masereel y Stefan se habían conocido en 1917 en Zúrich y mantuvieron siempre su pacifismo y su amistad. Aunque Masereel es un artista mundialmente conocido por sus grabados y por obras tan alucinantes como las 666 ilustraciones que hizo para el *Jean-Christophe* de Rolland, recientemente ha sido redescubierto como el padre de la novela gráfica, pues entre sus obras hay varias novelas sin texto como *La ciudad* y *Mi libro de horas.* El belga ilustró también con diez de sus xilografías una obra de Stefan, Der Zwang, que no he encontrado en español y cuyo título podría traducirse como *La coacción.*

La historia trata de un artista que se refugia en Suiza para eludir sus obligaciones militares, pero que al no poder soportar la culpa por su deserción decide regresar a la patria. Afortunadamente, en la misma frontera, se topa con el horror de la guerra y se queda en Suiza con su mujer. Es la historia de Stefan que vivió con Friderike un año en el hotel Belvoir en la orilla oeste del lago de Zúrich. La historia data de 1920 y nació de un Stefan que se retrató como un hombre que ya había renunciado a volver al mundo. Pero aquello pasó. Stefan y Masereel siguieron coincidiendo durante años en París, en Niza, en Ostende, en Salzburgo y, cuando Stefan cruzó el océano, intentó conseguir un visado para Masereel en varios países sin éxito. Aunque se quedó en Francia, Masereel sobrevivió a la siguiente guerra porque no era judío ni comunista a pesar de su enamoramiento inicial con la URSS y murió en 1972 en Aviñón.

La primera salida del nicho de Salzburgo fue a Verona, que en kilómetros quedaba bastante cerca. Cuando dijo su nacionalidad en el hotel se sorprendieron: austriaco. Allí se habían olvidado ya de los austriacos pero le respondieron así: "Ah, che piacere! Finalmente!" Habían pasado más de siete años. Volver a Italia también servía para sentir que volvía a casa y pudo reencontrarse con viejos amigos. En Milán con G. A. Borghese, en Florencia con Albert Stringa que lo abrazó con tanta vehemencia que su mujer pensó que lo estaban asaltando. Sí, su mujer, que aparece en las memorias de Stefan por fin en este punto y con esa denominación: "mi mujer". Cuando las escribió, muchos años después, ya no estaba casado con Friderike y prefirió retratarse solo. Por ejemplo, de su llegada a Salzburgo, dice que estuvo "dos días en Salzburgo, donde me había comprado una casa y tenía intención de instalarme después de la guerra..." Como si Friderike, que se encargó de todo, no hubiera estado allí.

En Venecia se repite la queja de Salzburgo: no había ni un mozo de cuerda ni una góndola disponible porque había huelga general. Stefan se queja, como los que viven fuera de la realidad, de que en

Austria los socialistas utilizaron el recurso de la movilización con excesiva frecuencia para no sacar ningún provecho práctico. ¿Y cuál era la alternativa, no protestar? Stefan nunca supo lo que era ser un proletario, aunque durante un rato en Nueva York se hiciera pasar por un emigrante pobre. Él no sabía siquiera lo que era trabajar en la fábrica de los Zweig en Bohemia, y eso que sabemos que los capataces y las condiciones allí no eran tan malas como en otras empresas.

Stefan era un rico heredero aunque a él no le gustara alardear. Cuando cumplió 30 años, en 1911, le pidió a su padre que no le pagara una renta mensual del patrimonio familiar y que en vez de ello le diera el capital que le correspondía para administrarlo él mismo: 400.000 coronas. De hecho, en el testamento del padre, a Alfred le correspondió una cantidad similar para compensar este acuerdo. A pesar de desentenderse de la empresa, Stefan había aprendido mucho de negocios en su familia y por eso supo manejarse perfectamente con la industria editorial. Es un hecho que los ricos saben de negocios y estos conocimientos fueron útiles para algunos amigos de Stefan como Hesse o Roth, aunque este último nunca se dejó ayudar.

Moritz Zweig, en 1917, ya con 72 años, dejó la dirección de la empresa y se la traspasó a sus hijos. Alfred tomó las riendas y Stefan pasó a ser un socio pasivo. A partir de entonces, el negocio familiar comenzó a declinar por su modelo de empresa decimonónica y porque las fracturas de Europa y su galopante crisis no eran buenas para nada. Al desmembrarse el imperio, una fábrica que estaba en otro país no era buena idea, al menos no lo era todavía. Además, Moritz había invertido una parte de su capital en bonos de guerra y otros fondos de inversión públicos, algo catastrófico para los perdedores de una guerra tan costosa.

La familia siempre había vivido de alquiler, pero el miedo a perderlo todo por las amenazas de depreciación de la moneda hizo que compraran la casa de Garnisongasse. Esta estrategia es la misma que llevó a Stefan a comprar su casa de Salzburgo. En eso se parecían, pero en lo demás, no. El padre y el hermano de Stefan se preocupaban de la empresa, del dinero y dejaban de lado los intereses intelectuales. Stefan no lo entendía. Y curiosamente, a Alfred le achacaba dedicar su tiempo a las mujeres, aunque terminaron casándose los dos el mismo año, 1922. Para entonces, Stefan no solo había dejado a Alfred a cargo del negocio, sino también del cuidado de los padres que permanecieron en Viena.

Alfred era un buen gerente que tras el retiro del padre intentó que la empresa siguiera siendo una fuente de riqueza para la familia. Su cargo era el de director general vitalicio y recibía unos ingresos anuales de más de 400.000 coronas checas y eso era mucho. Podía coleccionar pinturas de maestros holandeses y por supuesto irse de vacaciones con su mujer varias veces al año a lugares de moda en Suiza o Italia. Ya que la factoría estaba en territorio de Checoslovaquia, Alfred optó por esa nacionalidad y fue una decisión acertada, como comprobaría años después. Stefan pertenecía al consejo de administración de la empresa pero no hacía nada deliberadamente por un extraño principio casi monacal, según el cual creía que si cultivaba el talento para la economía no lo mantendría puro para la escritura. No obstante, era el dueño de las mismas acciones que su hermano, 7.875 con un valor nominal de 400 coronas checas cada una: más de 3.000.000 de coronas. No está claro cuánto sería eso ahora y no me termino de fiar de la cifra de entre 750.000 y 5,3 millones de Euros actuales que dan en la página historialstatistics.org.

Stefan había cumplido 40 años en 1921 y por fin podía salir de su encierro de Salzburgo. Algunas de sus paradas habituales eran: Leipzig, donde estaba su editorial; Hamburgo: su ciudad preferida de Alemania; Múnich, la gran ciudad más cercana, aunque Stefan la evitara; Berlín a donde regresó en 1921 para reencontrarse con Walter Ratheneau; y París, siempre París, aunque ya no estuviera allí Émile Verhaeren.

Stefan estaba, como siempre, metido en muchos proyectos que la guerra había postergado. Había retomado la colección Bibliotheca Mundi que editaba en lengua original grandes clásicos, por ejemplo a Verlaine, en 1920 publicó *Miedo* y *Tres maestros; Balzac, Dickens, Dostoievski*, en 1921 la biografía de Romain Rolland, en 1922 *Amok, Los ojos del hermano eterno* y el libro de relatos *Noche fantástica*. Vendía muchos libros. Por ejemplo, en 1919, la traducción de Verhaeren *Himnos a la vida* había vendido 40.000 ejemplares y *Ardiente secreto* 30.000.

Mientras en Austria todo era un desastre, en Alemania reinaba un aparente orden que no era real, pero sí deseado por aquel pueblo necesitado de predictibilidad, algo no tan imprescindible para los austriacos. Stefan escribió: "en todas partes reinaba el impecable y silencioso orden que odiábamos antes de la guerra y que, en medio del caos, habíamos llegado a amar". Pero el problema más grave no era la reconstrucción de los países con una generación en la que faltaban la mitad de los varones jóvenes. Había algo mucho peor, y no me refiero a que los países se llenaron de monumentos a los héroes y a la patria que ennoblecían la guerra y la hombría.

Muchos veían venir la catástrofe. Romain Rolland envió una carta abierta al presidente norteamericano Woodrow Wilson a los pocos días de concluir la guerra. En ella pedía ayuda para fundar una Europa regenerada por encima de las fronteras y evitar así la desconfianza y la destrucción mutua. Rolland le pedía a Wilson que ejerciera de árbitro y la verdad es que lo intentó, pero los resultados no fueron satisfactorios. Rolland, que se había significado mucho como pacifista durante la guerra, luchó todo lo que pudo para que el Tratado de Versalles no fuera lo que fue y luego se retiró a su casa en el lago Leman. En aquella época, ser proeuropeo te convertía en antifrancés, así que Rolland se refugió en la filosofía oriental y escribió las biografías de Ghandi, Ramakrishna y Vivekananda.

Sobre el Tratado de Versalles, Keynes dijo: "si adoptamos la postura de que Alemania debe empobrecerse y sus niños morir de hambre, me atrevo a decir que la venganza no tardará en llegar". A este respecto, Stefan tituló su capítulo sobre el tema en *Momentos estelares de la humanidad* así: "Wilson Fracasa. 15 de abril de 1919".

Nada más terminar la guerra, en diciembre de 1918, Wilson tomó un barco y cruzó a Europa con el lema "Nunca más una guerra". Se saltó su obligación como presidente de permanecer en los Estados Unidos y cargó su equipaje demócrata de conceptos como "libertad", "paz", o "derechos humanos". Su plan era claro desde enero, cuando en plena guerra había expuesto en el Congreso de su país una lista con catorce puntos que debían cumplirse para poder tener paz. Entre ellos pedía cosas tan lógicas e inalcanzables como el final de la diplomacia secreta, la libertad de comercio, y la reducción de los arsenales militares. Los demás puntos fueron la base para el Tratado de Versalles: restitución de la soberanía de Bélgica y de Polonia, devolución de Alsacia y Lorena a Francia, autonomía de los pueblos del Imperio austrohúngaro y del Imperio otomano y creación de una Liga de Naciones o World Federation. Todo ello y especialmente lo de la Liga de Naciones, contribuyó a que le entregaran a Wilson el Nobel de la paz en diciembre de 1919, pero ahí se agotaron sus fuerzas, porque no consiguió que el Tratado de Versalles llegara a buen puerto en cuanto a sus condiciones y en octubre sufrió un accidente cerebrovascular que lo dejó inmóvil. El médico que lo acompañaba le advertía, pero ¿quién hace caso de su médico? Somos más de desear ese queso que nos ha prohibido. Aunque Wilson no fue relevado del cargo, no pudo ejercer como presidente y su país no ratificó el tratado de Versalles por lo que la Liga de Naciones nació muerta al no contar con el apoyo militar estadounidense.

De todos modos, la historia épica de un Wilson salvador que cuenta Stefan en sus *Momentos estelares*, dista bastante de la realidad. Wilson, en su etnocentrismo blanco, vino a Europa a vendernos una paz que él no ejercía en Latinoamérica, donde enviaba tropas a dar golpes de estado sin muchos miramientos.

Alemania aceptó la responsabilidad de la guerra por ser los agresores que la iniciaron y eso implicaba unas consecuencias económicas terribles. Había que darles un escarmiento y Alemania aceptó porque no tenía alternativa. La escenificación, como ya he mencionado, fue en el salón de los espejos de Versalles el 28 de junio de 1919, la venganza perfecta por la humillación francesa de 1871, 5 años justos después del asesinato de Sarajevo.

Los alemanes no pagaron y nadie les obligó, pero el odio de Alemania dio lugar a la segunda guerra mundial veinte años después.

Las consecuencias del Tratado de Versalles se iban a sufrir en aquel Berlín que visitó Stefan en 1921 tras romper su exilio interior en Salzburgo. En aquel momento, su amigo Walter Ratheneau era ministro de reconstrucción y al año siguiente sería ministro de asuntos exteriores. Desde esta última cartera de la República de Weimar intentó hacer lo que creía que era mejor para Alemania: reducir los pagos estipulados en el Tratado de Versalles y establecer un acuerdo diplomático con la URSS, el Tratado de Rapallo, para que sus ejércitos colaboraran. Aunque consiguió reducir las compensaciones económicas por la guerra, toda su estrategia enfureció a los nacionalistas que no querían pagar un marco alemán y que odiaban a los comunistas. Por eso lo asesinaron. Lo de que fuera judío solo fue un factor más. Olvidaron los nacionalistas que Ratheneau también amaba a Alemania. De hecho, su trabajo durante la guerra como organizador de la distribución de materias primas permitió aprovechar al máximo la máquina de guerra alemana.

La última vez que Stefan vio a Ratheneau fue en noviembre de 1921. Para Stefan, la vivencia más valiosa que podía ofrecerle Berlín era conversar con su amigo y, ese era su plan una vez llegara a la ciudad y diera su conferencia. Pero en la prensa leyó que Ratheneau tenía que viajar a Londres con una importante misión diplomática y Stefan le escribió casi lamentando no poder verlo. Al hotel llegó una respuesta de las habituales: resulta que sí se podían ver, pero tenían que quedar el domingo por la noche. Ratheneau llegó puntual. Stefan lo volvió a ver dos días después en casa de un editor berlinés y le volvió a maravillar la calma del hombre que manejaba asuntos de calado mundial a la vez que mantenía una conversación distendida sobre el más profundo y abstracto asunto filosófico. Aquella última velada se prolongó varias horas y Stefan y Ratheneau continuaron charlando hasta llegar a la Königsalle. Se despidieron a la una de la madrugada y al despertar Stefan se encontró con la noticia de que mientras él dormía, Ratheneau había partido en el primer tren hacia Londres.

El tiempo de Ratheneau era muy escaso y para poder coincidir con Stefan lo citaba donde le venía bien y Stefan aparecía. Stefan admiraba la gran capacidad de trabajo de Ratheneau y el orden que seguía con todo. Como le había dicho Ratheneau por teléfono, debía sacrificar la amistad por el deber. ¿Qué es el deber? ¿Lo que tú quieres hacer o lo que los demás quieren que hagas? Si es lo primero adelante, si es lo segundo, tal vez tengas que plantarte. Ratheneau no se hizo está pregunta con la suficiente profundidad, porque su sentido del deber no le dejaba mucho tiempo, y ya se sabe que las preguntas importantes necesitan mucho tiempo, no solo para responderlas, sino también para formularlas. Pero nadie es tan importante como para comportarse así, ¿verdad? Lo que ocurre es que Walter Ratheneau sí que era importante. Era el hijo del fundador de AEG y heredó el negocio, pero no era solo eso. Era un filósofo del neoliberalismo que creía que los negocios y las corporaciones regirían el mundo de después de la guerra y no se equivocó. Era también un hombre de negocios respetado por su saber, un inventor que tenía patentados varios procesos químicos, y un escritor. Stefan admiraba su mente privilegiada. Consideraba que era de los cuatro o cinco alemanes en un imperio de setenta millones que podía dictar una conferencia o una obra de cabo a rabo sin que necesitara mayor corrección. Era pura actividad, pura obligación, nula diversión. Era la organización perfecta y su megalomanía basada en hechos ciertos lo apartaba de lo que pudiera parecer tener una vida. Pero el principal problema fue que él creía en una Alemania que no lo quería a él por todo lo que ya hemos dicho, y también porque era judío y homosexual.

Figura 22. Walter Ratheneau (dominio público. commons.wikimedia.org).

Eran tiempos difíciles y seguramente hablaron de eso en aquella madrugada de 1921. Se despidieron muy cerca del lugar donde lo asesinaron el 24 de junio de 1922 en la Königsalle. En el lugar hay una placa conmemorativa que se instaló en 1946 y que, en vez de condenar el asesinato de Ratheneau por una célula terrorista nacionalista con ideología antisemita y anticomunista, dice: "La salud de un pueblo solo viene por su vida interior – la vida de su alma y su mente".

Se puede ver una recreación del atentado en la serie *Genius* de 2017 en la que se cuenta la vida de Albert Einstein. La escena del ametrallamiento de Ratheneau es la que abre la serie y de hecho, todo el primer capítulo gira alrededor del atentado porque Einstein era muy amigo de Ratheneau y porque, al estar en la misma lista de objetivos que habían elaborado los asesinos, hizo que el físico se planteara dejar Alemania. Pero Einstein aguantó una década más porque quería defender un país que creía el suyo, como les pasó a tantos judíos. Finalmente, Einstein se marchó de Alemania tras el ascenso al poder de Hitler en 1933. Por cierto, que a los nazis les faltó tiempo para erigir un monumento a los asesinos de Ratheneau que habían sido abatidos por la policía.

Aquella época estaba envenenada. A Erzberger lo habían asesinado porque era el que había aceptado el armisticio por Alemania. Ludendorff fue más listo y evitó esta responsabilidad huyendo al extranjero. Ratheneau, que desde la rectitud estaba intentando gobernar una recuperación larga y dolorosa, fue la víctima elegida por los terroristas. En la obra *El legado de Europa*, el editor Richard Friedenthal, amigo de Stefan, reunió tras su muerte una serie de ensayos y conferencias suyas acerca de los personajes y artistas que encarnaban el espíritu europeo según lo entendía Stefan. En el libro hay un breve capítulo dedicado a Ratheneau que Stefan escribió inmediatamente después de la muerte de su amigo. El texto de la edición de Acantilado se cierra con estas palabras de Stefan según Claudio Gancho: "el lamento por él es a la vez el lamento por el destino alemán, que en la hora decisiva atentó contra su energía operativa más fuerte y espiritual, y cayó de nuevo en la vieja y fatal confusión, en el furioso desatino de su política constantemente irreal y por lo mismo, eternamente ineficaz". Está escrito en 1922 y por eso es la peor de las premoniciones.

Al poco, Victor Fleischer le propuso a Stefan pasar algún tiempo juntos en Langeoog, una isla Alemana cercana a la frontera con los Países Bajos y él rechazó la oferta porque allí se habían organizado manifestaciones antisemitas tras el asesinato de Ratheneau. Stefan era muy claro en sus pronósticos y en sus sentimientos. Escribía que no quería ver un solo muchacho pangermánico de esos que le podían "perdonar" o "tolerar" y que luego escribían insultos a la anciana madre de Ratheneau, que eso no lo toleraba y mucho menos donde pagaba él. Stefan hablaba de que sentía por esa cuadrilla de forajidos algo que solía prohibirse, odio verdadero. Stefan escribía que los defensores de la Antigua Alemania que culpaban de todo a los judíos llegarían a todos lados e iban a meter al país en una nueva guerra, al tiempo que se quedarían en la retaguardia enviando al frente a los jóvenes. Stefan decía que eran los mismos que habían enviado submarinos al final de la guerra para hundir los barcos mercantes, lo que alargó y recrudeció la contienda. Los mismos que no se rendirían y obedecerían ciegamente hasta que la siguiente guerra llegara a las puertas de Berlín.

Stefan pensó en la banda de música que había quedado en silencio al anunciarse el asesinato de Francisco Fernando cuando los vendedores de periódicos irrumpieron en sus vacaciones gritando "¡Walter Ratheneau, asesinado!" y estalló el pánico. Ahí empezó la tragedia de Alemania, la inflación se disparó y llevó directamente a Hitler y a la destrucción del mundo. El mundo informe del mañana se había comido los intentos de reconstruir el mundo de ayer.

La exigencia del pago de las reparaciones acordadas en el Tratado de Versalles por parte de las potencias ganadoras de la guerra desestabilizó la economía alemana y la emisión de papel moneda no sirvió. Tras la muerte de Ratheneau la gráfica de la inflación se convirtió en exponencial y en 1923 llegó un momento en que si el periódico ya costaba 50.000 marcos por la mañana, el precio se había doblado por la noche. En una ocasión, Stefan envió a su editor un manuscrito en el que trabajó un año y, para asegurarse el pago le pidió por adelantado la cantidad correspondiente a 10.000 ejemplares. Cuando recibió el cheque, la cifra solo servía para pagar el franqueo del paquete. El 28 de julio de 1923, con un dólar ya se podían comprar más de un millón de marcos y eso que el cambio habitual en 1921 habían sido

60 marcos por dólar. El valor nominal de los billetes de la República de Weimar no alcanzaba a pagar el papel con el que estaban hechos y dio la vuelta al mundo la fotografía de un hombre empapelando su casa con billetes que eran más baratos que el papel pintado. Llegó un momento en que con cien dólares se podían comprar hileras de casas de seis pisos en la Kurfürstendamm. Las fábricas y las tierras no costaban nada si tenías dólares. En *El mundo de ayer*, Stefan escribe: "Se habían alterado todos los valores, y no solo los materiales; la gente se mofaba de los decretos del Estado, no respetaba la ética ni la moral, Berlín se convirtió en la Babel del mundo".

Y así, el país acabó anhelando la seguridad y el orden del régimen anterior. Si eso era lo que venía después del imperio, la desordenada y pervertida República de Weimar, entonces querían otra cosa, pero no podían saber qué. Ahí vendría la reacción terrible, porque el pueblo alemán es un pueblo de orden que no sabía qué hacer con aquella libertad tan pobre y acabó pidiendo que alguien gobernara en ella.

La inflación alemana llegó a su fin en 1923. A toque de campana, cada billón de marcos se cambió por un marco nuevo y la pesadilla paró. Todos perdieron mucho y, como siempre, los que más perdieron fueron los pobres.

Después de la inflación vino la década que llevó a Hitler aunque el mundo parecía reconstruirse, parecía que la paz iba a durar, parecía que llegaba una vida normal.

EL ÉXITO ARROLLADOR

Las conmociones de principios de la década de 1920 que amenazaron la reciente paz coincidieron con el éxito arrollador de Stefan. Antes de la guerra ya había vendido miles de libros, pero lo que ocurrió después superaría todas las expectativas. De todos modos, en 1922 las cosas iban despacio. En el periódico vienés *Neue Freie Presse* publicó su obra *Amok,* que unos meses después, tras el éxito obtenido, iría en un solo volumen del mismo nombre junto con los relatos cortos *La mujer y el paisaje*, *Noche fantástica*, *Carta de una desconocida* y *La calle del claro de luna*. La editorial Insel empezaba a carburar.

Amok es el compendio de la narrativa de Stefan hasta la fecha. Es un melodrama en el que para el personaje es más importante salvar el honor que salvar la vida, incluso aunque se trate del honor de otra persona. El resumen, atención *spoiler*, es que un médico que tiene que huir al trópico por deudas y lleva ya siete años viviendo entre indígenas, incluida alguna mujer complaciente, asiste a una aparición. La aparición es una mujer despampanante y altiva, como las de la alta sociedad, que acude a él como si fuera un criado ofreciéndole mucho dinero para que le libre de un embarazo no deseado. El regreso del marido tras meses de ausencia ha puesto en marcha el mecanismo y el amor normativo hará el resto. Ella es bella, distante e irresistible y el hombre no lo puede aguantar. Así que, partiendo de estas premisas inamovibles, se desencadena la locura o el amok o la locura que no sabemos si es de amor o de amok. Me explico. El amok es un concepto que ha fascinado a la antropología desde que existe esta ciencia. Resulta que en Indonesia, donde está desterrado de hecho el protagonista, Amok significa: "lanzarse furiosamente a la batalla" y se denomina así a una especie de locura que consiste en ataques de ira ciega destinados a matar a la persona que el sujeto considera su enemigo, atacando también a quien se interponga sin tener en cuenta los peligros o las consecuencias. Sería una especie de disociación muy similar a la que se argumentaba alrededor del antiguo "crimen pasional", concepto anacrónico que ya no sirve como eximente. La cosa es que el médico protagonista, obnubilado por la belleza de la altiva, le dice que le practica el aborto "si se le entrega"; son las palabras de Stefan. Ahí ya es la locura: ella se niega, él se niega, ella aborta con un curandero, este lo hace mal y la mujer muere entre tremendos sufrimientos no sin antes arrancarle al médico la promesa de guardar el secreto. El médico, arrepentido, lo promete y, montado en su culpa y en su mandato de salvar el honor, no repara en llevar a cabo las acciones que sean necesarias. No duda en matar o en matarse para cumplir su palabra y salvar el honor de la fallecida. Su mantra es "que no lo sepa nadie". El honor y la ocultación como motor de una historia es algo que ya no comprendemos, pero sí que funcionó en una sociedad como la vienesa de hace cien años. Así que lo que parece un melodrama, es en realidad una tragedia que interesó mucho a la gente de aquella época. De hecho hay una película mexicana homónima de 1939 protagonizada por María Félix en la que los diálogos son nada menos que de Max Aub. Aub estaba entonces exiliado en México y quizá por eso le hace decir lo siguiente a un personaje: "para tener sueños tranquilos, hay que matar primero la esperanza". Se me pone la carne de gallina pensando en el exilio que Stefan sufriría después.

Stefan estudiaba la pasión amorosa en todos sus aspectos y no siempre llevaba a la destrucción o a la locura. No obstante, la opinión general de Stefan era que la pasión es la tumba de la persona y de los ideales humanistas, por lo que siempre se andaba con mucho cuidado para no dejarse llevar por ella. Dentro del libro *Amok*, estaba también el relato *La mujer y el paisaje* que es la historia de un joven que, durante un verano tan cálido como el de la gran guerra, se enamora de una chica. Un día, en un episodio de sonambulismo, "sacia su sed" besando a la joven, pero al día siguiente, la esperada lluvia ha borrado el recuerdo de los besos. Todo muy simbólico y sexual: la sed, la lluvia, el beso que en muchas obras de Stefan concentra todo lo sexual porque no habría sido de buen gusto contar más. En este relato, Stefan habla sin mencionarlo de Freud quien afirmó que los sueños son básicamente la expresión de deseos.

Pero los deseos viven encerrados en la olla a presión de la represión, doble presión, y cuando escapan, hacen mucho ruido. En *Noche fantástica*, otro de los relatos del volumen, Stefan inventa una historia que es una especie de híbrido del *Cuento de Navidad* de Charles Dickens, y *La leyenda del santo bebedor* de Joseph Roth. El relato de Stefan es mucho más real que la obra de Dickens pero mucho menos que la de Roth a pesar de que en ambos salen fantasmas.

El siguiente relato es *La calle del claro de luna,* otro dramón. Un viajero que arriba a un puerto extranjero oye una canción en alemán y las palabras de su idioma lo hipnotizan como un canto de sirena. Lo llevan a un prostíbulo donde la dueña de la voz intenta engatusarlo, pero aparece un mendigo que desata las salvajes burlas de la mujer y la historia cambia de rumbo. El viajero rescata al mendigo de aquel lugar y este le cuenta la triste historia de su pasión por esa mujer que una vez fue su esposa y que ahora, utilizando el vocabulario que ya conocemos, se entrega a cualquiera y lo mortifica a él. De nuevo la pasión se apodera del hombre y le destroza la vida. Stefan nació en un mundo en el que las pasiones había que ocultarlas y esta parece la moraleja de muchas de sus narraciones: si la pasión gana, no se abre el mundo, la que se abre es la caja de Pandora y sobreviene la catástrofe. Es curioso, porque en sus biografías el mensaje parece ser el contrario. Volviendo a *La calle del claro de luna*, el mendigo, que parecía el subyugado, resulta ser un maltratador y Stefan nos describe de manera bastante objetiva los hechos que hacen que una mujer mentalmente sana huya de un tipo que dice cosas así: "He de tenerla... No puedo vivir así... No puedo resistir que otros hombres estén con ella... Hable con ella... Es preciso... o sucederá algo terrible... He empleado todo mi dinero en buscarla, y no la dejo ahí, no la dejo con vida. Me he comprado un cuchillo..." El final nos lo deja Stefan en suspenso en un brillo de metal que se ve o quizá no, pero no es tan sutil Édouard Molinaro en la versión cinematográfica que rodó, protagonizada por Michel Piccoli. Eso sí, en la película hay una escena memorable que no he encontrado en el libro y que sería una premonición sobre Stefan si no hubiera sido rodada en 1988. El viajero le pregunta a la prostituta: "¿Es usted alemana?" Y ella responde: "Lo era".

El último relato del volumen es nada menos que *Carta de una desconocida*, paradójicamente la obra más conocida de Stefan, al menos entre las personas con las que he hablado de él. Lo más curioso es que muchos de los que han leído la obra la llaman "Carta a una desconocida". Curiosa confusión. Esta historia tiene el oscuro atractivo de la venganza. Es como *El conde de Montecristo*, pero sin final feliz y, eso sí, en cien páginas. Quizá por eso tiene cuatro versiones cinematográficas: la de Max Ophüls de 1948, la mexicana de 1955, la de la televisión francesa en 2001 y la versión china protagonizada y dirigida por Xu Jinglei en 2004. Incluso hay una ópera de Antonio Spadavecchia basada en esta obra. En el apartado de versiones cinematográficas solo se ve superada por Miedo, que tiene cinco, grupo que cierra la versión libre de Gonzalo Suárez en 2007. *Carta de una desconocida* es un melodrama de otra época, una historia angustiosa que si uno se para a pensarlo, solo resulta comprensible para las mentes restrictivas de la época victoriana, pero está tan bien contada que nos sigue engañando. Como su nombre indica, es una carta que una mujer escribe a un hombre y se supone que es el ejemplo de amor más puro que existe: ella lo ha amado siempre, aunque su relación era imposible, con un amor total, perpetuo, al que ella siempre será fiel y del que nacerá un hijo que criará ella sola. En algún momento puede parecer que ese amor que a la mujer le hace renunciar a todo es lo más, pero si uno se fija resulta que ella oculta sus sentimientos, su identidad (algo que resulta increíble a menos que el hombre padezca prosopagnosia) y su embarazo y únicamente los revela en la carta final que llega años después y solo porque el hijo y ella han muerto. Toma ya.

En su época, el éxito de *Carta de una desconocida* fue enorme y rápidamente se emancipó del volumen en el que había aparecido. El lector de la carta se parece a Stefan. Vive en otro mundo, con todas las mujeres que quiere, sin prestar atención a la que le escribe y que ha tenido un hijo suyo. Stefan quería respirar, ser libre y hacerse cargo de otra vida le habría atado y habría odiado esas ataduras. La carta dice, en traducción de Berta Conill: "Porque a ti, ciertamente, solo te gustan las cosas fáciles, juguetonas, nada pesadas, tienes miedo de inmiscuirte en un destino ajeno. Lo que quieres es entregarte a todos, al mundo, no quieres ninguna víctima". Aunque se cree cargada de razón, ella le oculta el hijo y no le da la oportunidad de rechazarlo, lo rechaza por él y sigue: "No te culpo, te quiero tal como eres, ardiente y distraído, olvidadizo, entregado e infiel, te quiero así, solo así, como siempre has sido y como aún eres". Extraño amor. Quizá Stefan fantaseara con que por el mundo hubiera un hijo suyo como aquel que no nació o al menos con que alguien le mandase todos los años por su cumpleaños un ramo de rosas blancas como hacía la protagonista. Las mismas rosas que el hombre le regaló la primera noche que pasaron juntos. Solo tres noches juntos y un drama para toda la vida: "Óyeme, querido, te lo suplico... es mi primer y último ruego...; hazme el favor de colocar rosas blancas en la jarra el día de tu cumpleaños. Hazlo, querido, como otros mandan a decir una misa por sus difuntos. Yo ya no creo en Dios y no quiero una misa; creo únicamente en ti, solo te amo a ti, y solo quiero continuar viviendo en ti...".

Entre 1922 y 1927 Stefan sufrió una crisis o al menos un cambio del que no queda un registro claro y de cuya existencia nos hablan sus obras. Pasó la guerra, escribió lo que no había escrito durante el conflicto, lo publicó y se produjo un parón. Es algo lógico. Después del torrente de narraciones que vieron la luz, vino una actitud más pausada. Tras los volúmenes *Amok*, *Los ojos del hermano eterno* y *Noche fantástica* de 1922 parece que se le secó el grifo de la narrativa. En los años siguientes solo publicó *La colección invisible*, un relato muy breve, en 1925, y *La confusión de los sentimientos* en 1926. Hasta 1929 no volvería con *Mendel* y *Veinticuatro horas en la vida de una mujer*, dos grandes éxitos, sí, pero algo se había roto en el Stefan narrador. En vida, ya solo publicó *El candelabro enterrado* y *Las dos hermanas* en 1937, dos relatos breves, y su única novela larga, *Impaciencia del corazón*, en 1939. Es cierto que dejó muchas narraciones inacabadas, pero esto es todo lo que publicó de narrativa. Se podría argumentar, y con razón, que no hubo tal crisis como escritor, que seguía teniendo cosas que decir, porque Stefan se pasó de la narrativa a las biografías y su implicación y su éxito fueron totales en este apartado. En 1920 publicó la biografía de Balzac, Dickens, Dostoievski, en 1921 la de Rolland, en 1923 la de Masereel, en 1925, *La lucha contra el demonio* de Hölderlin, Kleist y Nietzsche y en 1927, *Momentos estelares de la humanidad* y la biografía de Marceline Desbordes-Valmore, aunque esta última la hubiera escrito en 1924.

La historia de Marceline Desbordes-Valmore es excesiva se mire por donde se mire. No en vano lleva el título *La tragedia de una vida*. Marceline nació en 1786 y al poco la Revolución arruinó a su padre que se dedicaba a pintar blasones y demás decoraciones cortesanas que perdieron todo valor a la sombra de la guillotina. Por si fuera poco, el padre murió y la madre decidió marcharse a hacer fortuna a las Indias Occidentales, concretamente a Guadalupe, porque allí había un familiar lejano que se había hecho rico. El plan era una locura, pero la desesperación era grande y durante dos años la niña trabajó de titiritera para pagar el pasaje. No sabemos realmente cómo consiguieron reunir el dinero porque lo que ganaban daba para comer con estrecheces, pero la madre y la hija se embarcaron finalmente para una travesía de cuarenta días dejando atrás a los tres hermanos de Marceline. Al llegar a Guadalupe, el familiar había muerto y la madre sucumbió a la epidemia de fiebre amarilla de aquel año. La niña de catorce años se quedó sola en el tumulto de la colonia que un siglo después sería la cuna de Saint-John Perse, también poeta, y premio Nobel en 1960. Por cierto, que fue el segundo latinoamericano en recibir este premio después de Gabriela Mistral, que lo recibió en 1945 en Petrópolis, donde era cónsul chilena desde 1941, y donde se hizo amiga de Stefan en su último año de vida. Pero Marceline estuvo en Guadalupe en 1801 y aunque pudo inaugurar la tradición literaria de la isla, no lo hizo. Para terminar de complicar su supervivencia, hubo una rebelión de esclavos. Debía dar lástima aquella muchacha y consiguió que el gobernador la ayudara a embarcarse de vuelta a Francia. No hay aventura estéril, dicen los aventureros, pero ese fue un mal viaje. Aunque seguramente, aquella amarga experiencia hizo de Marceline una mujer extremadamente sensible, lo que le vino muy bien para desempeñar su primer oficio, actriz. El motivo por el que esta mujer pasó a la historia es porque, además de la sensibilidad necesaria para enamorarse locamente como las protagonistas de los relatos de Stefan, también tenía el talento para contarlo en forma de pura poesía. Así que eso es lo que ocurrió: se enamoró locamente y contó en sus libros toda la tragedia de no ser correspondida y llevarlo al extremo que se resume en un verso suyo: “Mi corazón fue creado para amar una sola vez”. Ahí se resume todo. Ella se enamoró de Henri de Latouche y no pudo separarse de él a pesar de las intermitencias de su relación que duró 30 años, a pesar de que los dos hijos que tuvieron no sobrevivieron, a pesar de que se casó con Prosper Lanchantin-Valmore y con él tuvo otros tres hijos de los que sí la sobrevivió uno.

Stefan estudia a esta poeta porque le fascina que una mujer nada erudita y con tan pocos recursos poéticos sea capaz de transmitir tanto. Sus metáforas son simples, no sabe componer un soneto, pero lo que escribe es música y toca el sentimiento. Por eso la incluyó Verlaine en *Los poetas malditos*, por eso Nietzsche tenía sus poemas y por eso influyó tanto en todos los románticos que habrían por venir, empezando por Arthur Rimbaud. Tengamos en cuenta que hablamos de los principios del siglo XIX y de una mujer que publicaba sus poemas,

¡una mujer! Los defensores del patriarcado de la época dijeron lo mismo que habrían dicho ahora, pero con mucha más crudeza: que su poesía era primitiva, que era una fresca por tener hijos con dos hombres, que elegía temas sin importancia como la maternidad o la feminidad. Total, ¿qué importa que Baudelaire dijera de ella que ningún poeta fue más natural? Pero el máximo logro de esta pionera es que, a pesar de todas las miserias que tuvo que pasar, se empeñó en dedicarse a la literatura y lo consiguió, aunque el precio fue vivir siempre en la pobreza.

Su osadía fue pensar y encima escribirlo. No dejen de leer "Una carta de mujer", un poema que empieza así: "Las mujeres, yo lo sé, no deben escribir / por eso escribo", enfrentándose frontalmente con el machismo de la época. Pero como no era eso suficiente, choca también con la idea de amor desgarrado y destructor, terminando con estos versos: "No, no me gustaría, por todo lo que te quiero, / verte sufrir. / desear dolor a tu amado / es odiar".

La biografía de Marceline Desbordes que escribe Stefan es una obra que, aunque cuenta la vida de la poeta, se centra más en su creación poética y en sus sentimientos como fuente de su creatividad. No debería extrañarnos. Este es uno de los temas de Stefan. A pesar de lo dicho, ella es una de los precursores del romanticismo y es un amor imposible la fuente de sus oscuros versos: "Mi secreto es un nombre; el sufrimiento, mi vida; / mi miedo, el pensamiento; y mi esperanza, la muerte". A pesar de esto, Marceline no se suicidó. Murió por un cáncer a los 73 años. Desde su ventana de la Rue de Rivoli nos dejó este último mensaje con su receta para ser poeta: "cansar al sufrimiento con un amor infinito y revestir de una eterna armonía el grito de dolor".

Escribir esta biografía y todas las demás de aquellos años debió tocar a Stefan en lo más hondo e hizo que se apartara de la narrativa. A partir de aquella época su búsqueda de sentido sería a través de las vidas de otros. Una explicación puede estar en su ensayo de 1925, *Die monotonisierung der Welt*, que se ha publicado recientemente en español con el título *La "monotonización" del mundo* dentro del volumen recopilatorio *La desintoxicación moral de Europa* de Plataforma Editorial. Stefan se queja en ese ensayo de que Estados

Unidos está invadiendo Europa con la máquina del mundo moderno, la que preconizaba Ratheneau, la de la existencia mecanizada, la de la tecnología como elemento hegemónico. El capitalismo desea la uniformidad, la entropía, la robotización, el mismo baile en todo el mundo, la misma moda. Si en Nueva York las chicas llevan el pelo corto, lo llevarán en todo el mundo. Su texto es una inspiración para *El diablo viste de Prada*. Somos seres aparentemente independientes, con nuestros propios deseos, pero la verdad es que nos han programado y las masas embriagadas por las ondas de radio son dirigidas al unísono por todo el mundo. Los grandes credos, el cristianismo, el socialismo, necesitaron cuando menos décadas y ahora el capitalismo arrasa en unos pocos meses. Las maravillas técnicas ocultan la desilusión del alma, el individuo es cada vez más pasivo y vence la monotonía. El futuro son cuerpos iguales, opiniones iguales, libros que no valen para la siguiente temporada. Según Stefan eso iba a llevar al aburrimiento estadounidense: brusco, nervioso, agresivo, donde se adormece la individualidad con deportes y sensaciones a granel. A ratos parece un moralista preocupado porque Europa no lucha por conservar sus posesiones más sagradas y se abandona al placer sin esfuerzo vital ni moral. El ser humano sucumbe a la oralidad y en el programa para la destrucción de Europa, la guerra fue la primera fase y la americanización es la segunda. Lo que no sabía Stefan es que en aquellos tiempos la americanización, aun siendo terrible, era un mal menor. Stefan se siente un ser anacrónico que se hunde en la desesperanza: "Podemos conseguir que la luz brille solo en las sombras, como los monjes en los monasterios... pero no podemos hacer nada, evitar nada, cambiar nada". A la masa, la llamada al individualismo le suena a arrogancia, pero si hay salvación, debe estar ahí.

Al melancólico Stefan, el correo le traía muchísimas cartas, invitaciones y preguntas que él intentaba responder. Si se iba de viaje, a la vuelta se encontraba una montaña de correspondencia y "perdía dos o tres días retirándolas del panorama como quien quita nieve con una pala". Un éxito inesperado que él describe como "histórico" lo atropelló. Millones de libros de Stefan llenaron estanterías en Austria y en Alemania. Sin querer, las extraordinarias ventas lo metieron en un negocio que según él requería orden, control, meticulosidad y habilidad para dirigirlo, virtudes todas ellas que él no tenía ni quería desarrollar. Stefan fantaseaba con la idea de volver a empezar y utilizar un pseudónimo para disfrutar ambas bendiciones que no se dan casi nunca en un autor famoso: el éxito literario y el anonimato. Pero Stefan es un personaje universal que vive en esos años entre Salzburgo y Europa, es decir, París. Allí quiere conocer a Scott Fitzgerald pero no coinciden. A pesar de que el americano es quince años más joven que él, Stefan siente que Scott Fitzgerald es su hermano, alcohólico, pero hermano. La identificación con él será como la que tendrá con Joseph Roth, casi de la edad del norteamericano e igualmente alcohólico. El sino de todos ellos es el mismo: un ser noble en un mundo corrupto lleno de especímenes débiles y rastreros está abocado al desastre. Ahí Stefan empieza a escribir su primera novela larga, porque lo demás siempre fueron relatos, nouvelles o novelas cortas. Es una historia muy de Scott Fitzgerald, pero queda inacabada. Su título es: *La embriaguez de la metamorfosis*, y en ella, una empleada de correos pobre aprende lo que es el lujo. El descubrimiento casi cocaínico de que existe otro mundo, el de los ricos, la lleva al desastre. Stefan no la concluye porque parece que pide un final dramático como el que tendrá su historia. ¿Le dan miedo las historias que se prolongan lo suficiente? ¿Deja entonces París de ser una fiesta?

LA CRISIS DE LOS 40

Stefan solo daría a la imprenta una novela larga, *La impaciencia del corazón*, pero eso será mucho después. En 1922 tenía 41 años, un aspecto sanísimo –al menos en la fotografía de Ludwig Boedecker– y acababa de publicar *Los ojos del hermano eterno*, una parábola india similar al *Siddhartha* de Hermann Hesse que también se publicó ese mismo año. En ella el protagonista busca la tranquilidad de espíritu y la libertad por distintos caminos: el de ser guerrero, el de ser noble, el de ser juez, el de ser asceta y al final encuentra, algo muy hindú, que la respuesta está en la renuncia, en la entrega de la propia voluntad y en perderse como un verso anónimo en el sutra del planeta. Muy bello, sí, pero a Stefan no le sirvió. La pregunta es: ¿por qué cambió tanto la producción literaria de Stefan aquellos cinco años? ¿Por qué se entregó al frenesí de las biografías que había que documentar cuidadosamente, lo que multiplicaba el trabajo? La hipótesis más simple sobre lo que ocurrió se la enunció Stefan a su editor norteamericano años después al reconocer que cuando él se refugiaba en el trabajo era siempre señal de depresión. Cuando uno deja de funcionar como funcionaba, cuando está más apagado, más desesperanzado, más inquieto, más angustiado, con sueño de peor calidad, todos sabemos lo que le pasa, aunque a los humanos nos cueste tanto reunir las piezas de nuestros déficits y afirmar algo así como: "llevo una temporada que la vida no me pone como antes; será que estoy un poco deprimido". Hace falta mucha salud mental para llegar a afirmar algo así y no utilizar la salida estándar de mirar para otro lado y culpar al jefe o ir al fisioterapeuta, por mencionar solo dos de las opciones típicas. Después de la guerra y del impulso inicial de los supervivientes, quizá Stefan tuvo la oportunidad de poder parar y deprimirse un poco y parece que lo hizo.

Siempre hay factores que alimentan una buena crisis de los cuarenta y Stefan tenía dos hijas adolescentes a su cargo, que encima no eran suyas. Eran las hijas de Friderike, Suse y Alix, que cumplieron en 15 y 12 años, respectivamente, en 1922. En la primera fase de convivencia con las niñas en Viena antes de la guerra, Stefan les regalaba juguetes y peluches y admiraba el rol maternal de Friderike. Las niñas le llamaban cariñosamente Stefferl, Stetzi, Bö o Beu mientras que Friderike solía llamarle Stefferle y todo parecía ir bien. No se puede uno imaginar otra cosa viendo a las pequeñas con su madre en 1913.

Pero las niñas crecieron y no exactamente como le habría gustado a Stefan, más estricto que Friderike, lo que les enfrentaba. Las niñas tenían prohibido el gramófono o cerrar las puertas de golpe y Stefan escribía a veces en su diario que sentía hacia ellas cierta extrañeza sobre todo por su indiferencia, algo que le horrorizaba. Stefan no se daba cuenta de que eran adolescentes, de que los adolescentes para poder crecer y separarse tienen que golpear a los adultos que ejercen de padres. Además, esos golpes tienen que ser más fuertes todavía cuando los padres los quieren mucho y su sombra es demasiado grande. ¿Cómo escapar de la fuerza de gravedad de un padre como Stefan, aunque fuera postizo? Pues dándole un buen empujón. Y esos empujones hacen daño.

Figura 23. Friderike y sus hijas en 1913, cuando todavía le parecían adorables a Stefan (dominio público. commons.wikimedia.org).

Stefan se desahogaba en cartas que le escribía a su hermano, que quizá por eso no se llevaba bien con Friderike. Alfred concluyó años después que Stefan no estaba hecho para la vida familiar, pero es que ninguno de los hermanos lo estaba. De hecho, tampoco Alfred tuvo hijos.

A las hijas de Friderike les gustaban los gatos, mientras que Stefan los odiaba y no podía vivir sin su spaniel Kaspar. Ellas ponían discos, escuchaban la radio, bailaban la música de la época y él lo veía como un signo de decadencia. La casa de Salzburgo era en cierta medida el palacio de un príncipe viejo y maniático que vivía rodeado de sus reliquias y en la que todo cambio suponía una amenaza. Aquí Friderike tenía poca capacidad de maniobra. Stefan la había aceptado como esposa a pesar de sus dos hijas y encima era el que traía el dinero a casa. No podía contrariar demasiado a su hombre mientras sus hijas crecían.

A las dos hijas de Friderike no les interesó estudiar, algo que habría sido del agrado de Stefan, y además habían heredado el carácter de su madre, o eso es lo que decía Stefan cuando estaba enfadado. Le molestaba que no les interesara en absoluto lo que a él le apasionaba. Lo intelectual les daba igual, las visitas ilustres que subían por la cuesta del Kapuzinerberg no tenían mucho significado para ellas y ni una vez le pidieron que les enseñara su querida colección de autógrafos. Stefan se molestaba en presentarles a todos los personajes de la cultura de su época, algo por lo que él de joven habría dado todo y ellas no le daban importancia. El único problema es que trataban a Stefan como a un padre. Por eso él sufría tanto.

Al principio él pensaba que una de las dos podía convertirse en colaboradora suya, pero no fue así. Suse, la mayor, siempre estaba enferma, tuvo problemas de aprendizaje, hizo cursos de puericultura y después se interesó por la fotografía sin que llegara a dedicarse a ello. Alix, la pequeña, trabajó en agencias de viajes y en publicidad, pero nunca tuvo un empleo fijo. Stefan llegó a escribir al padre para advertirle de la mala reputación que iban a tener sus hijas por sus cortas miras a la hora de elegir empleo. Después de una década de convivencia Stefan no estaba nada contento con la situación. Eso es algo que puedes perdonarle a tus hijos, pero tal vez no a los hijos de tu pareja.

Dándole vueltas al tema de la edad de Stefan, caí en la cuenta de que en 1925 él tenía la misma edad que yo al empezar este libro y sus hijas adoptivas tenían también la edad de mis hijos, pero el problema no era ese año, sino los anteriores. ¿Existe la crisis de los cuarenta?

No lo sé, pero parece que Stefan sufrió una y yo puedo asegurar que a mí también me pasó. Cuando los hijos se hacen mayores y pasan de adorarte a cuestionarte a diario para poder crecer, no puedes mirar para otro lado porque el vacío que se abre está junto a tus pies. La vida no va a ser como antes y los esquemas que eran válidos con los hijos pequeños ya no sirven. El caso es que en 1922 Stefan dejó casi de escribir narrativa y se volcó con un furor inusitado en sus biografías y que en 2012, con la misma edad que él, yo decidí dejar mi trabajo. En su caso no sé, pero en el mío estuve dando tumbos unos tres años hasta que encontré lo que quería hacer. Lo que me pasó es que me di cuenta de que en mi vida no estaban reflejados algunos de mis deseos y eso me hundió. En aquel momento pensé que en parte llevaba la vida de otro y decidí empezar la mía, pero me costó pasar mucho miedo y dejar atrás el muro de las expectativas de los otros y las mías. Lo de los hijos preadolescentes solo fue la alarma que me despertó. Los médicos especialistas varones es raro que dejen su trabajo en la sanidad pública. Lo normal es que trabajen ahí por la mañana y por las tardes en la privada o haciendo un número siempre excesivo de guardias durante toda su vida laboral. Así están entretenidos y satisfechos por el sueldo y el reconocimiento. Casi nadie se plantea hacer otra cosa, cuando en realidad hay tantas cosas que te puede apetecer hacer. Yo no quería nada especialmente extraordinario, soy así de simple. Si el sistema público de salud me hubiera ofrecido la posibilidad de trabajar media jornada a lo mejor no tenía que haberla liado tanto, pero no se podía, así que tuve que dejar mi trabajo de todo o nada y empezar de cero con el trabajo y con la vida sin tocar la única parte que era intocable para mí: mi familia. Por eso fue tan duro. Y parece muy sencillo: dejas el trabajo de psiquiatra, abres una consulta de psicoterapia los días que quieres trabajar más o menos y te ganas la vida con ello y en el día a día empiezas a hacer más cosas que quieres hacer y dejas de hacer las que no te apetece. En este sentido una gota de Bartleby ayuda con su fórmula mágica que te libra de cosas que antes te agobiaban: "preferiría no hacerlo". Así te queda tiempo para escribir y para vivir, que es lo que yo quería hacer.

Aunque los hijos no tienen la culpa, Stefan llevó mal lo de las hijas de Friderike. Era un hombre más tradicional de lo que quería admitir y el salto generacional al que asistía en su propia casa lo descolocó. A veces tenía toda la razón, como cuando se enfadaba por la frivolidad de las niñas que el día que supieron que su padre estaba muy enfermo, se fueron a bailar y Friderike no intervino. Pero otras veces era un cascarrabias que no entendía que las dos jóvenes quisieran hacer cosas normales para su edad, aunque a él no le hubieran dejado o sus padres o su normativa interna.

Figura 24. Stefan y Friderike a principios de la década de 1920 fotografiados por Franz Xaver Setzer (dominio público. commons.wikimedia.org).

La libertad era el objetivo de Stefan y la explicación que Friderike escribió muchos años después es clara: "Creo que Stefan nunca habría sido un defensor tan fanático de la libertad si su madre no se la hubiese hurtado de manera tan brutal y duradera". Entre su madre y su cultura, a Stefan lo fastidiaron bastante. Friderike cuenta que el cariño de ella hacia sus hijas despertaba los celos de Stefan por comparación, al recordar él sus penalidades en casa de una madre sorda y estricta. Si suponemos que el artista es un ser herido que con el arte intenta curarse, como dice mi querida Lola López Modéjar en su ensayo *Una espina en la carne*, quizá sea esta la herida: no solo descubrir que somos limitados, que no llegamos, que nuestros deseos quedarán insatisfechos, que hasta nuestra madre tiene otros amores, sino caer en la cuenta de que tu madre, quien se supone que debe cuidarte y quererte, resulta ser un agente infiltrado del régimen represor. Por eso Stefan rechazaba los cuellos duros que fueron obligatorios durante su infancia y evitaba las situaciones en las que se debían vestir. Está claro que él no tenía alma de revolucionario, aunque su cabeza pidiera libertad.

Con 45 años le escribe a Friderike que es el momento de vivir el mundo, en vez de describirlo. Está agotado y atado a su mesa de trabajo. Fantasea con empezar de cero, con encontrar de nuevo el entusiasmo, una nueva forma de vida. Escribe sin cesar, pero los libros no son la solución. Y en ese momento llegó algo que lo tuvo muy entretenido el resto de su vida: el éxito. Pero el éxito no cambió a Stefan en lo esencial y siguió publicando de un modo desenfrenado, excesivo para cualquiera menos para él. En 1926, *Confusión de los sentimientos*, en 1927, *Momentos estelares de la humanidad* y *24 Horas en la vida de una mujer*, en 1928, *Tres poetas de sus vidas* y en 1929, *Fouché*.

En su empeño de ordenar la realidad de un modo coherente, Stefan continuó con su plan y agrupó en sus libros de biografías a los autores de tres en tres bajo la denominación global de *Constructores del mundo*. En 1920, *Tres maestros*, biografía literaria de Balzac, Dickens y Dostoievski, en 1925, *La lucha contra el demonio* de Hölderlin, Kleist y Nietzsche, en 1928, *Tres poetas de sus vidas* de Casanova, Stendhal y Tolstoi. Pero esto no terminó ahí, porque en 1932 aparecería *La curación por el espíritu* de Mesmer, Baker Eddy y Freud. Los personajes son inseparables de sus hallazgos y enseñanzas y eso lo capta Stefan, fascinado por los artistas que sobresalen de la masa. Su obra no le basta. Él quiere saber cómo se gesta la obra y no es en otro lugar que en la vida. La búsqueda de Stefan nunca termina y es una búsqueda que encuentra millones de compañeros interesados entre los lectores de todo el mundo. Por eso nunca dejará de escribir biografías. La de Verhaeren y la de Rolland solo fueron su taller de aprendizaje y las de *Momentos estelares de la humanidad*, escenas en vidas que podrían cobrar entidad propia pero que no llegaron a eso. La de Marceline Desbordes, es una especie de biografía literaria, pero luego vendrían las biografías de un solo personaje no necesariamente literato: Fouché en 1929, María Antonieta en 1932, Erasmo en 1934 y, después de su exilio, María Estuardo, Castellio, Magallanes, Américo y Balzac otra vez. La primera versión de la biografía de Balzac solo era un borrador sin profundidad en comparación con lo que tramaba Stefan. Las biografías de Stefan nos hablan de su búsqueda como hombre, de su deseo de crecer y para ello le interesaban las personas a las que admiraba y también las que podían llevarle a entender lo que no entendía, como en los casos de Fouché, María Estuardo y María Antonieta. Stefan había vivido la gran guerra y quería pelear contra la falta de humanidad. Ese debe ser el motivo por el que se acercó al malvado Fouché.

Para entonces, Stefan era el escritor en lengua alemana más leído del mundo. Esto tenía la contrapartida de que su éxito irritaba a muchos: Hofmannsthal se burlaba de sus escritos, Musil y Brecht creían que su excesiva producción era sospechosa, Rilke y Freud no terminaban de apreciarlo a pesar de la devoción de Stefan por ellos. Stefan cuando admiraba, admiraba demasiado y eso funcionó con Verhaeren o Rolland, pero no con estos otros. Stefan tenía la necesidad de agradar a todos aquellos a los que admiraba y eso no es posible.

La vida de Stefan de aquellos años se explica porque él quiso hacer de su casa en Salzburgo su refugio, un lugar seguro en el que descansar y trabajar en invierno y también una casa para sus amigos que paraban allí a menudo. Aquel era un lugar bastante abierto. Por ejemplo, en una ocasión el jardín fue cedido a los invitados indios al festival de Salzburgo que por motivos religiosos no querían vivir en un hotel bajo cuyo techo se preparasen alimentos impuros. Aquella acampada y todo lo demás lo organizaba Friderike, pero a ella le gustaban las visitas más que a Stefan, que había colocado bajo el reloj de sol un mensaje que decía: "El sol para aquí brevemente, / toma ejemplo, querido huésped, y sé consecuente". Quizá suene exagerado, pero es que el remanso de paz que era Salzburgo con sus 40.000 habitantes se desbarataba en verano, cuando se convertía en la capital artística del mundo por su festival. En *El mundo de ayer* Stefan se pregunta: "¿Quién no había sido nuestro huésped? Nuestro álbum de visitas podría dar mejor testimonio de ello que la simple memoria, pero también este libro, junto con la casa y muchas otras cosas, se lo han quedado los nacionalsocialistas". Por allí pasaron Romain Rolland, Thomas Mann, H. G. Wells, von Hofmannsthal, James Joyce, Paul Valéry, Arthur Schnitzler, Ravel, Richard Strauss, Alban Berg, Bruno Walter, Bela Bartók, Toscanini, y muchos más. Pero de todo esto lo que más me llama la atención es el plural "nuestro", porque es la segunda vez que menciona a Friderike en la obra, aunque nunca por su nombre.

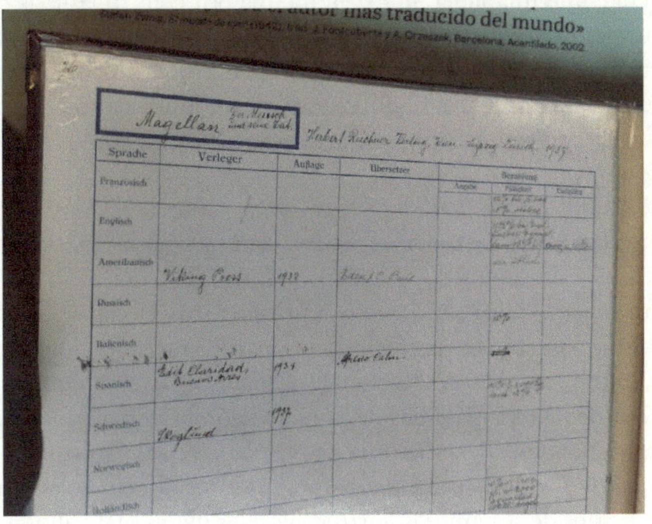

Figura 25. Imagen del "libro mayor" en el que se registraban las traducciones de las obras de Stefan. Este fragmento es solo una cuarta parte del espacio dedicado a cada obra. Se trata de la última obra recogida en el libro, Magallanes, donde se puede leer que la versión española, traducida por Alfredo Cahn se publicó en Buenos Aires en 1938 en la Editorial Claridad (Exposición itinerante Stefan Zweig. Autor Universal en la Biblioteca del Retiro, 2023. Fotografía del autor).

Stefan necesitaba concentración y en eso era estricto. Tenía que serlo. Salzburgo era una fábrica de obras porque Stefan no paraba de escribir nunca como hacía su admirado Balzac. En alguna ocasión se burlaron de él llamándolo "Erwebszweig" (Zweig el de las ganancias), pero Stefan no iba a cambiar por eso. Stefan, a diferencia de la mayoría de autores de su época, no cedía a las editoriales sus derechos teatrales, cinematográficos o de traducción y los negociaba él comportándose como su propio agente literario. La casa del Kapuzinerberg era una factoría con su archivo y su caudal de correspondencia que entraba y salía cada día para poder gestionar, entre otras cosas, las numerosas traducciones de sus obras. Se llevaba incluso un "libro mayor" en el que se recogían los datos de los contratos editoriales para las traducciones, porque eran muchísimos. El formato del enorme libro que era como una tabla de Excel, incluía por defecto las filas de las traducciones al francés, inglés, americano, ruso, italiano, español, sueco, noruego, holandés, polaco, húngaro y diez recuadros más que se rellenaban con otras traducciones, dejando un par de huecos al final para las versiones cinematográficas rotulados como "FILM".

LA PRIMERA AUTORIDAD MUNDIAL EN MANUSCRITOS

Stefan tenía todavía un deseo infantil por coleccionar y la casa de Salzburgo era el lugar perfecto para guardar sus colecciones, entre ellas, su impresionante colección de autógrafos. Todo hombre que se preciara debía tener además de su ocupación principal, una afición. Nietzsche era músico, Victor Hugo hacía muebles, Tolstoi fabricaba zapatos y Stefan coleccionaba manuscritos. Stefan coleccionaba manuscritos de sus amigos ilustres, pero las piezas más valiosas eran las de los artistas del pasado que él admiraba y por las que pujaba por toda Europa.

En 1926 Stefan decidió ordenar la colección de autógrafos. Para él era uno de sus logros más importantes y contrató para hacer un catálogo de su colección a Alfred Bergmann, que acababa de hacer lo propio con la colección de Anton Kippenberg, el editor de Insel. Pero de repente, falleció Moritz Zweig y Stefan y Friderike acogieron en Salzburgo a la madre de Stefan durante una temporada, así que la elaboración del catálogo se retrasó hasta finales de año. Cuando por fin llegó Bergmann, fue testigo de la rutina de Stefan en aquellos tiempos en los que pasaba la mañana en la cama escribiendo textos nuevos. Después bajaba a la zona donde estaba Bergmann con los manuscritos y solía contarle historias sobre la adquisición de uno u otro para la colección. Bergmann reconoce que era muy educado y los cambios se los sugería muy amablemente, pero, según él, tendía a fantasear. Lo que ocurre es que en algunas cosas no fantaseaba. Por ejemplo, en 1926 adquirió en subasta el manuscrito de las variaciones de Haydn sobre el tema *Gott erhalte Franz den Kaiser*, que fue el himno nacional de Austria hasta 1918 y que es el himno de Alemania desde 1922.

Lo que empezó como una afición de quinceañero, acabó siendo la pasión de un hombre que tenía dinero y contactos. Según Stefan, la única manera de ver el proceso de creación es poder acceder a las páginas manuscritas, sobre todo las no destinadas a la imprenta. Por eso tenía miles de autógrafos y unos cuatro mil volúmenes de los libros que se habían escrito sobre los autógrafos y todos los catálogos de manuscritos imaginables, similares al que quería hacer él de su propia colección. Después de cuarenta años de coleccionista, era según escribe él: "la primera autoridad mundial en el campo de los manuscritos. Sabía dónde estaba cada hoja importante, a quién pertenecía y cómo había llegado hasta su propietario... era más experto que la mayoría de profesionales". Esto lo escribió años después, muy orgulloso, pero muy dolido por haber tenido que dejar atrás su colección debido a la vida errante que se vio obligado a llevar y en la que no conservó ni siquiera el catálogo de su colección. Hitler le haría pasar de ser el dueño de los documentos que certificaban la genialidad en el mundo a no poseer más que recuerdos.

Después del éxito de su versión de *Volpone* en 1926, le confesó a Rolland que todo lo que había ganado se lo había gastado en comprar autógrafos. Él lo veía como una especie de fondo de inversión. En aquella época, compró una cantata de Bach entera, obras de Mozart, Chopin, Brahms, dos páginas del primer borrador de *El espíritu de las leyes* de Montesquieu, un discurso de Robespierre, dos poemas de *Fleurs de mal* y un dibujo de Goethe. En su colección había además una página del cuaderno de trabajo de Leonardo da Vinci, la orden del día a los soldados de Rívoli redactada por Napoleón en cuatro páginas y con una letra casi ilegible, las galeradas de toda una novela de Balzac llenas de correcciones que eran como un campo de batalla, una primera versión de *El origen de la tragedia* de Nietzsche que había escrito mucho antes de su publicación para su amada Cósima Wagner, una cantata de Bach, manuscritos de Glück, Händel, Brahms, Chopin, Schubert, Mozart, Beethoven, una colección entera de Goethe desde una traducción que hizo del latín a los nueve años, hasta un poema escrito a los ochenta y dos y, entre medias, páginas de poemas y dibujos y un folio a dos caras de su *Fausto*.

Stefan estaba muy orgulloso de todas las piezas de su colección, pues cada una de ellas encerraba una historia como la de su adquisición más valiosa, el lote de Beethoven. En este caso le ganó la partida a uno de los hombres más ricos de Suiza. En una sola operación consiguió el escritorio de Beethoven y un montón de cosas más del autor como los retratos de dos de sus amantes, el cofrecito donde guardaba el dinero, el pequeño pupitre que utilizó para escribir en la cama sus últimas cartas y composiciones y hasta un bucle de su cabello blanco que había sido cortado en su lecho de muerte. Normalmente, Stefan no podría haber competido con Bodmer, pues así se llamaba el suizo que era realmente rico y compraba todo lo relacionado con Beethoven. Pero Stefan tuvo un golpe de suerte y en 1929 pudo adquirir todo el lote que hemos mencionado. El escritorio había sido subastado con todo el legado de Beethoven en 1827 y desde entonces llevaba 100 años en posesión de la misma familia. La compra por parte de Stefan se debió en gran medida a la ley austriaca que decía que la pieza no podía venderse al extranjero y debía permanecer en Austria. Como el vendedor quería total discreción finalmente solo pujaron Stefan y el ayuntamiento de Viena y la pieza le salió "relativamente barata".

Posteriormente, Stefan pudo comprar al mismo vendedor varios objetos más del compositor, entre otras cosas, un violín. En un afán casi necrófilo, consiguió hasta los retratos que un amigo de Schubert había hecho de Beethoven el día de su muerte en marzo de 1827.

Stefan era un inversor inteligente. Si en vez del escritorio hubiera comprado el coche que quería Friderike es probable que hubiera perdido valor rápidamente con el uso, pero los manuscritos no lo perdían, o al menos eso creía Stefan en aquel momento. Desgraciadamente lo perdieron casi completamente durante la guerra, sobre todo porque no se los pudo llevar con él.

El centro de la casa de Salzburgo eran los manuscritos de Stefan. Sus libros eran importantes, pero los manuscritos eran sus trofeos. ¿Cómo sería llegar a la casa de Stefan? Eso lo contó el pintor Ludwig Schwerin que la visitó en el otoño de 1930. Al llegar, un criado con delantal blanco y rodeado por tres perros jóvenes de color blanco y negro te conducía hasta la biblioteca en la que esperaba Stefan. El dueño de la casa vestía un traje oscuro de calidad, relucientes zapatos, corbata elegante con alfiler de perla, siempre de perla, aunque en verano podía desconcertar a las visitas con un atuendo tirolés: pantalones cortos de cuero y camisa blanca con el cuello abierto, a veces con chaqueta roja y negra, que era la ropa que estaba de moda en Salzburgo. Allí, Stefan te saludaba cordialmente, te invitaba a un puro y a café y se disculpaba porque acababa de encender la estufa de gas y todavía hacía frío. Las paredes estaban cubiertas de libros hasta el techo. En medio de la habitación había una gran cómoda sobre la que se exponían hermosos libros. En los cajones estaban los manuscritos más valiosos y uno de ellos estaba lleno de litografías de Masereel. En las paredes había un cuadro de Masereel del puerto de Marsella y tres dibujos originales de Goethe. En un rincón había una mesa grande, redonda con sillones de cuero. Junto a la puerta que conducía a la terraza había un libro de visitas con cientos de firmas ilustres que alabaron la naturalidad y la cordialidad de Stefan.

Si el invitado pasaba de la biblioteca, continuaba por el primer piso, y allí estaban los iconos rusos y el escritorio de Beethoven. Ya solo faltaría el dormitorio de Stefan donde podía verse un retrato suyo de joven a carboncillo. Entre el salón de música y el dormitorio, estaba su cuarto de trabajo, pequeño y sencillo, con mesas llenas de materiales: libros abiertos y anotados, folios escritos con tinta roja o azul, revistas con marcas, documentos, recortes de periódico.

Stefan dejó escrito que no se consideraba el propietario de los manuscritos, sino únicamente un guardián temporal. Creía que en su colección había reunido algo más importante que sus propias obras y su idea era legarla a una institución, algo que solo ocurrió en parte. Lo que sucede es que la vida da muchas vueltas y al final casi la totalidad de su colección está en Internet. Basta con poner en el buscador: "The British Library Zweig manuscripts" y encontramos un artículo que nos redirige a los manuscritos encabezado por la imagen de Beethoven agonizante.

A Stefan le habría maravillado poder ver toda su colección desde cualquier lugar del mundo y habría apoyado la idea, porque lo que a él le interesaba era entender cómo trabajan los genios para mejorar la humanidad, pero Internet no existía hace cien años y él quiso hacer lo que se hacía entonces: un catálogo. No es que sobre el tema del catálogo hubiera recaído una maldición como la que pesaba sobre las obras de teatro de Stefan, pero sí que estuvo un poco gafado. Alfred Bergmann no lo terminó porque no tenía tiempo. Concluyó los preparativos en 1926 pero se desvinculó del proyecto. Para hacerlo avanzar Stefan contrató a un estudiante de Múnich, Karl Werner Klüber, que después de meses de trabajo pidió más dinero. Stefan se pasó semanas dándole vueltas al asunto y escribiéndole cartas muy duras a Klüber, pero el trabajo volvió a interrumpirse. Bergmann seguía sin estar disponible y se contrató a Fritz Adolf Hünich. El plan inicial era publicarlo en Insel, pero Stefan lo desestimó. El motivo era que hacer pública una colección tan valiosa la pondría en peligro ya que el propio estado austriaco podría reclamarla, y también que resultaba presuntuoso alardear así en una época de pobreza.

Pero resultó que Hünich tampoco hizo el trabajo. Decía que lo hacía, pero no hizo apenas nada, así que no pudo ser. Stefan se pilló un monumental cabreo y criticó su actitud permisiva duramente, palabras que no se pueden descontextualizar de la vida en la que estaba metido entonces, la de María Antonieta: "… la debilidad es el vicio más grande, porque corrompe a los otros. A Klüber, a Hünich, a todos en la casa, en vez de incitarlos con mi tolerancia, mi deseo de satisfacer a los demás de antemano y mi confianza los he debilitado, los he corrompido moralmente. Y el enfado refluye del inconsciente contra uno mismo y con razón: la culpa es de la debilidad".

Aquí también se podría reconocer a las hijas de Friderike. Pero llama la atención lo duro que es consigo mismo Stefan, como si la tolerancia, la confianza y el deseo de satisfacer a los demás fueran algo malo *per se*. Son algo malo con las personas equivocadas, con las circunstancias equivocadas, como era Austria en 1930. Pero si un hombre se ve en una situación trágica como la que sufriría Stefan pocos años después y critica sus virtudes como explicación de su desgracia, algo está yendo mal.

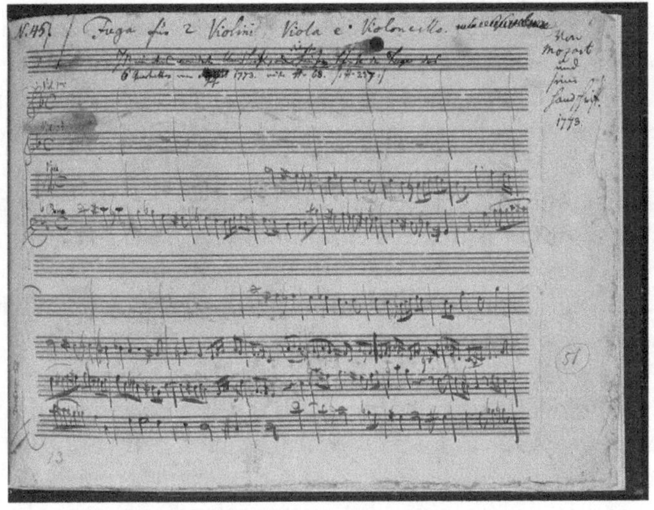

Figura 26. Manuscrito de la fuga del cuarteto en Re menor K173 de Wolfgang Amadeus Mozart (British library. Dominio público. wikipedia.org).

El ambicioso proyecto inicial del catálogo se convirtió en una tirada de cincuenta ejemplares pagada por Stefan para conmemorar su cincuenta cumpleaños. Al catálogo lo acompañaba un facsímil comentado y numerado de una de las escandalosas cartas de Mozart a su prima María Anna Thekla Mozart, a la que llamaba "Bäsle", que Stefan acababa de adquirir. En general no compraba cartas para su colección, algún límite había que poner, pero las de Mozart eran especiales. Quien tenga curiosidad puede ver en la web de The British Library, dentro de los manuscritos de la colección de Stefan, las cuatro cartas de Mozart a su prima, una carta a Anton Klein, fragmentos de once piezas musicales incluida un aria de *Las bodas de Fígaro* y hasta un divertimento de Leopold Mozart. Pero la pieza más impresionante es el precioso catálogo que elaboró Mozart a lo largo de su vida con todas sus obras. Es un cuaderno totalmente manuscrito de unas cien páginas que al abrirlo se puede ver, en las páginas de la izquierda los títulos de las obras en orden cronológico y en las páginas de la derecha un pequeño fragmento de cada partitura con la melodía principal.

En un mundo distinto, lo normal habría sido que los manuscritos de Stefan se reunieran a su muerte en su casa de Salzburgo y que se hiciera allí un museo, pero no. Por exigencias de una época irracionalmente cruel, su colección está dispersa por el mundo, su casa ya nunca más será su casa y hasta sus restos descansan en un país extranjero. Aún hoy, es frecuente leer que algún manuscrito menor, de los que formó parte de su colección, se subasta por cientos de miles de euros. El mal, desde su banalidad ejecutora, cruel, paranoica y vengativa impidió una vida mejor para Stefan y para millones y millones de personas.

Alguien dijo que Stefan era el "crítico sin citas". Parece que él daba más importancia a tocar los manuscritos de sus genios de referencia y a impregnarse de su forma de trabajar que a citar sus fuentes. Es verdad que eran otros tiempos y que no se citaban las referencias con el rigor actual de las normas de Vancouver, pero después de leer eso y, como pequeño homenaje a Stefan, he desmontado todas las citas del libro y he hecho algo distinto a no referenciarlas: las he incluido en el texto de modo que se da información suficiente para que quien quiera buscarlas las encuentre, pero sin alterar el hilo de la historia, al modo de Stefan. Es posible que alguna se me haya escapado y en ese caso, lo más probable es que me tenga que disculpar con Matuschek o, si no, con la editorial Acantilado.

BIOGRAFÍAS ESTELARES DE LA HUMANIDAD

Y ya que hablamos del estilo de Stefan como biógrafo, ahondemos en que se le ha achacado un estilo personal y peculiar en el que tiende a prescindir de fechas y aporta pocos datos haciendo con cada personaje una especie de "biografía personal". Aquí deberíamos tener en cuenta que fue precisamente Stefan el que hizo popular de forma irreversible el género de la biografía vendiendo millones de libros, pero es que esta crítica suena muy anticuada, sobre todo en esta época en la que la narrativa se refugia en dos extremos aparentes: la autoficción y la "biografía personal", siendo el perfecto ejemplo de este último las biografías parciales y fragmentarias de Ravel, Tesla y Zatopek que ha escrito Jean Echenoz. Así que, aquí terminamos esta disquisición antes de que nadie declare este libro inclasificable, y por tanto invendible, al contener elementos de ensayo dentro de una biografía atípica con forma de crónica que incorpora fragmentos de autoficción.

En el verano de 1927 Stefan fue solo al balneario Hotel Castell en Zuoz, Suiza. El establecimiento sigue funcionando tras una reciente renovación y en su página web presumen precisamente de que allí se alojó Stefan. Mientras, Friderike se quedó en Salzburgo supervisando la instalación de la calefacción en la casa. Allí, Stefan volvió a intentar dejar de fumar y de tomar café, pero volvió a fracasar. Luego se puso a trabajar en el tercer tomo de *Constructores del mundo* que se titularía *Tres poetas de sus* vidas. En un principio los tres protagonistas iban a ser Stendhal, Tolstoi y Rousseau, pero luego cambió a este último por Casanova, al que llamó el genio de la autodescripción. Parece que uno de los motivos para elegir al veneciano es que la familia de editores Brockhaus tenía el manuscrito original de sus memorias y no lo quería publicar. Esta actitud es opuesta a la de Stefan. Él quería compartir sus manuscritos y su sabiduría, recoger la historia de los *Constructores del mundo* y distribuirla. ¿Para qué inventar la sabiduría si basta con escuchar lo que aprendieron los que vivieron antes? Los secretos ya los ha tocado antes alguien. Solo hace falta saber a quién preguntar. Este planteamiento gigante creció en su cabeza y en su obra.

Para trabajar con la biografía de Casanova he utilizado la versión de Joaquín Verdaguer de *Tres poetas de sus vidas*, incluida en las obras completas de Stefan Zweig. En mi ejemplar encuadernado en cuero verde dice que se terminó de imprimir el día 15 de noviembre de 1952 en los talleres gráficos "Ediciones Castilla S.A.", Alcalá 126, Madrid. Entonces todavía se llamaba *Tres poetas de su vida*, pero creo que es mejor traducción de *Drei Dichter ihres Lebens* el plural, aunque Google Translator no opine lo mismo.

A pesar de lo crítico que resulta en determinados momentos Stefan con Casanova, está claro que se siente totalmente fascinado por el veneciano. Y es normal, porque el estilo de Casanova es directo, como de narrador ancestral que te empieza a contar lo que pasó y una especie de fundido cinematográfico te arrastra dentro de la historia. Su genio no radica en la capacidad de inventar nuevas formas de narrar, sino en desnudar las existentes para que entre la vida. En eso sí es un gran poeta. Los escritores lo recuerdan todo, o al menos, recuerdan lo importante y Casanova vivió muchas cosas importantes. Por eso es capaz de llenar hasta cuatro mil páginas con recuerdos desnudos, nada de florituras. Casanova habría deseado ser literato, pero el amor siempre se interpuso. Al principio del quinto tomo de su *Historia de mi vida*, aunque Aguilar lo publicó en 1982 con el escueto título de *Memorias*, dice que lo único que busca es el amor, no el sexo. El amor, aunque la Inquisición de Venecia diga de él en un informe secreto de 1755 que es el más terrible impío, embustero, impúdico y sensual. Un currículo en una línea.

Casanova es un diletante. Domina el griego, el francés, el hebreo, el español, el inglés. Se le dan muy bien las matemáticas y la filosofía, entiende de química, de medicina, de historia, de literatura, de astrología, de alquimia y siempre presume de un doctorado en derecho. Se gana la vida como violinista durante un año, da su primer sermón en una iglesia de Venecia a los dieciséis. Es bueno como bailarín, espadachín, jugador, jinete. Stefan dice que lo es todo, pero no al completo: casi un sabio, casi un filósofo, casi un caballero, que no tiene la voluntad o la paciencia necesarias. Pero esto lo dice un hombre que parece anteponer los logros y el reconocimiento mundano que Casanova desdeña porque en realidad no quiere ser nada, le basta con vivir. Por eso es astrónomo y reformador del calendario para la emperatriz de Rusia, inspecciona minas en Curlandia, presenta un sistema para teñir seda en Venecia, hace proyectos de colonización y contra la usura en España, escribe comedias para el duque de Waldstein, compra acciones para el gobierno francés, escribe la historia del reino de Polonia, traduce la *Ilíada* en octavas. Sin ser especialista de nada puede hacerlo todo y como no quiere conservar nada va como el romero solo, solo y ligero, siempre ligero.

Al seguir su periplo, Casanova parece una especie de Stefan de su época que conoció a Mozart, a Voltaire y hasta a Benjamin Franklin. Compone obras muy diversas: una novela, una ópera, un ensayo matemático, un diálogo político con Robespierre, pero si no hubiera sido por sus memorias no sabríamos nada de él. Stefan se queja de que un hombre con dotes tan excepcionales para la ciencia, la literatura, la política, los negocios, lo deje todo porque prefiere ser libre. Pero, curiosamente, es lo mismo que quiere Stefan. ¿Para qué atarse? Si Casanova no se dejó atar tanto tiempo atrás, ¿por qué debía dejarse atar un hombre del siglo XX? Lo que ocurre es que Stefan conoce las dificultades, sabe que la explicación de la vida de Casanova es su valentía. Stefan nos da estas palabras como las últimas de Casanova: "He vivido como un filósofo". Porque los filósofos que conocemos son gente que ha buscado una manera satisfactoria de vivir y en muchos casos, si intentamos saber cómo vivieron, descubrimos que, como Casanova, pueden parecer insensatos y sabios a la vez.

No son justificación suficiente para nuestra cobardía las pegas que Stefan le pone a Casanova: que si es todo sensibilidad pero carece de alma, que si es un aventurero que no está en ninguna tierra, que si es indiferente a los problemas de la humanidad y solo busca su propio placer, que si prefiere una vagina más que una mujer, que si está vacío como una pompa de jabón.

Pero es que ser como Casanova también tiene sus riesgos. El que quiera ser como el veneciano se arriesga a envenenarse, como le pasó a él dos veces, a recibir una docena de estocadas, a sufrir la sífilis, a pasar por la cárcel, a tener que huir de las ciudades que llega a amar. Y luego esa extraña habilidad que maravilla a Stefan, que consiste en que cuando Casanova deja a la mujer, esta no monta un drama. "Hizo felices a muchas mujeres, pero a ninguna la hizo histérica", resume Stefan con palabras de otra época. Recordemos lo que decía Casanova de que para él, cuatro quintos del placer consistían en hacer gozar a la mujer. Stefan tiene otra idea del funcionamiento femenino. Al menos con él, las mujeres no hacían lo mismo que con Casanova.

Lo más difícil en la vida no es aceptar ofertas, sino rechazarlas y Stefan tuvo que rechazar muchas. La gente famosa se llegará a acostumbrar a ese trajín de decir que no, gracias, que es lo que le dijo Stefan a Samuel Fischer cuando le ofreció la dirección de la revista literaria *Die Neue Rundschau*. No, gracias. Él lo rechazó porque sabía que le quitaría tiempo para sus propios proyectos. Ahí está la clave. Casanova nunca dijo no al amor y Stefan tenía otros intereses prioritarios.

Casanova sin embargo, recorre todo el mundo conocido enamorándose. A su paso por España, conoció a Sabatini, a Campomanes y a Olavide. También conoció la Inquisición y la extrema religiosidad de las mujeres, pues le chocó que taparan las imágenes y crucifijos antes del sexo como quien clausura una webcam. Casanova acompañó a una muchacha a su casa en la calle del Desengaño, sufrió registros de la policía, llegó a esconderse en casa de Mengs y conoció las cárceles españolas. Como Stefan, también viajó a Toledo y hasta escribió una ópera que se estrenó en España.

Casanova siempre se enamora e intenta ganarse el favor de las mujeres que le gustan. No se trata de cobrarse la presa y salir corriendo. Es la eterna búsqueda del amor verdadero a lo largo de 132 romances. En Madrid se enamoró de Ignacia y tras un prolongado cortejo, él sabía que iba a caer como todas, y que en breve iba a agarrarse de su brazo y acabaría "haciéndola suya" en la cama. Nada importa que todos los amores acabaran siendo imposibles y él se fijara casi inmediatamente después en otra. Así es la vida de los enamoradizos: te enamoras, te acercas, lo das todo y cuando por fin lo tienes, ya no es tan, tan, tan como parecía y así *ad nauseam,* o quizá debería decir *ad astra* que suena menos a Sartre.

Pero ¿cómo es posible amar a una mujer si se asume que ellas intelectualmente no van a estar a la altura? En la época de Casanova esto era inamovible, pero Stefan sí encontró una mujer que respetaba intelectualmente, aunque a veces parece que la quisiera convertir en una guardesa. Sea como fuere, tener a Friderike en casa cuando Stefan se iba solo de viaje –no en vano su amigo Rolland lo llamaba "el salzburgués errante"–, resultaba muy práctico.

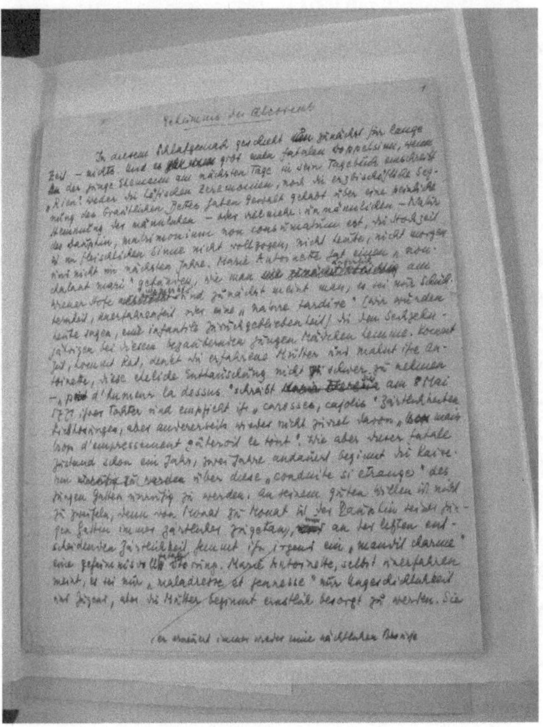

Figura 27. Manuscrito de María Antonieta (dominio público. commons. wikimedia.org).

Casanova se dedicaba principalmente a los amores y Stefan a los libros. En general a Stefan le resultaba fácil escribir y rápido dejó atrás aquella dejadez inicial por la que no quería repasar sus escritos. Su técnica descrita por él mismo en *El mundo de ayer* es algo así: hacía una primera redacción a pluma. Aquí leía todo el material posible y si hacía falta ir a la biblioteca del Museo Británico para consultar documentos, iba. Estudiaba en detalle todo el material que caía en sus manos y si podía ver los gastos personales de María Antonieta, los estudiaba apunte por apunte. Con todo el material acumulado después de meses y a veces años de estudio del personaje, Stefan componía un primer borrador en el que empezaba la labor de poda, "el trabajo propiamente dicho que consiste en condensar y componer, un trabajo del que nunca quedo completamente satisfecho de una versión a otra". Su obsesión es quitar lastre, comprimir, condensar y eliminar lo superfluo, "como una cacería en la que se descubre una frase o incluso una palabra cuya ausencia no disminuiría la precisión y a la vez aumentaría el ritmo". Orgulloso podador, el señor Rama –Zweig– se despista, caen sus defensas y vuelve a mencionar a su esposa, aunque no sabemos a cuál se refiere: "Recuerdo una ocasión en la que me levanté del escritorio especialmente satisfecho del trabajo y mi mujer me dijo que tenía aspecto de haber llevado a cabo algo extraordinario". Stefan escribe que contestó: "Sí, he logrado borrar otro párrafo entero y así hacer más rápida la transición".

A Stefan le llevó tiempo encontrar este procedimiento con el que obtenía ese ritmo arrebatador que atribuían a sus libros y que era fruto de su "método sistemático que consiste en excluir pausas superfluas y ruidos parásitos". El descubrimiento de este método lo explica como si se debiera a un defecto suyo en la magnífica traducción de Ágata Orzeszek y Joan Fontcuberta:

"Soy un lector impaciente y temperamental. En una novela, una biografía o un debate intelectual me irrita lo prolijo, lo ampuloso y todo lo vago y exaltado, poco claro e indefinido, todo lo que es superficial y retarda la lectura. Solo un libro que no cese de mantener su nivel página a página y me arrastre hasta el final de un tirón y sin dejarme tomar aliento me produce placer completo. Nueve de cada diez libros que caen en mis manos los encuentro llenos de descripciones superfluas, de diálogos plagados de cháchara y de personajes secundarios innecesarios; resultan demasiado extensos y, por lo tanto, demasiado poco interesantes, demasiado poco dinámicos. Incluso en las más famosas obras maestras de los clásicos me molestan los abundantes pasajes arenosos y monótonos, y muchas veces he expuesto a los editores el osado proyecto de publicar un día toda la literatura universal en una serie sinóptica, desde Homero hasta *La montaña mágica*".

Ahora que lo pienso, probablemente en la cita anterior no se refería a Friderike y sí a su segunda mujer que era la primera persona que tuvo contacto con *El mundo de ayer* al ser la que lo pasaba a máquina. Por cierto, que el responsable de que estemos aquí quizá sea Jaume Vallcorba, editor de Acantilado y responsable del revival de Stefan en España con *El mundo de ayer* a la cabeza.

Así que el proceso de creación de Stefan terminaba siempre dándole muchas vueltas al borrador. Todo consistía en pasar de miles de páginas a unos cientos, repasar, publicar y a otra historia. Tantas historias que al final parecía que también coleccionaba biografías. Este método en manos de Stefan tenía sus virtudes, porque hizo que llegara a ser el autor más traducido del mundo. Lo curioso es que esta historia se cerraba sobre sí misma, porque, con el dinero que ganaba Stefan escribiendo obras que él alguna vez consideró "bastante efímeras", compraba más manuscritos inmortales para su colección. Era como si escribiera para comprar escritos de otros a los que admiraba y que ya habían muerto. No es que no le importara el dinero, porque a todos nos importa, pero emocionarse se emocionaba cuando veía a un bachiller entrar a una librería y comprar los *Momentos estelares de la humanidad* a sabiendas de que ese gasto tendría como consecuencia alguna privación.

Momentos estelares de la humanidad apareció en 1927. Por cierto, que la versión original de *Sternstunden der Menschheit*, que es el título en alemán, se puede escuchar en la voz de Jürgen Hentsch en Internet. Los episodios que Stefan cuenta en la obra aparecen en muchos rincones de este libro aunque no todos: Lenin en el tren sellado que lo lleva de Suiza a la Revolución Rusa, Tolstoi y su huida final, Scott muerto tras alcanzar el Polo Sur, etc. Además de historias de personajes muy conocidos, pues también aparecen momentos de Cicerón, Dostoievski o Napoleón, la obra incluye la historia real del hombre habitualmente conocido como John Sutter que es una fábula capitalista que también retrató Blaise Cendrars en *El oro*.

En realidad, el protagonista de la historia se llamaba Johann Augustus Suter y había nacido en Suiza. Emigró a América a hacerse rico y lo consiguió, pero su deseo de riqueza resultó ser demasiado grande para sus circunstancias. Todo empezó mal. Con treinta y un años, Suter tuvo que huir de Basilea acusado de robar y de falsificar moneda. En Europa dejó a su mujer y a sus hijos a los que no volvería a ver hasta quince años después. En ese tiempo y tras diversas peripecias iniciales poco exitosas, consiguió la concesión de un enorme terreno en lo que ahora es el valle de Sacramento y levantó de la nada una inmensa finca agraria que bautizó como Nueva Helvecia. Tan grande y próspera era su hacienda, que no le faltaba mucho para ser el hombre más rico del mundo. Pero en enero de 1848, uno de sus carpinteros descubrió oro mientras construía un aserradero.

Doscientos millones de años antes, la tectónica de placas se había encargado de que el lecho marino rico en oro se hundiese bajo la masa continental de Norteamérica, con lo que se fundió y ese magma emergió en Sierra Nevada. En las montañas, la erosión fue dejando libres las vetas de distintos minerales y las corrientes de agua acabaron arrastrando el oro por los cauces de los ríos hasta dejar los fragmentos de mineral redondeados en los lechos de grava.

Suter sabía que lo que parecía un golpe de suerte, era más bien una venganza del destino. Las pepitas de oro encontradas en sus tierras iban a ser su perdición, y cómo. La noticia tardó en difundirse, pero llegó a todo el mundo y en 1849 llegaron a California 90.000 buscadores de oro. Para 1855 se calcula que habían llegado 300.000 que se instalaron donde pudieron sin respetar nada y mucho menos las tierras, los animales y demás propiedades de Suter. Pueden no parecer muchos, pero es que California solo tenía 15.000 habitantes no indígenas. Y no solo Suter sufrió. Se calcula que los indígenas eran unos 150.000 y tras la llegada de la avalancha con sus epidemias y su desprecio genocida por aquellas gentes, quedaban menos de 30.000 en 1870. Para más detalles recomiendo la lectura del artículo dedicado a la fiebre del oro en la Wikipedia que es apasionante. Pero como aproximación basta con imaginar lo que ocurrió cuando todos los hombres dejaron sus trabajos y se pusieron a buscar oro. Suter no tenía a nadie para trabajar en su rancho y miles y miles de estadounidenses, americanos de otros países, europeos, chinos, hasta africanos llegaron ávidos de oro. Incluso las mismas tripulaciones de los barcos que transportaban suministros a San Francisco llegaban a puerto y desertaban. Dicen que el puerto de San Francisco era un cementerio de barcos abandonados, un bosque de mástiles.

Antes de volver a Suter, me resulta graciosa la palabra empleada por los mexicanos para designar a los buscadores de oro: "gambusinos".

California seguía siendo mexicana el día del descubrimiento del oro y no se terminó de incorporar totalmente a los Estados Unidos hasta 1850. Así que "Gambusino" era la palabra que mejor describía todo aquello después de "oro". Gambusino o gamusino u otros términos similares son los que se usan en España y en otros países de habla hispana para designar a un animal ficticio con el que tradicionalmente se engaña a niños e incautos. Se trataría de un animal muy esquivo, al que solo se puede dar caza de noche y cuya carne es lo mejor de lo mejor. El juego consiste en engatusarte para llevarte a "cazar gamusinos" de noche y, mientras estás descuidado, llenarte el saco que llevas para meter tus piezas de caza con piedras. En plena oscuridad uno puede tener la sensación de que los gamusinos pesan mucho, sobre todo si llevas muchos. La decepción por la fiebre del oro tuvo que ser mucho peor que la de descubrir tu saco lleno de piedras y las burlas posteriores. Claro, que, ¿quién se resiste, cuando la verdad era que si no te hacías rico, sí que podías ganar en seis meses lo que normalmente ganarías en seis años?

Después de la avalancha, Suter consiguió reflotar su finca y no conforme con ello demandó al Estado por toda la tierra sobre la que se edificó San Francisco y por el oro obtenido y pidió el desalojo de diecisiete mil doscientos veintiún granjeros que se han establecido en sus tierras durante el tumulto. Lo mejor de todo es que su hijo mayor, que se había hecho abogado, llevó la demanda tan bien que en 1855 ganó su derecho legítimo e inapelable sobre el suelo de media California. Y ahí acabó todo. Los afectados por la sentencia eran tantos que se formó una revuelta que arrasó las tierras de Suter. Todas sus propiedades ardieron, sus tres hijos perecieron y él se convirtió en un fantasma que vagó hasta su muerte en 1880 alrededor del Palacio de Justicia de Washington reclamado lo que fuera suyo.

Stefan recordaba la década de 1924-1933 como un periodo relativamente tranquilo para Europa antes de que Hitler pusiera todo patas arriba. Pero como también dijo, ni siquiera "aquel hombre" podría confiscar o destruir esa década en la que se sintió más europeo que nunca, más libre.

Stefan viajó mucho pero eran viajes distintos a los de su juventud. Ahora lo esperaban amigos, editores, público. Ya había perdido el anonimato y a cambio, en todas partes se codeaba con las personalidades de la época. No necesitaba buscar los lugares donde se partía el bacalao, porque lo llevaban hasta ellos en carruaje y encima lo recibían con honores. Por ejemplo, dato relevante para el escritor, no tenía que hacer cola en las bibliotecas, donde lo recibían los propios directores dispuestos a complacer sus deseos bibliográficos. Un ejemplo de esa nueva vida de Stefan está en su viaje a Rusia.

Stefan salió para Rusia, donde permanecería dos semanas, en septiembre de 1928. Formaba parte de la delegación de escritores austriacos invitados para la celebración del centenario de Tolstoi y aquel viaje fue un bonito espejismo. Nada más llegar encontró un país que lo esperaba con los brazos abiertos y ya el primer día tuvo que improvisar una conferencia sobre el homenajeado nada menos que en la Ópera de Moscú. Stefan salió maravillado de contar con un público tan atento.

La estampa más conmovedora de todo el viaje es la de la visita a la tumba de Tolstoi. Para llegar a ella, apenas un montón rectangular de tierra en mitad de un bosque, era preciso seguir un sendero estrecho flanqueado por árboles que había plantado el propio Tolstoi. De niño había oído que allí donde se plantan árboles se crea un lugar de felicidad y los árboles conducían a un pequeño túmulo de tierra cubierto de plantas y flores, sin cruz, sin lápida, sin texto, sin nombre. Stefan salió emocionado de allí, comparando la tumba con los regios monumentos que ocultan los restos de Napoleón, Goethe o Shakespeare.

La visita al país prohibido entusiasmó a Stefan. Le resultaba increíble que en diez años hubieran levantado todas las ruinas que había producido la guerra, pero había muchas cosas que no entendía, empezando por el texto en cirílico de la tela roja que estaba tendida sobre la vía que decía: "¡Proletarios de todos los países, uníos!", y siguiendo por el féretro de cristal de un Lenin recién momificado.

Todo estaba tan ultraorganizado que nada funcionaba bien. La nueva burocracia era una caricatura de las pesadillas de Kafka que ya llevaba cuatro años muerto, pero que había dejado de ser inédito; por ejemplo *El proceso* se había publicado en 1925. Todo necesitaba formularios y permisos. De hecho, la gran velada a la que invitaron a Stefan y que empezaba a las seis, se retrasó hasta las nueve y media. A las tres de la madrugada los oradores seguían hablando. Todo muy del comunismo excesivo de tantas dictaduras de hablar y hablar hasta atontar, algo que debió echar para atrás a Stefan, tan decidido siempre a recortar sus textos.

Cuanto más veía de Rusia, menos comprendía Stefan. A veces ese gran país le parecía un niño grande, inteligente y bondadoso. En otros momentos la confianza desaparecía. Stefan llegó a dudar si la contradicción estaba en él o era más bien parte de la forma de ser rusa. Hablando con Lunacharski no supieron qué concluir sobre Tolstoi porque ¿qué fue Tolstoi en realidad? ¿Un revolucionario o un reaccionario? ¿Acaso él mismo lo sabía?

Stefan seguía en Rusia dos semanas después y seguía tenso, entre la solicitud de sus anfitriones y la niebla de la realidad rusa, entre la embriaguez espiritual de los autores rusos y también de Marx y la extraña adoración a la momia de Lenin y a Stalin. Rusia era digna de admiración por sus gentes y sus intelectuales, que preferían soportar penurias antes que abandonar la revolución. Eisenstein vivía en una pequeña habitación donde llegaban telegramas de Hollywood que le ofrecían miles de dólares y aun así se quedaba. Pero la escasez era tremenda, aunque a Stefan no le dejaran verla. Visitar Rusia era como visitar zonas muy remotas de África ahora. Objetos aparentemente triviales como una hoja de afeitar Gillette, una estilográfica, unos pliegos de papel blanco, un par de zapatillas de cuero eran presentes apreciadísimos por los rusos. Stefan era consciente del peligro de resultar seducido y caer en la obligación de elogiar a un régimen en el que se le leía y amaba y reconoció años después la tentación de volverse laudatorio y de entusiasmarse con el entusiasmo que lo rodeaba, pero es que era raro que no hubiera encuentros no programados. Al final de su estancia, Stefan encontró un papel en su chaqueta y cayó en la cuenta de que estaba solo por primera vez en doce días. Era una carta escrita en francés que no estaba firmada y que decía "No crea todo lo que le dicen. No olvide que, a pesar de todas las cosas que le enseñan, dejan de enseñarle otras muchas… Nos vigilan a todos, incluido usted. Su intérprete informa de todo lo que se dice. Su teléfono está interceptado y controlados todos sus pasos". La carta abundaba en detalles acerca del férreo control de todos los ciudadanos rusos y visitantes que podía comprobar fácilmente. Stefan hizo como pedía su corresponsal anónimo. Quemó la carta, porque, si solo la rompía, alguien podía reconstruirla. Y esta escena y no otra es la que mejor resume aquel viaje a Rusia. Era bonito pasear por un país en el que se vendía tu libro sobre Tolstoi en todas las esquinas por 25 kopeks, pero no a ese precio.

De Rusia, Stefan se llevó dos iconos que adornaron su habitación y también se hizo amigo de Gorki. No hablaban un mismo idioma, pero la expresividad de Gorki suplía esto. Un hombre que vivía de milagro, con un pulmón destrozado que tuvo que emigrar a Sorrento para poder sobrevivir y que quizá por eso opinaba lo siguiente sobre el exilio del escritor: "Lejos de casa, se olvida lo mejor; ninguno de nosotros ha hecho en el exilio nada que valga la pena".

En Moscú, Stefan pensó mucho en Napoleón y en su osadía que le llevó a conquistar la capital rusa. Bueno, la verdad es que en 1812 la capital era oficialmente San Petersburgo, pero da igual. Napoleón llegó hasta Moscú y justo allí comenzó su declive y el final del periodo histórico llamado "Guerras napoleónicas". Hay gente que solo vale para organizar guerras y lo mejor es detenerlos y encerrarlos, porque si no, pasa lo que pasó con Napoleón. Aunque no es tan raro, ni siquiera hoy, en pleno siglo XXI, escuchar cómo se pide que aparezca alguien con carisma al que seguir. ¿Un líder como Napoleón? ¡No, por favor! Napoleón chocó contra Rusia y les hizo a los rusos derrotarlo en su terreno invernal en la anteriormente llamada "Guerra Patriótica", que tras la repetición de la jugada con Hitler pasó a llamarse "Guerra Patriótica de 1812". La de Hitler se llama en Rusia "Gran Guerra Patriótica" y no es de extrañar que tengan ambas nombre propio por los millones de soldados y no soldados rusos que arrastraron a la muerte.

La vanguardia de la Grande Armée, el ejercito de casi 700.000 soldados que reunió Napoleón para invadir Rusia, entró en Moscú el 14 de septiembre de 1812. Unos días antes, en la batalla de Borodinó habían derrotado al ejército ruso y el camino quedó libre. Los franceses encontraron una ciudad evacuada, sin apenas suministros, en la que al poco se declaró un incendio que la destruyó casi por completo en cuatro días. Hay varias teorías sobre el incendio que responsabilizan a los rusos, a los franceses o, como hace Tolstoi en *Guerra y paz,* a que la ciudad era de madera y no había quien apagara los incendios que pudieran iniciarse. Napoleón esperaba otro recibimiento. Lo que dictaban las leyes de las guerras antiguas era que el rey o el general derrotado saliera caballerosamente al encuentro del vencedor para firmar la rendición, pero si Napoleón se había saltado todas las reglas y todas las fronteras, ¿por qué no iba a hacer lo mismo Rusia que, con un poco de tiempo, sería capaz de reunir un ejército mayor que el de Napoleón?

Todo había arrancado el 23 de junio de 1812. Por lo visto, el final de junio es un mal mes para las cosas que tienen que ver con Rusia, porque también un 22 de junio es cuando Hitler puso en marcha la Operación Barbarroja, pero en 1941. Napoleón había enviado una "oferta de paz" al zar y al no recibir respuesta, lanzó su ejército contra Rusia. Napoleón ya había derrotado al zar y en el tratado de paz anterior le había prohibido comerciar con Gran Bretaña, el único rival que aún no había sucumbido al empuje napoleónico y cuya invasión quedó postergada *sine die* después de Trafalgar. Lo que pasó fue que el zar no pudo hacer otra cosa que saltarse la prohibición por el ahogo que suponía. La leyenda cuenta que los rusos dejaron avanzar a los franceses para que fueran derrotados por el general invierno, pero no. Parece más bien que los franceses avanzaban tan rápido que los rusos no encontraron la manera de organizarse para presentar batalla hasta el 7 de septiembre en Borodinó, a poco más de cien kilómetros de Moscú, en el mismo sitio en el que también chocarían las tropas rusas y alemanas 129 años después.

Tras mes y medio de ocupación, los rusos no habían capitulado y mantener la ciudad en ruinas no servía para nada, así que Napoleón ordenó la retirada de los 100.000 soldados que habían llegado hasta allí. Todo el desastre de la campaña napoleónica queda resumido en el famoso gráfico de Charles Joseph Minard. Según las cifras que aparecen y que se corresponden con el grosor de las líneas, cruzaron la frontera rusa 422.000 soldados de la Grande Armée (río color carne en el original que cruza de oeste a este hasta Moscú) y solo regresaron 10.000 (línea negra). Aunque se produjeron muchas deserciones de los soldados provenientes de los países aliados y ocupados por Napoleón, la magnitud del desastre fue tremenda.

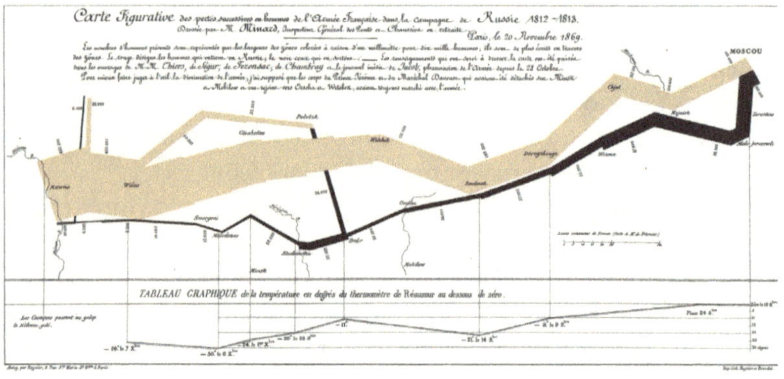

Figura 28. "Mapa figurativo de las sucesivas pérdidas de hombres de la Armada Francesa en la campaña de Rusia 1812-1813", gráfico elaborado por Minard en 1869 (dominio público. commons.wikimedia.org).

Rusia destruyó a Napoleón, aunque aún faltaban tres años para Waterloo. Las tropas rusas atacaron a los franceses durante toda su retirada, primero con tácticas de guerra de guerrillas y luego, cuando el ejército francés estaba muy tocado, en campo abierto. Los suministros llegaban cada vez con más dificultad y el invierno había dejado sin pastos a los caballos que morían y, aunque servían de comida, la retirada había que hacerla a pie. Entre las privaciones y las congelaciones el gran ejército se hundió y desapareció. Poco importa que murieran también muchos rusos.

Napoleón se ve acorralado. Sus antiguos aliados, ante la debilidad del emperador, se sublevan. Hasta su suegro, el emperador Francisco I de Austria, moviliza sus tropas. El acuerdo de casar a su hija con Napoleón para sellar la paz era una idea feliz de 1810 que en 1812 dejó de serlo. Entretanto, ya había nacido el heredero que tanto ansiaba Napoleón y que nunca le pudo dar Josefina. Este hijo que debía llegar a ser Napoleón II se quedó en "Franz" y estuvo prácticamente recluido en la corte de Viena, donde murió de tuberculosis a los 21 años, precisamente en el palacio Schönbrunn, en cuyos jardines pasearía Stefan. Por cierto, en 1940, Hitler regaló sus restos a Francia y fueron enterrados junto a los de su padre en Los Inválidos.

Desde Rusia hasta la primera abdicación de Napoleón en abril de 1814, el imperio se derrumbó progresivamente y se rescató lo que se pudo en la apresurada evacuación. Los hermanos de Napoleón, a los que había hecho reyes de España, de Westfalia, de Holanda y de Italia, tuvieron que huir y Napoleón aceptó el exilio en la isla de Elba porque no tenía elección tras perder la batalla de Leipzig a finales de 1813.

Pero hay personas que no cambian. La imagen que tienen de ellos mismos es tan grandiosa y por ello tan inamovible, que no hay ninguna posibilidad de aceptar las propias limitaciones. Napoleón es un buen ejemplo. Aún no había provocado suficientes muertes, aún le faltaba Waterloo. Claro que no sirve de nada culpar a un solo hombre, porque en su ausencia, la ambición de los ganadores hizo lo necesario para que en Francia desearan su vuelta. Como emperador de Elba, Napoleón estableció una corte en miniatura, modernizó la isla para los 13.000 campesinos que la habitaban y hasta tomó medidas higiénicas como prohibir que durmieran más de cinco personas en una cama, pero se aburría mortalmente. En un descuido se escapó de la isla y desembarcó con seiscientos hombres en Fréjus. En su camino triunfal hasta París su ejército no pegó ni un tiro gracias a su carisma que queda retratado en aquella anécdota en la que su ejército y el del rey están frente a frente, a punto de disparar, y él se pone en medio y les dice a los hombres del rey: "¡Si alguno de vosotros es capaz de dispararle a su emperador, que lo haga ahora!" Los soldados que enviaba el rey Luis XVIII para detenerlo se unían a él y durante aquella gran marcha aparecieron pintadas en París que decían: "Ya tengo suficientes hombres, Luis, no me envíes más. Firmado Napoleón".

Así comenzaron los llamados "Cien días", los últimos de Napoleón al mando de Francia antes del destierro definitivo en Santa Helena. Stefan recoge en *Momentos estelares de la humanidad* la historia de lo que pasó en Waterloo. Cuenta que Grouchy, un general que obedeció la orden de Napoleón a rajatabla y no apareció en Waterloo en el momento adecuado, hizo que la historia girara y que Napoleón no ganara. Stefan lo cuenta seducido por el romanticismo de las grandes gestas, dejando un poco de lado que Napoleón solo servía para vivir en guerra. Este general, Grouchy, por el contrario, con su tercio de ejército, 30.000 hombres, siguió la orden de Napoleón de perseguir a los prusianos y no prestó oídos a los consejos que le pedían marchar hacia donde se oían los cañones. Acatar la orden de Napoleón fue algo que le persiguió toda la vida. Casi lo condenan a muerte y estuvo desterrado hasta 1821, pero también es el responsable de salvar a esos miles de hombres a su cargo, de realizar una retirada ordenada hacia París y de poner así fin a la guerra a la vez que protegía a Francia. Gracias a la bendita equivocación de Grouchy se acabó todo. Napoleón iba a perder sí o sí porque era Francia contra la coalición de siete países (Gran Bretaña, Austria, Hungría, Rusia, Prusia, España y Portugal). Y ya eran suficientes los más de 40.000 muertos de Waterloo.

FOUCHÉ, EL MAL ANTES DEL SIGLO XX

Como ya he dicho, *Momentos estelares de la humanidad* se publica en 1927, como *24 Horas en la vida de una mujer,* un año antes del viaje a Rusia. Esa era la vida de Stefan: escribir, responder correspondencia y ver pasar los inviernos desde su casa de Salzburgo con Friderike. La vista que tenía Stefan desde su "castillo" era parecida a la que recogen muchas postales de la ciudad que a veces él enviaba a sus amigos. Desde su casa se domina la ciudad nueva y si caminas unos metros llegas a un mirador desde el que se ve la ciudad vieja y los Alpes Bávaros con el Untersberg. Aquello ya es Alemania y en esas montañas está la villa de Berchtesgaden, donde Freud escribió parte de *La Interpretación de los sueños* y donde se instaló en 1924 un personaje poco conocido en aquel momento, Adolf Hitler.

Stefan escribe *24 horas en la vida de una* mujer, una fábula en la que unas horas lo cambian todo, mientras que en el camino del Kapuzinerberg 5 no cambiaba nada. El enamoramiento y su drama.

El joven jugador compulsivo que amenaza con suicidarse, la mujer compasiva y necesitada de deseo que se ofrece a salvarlo. Ella está dispuesta a escapar de su vida para que todo cambie, porque se da cuenta de que lo que hace no tiene valor ni siquiera para ella. Pero eso no basta, porque el joven no quiere cambiar, solo quiere alguien que le salve. No quiere amar, quiere ser amamantado.

Allerherzlichsten Dank,
verehrter Herr Schwerin,
für Ihre schöne und sorg-
fältigster Bewahrung zu be-
stimmte Gabe von Ihren
[illegible]

Stefan Zweig

Figura 29. Postal firmada por Stefan Zweig el 24 de febrero de 1927 con vistas sobre la ciudad vieja de Salzburgo y los Alpes Bávaros (dominio público. commons. wikimedia.org).

El único pero que le puedo poner a la narrativa de Stefan es que está despojada de la ironía que sí aparece en sus cartas. Todo en ella es serio, lleno de tensión dramática. Su aprendizaje como narrador queda a la vista en *Primera vivencia* (1911), volumen en el que se recuperan las narraciones escritas hasta la fecha. Allí emplea un tono demasiado tenue, demasiado dulce, demasiado romántico. Después, entre la influencia de Dostoievski y la de la guerra se empezó a dejar de tibiezas y de sentimientos delicados. Era el momento de ahondar, de escuchar a Freud, de explorar las pasiones con mayor profundidad, algo que no siempre consiguió. Él mismo reconoció que quizá en *Amok* la narración estaba un poco sobrecalentada. En *24 horas* sí que trató los sentimientos que nos afectan profundamente, los que pueden hacer que demos un giro radical a nuestra vida, pero sus giros personales eran más como el que dio con *Jeremías*, que le hizo salir de la neutralidad y declararse antibelicista. Pero el que no me guste a mí *24 horas en la vida de una mujer* es un tema mío y no impide que me encanten unas cuantas de sus narraciones y todas sus biografías. En ese sentido debo tener un marcado lado femenino si hacemos caso a las burlas de sus contemporáneos porque sus lectores fueran principalmente mujeres. Esta crítica no estaba exenta de envidia, porque relato que escribía, relato que se convertía en un superventas.

Como ya he contado, el método de Stefan era estacional. Pasaba el invierno preparando material, en primavera lo ordenaba, durante el verano llegaba a la última versión de lo que fuera a publicar y el texto se enviaba a la editorial. Así la obra podía estar lista para llenar las librerías en la campaña de Navidad. Stefan era tan disciplinado que no llegaban periódicos a la casa para no distraerlo. Ya los leería él por la noche en el Café Bazar o en el Café Mozart, sus cafés favoritos de Salzburgo, que aún siguen abiertos.

Gracias a su secretaria, despachaba buena parte de la correspondencia, sobre todo la burocracia relacionada con las constantes reediciones, por las que irónicamente se llegó a disculpar con Insel. Pero no todo lo relacionado con el mundo editorial era rutina. Por ejemplo, en 1919, la editorial Scott & Seltzer de Nueva York publicó sin permiso la versión en inglés de *Brennendes Geheimnis*, *Burning secret* (*Ardiente secreto*), pero no contentos con traducir el título, tradujeron también el nombre del autor: Stephen Branch. Esteban Rama, que sería la traducción literal al castellano de Stefan Zweig. La cosa era tan flagrante que llegaron a un acuerdo y la misma editorial publicó ya legalmente *Jeremías* en 1922.

A la vuelta de Rusia, el humo de aquel papel que tuvo que quemar estaba metido en el cerebro de Stefan. Pero la vida siguió, y llegó otro verano con su paso por Suiza y por París y no mencionó el incidente hasta su autobiografía. La era napoleónica le seguía rondando y decidió contarla partiendo de la figura menos admirable y más ubicua de todas: Joseph Fouché. Este personaje retorcido lo atormentó durante bastante tiempo y así escribió su primera biografía que podríamos llamar "madura". Un libro apasionante en el que, de la mano de Fouché, recorremos la historia de Francia desde la Revolución hasta la caída de Napoleón. El libro se lee con la fluidez y la pasión de un buen libro de aventuras, aunque Stefan acabó cansado de la maldad de su personaje. En él, no es que se intuya la banalidad del mal, sino que se convive desde las primeras páginas con ella y con un alma retorcida y criminal. Stefan dijo al respecto que no volvería a cometer el error de escribir sobre un monstruo como aquel. El libro se publicó en 1929 y tuvo un enorme éxito que Stefan no esperaba.

La carrera política de Fouché se caracterizó, sobre todo, por su habilidad para asegurarse su propia supervivencia y por mantenerse en el poder a toda costa, independientemente de las circunstancias. A veces se le achaca a Fouché una falta de personalidad por su capacidad para adaptarse, pero a mí no me parece que sea así. Su personalidad, precisamente, es la de un ser ambicioso, frío, impenetrable, con el agravante de su agilidad intelectual y su audacia en los momentos decisivos. Vamos, un psicópata en toda regla.

Fouché es, para empezar, una pieza clave en la Revolución Francesa en la que firma uno de los episodios más sangrientos por el que se ganó el sobrenombre de "el carnicero de Lyon". Fouché mantiene la cabeza unida al cuello a pesar de que la mayoría no, y nunca desaparece, porque con Napoleón resurge y es ministro y por si fuera poco, cuando Napoleón es desterrado, él todavía sigue ahí. Muy de Augusto Monterroso esta historia, también porque Fouché siempre seguía la táctica de unirse a los filisteos.

Fouché, retrato de un hombre político es la traducción de Carlos Fortea en Acantilado, que es en la que se basan todas las menciones de las próximas páginas, aunque no podemos olvidar que esta obra también se ha traducido como *Fouché, el genio tenebroso*. Como punto de partida, Stefan dice que no se había estudiado hasta ese momento cómo se hace un político y que su pretensión es hacer un aporte a la tipología del hombre político, según él, la más peligrosa casta espiritual de nuestro contorno vital.

La primera característica de Fouché y por extensión del hombre político que desprecia Stefan es que se deja siempre abierta la retirada para poder cambiar, si es que eso responde a sus intereses. Nunca se trata del interés de los demás, eso hay que dejarlo claro desde el principio. Cuando los girondinos caen, Fouché permanece; y cuando caen los jacobinos, el Directorio, el Consulado, el Imperio, el Reino y otra vez el Imperio, él permanece. Siempre permanece.

Otra peculiaridad, muy acentuada en Fouché, es la extrema frialdad de su temperamento. Su cuerpo no le pone trabas, no le arrastra. Sin corazón no hay pasión y no hay peligro de actuar sin cálculo. Los astutos, como Ulises, prevalecen. Los valientes como Patroclo, Héctor o Aquiles, caen y Fouché lo sabe muy bien. Una revolución nunca pertenece al que la inicia, que será aniquilado. El territorio de Fouché son las sombras, el segundo plano, el Ministerio de Interior, ser el jefe de la policía. Debajo de esta frialdad lo que hay es una ausencia total de conexión con el otro, una imposibilidad de contactar íntimamente, y una ética inexistente. Por eso, en Lyon, lleva tan al extremo su papel que siente que la guillotina trabaja "demasiado despacio" y decide matar al enemigo designado a cañonazos seguidos de una carga de caballería con sables y pistolas que aniquilan a los condenados por centenares. En esto consistieron las célebres "mitraillades" de Joseph Fouché que se llevaron por delante a dos mil personas. Es curioso que "mitrailler" se traduzca como bombardear, acribillar o ametrallar. Si no tienes ética y tienes una misión, estás más capacitado para inventar métodos de exterminio incluso en la era cruel de la guillotina. Parece demasiado para un hombre que llegó a estar tonsurado, aunque nunca tomó órdenes mayores, ni hizo votos.

De lo de Lyon se libró porque, paradójicamente, la Revolución lo persiguió por piedad excesiva y, claro, la acusación no se sostenía. Después vino su duelo a muerte con Robespierre y ya sabemos quién perdió la cabeza. Y eso que Robespierre se empleó a fondo y su discurso contra Fouché es el ataque más encarnizado que hizo nunca. Con ello consiguió que Fouché cayera en desgracia, pero también hizo que se levantara contra él y, finalmente, el carro de la guillotina a quien llevó fue a Robespierre y a los suyos. Es verdad que así acabó la llamada "época del terror" en la que se guillotinó a 10.000 personas aunque otras fuentes hablan de 40.000. Quizá ahí Fouché tuvo los acontecimientos a su favor, pero es que siempre estaba atento para coger la ola adecuada. Es decir, la adecuada para sus intereses. No es recomendable luchar a muerte con alguien que carece de escrúpulos.

Fouché es como Frank Underwood en *House of Cards*: cuando la Revolución deja de ser alabada, es el primero que se aparta. Fouché es un conspirador que solo ansía el poder sin importar el precio y sin otro plan o proyecto. Si hay que demoler el gobierno para sobrevivir, se hace. Fouché escapa de la guillotina y de la "guillotina seca" que es el destierro en las Indias occidentales, donde las fiebres garantizan la muerte. Toda su vida es una huida hacia delante, como será la de Napoleón. Parafraseándolo, en su camino hacia el poder, una equivocación es peor que un crimen. Por eso Fouché jura ante la República y después jurará ante Napoleón y ante quien haga falta. Además, Fouché sabe callar, no hacer nada, estar, no comprometerse, hacerse el muerto incluso, esperar a que pasen años en que nadie pronuncie su nombre. Así supera la resaca de la Revolución.

Pero las travesías del desierto y los destierros son grandes maestros. Si no, que se lo pregunten a Moisés, a Cristo, a Mahoma, a Buda, a Milton, a Borges en su ceguera, a Beethoven en su sordera, a Dostoievski o a Cervantes presos, a Dante o a Casanova desterrados. Para los artistas la derrota es constructiva, pero por desgracia también lo fue para Hitler y para Fouché. Fouché es desterrado a la pobreza. Y de ahí regresó montado en el monstruo que le faltaba por conocer, el capitalismo. Su empresa suministró al ejército botas de baja calidad que dejaban en inferioridad a sus soldados. Así volvió a enriquecerse, ascendió y lo nombraron Ministro de la Policía. ¿Quién en su sano juicio querría ser ministro del interior? Pues Fouché y los Fouchés del mundo. En pocos meses llenó el país de espías y agentes secretos. Esto lo volvió tan poderoso que ya no se le podía matar. Ni Napoleón se atrevió contra el hombre más poderoso del país si tenemos en cuenta la información que poseía.

El país convulsionaba, con rebeliones que había que sofocar y la gente decía lo que dice siempre: necesitamos un rey. Se postularon Luis XVIII, el hermano del rey decapitado, y el Duque de Orleans. Por definición un rey es uno que va a mirar antes por sus intereses que por los de los demás y así, de forma piramidal, hasta el suelo. El desastre se cernía sobre los deseos de los franceses y tomaría el nombre de Napoleón.

Cuando Napoleón regresó de Egipto para presentarse como candidato al poder se entrevistó con la persona adecuada, Fouché. Estuvieron dos horas a solas y Fouché se convenció de las posibilidades del general corso, así que hizo oídos sordos a todas las maquinaciones, que es mucho decir para el Ministro de la Policía, y permitió que el golpe de estado que acabaría encumbrando a Napoleón ocurriese sin contratiempos. Francia y, por tanto Europa, cayeron en manos de Bonaparte y Josefina, a cual más codicioso. Del Consulado al Imperio solo hay un paso. Roma revive en Francia y Napoleón se reencarnará en Hitler. ¿Si soy el mejor, por qué depender de los demás y ser presidente en una república pudiendo ser el emperador? Saber que con los demás se hace todo mejor es un saber difícil y, desde luego, inalcanzable en la Francia de 1800.

Fouché, el hombre que de joven firmó según Stefan el primer "manifiesto comunista", se convierte en el segundo hombre más rico de Francia y en el primer terrateniente del país. La rueda del poder le resulta mucho más atrayente que cualquier alternativa y Fouché consigue mucho poder, mucho dinero y el ducado de Otranto. Napoleón tiene un funcionamiento psíquico aún más destructivo que lo lleva de forma recurrente a la guerra. Al clamar por la gloria de la nación resulta atractivo y también mortal. Busca la historia, la leyenda y la encontrará. ¿Qué importa la vida o lo que sea la vida?

El cuento de Napoleón tiene una lógica inapelable. Por ejemplo, cuando ya es emperador, necesita una emperatriz, y como hicieron los reyes antes que él, replica el emparejamiento de Luis XVI con la hija de los reyes del imperio austriaco. Napoleón deja a Josefina que no le puede dar herederos y se casa con María Luisa, hija del emperador Francisco I de Austria, que también será su amada y lo amará a él y ambos tendrán un hijo. Pero es que Napoleón no puede parar y los deja atrás el 25 enero de 1814 antes de ser derrotado por los aliados y deportado a Elba. No los volverá a ver.

La disciplina heredada de su madre, "qué hombre", como decía el propio Napoleón, y sus infinitas ansias de éxito y de revancha le hicieron pasar en soledad por un colegio militar durante cinco años y luego por la academia militar donde un profesor lo describía como: "Callado y solitario, claramente egoísta; orgulloso, ambicioso, llegará lejos en condiciones favorables". Su odio inicial a Francia por los corsos asesinados, su rencor por el padre que decidió dejar de plantar batalla a los franceses y su mandato de hijo mayor, hicieron que siempre ansiara más. Pero la vida militar es en general aburrida y el joven oficial Bonaparte soñaba con ser escritor. Leyó mucho: leyes, biografías, textos científicos. Escribió una historia de Córcega y hasta intentó componer una novela, pero lo suyo eran las aventuras de verdad. Su ambición le llevaba a luchar codo con codo con sus hombres, a no temer las balas de cañón. Un hombre ambicioso iluminado por su fe en sí mismo, por su sensación de invencibilidad. El hombre que ama el poder, si llega a ser poderoso, no podrá parar. Fouché, a pesar de sus maquinaciones, nunca paró y Napoleón tampoco. Esto le llevó a un meteórico ascenso hasta coronarse a sí mismo emperador a los 35 años. El día que le quitó al Papa la corona de emperador de las manos y se la autoimpuso, Napoleón le dijo a su hermano: "Si nuestro padre pudiera vernos ahora..." No le importó que Beethoven borrase furioso la dedicatoria de su tercera sinfonía cuando decidió coronarse emperador. Menos le importaría aún que Goya pasara de admirarlo a odiarlo. Beethoven sentenció desde su escritorio, el escritorio que heredaría Stefan: "pisoteará los derechos humanos y se convertirá en un tirano".

Napoleón fue uno de esos becerros de oro que nuestra cultura anhela. Alguien a quien amar, un padre fuerte junto al que sentirnos fuertes. Pero su narcisismo arrastró a Europa y destruyó una buena parte. Narciso es el mito dominante en la historia y en el siglo XXI esto parece que no mejora. Al lado de su poder destructor, Edipo solo es un entretenimiento para neuróticos. Escapar del espejo o de la repetición no es fácil y para muchos no es ni siquiera rentable ¿Quién quiere ser el Telémaco que cuenta Massimo Recalcati y pasar penalidades para encontrar un camino propio?

A la vez que *Fouché* leí *El informe de Brodeck,* un horrible retrato de quienes somos. Al terminarlo, uno se queda con la sensación amarga de que los humanos no queremos saber, preferimos que todo siga igual porque cambiar las cosas requiere un esfuerzo en el presente. Y la verdad es que el rodillo de la vida, de la rutina contra la que no nos hemos rebelado nos tiene aplastados y no vemos más allá de nuestras narices. Los escritores, los artistas, los filósofos, los que preguntan, los que no se conforman son peligrosos porque podrían hacer que todo cambiara y, por eso, el pueblo de Brodeck y todos nosotros los apartamos, les ponemos zancadillas y en tiempos revueltos, los matamos. Este es también Stefan, que deja atrás la infancia y la adolescencia y no le queda otra que verse solo y tener que inventarse una vida nueva en Salzburgo, en la que nunca estará del todo seguro.

Napoleón exprimirá el país hasta el desastre como ya hemos contado y Fouché siempre estará ahí haciendo caja, incluso después del destierro definitivo de Napoleón. Por cierto, que su conversación más memorable tal vez fuera la primera de dos horas a puerta cerrada que mencioné, pero es más cinematográfica aquella en que Napoleón encolerizado le grita: "Es usted un traidor, debería hacerlo fusilar". En ese momento, Fouché lleva una década tratando a Napoleón y tiene tanta información que se sabe intocable y responde con aparente indiferencia: "No soy de esa opinión, Sire".

A estas alturas, resulta fácil determinar quién ganó en ese pulso. Napoleón murió a los 51 años desterrado y vigilado por soldados ingleses en un peñasco perdido en el Atlántico Sur, sin posibilidad de volver a ver a nadie de su familia. Mientras, Fouché, aunque también acabó desterrado y perseguido por la prensa, murió a los 61 años en Trieste, casado de nuevo tras haber enviudado. Lo curioso es que si rastreamos el árbol genealógico de ambos, sus descendientes deben estar muy agradecidos. El heredero actual de Napoleón, Jean

Christophe Albéric Ferdinand Napoleón Bonaparte es príncipe de la Casa de Bonaparte y está en pleitos para obtener su jefatura. Asumo que no le debe ir mal si se puede entretener con disputas dinásticas, enlaces con la nobleza europea y toda esa parafernalia. En el otro lado están los descendientes de Fouché, un poco más discretos, pero seguramente igual de ricos, que siguen siendo Duques de Otranto, aunque a Joseph Fouché se le retirara el título al final de sus días.

EL ESCRITOR UNIVERSAL Y HITLER

En febrero de 1930, Arthur Schnitzler escribió para el New Yorker una reseña acerca de *Fouché*. También le escribió a su editor norteamericano más o menos en los mismo términos haciendo hincapié en que nunca hacía públicas sus opiniones sobre las obras de los demás, pero es que esta biografía de Stefan era aún mejor que todas las anteriores y urgía a que la tradujeran al inglés. Schnitzler, otro de los mentores de Stefan, solo queda en cuanto a afinidad por detrás de Rolland y Verhaeren. Ya sabemos que Stefan admiraba mucho a Freud y a Rilke, pero ellos nunca parecían abandonar su pedestal. Con Schnitzler era distinto, y eso que le llevaba casi veinte años. Schnitzler era también un judío de la alta burguesía vienesa, pero se dedicó en un principio a lo que querían sus padres: se hizo médico como tantos hombres de su familia empezando por su padre. Lo que ocurre es que, aunque era un reputado especialista y profesor universitario y hasta llegó a ser director de la Policlínica de Viena, le quedaba tiempo para escribir, como ya he contado, siempre cosas más o menos escandalosas. Stefan lo tuvo más claro desde el principio. Prefería escribir y en su tiempo libre viajar, en vez de tener una profesión "respetable" y escribir en su tiempo libre. Ya que estamos hablando del uso del tiempo, Stefan era mucho más consciente que los hombres de su época de la carga que suponían los hijos. Él nunca quiso tenerlos. Mientras que sus contemporáneos veían la paternidad como una característica natural de la especie, él se planteó si quería o no ser padre y la respuesta fue: no. Dio la típica respuesta que dan ahora quienes no tienen hijos: no los voy a saber cuidar y el mundo no está para estas tonterías. Él tenía como excusa las hijas de Friderike, pero es que no hace falta explicarlo, ¿o sí?

No hay espacio en su vida para los hijos. A él le gusta ir y venir. Escribir en casa una temporada, estar con su mujer que guarda el hogar, jugar un rato con las hijas de ella, estar con los viejos amigos de Salzburgo y de París. Es un hombre muy cómodo, acostumbrado a tener criados y a largarse por el mundo que cada vez lo reconoce más. No es un hombre hecho para proteger y en contra de lo que pudiera parecer no es el más seguro de sí. Friderike le da mucho. Él está, pero se marcha y llega cuando quiere. Por el camino tiene el permiso de Friderike para hacer lo que quiera incluso con otras mujeres y al regresar le cuenta. Parece que detrás de su decisión de no tener hijos estuviera un fondo melancólico que ya nunca se apagaría y que no solo venía de la primera guerra mundial. Venía de antes. Yo diría que Stefan era un hombre tan consciente de nuestras limitaciones como humanos, que por eso lo vio claro, se rebeló contra sus padres, se hizo escritor y decidió no tener descendencia, a pesar de lo que ocurrió con Marcelle. Y hablando de nuestras limitaciones y sus heraldos, Schnitzler falleció repentinamente a los 69 años por culpa de una hemorragia cerebral, un mes antes de que Stefan cumpliera los cincuenta años. Quizá en aquel momento Stefan tuviera la sensación de que todo había ido demasiado rápido y por eso reabrió su diario que llevaba años sin utilizar y escribió sobre su amigo. En aquellas palabras se ve el agradecimiento por permitirle ser amigo suyo cuando era casi desconocido, el profundo respeto por Schnitzler el artista y el pequeño reproche de que viviera en su mundo lo que quizá le confería otra de sus virtudes, la mesura. Esto lleva a otra preciosa anotación del diario pero esta vez de 1915: "Schnitzler, al que su sordera le otorga un aire increíblemente enternecedor. Es imposible no encariñarse con él, es tanta su profunda bondad que ni siquiera su intelecto puede empañarla". Stefan sigue anotando en su diario de 1931 que la muerte de las personas que no generan una tragedia para su familia o de las que ya han terminado su obra no lo conmueve especialmente. Esto es algo que suena familiar en su historia y en ese momento cita a Job 10:1: "¡Estoy cansado de esta vida!" y añade que la muerte no es tan mala en ese caso.

Cuando su cincuenta cumpleaños era inminente, Stefan huyó a Múnich. Allí volvió a escuchar *Fidelio* y le decepcionó un poco la versión. Un día habló un rato con una camarera en un café y ella le debió hacer "asombrosas confidencias", pero no las anotó.

Stefan sí escribe el 27 de noviembre por la noche: "en un cuarto de hora cumplo (¡horror!) cincuenta años. A ver si entra en juego un nuevo elemento en mi vida. A ver si las reservas, si la energía son suficientes…". La primera felicitación que llegó fue la de Friderike y de la montaña de cartas que debió recibir y responder es interesante la que le escribió a su hermano, que es la única que se conserva de las que le enviara. En ella le dice muchas cosas, pero empieza alabando la relación que tienen de sinceridad y confianza, pero no es una carta optimista, sino más bien una terrible premonición que recojo también de la obra de Matuschek, *Las tres vidas de Stefan Zweig*: "… Seguramente los tiempos venideros nos guarden todo tipo de sorpresas y pruebas (…) en caso de necesidad me siento todavía lo suficientemente vivo como para tirar todos los muebles y enseres de la casa y volver a empezar. (…) yo podría vivir cómodamente en dos habitaciones, con algunos puros y una visita diaria al café, de hecho no necesito nada más (…) se avecine lo que se avecine y el que tú y yo no tengamos hijos, hace tiempo que me he acostumbrado a verlo como una suerte (…) solo nos corresponde la obligación de vivir con decencia nuestra propia vida hasta el final, y esto, dada nuestra inquebrantable armonía, seguro que lo conseguimos. Ya no le temo a nada". En la misma carta, dice que es una suerte que sus padres les hayan enseñado "una cierta frugalidad personal", que le atormenta que las hijas de Friderike sean "totalmente diferentes a mí y ajenas a mis intereses" y que en Alemania ocurren "cosas apenas disimuladas". No mucho tiempo después, esas cosas harían que los dos hermanos se reunieran al otro lado del océano sin posibilidades de regresar.

Pero las cosas iban bien todavía. Los libros de Stefan llegaban a las librerías, se vendían por miles desde el primer día. De la biografía de Fouché, a priori un personaje poco atractivo, se vendieron 50.000 ejemplares el primer año solo en Alemania. Como la factoría de Salzburgo funcionaba a toda máquina, a Friderike se le ocurrió publicar una breve biografía de su marido que quiso encargar a Erwin

Rieger, amigo de Stefan. La idea era centrarse más en su obra que en su vida privada, en eso Stefan y Friderike estaban totalmente de acuerdo. Al final no fue Rieger y sí Richard Specht quien escribió una breve semblanza más bien frustrada, que serviría de prólogo a la edición rusa de sus obras. Stefan había comprendido que podía escribir de lo que le diera la gana y eso hacía mientras crecía como biógrafo. En sus biografías evitaba cada vez más los juicios e intenta comprender. Con cada vida ponía un ladrillo en su propia construcción que podríamos calificar de humanista y ética, un ejemplo que se intentaba elevar rodeado por un mundo que lo contradecía. Stefan, sin saberlo, al escribir sobre la caída de Napoleón, al contar la historia Fouché, estaba hablando ya de Hitler.

En el póster de Stefan que me regaló Eva Alteneder del Stefan Zweig Centre de Salzburgo y en muchos de sus retratos, me viene a la cabeza aquella primera impresión que tuve cuando lo vi en la portada de *El mundo de Ayer* de Acantilado: se parece a Hitler. Será por el bigote, por la ropa, por el corte de pelo, aunque lleve el flequillo austriaco del otro lado. Lo que pasa es que el gesto y la mirada no tienen nada que ver. Hoffmann, el fotógrafo de Hitler, hizo millones de ensayos con él hasta encontrar la imagen y la actitud corporal adecuadas para el líder que quería ser: severo, seguro, tenso, poderoso, implacable. La mirada de Stefan, así como sus aspiraciones vitales, eran totalmente opuestas a las de Hitler. Stefan tiene una mirada vibrante, profunda e inteligente que destaca aún más gracias a su actitud relajada y amable.

Hitler es la megalomanía, Stefan es la filosofía. Narciso, en su paranoia, puede destruir fácilmente a Telémaco, atribulado en su neurosis. En 1903, el Káiser tenía un plan secreto para atacar la costa este de Estados Unidos con sesenta barcos y 100.000 hombres. Los valores del imperio eran la codicia, el militarismo, el autoritarismo, valores que llevaban directamente a Hitler. Por eso no es extraño que Hitler llevase finalmente a cabo la "Operación redoble de tambor" y atacase la costa este de los Estados Unidos cuando les declaró la guerra en diciembre de 1941. No resulta sorprendente que uno de sus planes fuera el de estrellar aviones cargados de explosivos contra los rascacielos de Nueva York. El mal no tiene ideas originales.

Figura 30. Todo lo relacionado con Stefan que vino en mi maleta de Salzburgo, incluido el póster conmemorativo del 75 aniversario de su muerte del Stefan Zweig Centre (fotografía del autor).

Llegó Hitler y su avidez hizo que acabara toda paz y toda seguridad. Stefan le dictaría a su segunda esposa: "Sin embargo, se ha demostrado que a nuestra generación, puesta a prueba tantas y tantas veces, le resulta vetado pensar más allá de sí misma. Cuando empezó la era de Hitler y me vi obligado a abandonar mi casa, se acabó el placer que me proporcionaba mi colección, como también la seguridad de poder conservar algo para siempre". Stefan sentía cierta fobia por las personalidades políticas y eso dio lugar a que no conociera personalmente a muchos políticos importantes porque los evitaba. Sin embargo, con Mussolini hizo una curiosa excepción por la que se le criticaría. Le escribió pidiendo su intercesión por un médico italiano que estaba en prisión por haber sido uno de los portadores del ataúd del socialista Matteotti, asesinado por los fascistas. La mujer del médico acudió a la casa de Stefan en Salzburgo y le transmitió su desesperación, con lo que él escribió de inmediato a "Su Excelencia Benito Mussolini" y puso la carta en el buzón. El dictador italiano, ferviente lector de Stefan, accedió al indulto.

En *El mundo de ayer*, el capítulo dedicado a Hitler se titula: "'Incipit' Hitler" y es el penúltimo de dieciséis. Las memorias de Stefan acaban de forma casi abrupta cuando Hitler entra en escena.

Stefan y Hitler no se conocieron, pero coincidieron durante un lustro en Viena, entre 1908 y 1913. Hitler retrataba Viena, una ciudad que amaba, y la mayoría de sus acuarelas las adquirían judíos. Stefan, ocho años mayor, vivía en otro mundo, inaccesible para un hombre tan pobre como Hitler que a veces no tenía donde dormir. El proyecto de Hitler al llegar a Viena era que lo admitieran en la Academia de Bellas Artes y acabar siendo arquitecto, pero no lo consiguió y eso resultó definitivo para que cristalizara su odio hacia los judíos y su delirio conspiratorio que no se calmó ni cuando Viena cayó a sus pies.

Stefan no recordaba cuándo había escuchado el nombre de Hitler por primera vez, pero él sabía que debía haber sido no mucho después de la primera guerra mundial. Salzburgo estaba muy cerca de Múnich, y allí es donde Hitler se hizo un nombre como agitador. Mientras descubría su capacidad oratoria, organizó peleas, broncas callejeras y protestas de todo tipo contra la República y el Tratado de Versalles hasta capitanear el fallido golpe de estado de 1923. Hitler pretendía que el Putsch de Múnich fuera una especie de Marcha sobre Berlín, pero Marcha sobre Roma solo hubo una. En las ciudades alemanas fronterizas, a las que Stefan iba con frecuencia, empezaron a proliferar los grupos de jóvenes de las SA con camisas pardas, botas altas y la esvástica en el brazalete. Estos paramilitares de Hitler no ocultaban sus intenciones empezando por su lema: "Toda oposición debe ser aniquilada". Llamaban la atención sus flamantes uniformes cuando los veteranos del ejército vestían andrajos, pero el truco estaba en que empezaron comprando camisas pardas porque eran las más baratas, aunque más adelante los uniformes de Hitler acabarían siendo diseñados por Hugo Boss. Stefan fue testigo de cómo reventaron una asamblea socialdemócrata y quedó impresionado por su organización: llegaron cuatro camiones y a toda velocidad bajaron mozalbetes uniformados armados con porras de goma, tal como había visto Stefan que hicieron en la plaza de San Marcos los fascistas italianos. Pero con el orden alemán todo era más exacto y sistemático. A golpe de silbato desmontaron la reunión a porrazos y antes de que los obreros o la policía pudieran organizarse, desaparecieron también a golpe de silbato. A Stefan le asombró la precisión de toda la operación, en la que los jóvenes eran máquinas que obedecían a una señal y que sabían perfectamente cuál su posición, su cadencia de golpeo y su asiento en el camión.

Tras el intento de Múnich, que empezó con Hitler pegando un disparo al aire y arengando a la masa dentro de la cervecería Bürgerbräukeller, y que terminó a tiros, Hitler fue encarcelado. En prisión tuvo tiempo para escribir su ideario. *Mein Kampf*, que está dedicado a los correligionarios muertos en el golpe de Múnich, empezando por el que caminaba de su brazo cuando cayó abatido.

A Hitler le encantaban las películas del Oeste y no es de extrañar que su libro sea como una mala película de indios en la que los blancos son siempre los listos y los buenos o como resume él: "El estado que rechace la contaminación racial dominará el mundo inevitablemente". Como si el concepto de raza tuviera validez absoluta cuando la realidad es que la diferencia genética entre los humanos no da para eso. Así se cimenta el delirio del superhombre ario, del hombre "duro" y "fuerte", términos que se repiten en la obra de Hitler alrededor de una caricatura masculina ultrapatriarcal. Hay que recordar que después de la primera guerra mundial, Hitler estuvo ingresado en un psiquiátrico por una ceguera histérica tras un ataque con gas mostaza. Se terminó recuperando gracias a la hipnoterapia del doctor Forster. En sus sesiones de sugestión, a Forster se le ocurrió decirle a Hitler que si podía ver la luz de la vela que sostenía, sería una prueba de sus cualidades únicas y su destino designado por Dios para conducir a Alemania a la victoria. Está claro que Hitler lo creyó, pero no fue muy agradecido con Forster que se suicidó misteriosamente en 1933 cuando los nazis ascendieron al poder. Con la muerte de Forster desapareció el historial de Hitler, porque si ya era raro defender la raza aria no siendo ni alemán ni alto ni rubio, hacerlo con unos antecedentes de enfermo mental iba a ser demasiado. Existe una página web sobre Forster llena de interesantes detalles acerca de esta historia en la que se le llama "El hombre que inventó a Hitler".

Stefan asistió al ascenso de Hitler desde el otro lado de la frontera. En su casa de Salzburgo, la única visión directa que tenía de Alemania era el Untersberg, la montaña mágica que fascinaba a Hitler. Los rumores colocan al Untersberg en el imaginario del ocultismo como un Triángulo de las Bermudas en tierra, con gente que desaparece y aparece años después. Hitler lo llamaba "la entrada de la Tierra" y pensaba que concentraba fuerzas mágicas que podrían ayudarle a ganar la guerra. Desgraciadamente, lo que empezó siendo un rumor, acabó en un maremoto que arrastró a Stefan fuera de Europa, aunque el proceso llevó años. Hitler reapareció tras su paso por prisión gracias al descontento del pueblo. La inflación, el paro, la crisis y también, según Stefan, la estupidez extranjera, no dejaron respirar a Alemania, un pueblo para el que "el orden ha sido siempre más importante que la libertad y el derecho". No son necesarios más ingredientes.

Hitler, como tantos, no se rehabilitó por su paso en prisión. Pensaba lo mismo, solo que con más rabia, aunque su decisión fuera acceder al poder por medios legales. No le importaba que se burlaran de su libro, que dijeran que era pretencioso y aburrido. No lo tomaron muy en serio y se equivocaron. Stefan sigue diciendo en su autobiografía: "Para los alemanes era impensable que un hombre que ni siquiera había acabado los estudios primarios, por no hablar de una carrera universitaria, alguien que dormía en asilos y durante años había llevado una vida oscura y precaria de un modo todavía hoy no esclarecido, pudiese aspirar siquiera a una posición que habían ocupado un barón von Stein, un Bismark o un príncipe von Bülow". Parece que pensaban que el poder de Hitler iba a ser un periodo de transición. El propio Stefan, después de las elecciones de 1930 en las que Hitler consiguió seis millones de votos, dijo que podía ser una protesta sólida y positiva de la juventud contra la lentitud de la alta política.

El método de Hitler era rastrero y burdo, pero resultó eficaz. En primer lugar provocaba desórdenes en los que sus SA, que llegaron a ser casi medio millón en 1932, se enfrentaban con los comunistas que también tenían sus paramilitares. La consecuencia de estos enfrentamientos eran decenas de muertos, que servían para que Hitler prometiera acabar con la violencia en las calles porque era el único capaz de hacerlo. ¿Por qué no confiar en la fiabilidad alemana? ¿Por qué no engañar con lo que fuera para obtener el voto? Además, el comunismo era algo real y a muchos alemanes les daba más miedo que Hitler con los millones de parados que había en el país. Por eso, cuando ganó, muchos se alegraron, por ejemplo los pequeños comerciantes, porque había prometido algo absurdo que no cumpliría: cerrar los grandes almacenes. Pero la propaganda de Goebbels era así de mentirosa y muy avanzada. Por ejemplo, durante la campaña electoral de 1932, hizo que Hitler recorriera toda Alemania en avión aunque las condiciones atmosféricas fueran infernales. Despreciar al charlatán de Hitler no servía de nada y mucho menos pensar que se moderaría cuando llegara al poder. Esta era la opinión generalizada entre la prensa y los demás políticos, pero ¿qué se podía esperar de un tipo que predicaba la abolición de los demás partidos políticos?

En las elecciones de julio de 1932, Hitler se llevó un tercio de los votos, casi 14 millones, lo que no era suficiente para hacerse con el mando. Hindenburg no quiso darle el poder, pero le ofreció un puesto en el gobierno que rechazó. Si quieres un estado totalitario no compartes el poder. En aquel momento estaba claro para Hitler que el primer partido a eliminar era el comunista, así que con la pasividad de la policía, organizó un verano sangriento en el que las SA siguieron atacando y matando comunistas. Muchos alemanes aprobaban la violencia nazi, pero no todos, porque en las elecciones de noviembre Hitler perdió dos millones de votos. Ese fue un momento delicado. Pero en las semanas posteriores no se pudo formar gobierno y, como el partido nazi era la fuerza más votada, se acabó aliando con el conservador von Papen y se proclamó canciller a Hitler el 30 de enero de 1933. Papen creía que podría atemperar a Hitler, pero los nazis entraron en el Reichtag con una agresividad y una sed de sangre que nadie pudo parar.

Las procesiones circulares de antorchas organizadas por Goebbels impresionaban y Hitler anunció el Reich que iba a durar mil años. Los enemigos eran los comunistas, llamados por ellos "el terror rojo", y los judíos, y todo estaba permitido contra ellos. El 27 de febrero se declaró el incendio del Reichstag, ardiente secreto, y acusaron a un comunista al azar que fue guillotinado. Empezó el terror. Se habló de un complot comunista, se despojó a los comunistas de los escaños que ganaron en la repetición de elecciones de marzo y 4.000 comunistas, incluidos los líderes, fueron encerrados en campos de concentración. Las SA armadas eran ya agentes auxiliares de la policía y se apostaron junto a sedes de partidos de izquierdas y sindicatos. Los socialdemócratas votaron en contra de Hitler y fueron detenidos y llevados también a los campos. La democracia murió. Hubo manifestaciones en todo el mundo contra Hitler y se pedía un boicot mundial contra él, pero en Alemania empezó el boicot a los judíos. Después vendrían las piras de libros, la supresión de los sindicatos, la prohibición del partido socialdemócrata, la declaración de que el único partido legal era el partido nazi. El mantra era: "Una raza más fuerte gobernará a las razas más débiles".

De la noche de las antorchas se pasó a la noche de los cuchillos largos, en la que se eliminó a todos los rivales políticos. Y de noche en noche se llegaría en 1938, a la noche de los cristales rotos, que fue una declaración de guerra a todos los judíos. Ya no era necesario ocultar su odio por ellos. Los judíos alemanes eran pocos, medio millón, el 1% de la población. La mitad logró marcharse. Los pobres se quedaron atrapados, fueron deportados a los guetos del este y luego exterminados.

Pensamos que si los pasos que dio Hitler los diera el gobernante de cualquier país de la UE se le pararían los pies. Incluso en una situación crítica, porque para crisis gorda la que hemos tenido en el sur de Europa a partir de 2008, en ningún país se ha visto esto, aunque alrededor de la pandemia del coronavirus la ultraderecha esté en claro ascenso. Es inimaginable y casi imposible que por ejemplo en España un tipo monte una fuerza paramilitar como las SA de millones de miembros. Es casi imposible que en un país como el nuestro se queme el parlamento y se acuse a un desgraciado y para que no hable se le asesine. Y gracias a Hitler, si no llegamos a olvidar totalmente la historia, quiero pensar que es realmente imposible que se acuse de todo a un partido, por ejemplo los comunistas, se les detenga a todos y se los mande a campos de concentración.

Después del incendio del Reichstag, Stefan le dijo a su editor que pronto se acabarían sus libros en Alemania. Su editor no lo creía así porque Stefan no había dicho una palabra en contra de Alemania ni se había metido en política. Quizá ese fue el error de toda Alemania, de todo el mundo, que en política hay que meterse porque si no acaban decidiendo por ti y utilizándote. Con Hitler todo fue progresivo, como en el cuento de la rana y la olla. Por ejemplo, los libros no fueron prohibidos hasta dos años después. Se empezó por la condena pública y algunos ejemplares fueron clavados en las plazas. De hecho, un amigo rescató un libro de Stefan y se lo regaló. Stefan consideraba que era un honor compartir destino con autores que él consideraba más importantes que él como Mann, Freud o Einstein.

Hitler era un resucitado que no se iba a parar ante nada hasta matar o morir. Había salido con vida de las trincheras, de la ceguera y del psiquiátrico, había esquivado aquella bala en Múnich y la cárcel o una condena más grave, y no se suicidó cuando se suicidó Geli, que a punto estuvo. Su plan era atacar primero y con tanta crueldad que nadie se atreviera a enfrentarse. Todo aquel que intentara ser como Zola con su "J'accuse" sería aniquilado. ¿Cómo estuvieron tan ciegos en Alemania ante la ola de odio y destrucción que se les venía encima? Stefan la intuyó porque le golpeó antes. Si ves quemar tus libros, pocas dudas tienes al respecto del odio que te tienen.

Karl Kraus analizaba la diferencia entre Prusia y Austria diciendo que Prusia ofrecía libertad de movimientos con bozal mientras que Austria era una celda de aislamiento en la cual se permitía chillar. Pero pronto se igualarían. Carl Zuckmayer, un amigo de Stefan, escribió un sainete acerca de las transformaciones de Salzburgo que cuando había festival se convertía en una ciudad engalanada y festiva que recibía con placer el dinero de sus visitantes, muchos de ellos judíos y que, cuando se marchaban, se volvía antisemita. Desde la derrota de Versalles, circulaban ideas que ahora se incluirían dentro de la posverdad, pero eran solo mentiras: los judíos nos traicionaron en la guerra, una sociedad solo puede sobrevivir si sus ciudadanos son genéticamente sanos, un alumno joven con discapacidad mental cuesta 1800 marcos al año, un alumno normal 320 y un alumno ario brillante 125, Alemania necesita y merece su Lebensraum, su "espacio vital", Hitler es el genio que nace cada cien años y está con nosotros.

En realidad, Hitler estuvo a punto de suicidarse en dos ocasiones: en 1923, tras el fracaso de su golpe de estado de Múnich, y en 1931, después del suicidio de su sobrina, Geli Raubal. Geli, de 23 años, apareció muerta de un tiro y empezaron a correr rumores de abusos o hasta de asesinato. Hitler diría que era la única mujer a la que había amado. A saber a qué amor se refería. De esa depresión le sacó su amigo Hoffmann que le presentó a Eva Braun, que se parecía a Geli y que sería su pareja hasta el final. Por cierto, que Eva Braun también intentó suicidarse por los sinsabores de su relación con un hombre que se declaraba casado con Alemania.

La persecución de Stefan y de todos los que no se declaraban nazis, que dentro de la lógica paranoica son los enemigos, fue algo progresivo pero imparable. La declaración oficial de guerra contra Stefan llegó en 1932. El órgano nazi, el *Völkische Beobachter*, condenó las obras de Stefan Zweig porque su autor era lo peor, no solo era judío, también era pacifista. Se criticaba su actitud durante la primera guerra mundial por mezclarse en Suiza con sus camaradas europeos en vez de luchar con Alemania. ¿Cómo iban a admitir enseñanzas de humanidad de un judío? La crítica abierta a los judíos se convirtió en algo habitual y reapareció Richard Schauskal, que en 1920 había ridiculizado a Stefan en un libro titulado *Bestiarium* literaticum. En aquel panfleto hablaba de un animal llamado "steffzweig" que era un producto artificial creado con el motivo de un congreso de escritores y que se conservaba bajo una campana de cristal en una casa de Leipzig cuya dirección coincidía con la de la editorial Insel. Es curioso lo de la campana de cristal, pero por motivos temporales nada tiene que ver con Sylvia Plath. Schauskal inició la campaña de descalificación de Stefan al publicar un artículo titulado "La coronación de Stefan el Grande: prosa alemana a la altura de los tiempos". En él habló de la supuesta incapacidad de Stefan para expresarse correctamente en Alemán. Esto ya lo había señalado Karl

Kraus, pero Kraus era la inteligencia irónica de la cultura alemana y habría sido capaz de negarse a sí mismo la capacidad de respirar con argumentos irrebatibles. Lo de Schaukal parecía una venganza, aunque no sabemos por qué lo odiaba tanto. En una carta a Hesse, Stefan contaba que, aunque mantuvo correspondencia durante un tiempo con Richard Schaukal luego no pudo continuarla, por falta de tiempo para mantener "diálogos epistolares sobre literatura". Stefan había publicado mucho desde su juventud y Schauskal se metía con él por lo que decía cuando era más joven de que odiaba revisar, algo que cambiaría totalmente. Puestos a criticar, escribió un artículo sobre *Fouché* titulado: "El caso Stefan Zweig: una contribución a la historia de la idiotez". Y lo peor fue cuando Schaukal escribió en la revista *Die Neue Literatur* en enero de 1933 que la editorial Insel había contratado a un literato para que revisara los errores estilísticos de la *María Antonieta* de Stefan. Resulta que sin el conocimiento de autor, la editorial sí que había contratado a un lingüista para que propusiera cambios, pero esto no es más que una anécdota en la historia de un libro que salió a la venta en las Navidades de 1932 y que en enero arrasó en ventas. Como si las editoriales no tuvieran correctores estilísticos, como si todo autor que deja miles de páginas de obra no pudiera cometer errores, como si no fuera lo más cobarde del mundo utilizar el ambiente de Alemania para meterse con un judío.

Este intento de desprestigio aprovechaba la corriente nazi y solo fue una gota más. Con Hitler al mando, Stefan escribió que llegaba la locura a Alemania, aunque no sabía a qué velocidad. Era consciente de que Alemania era peligrosa para él, aunque hasta el día de antes hubiera llenado las salas más grandes de las ciudades por las que giraba y hubiera vaciado estilográficas firmando libros. De aquella época es la única grabación que existe de Stefan, cinco minutos recitando *Hymnus an die Reise* y *Der Bildhauer* (*Oda a los viajes* y *El escultor*, en la Mediateca austriaca, www.mediathek.at)

Existe también un trozo de película del verano de 1933, unos meses antes de marcharse. Hitler ya mandaba, pero todavía no le había alcanzado la onda expansiva. Stefan está feliz. Sonríe, se mueve con soltura como un ser que disfruta del contacto social aunque yo no lo veo bien, está como abstraído lo que es mucho decir ya que son unos segundos de vídeo sin sonido. Y es que él ya no estaba igual y lo que había sido el centro de su existencia, su casa, su colección, su mujer, ya le daba igual. En ese momento quería simplificar su vida.

El episodio de la quema de libros fue definitivo. El 10 de mayo de 1933, en Berlín y en otras 21 ciudades alemanas, se hicieron grandes hogueras con los libros prohibidos por los nazis dentro de la "Campaña contra el espíritu anti-alemán". Ya no era que te hubieran incluido en una lista, sino que quemaban tus libros. En un ataque de optimismo –no se puede ser psicoterapeuta de otro modo– Freud comentó tras el episodio: "¡Cuánto ha avanzado el mundo: en la Edad Media me habrían quemado a mí!" La realidad estaba más cerca de las palabras de Heine, escritas un siglo atrás: "Allá donde se queman libros, se acaban quemando también seres humanos" y grabadas actualmente en el lugar exacto donde se quemaron los libros en Bebelplatz, antes Plaza de la Ópera. Poco después del episodio, Stefan le mandó a Freud el libro *La curación por el espíritu*, pero la versión brasileña con la dedicatoria: "Al venerado maestro en el año de la quema, su fiel Stefan Zweig". A partir de ese momento resultó imposible encontrar sus libros en suelo alemán salvo en escondites que ponían en peligro la vida de los que los ocultaban o en el "armario de los venenos". Allí los libros prohibidos se guardaban en suelo oficial para utilizar únicamente de forma "científica".

En realidad, el problema del fascismo es de fidelidad. El nazismo y todos los totalitarismos tienen la capacidad de engañarnos y hacernos creer que nuestra vida va a ser más sencilla y mejor. Lo único que hay que hacer para lograr esto es renunciar a todas nuestras lealtades que entran siempre en conflicto y nos llevan a tener dilemas éticos a diario, vaya fastidio. Lo mejor es quedarnos solo con una lealtad que debe ser absoluta hacia el Reich. El Reich me lo va a dar todo y lo único que tengo que hacer es obedecer a sus intereses, es decir, a los intereses de Hitler, sin pensar. Lo que es bueno para el Reich, es bueno, lo demás es malo. Esta lógica lleva al genocidio.

Los bienpensantes de todas las épocas hablaban también alrededor de Stefan con sus: "eso no nos va a afectar a nosotros", o sus "esto no puede durar mucho". A Stefan esto le recordó la respuesta de su editor ruso cuando le preguntó por qué no se había marchado de Rusia durante la revolución para evitar perder toda su riqueza. El editor le había dicho: "¿Quién podría pensar entonces que algo como una república de soldados y soviets pudiera durar más de quince días?".

Figura 31. Ejemplar de Amok de Stefan Zweig que fue parcialmente destruido en la quema de libros de los nazis (dominio público. commons.wikimedia.org).

Pero en Alemania aquello duró más de quince días y las fronteras no son impermeables, por lo que la enfermedad empezó a filtrarse, así como los rumores, las arengas y las amenazas para afiliarse porque si no sería peor. Stefan cayó en la cuenta de que había gente que había dejado de frecuentar su casa y eso solo podía significar que estaba en peligro. Decidió irse por un tiempo. Era octubre de 1933. Stefan no sabía que era una despedida definitiva, pero intuía lo peor. En una carta a Karl Geigy-Hagenbach escribió el 27 de noviembre: "En mí todo está ahora en suspenso y no puedo programar nada". Primero se fue a Francia y pensó que por qué no pasar una temporada en Londres. Poner un poco de mar de por medio siempre da más tranquilidad. Hacía treinta años de su primera visita y como en Inglaterra era donde sus libros habían tenido menos éxito sabía que iba a poder vivir como un visitante más. La primera vez, Londres le pareció frío Pero ahora le gustó, sobre todo porque se respiraba una atmósfera no militarizada y educada, sin irritación y sin odio. El escritor vio que allí podría volver a trabajar y se sintió bien. Acababa de publicar *María Antonieta* y estaba terminando *Erasmo*, pero su cabeza de escritor no paraba. Buscando material sobre la historia de Inglaterra se encontró con que no se había escrito nada serio sobre María Estuardo y empezó a tirar del hilo.

Cuando se instaló en Londres le preguntaron que por qué se trasladaba y él dijo que porque Inglaterra era un sitio bonito y tranquilo para trabajar. La verdad es que huía porque su tierra no era segura para él, porque sabía que lo iban a perseguir y porque si no se marchaba podían acabar encarcelándolo y quemándolo como a sus libros, y no mencionaba esto porque su familia seguía en Austria. De hecho, Stefan escribió a un amigo diciendo que no había sido capaz de pronunciar la acusación que ansiaba la prensa de Nueva York porque sabía que eso podía influir en muchos judíos que estaban en Alemania que eran rehenes del régimen. Stefan pecó de tibieza pensando que lo que él hiciera podría influir sobre el régimen. Por desgracia, no había margen. Como dijo en 1933: "Resulta difícil desprenderse en pocas semanas de treinta o cuarenta años de fe profunda en el mundo".

HIMNO AL VIAJE A TRES VOCES CON ERASMO Y RICHARD STRAUSS

En sus primeras semanas en Londres, Stefan revisó su Erasmo, que acabaría titulándose: *Erasmo de Rotterdam, triunfo y tragedia de un humanista*. Esta obra era, según él, su autorretrato encubierto. Faltaban tres años para que se cumplieran los cuatrocientos desde la muerte de Erasmo y seguía siendo el ejemplo de hombre independiente. *Erasmus est homo pro se*. Un hombre aparte, como Stefan.

Erasmo se tuvo que inventar a sí mismo porque no existía, como les pasa a todos los hijos ilegítimos, ya que era el hijo de un sacerdote y su sirvienta. No olvidemos que por aquel entonces los sacerdotes católicos hacían voto de celibato. Lo de que se llamara Desiderio es una broma cruel, porque no parece que fuera muy deseado. A pesar de estos inicios claramente en la sombra, en el no ser, es el hombre más retratado de la época, pues se conservan nada menos que seis retratos suyos de Holbein, dos de Durero y uno de Matsys. Como era un muchacho despierto, lo mandaron con los Agustinos para que recibiera una educación. Con los monjes aprendió lo que no es educar y el resto de su vida se la pasó huyendo de instituciones como aquella, como le ocurrió a Stefan con su escuela vienesa.

Figura 32. Erasmo retratado por Quentin Matsys. Uno de los nueve retratos que se conservan de Erasmo de Rotterdam (Galleria Nazionale d'Arte Antica, Roma. Dominio público. commons.wikimedia.org).

Erasmo es considerado por todos el padre del humanismo y Stefan escribe así de él en la versión de Ramón María Terneiro que será la que citaré: "Entre todos los escritores y creadores del Occidente fue el primer europeo consciente, el primer combatidor amigo de la paz, el más elocuente defensor del ideal humanístico, benévolo para lo mundano y lo espiritual. (...) Erasmo amó muchas cosas que son queridas hoy para nosotros: la poesía y la filosofía, los libros y las obras de arte, las lenguas y los pueblos y, sin hacer diferencia entre todos ellos, el conjunto de la humanidad, para el logro de una más alta civilización. Y solo una cosa odió de verdad sobre la tierra, como antagónica de la razón: el fanatismo". Stefan no puede negar que lo escribió él, ni cuándo lo escribió. La historia del fanatismo, aburrida como ella sola, se repetía una vez más y amenazaba con destrozar el mundo, como tantas veces había amenazado el de Erasmo. El holandés escapó a todas las trampas de una época en que a la mínima te declaraban hereje y te asesinaban, como le pasó a su amigo Tomás Moro, y murió de enfermedad a los 69 años. Stefan también se apañó para escapar, aparentemente.

El ideal de Europa como un espacio de libertad supranacional en el que fuera posible el progreso de la humanidad por medio de la educación nació con Erasmo y por eso conserva su nombre en el programa de intercambio de estudiantes universitarios que es el mayor éxito educativo en la historia del continente. No nos importa nada que ERASMUS sea el acrónimo de European Region Action Scheme for the Mobility of University Students. Y quizá tampoco merezca la pena mencionar el elitismo de Erasmo que toda su vida vivió sumergido en el latín clásico, lo que reducía enormemente los posibles interlocutores y lo hacía vivir bastante aislado. Como hombre espiritual y sobre todo por su tendencia a evitar conflictos sociales o religiosos, no consideraba a las masas dignas y veía con muy malos ojos la revolución que según Stefan fue la llamada "Reforma". Muchos llamaron cobardía a la independencia de Erasmo, pero él dejó escrita su opinión: "Ese sería un duro reproche si fuera yo un soldado suizo mercenario pero soy un hombre de letras y necesito de tranquilidad para mi trabajo". De nuevo esas palabras podrían ser de Stefan. Pero es que ¿Cómo se puede ser fiel al humanismo decantándose por un solo pueblo, por una sola idea? Y ahora otras palabras de Stefan: "Mas la historia es injusta con los vencidos. No ama mucho a los hombres mesurados, a los mediadores y reconciliadores, a los hombres de la humanidad. Sus favoritos son los apasionados, los desmedidos, los bárbaros". No parece que se refiriera únicamente a Erasmo y a Lutero.

La época de Erasmo fue muy convulsa para Europa. Durante su vida no solo se "descubrió" América, sino que la expedición de Magallanes circunnavegó la Tierra demostrando que era redonda, aunque seguramente ese argumento no convencería a los terraplanistas de la época. Además, se difundió la imprenta, lo que supuso una revolución equivalente a la de Internet en el siglo XXI o a la que relata Stefan un siglo antes "con la dominación igualmente repentina y victoriosa del espacio y el tiempo por medio del teléfono, la radio, el automóvil y los aparatos de aviación". Quedaba atrás la Edad Media y su teocentrismo, pero no la peste, de la que Erasmo huía despavorido acompañado siempre de su radical independencia. "Íntimamente, jamás reconoció ningún superior, no se sintió obligado nunca hacia ninguna corte, ninguna universidad, ninguna profesión, ningún monasterio ni ninguna ciudad, y lo mismo que su libertad espiritual, también defendió toda su vida su libertad moral" es lo que Stefan dice de Erasmo y por eso, a la primera oportunidad abandonó el convento y ya no regresó a pesar de las penurias que tuvo que pasar durante décadas. Era pronto aún para que Beethoven fuera el primero en exigir sus derechos como artista. Pero a principios del siglo XVI la cuestión quizá no sea qué hacía allí alguien tan libre como Erasmo, sino cómo logró sobrevivir aunque tuviera nula vocación de mártir.

"Erasmo no fue desde el principio el gran escritor que llegó a ser luego (...) Un Pascal, un Spinoza, un Nietzsche pueden morir jóvenes, porque su compendioso espíritu encuentra precisamente su perfección en las formas más angostas y cerradas. Lo contrario ocurre con Erasmo, espíritu coleccionador, que busca, comenta y resume las cosas, que no extrae la sustancia tanto de sí mismo como la recoge del mundo, (...) Erasmo es más bien aficionado que artista; para su inteligencia, siempre dispuesta, el escribir no es más que otra forma de la conversación". Stefan, insisto, aunque no lo parezca, habla de Erasmo, del biógrafo de tantos hombres ilustres, del autor de los primeros *best sellers*, y del traductor y filólogo. Habla también del hombre en cuyos libros se escucha su voz: "Al leer tu escrito –escríbele

Zuinglio– me parecía como si te oyera hablar y viera moverse, del modo más grato, tu pequeña y graciosa figura".

Aparte de *Adagia*, de éxito e influencia imperecederos en la cultura occidental, y de sus traducciones de la Biblia, la obra por la que ha pasado Erasmo a la historia es un texto breve redactado a lo largo de una semana en la casa de Tomás Moro, el *Elogio de la locura* o *Encomio de la estulticia* que traducen otros. No soy quién para discutir a Erasmo lo siguiente: "Solo aquel que en su vida es acometido por la locura puede en verdad ser llamado hombre". Pero resulta paradójico que esta farsa que puede parecernos casi inocente, escrita por el hombre más pacifista de su tiempo, terminara provocando una revolución contra la autoridad de la iglesia. Y es que en el fondo era casi un borrador de las 95 tesis que clavaría Lutero, siempre inmoderado, en la puerta de la iglesia del palacio de Wittenberg el 31 de octubre de 1517.

Erasmo, seguidor de Cristo y de "San Sócrates", como lo llegó a llamar una vez, alcanzó la gloria en la quinta década de su vida y su consejo empezó a ser solicitado por los poderosos. Las universidades le ofrecían cátedras, le llovían valiosos regalos y lo llamaron para ser preceptor del emperador Carlos V. Erasmo estaba complacido, incluso sorprendido, aunque no espantado como los cortesanos cuando el emperador se inclinó para recoger un pincel que se le había caído, pero nunca se vendió. Vivía en Basilea, donde escribía y colaboraba con el impresor Froben. No encontró razones para salir de allí.

Entonces estalló la Reforma y los dos bandos quisieron ganar para su causa al sabio conocido como "príncipe de la ciencia" o "luz del mundo". Lutero llevaba años carteándose con Erasmo, desde mucho antes de su rebelión, y ambos protagonizaron una de las rivalidades más épicas de la historia a pesar de que nunca llegaron a encontrarse en persona. Es difícil imaginar dos personas más opuestas: Erasmo es frágil, mesurado, tolerante, humanista, dialogante, un hombre que vive encerrado entre sus libros. Lutero es fuerte, excesivo, fanático, nacionalista, revolucionario, el ariete que reclaman las masas. No es lo mismo que si comparamos a Stefan y a los intelectuales alemanes con Hitler, porque Hitler era un paranoico que representaba lo peor del espíritu alemán o, mejor dicho, lo peor del espíritu de cualquier pueblo. La lucha de Lutero que, por cierto, era algo que compartía con Erasmo antes de que los poderes políticos de la época entraran en juego y la convirtieran en una guerra, podía resumirse en que la iglesia católica necesitaba una reforma que la hiciera igualitaria. En cambio, la lucha de Hitler se basaba en el axioma ario que decía que él y los suyos eran mejores que los demás y que por eso debían esclavizar y/o masacrar al resto de la humanidad. A pesar de esta diferencia irreconciliable, no podemos negar que el paralelismo es evidente y más cuando sabemos que Lutero se puso también al lado del poder cuando publicó un libro llamado *A la nobleza de la nación alemana* y ayudó a los príncipes alemanes a aplastar la revuelta de los campesinos. La pretensión de Erasmo de someter al mundo con la modestia de Cristo no es algo que haya estado nunca de moda en nuestras culturas siempre violentas.

Así, Erasmo se verá en mitad de un campo de batalla y desde Roma y Alemania se escrutará cada frase suya, incluida aquella tan clara y tan sospechosa que dice: "Amo la libertad; no quiero ni puedo servir jamás a un partido". En aquel momento no solo debía ser neutral, sino también parecerlo. Cada palabra suya lo ponía en riesgo de ser declarado hereje y condenado a muerte como Savonarola, Servet, Moro, Castellio, y tantos otros. En ese momento no era suficiente su máxima de que "no siempre debe ser dicha toda la verdad. Depende mucho del modo cómo se diga". A pesar de todo el cuidado que pone en lo que dice, Erasmo debe huir siempre. Habría preferido no tener que abandonar Lovaina, demasiado católica para él, pero así conoció Basilea, la que salvaría a Castellio, de la que también tuvo que huir perseguido por la Reforma. Eso hizo que fuera recibido en Friburgo con los honores de un príncipe, aunque rechazó un palacio y prefirió una casa humilde.

La reforma radical de Lutero sacaba aparentemente a la iglesia de la ecuación y dejaba solo al hombre frente a Dios. Ya no era necesario el perdón de los sacerdotes y mucho menos las indulgencias compradas a la factoría vaticana. A los príncipes alemanes esto les vino muy bien para enfrentarse al poder católico y les importó menos que la fe fuera suficiente para conseguir la salvación. Pero precisamente este fue el punto clave que enfrentó a Lutero y a Erasmo. La doctrina de la predestinación de Lutero, que sería llevada a su último extremo por Calvino, negaba la libertad del hombre y Erasmo no aceptaba tal determinismo. En 1524, casi con 60 años, Erasmo publicó *De libero arbitrio diatribe* (*Discusión sobre el libre albedrío*) y le valió la terrible condena de Lutero que se recoge en el libro de Stefan: "Por eso os ordeno, en nombre de Dios, que seáis enemigos de Erasmo y que os guardéis de sus libros. Quiero escribir contra él, aunque a consecuencia de ello se muera y se condene; con mi pluma quiero matar a Satán". Seguida de esta, que es peor todavía: "Quien aplaste a Erasmo, ahogará a una chinche que todavía apestará menos muerta que viva" y otras más. Lutero era desmedido con todo y un año después intentaría reconciliarse con Erasmo disculpándose por haberlo atacado tan duramente. Erasmo ni corto ni perezoso le respondió así: "No soy de un carácter tan infantil como para que se me pueda apaciguar con bromitas o con adulaciones, después de haberme atacado con las más viles injurias (...) ¿Para qué servirían todas esas escarnecedoras observaciones y esas infames mentiras de que yo era un ateo, un escéptico en cuestiones de fe, un blasfemo y no sé qué otras cosas? (...) Lo que ocurrió entre nosotros no tiene importancia, y menos para mí que estoy cercano a la muerte; pero lo que es un escándalo para todo hombre digno, lo mismo que para mí, es que has perturbado el mundo entero con tu conducta arrogante, imprudente y rebelde".

Pero la muchedumbre que asalta iglesias y quema imágenes llegó a Basilea y Erasmo entendió el mensaje del fuego, como lo entenderá Stefan cuatro siglos después. Por eso pasó sus últimos años en la paz de Friburgo, sin parar de escribir, como siempre.

Cuando Erasmo siente cercana la muerte se apodera de él una intranquilidad que recuerda a la de Tolstoi y decide regresar a su tierra natal. El viaje se interrumpe temporalmente en Basilea, pero la parada resulta definitiva. Allí muere rodeado de amigos, con una oferta papal para hacerlo cardenal.

Uno de los lemas de Erasmo es: "Cuando tengo un poco de dinero, compro libros. Si sobra algo, compro ropa y comida". Stefan, rico desde la cuna, nunca pasa necesidad y compra libros sin parar; si le sobra dinero, compra manuscritos. Erasmo es el primer teorizador del pacifismo y como todas las cosas puras, su pacifismo humanista es radical. Él sabe, y no solo por Cicerón, que una paz injusta es mejor que una guerra justa. Incluye en su *Adagia* el artículo que lleva por título "*Dulce bellum inexpertis*", la guerra solo les parece bella a los que no la han sufrido. Stefan no puede separar esto de su experiencia y resume así: "El humanismo no tiene sentido imperialista, no conoce ningún enemigo ni quiere ningún siervo. (...) El humanista, como hombre que sabe mucho, ama precisamente al mundo a causa de su diversidad y no le espantan sus contradicciones". Maquiavelo, apegado al principio de la fuerza, defenderá lo contrario, el imperialismo, que es el que ha gobernado siempre la historia de guerra en guerra, como si una guerra pudiera arreglar lo que estropeó otra.

Para Stefan, Erasmo es un ser demasiado razonable y privado de pasión, aunque eso se refiere solo a lo visible. Su vida privada es casi desconocida aparte de las apasionadas cartas que le escribió a un monje compañero suyo de juventud que se llamaba Servatius Rogerus y que se conservan. Lo que está fuera de dudas es que su principal vicio de adulto era el trabajo. Dentro de su vida de huida, los libros son un escondite perfecto y Basilea, su Salzburgo. Empezó a escribir a una edad madura para no equivocarse demasiado, pues *Elogio de la locura* lo publicó en 1511, con 45 años. Nietzsche, que también se refugió en Basilea, dijo que había dos tipos de filósofos, los legisladores y los trabajadores. Los primeros sientan las bases por siglos y los otros administran y difunden. Los trabajadores son muy necesarios y Erasmo fue un gran trabajador: publicó, compiló, editó y difundió textos y biografías de temática humanista. Como hizo Stefan. Pero es que además, sin Erasmo no se entendería el Renacimiento.

El humanismo es una corriente de libertad que enlaza con la antigua Grecia y sigue una tenue línea paralela a la historia oficial, jalonada por gentes cuyos libros son prohibidos o quemados. En ella, estos humanos se empeñan en reivindicar extraños valores como la independencia, la aconfesionalidad y la búsqueda de la libertad sin pervertir este concepto. Esa línea pasa por Erasmo, sigue por su discípulo Montaigne, por la Ilustración y no es de extrañar que ambos y también otros nombres de esta estirpe, desde Sócrates o Safo hasta

Shakespeare, Bacon, Sor Juana Inés de la Cruz, Wilde, Proust, Verlaine, Gide, Rimbaud, Whitman, Gabriela Mistral, Cocteau, Lorca o Gertrude Stein ejercieran también libremente su sexualidad y sus relaciones. Estamos en el siglo XXI y ya no podemos quedarnos en que eran homosexuales. Eso es una concepción normativa y estos personajes no lo son en absoluto y si hubieran nacido ahora seguramente serían activistas LGTBIQ+. En su indagación acerca de la vida y la libertad humanas vivieron su sexualidad de un modo abierto que escapa a conceptualizaciones tan parcas como "heterosexual", "homosexual" o incluso "bisexual". Los humanistas son seres que descubren que la cultura y el poder los quieren controlar y ellos no quieren dejarse. Todos lo han explicado durante siglos, hasta los menos revolucionarios como Stefan, pero el que más claro lo ha dicho es Michel Foucault, el último hijo del árbol del humanismo y, por tanto, también nuestro padre: "El saber es el único espacio de libertad del ser", nos dice y no parará de hablar hasta el final de este párrafo. Por eso los humanistas se refugian en los libros de los que les precedieron en esta lucha. Las escuelas de cada época, la de Erasmo y la de Stefan no garantizan nada: "Las cárceles, los hospitales y las escuelas presentan similitudes porque sirven para la intención primera de la civilización: la coacción", "¿Puede extrañar que la prisión se asemeje a las fábricas, a las escuelas, a los cuarteles, a los hospitales, todos los cuales se asemejan a las prisiones?". La coacción se ejerce con el concepto de "normalidad" que es el que realmente nos ata según la máxima de Foucault: "Cuando un juicio no puede enunciarse en términos de bien y de mal se expresa en términos de normal y de anormal". Por eso es tan duro el trabajo ("No soy un profeta, mi trabajo es construir ventanas donde antes solo había pared") y la vida de los humanistas ("Hay que ser un héroe para enfrentarse con la moralidad de la época").

Erasmo tenía otro lema, *concedo nulli*, el lema de un héroe, no cedo ante nadie. Da igual que te acusen de equidistante. Tampoco hay otra opción si crees en el humanismo y estás rodeado por reformistas dogmáticos y papistas corruptos. Stefan pensaría en sus opciones en aquel barco que cruzaba el océano y en el curso que seguiría el fanatismo en su época. ¿Cuánto tardaría en devorarse a sí mismo?

¿Qué puede hacer un hombre en un mundo así? Una frase más de Foucault: "El juego seguirá valiendo la pena mientras no sepamos cómo termina". Esta es la ilusión que nos mantiene con vida, el no saber qué nos espera.

En el verano de 1933, Stefan había ido otra vez a Bad Gastein para quitarse del tabaco y del café. Su plan después era ir a Basilea a leer en los archivos sobre Erasmo. El subtítulo provisional era *Retrato de un vencido*. Aquel verano como todos los veranos, tenía algo de los veranos de la infancia. Aquellas vacaciones familiares que transcurrían en lejanos y apreciados lugares de descanso como Marienbad, la meca de los obesos que querían perder peso, y otros lugares más o menos idílicos como Selisberg, cerca de Lucerna, o también la playa de Blankenberghe en la costa belga. Ese verano, como todos los veranos, incluyó muchos viajes y también un paso fugaz por el Festival de Salzburgo donde Stefan compartió velada con Richard Strauss que tocó al piano los dos primeros actos de *La mujer silenciosa*, la ópera en la que habían colaborado. A finales de aquel verano, pasó más de un mes en Montreux y el plan era ir desde allí con Friderike a Francia y después, instalarse en Londres.

Ya en Gran Bretaña, Stefan no perdió sus rutinas de escritor inagotable y protagonizó un curioso episodio que le reveló a las claras que no debía tener ninguna esperanza, al menos en lo que pudiera venir de Alemania. Como ya dije al catálogo de sus manuscritos que Stefan publicó por su cincuenta aniversario, le acompañaba un facsímil de las cartas de Mozart a su prima. Las cartas le encantaron a Freud, seguramente porque el contenido de las misivas era bastante subido de tono con escenas sexuales escatológicas incluidas. Todo contenido sexual más o menos explícito es interesante porque nos da acceso a la parte secreta de la vida, esa que apenas se menciona en público. Seguro que Freud estaría fascinado con Internet. Pero lo que nos importa ahora es que las cartas le encantaron a Richard Strauss. Este era el primer contacto personal con el músico y eso que muchos años antes Strauss le había puesto música a poemas de Stefan. El detalle de enviar un ejemplar del catálogo al viejo maestro resultó muy oportuno, porque acababa de morir su libretista, Hugo von Hoffmannstahl, y necesitaba uno. A este respecto era mayor el interés de Stefan por colaborar con el músico vivo más importante del mundo, que su ansia de revancha con el finado, que tampoco debía ser pequeña porque Hofmannsthal lo había vetado en el festival de Salzburgo. Eso por no mencionar que cuando Zweig pronunció un discurso dedicado a Hofmannsthal en el Burgtheater de Viena, la viuda no asistió al acto en señal de protesta. Aunque también es posible que no asistiera por el dolor, ya que uno de sus hijos se había suicidado y eso desencadenó el infarto mortal de su marido dos días después.

Sea como fuere, Stefan acabó acordando con Strauss que escribiría el libreto de otra obra de Ben Jonson, autor que tan buenos resultados le había dado con el *Volpone*. La obra elegida fue *La dama silenciosa* (*Die schweigsame Frau*) en la que el protagonista, un capitán de la marina retirado que sufre mucho con el ruido, recibe la visita inesperada de su sobrino, que viene nada menos que con su compañía de ópera. Esto no deja de tener gracia, porque Stefan estaba obsesionado con el silencio y con que el servicio, su mujer y sobre todos las hijas de esta no lo rompieran. No sé qué relación guardará esto con que su madre fuera sorda, pero tiene lógica, incluso en la Viena de entonces, en la que la mujer debía ser bastante silenciosa. Cuando no lo era, nacía el psicoanálisis o un argumento de Stefan como en *Veinticuatro horas en la vida de una mujer*, en *Carta de una desconocida* o en *Miedo*. El silencio es clave todo el rato en su vida. En Viena todo se calla pero es que las cosas van a peor y llega un momento en que queman tus libros para silenciarte, pero no lo logran del todo. Consigues publicar *Erasmo* que es un grito en el que Stefan se esconde y engaña a los censores nazis para que la obra se venda dos años más, hasta 1936. El libro se escapa así, no deja de crecer y se cuela como coartada en el *Anticristo* de Joseph Roth, publicado en 1934, cuyos capítulos empiezan con citas del *Erasmo* de Stefan.

Pero lo que más molestia les ocasionó a los nazis fue todo el lío de la ópera de Strauss. Era un momento extraño para el músico, que con 70 años intuía que ya no podría crear algo mejor de lo que ya había escrito y también pensaba que la ópera era una forma artística acabada, porque existía una cima insuperable: Wagner. Strauss sabía lo que podía hacer. Sabía que no era capaz de crear melodías tan largas como Mozart, pero sí sabía escribir melodías más cortas y era un maestro en sacarles todo el jugo. El genio conocía sus limitaciones y a Stefan le sorprendió que fuera muy crítico consigo mismo. ¿Qué más puede pedir un hombre interesado por la creatividad que trabajar con uno de los mejores músicos del siglo? Stefan se pegó a Strauss y vio que era capaz de ponerse a trabajar todos los días a las nueve y retomar la inspiración justo donde la había dejado el día anterior. Strauss contradecía la idea mítica de las musas. A las doce o la una se levantaba dejando atrás borradores a lápiz y partituras para piano a tinta y se iba a sus demás actividades sin hacer reverencias a la inspiración. Por la tarde jugaba a las cartas, pasaba a limpio un par de páginas de la partitura y muchas veces se iba a dirigir en el teatro. Lo que vio Stefan era un artista tranquilo, que sabía que la música llegaría, que no parecía nervioso en ningún momento ni preocupado por el vacío del creador. Nada de dramas.

Stefan recibió el encargo de la ópera tan entusiasmado que terminó el primer acto en un par de semanas y cuando le envió a Strauss el segundo, este le respondió con los primeros compases de su canción: "¡Ah, qué dicha haberte encontrado, amado niño!" Ese día, al abrir el correo, Stefan fue un hombre feliz. Durante todo el proceso, Strauss visitó la casa de Stefan y Stefan fue a Garmisch a la casa de Strauss a escuchar la ópera al piano tocada por el músico. El entendimiento entre los dos era total. Strauss no le cambió ni un verso y sin necesidad de un contrato daban por hecho que harían una segunda ópera en colaboración. Pero llegó enero de 1933 y Hitler ascendió al poder. Para entonces *La dama silenciosa* estaba terminada para piano y el primer acto estaba orquestado, pero a las pocas semanas se prohibió representar en los teatros alemanes obras en cuya elaboración hubieran intervenido judíos, y esto incluía también a los muertos. Hitler decía cosas absurdas y todo el mundo se tranquilizaba diciendo que no hablaba en serio, pero la estatua de Mendelssohn fue retirada en Leipzig y los libros arderían en breve. Stefan dio por hecho que eso daba por finalizada toda colaboración con Strauss, pero este le escribió y le dijo que no tenía ninguna intención de permitir que le prohibieran colaborar con él. Strauss fue otro más que no se terminó de creer que todo aquello iba en serio. Stefan cuenta que sintió que Strauss le guardó la fidelidad de un buen camarada mientras pudo. De hecho, la ópera se estrenó el 24 de junio de 1935 en Dresde, dirigida por el austriaco Karl Böhm, que sería también quien dirigiría la primera grabación existente de 1959 con la Filarmónica de Viena.

El estreno de *La mujer silenciosa* se convirtió en un asunto de estado y al final el propio Hitler le comunicó a Strauss que haría una excepción y autorizó la representación de la obra. Hitler lo admiraba desde siempre, pues en 1906 reunió con dificultades el dinero necesario para asistir al estreno de *Salomé* dirigida por el propio compositor. Es curioso este hecho que reseña Stefan en sus memorias, pues resulta que a aquel estreno en Graz no solo acudieron Mahler, Puccini, Schoenberg, Zemlinsky y Berg, también acudió Hitler, aunque no lo recogieron las crónicas.

Figura 33. Estreno de La mujer silenciosa en 1935 en Dresde. En el centro están Richard Strauss y Karl Böhm (dominio público. commons.wikimedia.org).

En los meses que precedieron al estreno, Strauss se encontró a menudo con el propio Hitler, con Göring y con Goebbels y esto le sirvió a la cúpula nazi para poder presumir de la adhesión de un artista universal. Strauss incluso aceptó la presidencia de la Cámara de Música del Reich nazi. Stefan dice que para Strauss, un hombre de 70 años, en el fondo cualquier régimen le era indiferente, o eso creía. Pero ni los músicos como Strauss, ni los escritores como Stefan pueden decir que viven al margen. Nadie puede. Stefan justifica a Strauss porque su hijo estaba casado con una judía y no le querría perjudicar, pero no entiende que se mezclara con los gerifaltes del régimen o que compusiera el himno de los Juegos Olímpicos de Berlín.

Stefan recibió presiones desde el otro lado porque su obra iba a ser representada en la Alemania nazi. Él se justifica en *El mundo de ayer* diciendo: "en primer lugar, me repugnan por principio los gestos públicos y patéticos y, en segundo lugar, me resistía a crear dificultades a un genio de la categoría de Richard Strauss. Al fin y al cabo, Strauss era el más grande músico vivo y tenía setenta años; había dedicado tres a aquella obra y, durante todo ese tiempo, me había demostrado una actitud amistosa, una gran corrección e incluso coraje. Por eso consideré, a mi vez, que lo mejor era esperar en silencio y dejar que las cosas siguieran su curso". Esperar en silencio al estreno de *La mujer silenciosa* es un movimiento estéticamente coherente, ¿pero lo es éticamente? ¿El hombre ético debe sacar pecho en todas las ocasiones, dar la cara siempre para que se la partan? El problema no es la ética de una persona, el problema es la ética entera de un pueblo. Tal vez, cuando nos planteamos soluciones unipersonales es que la ética de la cultura ha claudicado y ya no hay una solución que sea buena.

Ciertamente, las cosas siguieron su curso. *La mujer silenciosa* se representó dos veces y algo pasó, porque se prohibió y Strauss dimitió de la presidencia de la Cámara de Música del Reich nazi. Parece ser que le escribió a Stefan una carta en la que le pedía que hiciera un libreto para una segunda ópera y se despachaba con franqueza en relación con los nazis. Eso fue demasiado para Hitler.

El intermedio operístico había terminado, al menos oficialmente. En realidad, la última ópera de Richard Strauss, *Capriccio*, nació a partir de un texto de Stefan que a su vez se había inspirado en una obra de Antonio Salieri y Battista Casti. La obra tiene como subtítulo *Una pieza de conversación para música* y plantea la cuestión de si en la ópera debe predominar la palabra o la música. Para eso cuenta la historia de la condesa Madeleine que ha de elegir entre sus dos pretendientes, un poeta y un compositor. El dilema no tiene solución, pues como dice la condesa: "Si hay que elegir entre dos, siempre se pierde". Aunque el libreto pasó por muchas manos, Strauss lo consideraba de Stefan y se empeñó en que lo firmara, pero él se negó. Stefan nunca escribiría otra ópera con Strauss ni con nadie y no viviría para saber del estreno de *Capriccio* en octubre de 1942 en Múnich.

Aún desde su casa de Salzburgo, Stefan seguía mirando hacia las montañas de Berchtesgaden, Alemania. Allí estaba la casa de Hitler, el principal artífice de su exilio y de la destrucción de su mundo. Poco importaba que allí también hubiera escrito Freud gran parte del libro fundacional de una nueva forma de entender el mundo, *La interpretación de los sueños*. Es el momento en que Stefan seguramente revisó su premonitorio "Himno al viaje" que tenemos en su propia voz en Internet. En los primeros segundos de su lectura de "Hymnus an die Reise" la entonación alemana nos recuerda vagamente las intervenciones de su némesis hitleriana, pero es un problema cultural, porque luego solo escuchamos al poeta que revela esta versión de mi amigo Joaquín Longhi:

Himno al viaje

Raíles, azules venas de hierro,
recorren el mundo, red susurrante.
Corazón, ¡corre con ellos! Anímate al viaje,
solo al volar escapas de la ley y la violencia.

Solo al volar escapas de tu propio peso
que te limita y aplasta en lo esencial.
¡Arrójate a lo lejos, arrójate al vacío,
tan solo la distancia te hará volver en ti!

¡Mira!, un simple impulso y ya hay murmullo de alas,
brama por ti un pecho de hierro,
con cuestas y colinas la patria lanza atrás
lo nuevo, será el alma nueva consciente de ello.

Las vibrantes fronteras, las varillas de vidrio,
lenguas, que extrañas, te unen al espíritu
de infinita unidad, en él culmina
la espera de los catorce pueblos de Europa.

Y en el empuje de lo lejano a lo lejano
te crece el alma, tu mirada se transfigura,
como el mundo que, bailando entre estrellas,
reposa oscilante en la vasta música.

Figura 34. El busto de Stefan Zweig mira la casa que tuvo que malvender en Salzburgo antes de abandonar Austria. La escultura es de Josef Zenzmaier, 1983 (fotografía del autor).

III

“¿Por qué escribe un hombre? Porque no posee carácter suficiente como para no escribir”.
Karl Kraus

LA HUIDA Y LOTTE ALTMANN

El 18 de febrero de 1934 por la mañana, cuatro policías registraron la casa de Stefan Zweig con la excusa de buscar armas de la Liga de la Defensa Republicana, que era el procedimiento habitual empleado para registrar diarios o sedes socialistas. Los policías no pensaban que fueran a encontrar nada en aquella casa, pero eran órdenes. El país acababa de sufrir la denominada “guerra civil austriaca” que duró cinco días y en la que el gobierno filofascista de Dollfuss reprimió brutalmente a socialdemócratas y comunistas, ilegalizó sus partidos e instauró una dictadura. Stefan estaba allí pero no vio nada. Es todo muy extraño, porque en julio, unos más nazis que él asesinarán a Dollfuss, noticia que llegará antes a Stefan que está en Inglaterra, que a los vieneses.

El golpe del registro fue decisivo para Stefan, que antes de que terminara el mes pidió a su hermano que lo diera de baja en el padrón de Salzburgo y decidió mudarse definitivamente a Londres, donde llegó el día 26. Friderike intentó hacerle cambiar de opinión y estuvo con él dos meses ayudándole a instalarse en su apartamento de Portland Place 11. Incluso ella misma le buscó una secretaria, la señorita Altmann.

La suerte está echada para la pareja, aunque Stefan pasará tres años yendo y viniendo y solo dejará de hacerlo cuando sea totalmente imposible. Él se queda solo en Londres y es capaz de dejar todo atrás: su biblioteca de veinte mil volúmenes, la mayoría de sus manuscritos y a su mujer que elige quedarse en Austria con sus hijas.

Si quisiéramos resumir lo acontecido hasta ahora podríamos decir que Stefan se crio en Viena, capital del mundo entonces, y que allí se hizo escritor. Después de la guerra se escondió en su torre de Salzburgo donde escribió sin parar y se volvió mundialmente famoso. ¿Y lo que viene ahora? Si queréis, os podéis ahorrar el resto del libro. Abrevio: Stefan abandonó Salzburgo en 1934. Allí se quedó su mujer encargada de liquidar la casa. Con mucho dolor dejó atrás su vida de allí, pero a cambio la perdió de vista. En Londres empezó una relación con su secretaria y con ella se exilió cada vez más lejos huyendo de la guerra y de una Europa en ruinas. No encontró la paz ni siquiera al otro lado del océano y se suicidó con su nueva pareja en Brasil. Si hubiera tenido paciencia, Hitler se habría suicidado antes que él, pero Stefan se adelantó al dictador en más de tres años.

Quien quiera más detalles, que venga conmigo a principios de 1934 a encontrarse con un hombre cuya vida se ha partido por la mitad y aún no lo sabe. Tal vez una solución habría sido viajar a la cara oscura de la filosofía del lenguaje con su contemporáneo Wittgenstein que había encontrado la solución del cambio y del silencio y ya era exrico, exfilósofo, exarquitecto y exjardinero. Stefan no tenía más alternativa que salir de allí y ser exaustriaco, pero ¿cómo se hace para seguir siendo escritor cuando compartes idioma con los nazis?

Los veranos, el empinado camino de su casa se llenaba de admiradores a la búsqueda de un autógrafo. El Kapuzinerberg 5 era lugar de peregrinación de artistas jóvenes conocedores de la generosidad de Stefan, de estudiantes, de mujeres que a veces llevaban cartas de amor. Stefan siempre prestaba atención a las visitas y ese es uno de los motivos por los que no aguantaba mucho tiempo seguido en Salzburgo.

El registro de su casa es a la vez un claro mensaje y también una excusa perfecta. Su vida en Salzburgo ya no le gusta como antes y esa señal de desprecio y de peligro sirve para vencer la balanza. Él quiere huir. Su mujer, no. Él también quiere alejarse de ella y de toda su vida anterior. No es que no la quiera, pero igual que tuvo que marcharse de Viena, ahora debe abandonar Austria y también Europa aunque todavía no lo sepa. Está nervioso. No para de viajar. Es un hombre inquieto, un hombre en fuga pero cansado de todo ese trajín y se siente viejo. No sabe leer bien las señales. Simplemente está sufriendo una crisis doble que podría tener esta letra: "tengo más de cincuenta años, Hitler está a punto de gobernar en mi tierra y yo soy judío". Está ausente, apagado, no bromea, no sonríe. Tiene angustia. Lo que valía hasta entonces ya no vale. El mundo se desmorona, aunque todavía digan que es algo opinable. Ya no es suficiente con ser el escritor que más libros vende de su época. Debe encontrar también una vida en la que esté a gusto y esa vida no es su vida anterior. No es solo Salzburgo, no es solo Friderike y sus hijas que le parecen cada vez más pusilánimes, no es Austria y las amenazas como la quema de libros, no son todas las obligaciones que conlleva ser quien es, no es él, es todo. Una de sus interpretaciones será que la vida le cansa y que para vivir mal es mejor abandonar.

Mientras miles de personas se exilian y él comprende que se ha convertido en un autor maldito, pues todos los escritores lo son en una dictadura, decide irse. En sus memorias escribe: "tras aquella visita oficial mi casa dejó de gustarme y tuve el presentimiento de que aquellos episodios no eran sino el tímido preludio de intervenciones de mayor alcance. Aquella misma tarde empecé a empaquetar los papeles más importantes, decidido a vivir en adelante en el extranjero". Stefan todavía podía volver a Austria, pero el país ya estaba condenado. Su amigo Klaus Mann, hijo de Thomas Mann, ya se había marchado y preparaba una revista en el exilio, *Die Sammlung*. El solo anuncio de que Stefan se disponía a colaborar le trajo problemas. Stefan se excusó y no se enfrentó a las amenazas en parte para proteger sus libros en Alemania y también a su familia en Austria. Una guerra perdida. Stefan dio luz verde a su editor para que enviara su renuncia a colaborar en futuros números de la revista como ya habían hecho otros compatriotas como Thomas Mann. El problema fue que su editor envió directamente la nota que Stefan le había remitido al denominado "Ministerio del Reich para la Ilustración del Pueblo y la Propaganda". El Ministerio de Propaganda Nazi la publicó en uno de sus panfletos tal cual, quitando el encabezamiento al editor de Insel, con lo que parecía que era un comunicado directo de Stefan a la publicación nazi de marras y se lio una buena. Un escándalo por el que mucha gente pensó que Stefan era un traidor. Como diría él, era evidente que no había escrito eso que constituía un "suicidio moral", pero ponte tú a discutir con los nazis.

Stefan nunca se había afiliado a ningún partido e insistía en que la política nunca le había interesado. Evitaba todo lo que pudiera distraerle de su labor como escritor, pero es que ya estaban en guerra. Él pensaba que se marchaba para salvar su libertad individual, pero era mucho más, tenía que hacerlo para salvar su vida.

En agosto de 1934 apareció una semblanza de Stefan en el Neuer Wiener Journal por Egon Michael Salzer en la que lo describía como reservado, discreto y sencillo. El periodista se preguntaba si un hombre así podía haber escrito con el poderoso y enérgico lenguaje de sus obras. Sí podía, pero ese hombre, el 26 de agosto recibió a Toscanini y a Bruno Walter en Kapuzinerberg 5, en su palacio, en su factoría, en su casa, y ya no recibió a nadie más.

Figura 35. Salón de la casa del Kapuzinerberg 5, Salzburgo (Ludwig Boedecker, 1922. Dominio público. commons.wikimedia.org).

A finales de noviembre de 1934, Stefan y Friderike se reunieron en Zúrich con el plan de viajar juntos a la Costa Azul, aunque antes pasaron por París. Stefan necesitaba ayuda para terminar su biografía de María Estuardo y por ese motivo acabaron los dos y su secretaria en el hotel Westminster de Niza, donde pasaron cinco semanas que incluyeron el fin de año.

Friderike había encontrado a la señorita Altmann en la organización de ayuda a los fugitivos judíos, pues ahí se dirigió buscando alguien que hablase y escribiese correctamente en alemán, inglés y francés. El plan es que se ocupase de lo que se ocupa una secretaria y de ayudarle a volcarse en el mundo anglosajón, algo estratégicamente imprescindible en aquel momento. Entre varias candidatas, Friderike eligió a Elisabet Charlotte Altmann, mujer de 25 años nacida en Kattowitz el 5 de mayo de 1908, a quien sus allegados llamaban "Lotte". Era la hija de un ferretero que no había podido terminar sus estudios universitarios por la prohibición nazi contra los judíos y había huido a Londres, donde vivía su hermano Manfred con su mujer y donde tenía también otros parientes. Friderike la describió así muchos años después: "era una muchacha especialmente seria, casi melancólica; parecía una encarnación del destino que le había tocado en suerte a ella y a tantos otros compañeros suyos de infortunio. La joven secretaria era débil de cuerpo, tenía un algo de aquellos seres intimidados que Dostoievski supo describir tan conmovedoramente. Pero superaba con una energía admirable su fragilidad. La incansable laboriosidad y su especial idoneidad para el puesto habían quedado ya demostrados cuando nos enteramos de que sufría de asma desde la niñez, una dolencia de la que en vano había intentado curarse".

El problema no se limitaba a que Friderike no quisiera liquidar la casa de Salzburgo y emigrar a Londres, es que Stefan ya no quería vivir con Friderike y sus hijas, que él se empeñaba en casar lo más rápido posible. Algo que repetía hasta el cansancio en las cartas a Friderike de esa época. Sea como fuere, en cuanto Friderike dejó Londres, ocurrió algo que Stefan le contó a Roth por carta así: "Por otro lado, una mujer joven me hace caso; a mí, a mis cincuenta y tres años".

En aquel final de año en Niza ocurrió algo que terminó de romper la pareja a pesar de que la vida en la Costa Azul era aparentemente idílica. Stefan trabajaba y por las tardes visitaba a amigos como Roth, Maurois, H.G. Wells. Un día iban a un concierto de Toscanini en

Mónaco y otro recorrían la carretera de la costa. Friderike contaría después que trataba a la señorita Altmann como a una hija y que se sentía feliz de ver a la enfermiza joven comunicativa y con mejor color. E incluso dejó recogido que circulando por la Corniche, Stefan, le dijo que no se molestara en enseñarle el paisaje a la joven, que no lo apreciaría, pero no sé si fiarme mucho de la memoria retrospectiva de Friderike en lo que respecta a este tema.

El caso es que un día Stefan le pidió a Friderike que fuera al consulado para arreglar no sé qué asunto con el visado. Una vez allí le dijeron que le faltaba documentación y ella volvió al hotel relativamente rápido y como dice en sus memorias, "en mal momento". Friderike lo explicó un poco más: "Nunca he visto una criatura tan consternada como aquella joven ahuyentada de su profundo éxtasis. También Stefan se quedó espantado. Yo me esforcé en permanecer tranquila, pero mi voz temblaba cuando informé de que tenía que entregar rápidamente unos documentos en el consulado antes de que las oficinas cerrasen".

Stefan no se había atrevido a decir que Lotte era su amante y aquella escena lo descubrió. Es difícil saber si fue algo estrictamente involuntario. Friderike se marchó de nuevo al consulado y se desató el drama. Lotte se fue a un sanatorio de Sestrière para tratar su asma tal como estaba planeado. Friderike se marchó a Austria y Stefan se embarcó para América en Villefranche sur mer. Desde el barco hizo llegar a Friderike, que lo había acompañado al puerto, un sobre sin abrir en el que Lotte le enviaba una carta de amor de la que solo se conserva una copia incompleta que hizo Friderike. En ella Lotte advertía a Stefan de que era una carta formal escrita para que la pudiera leer cualquiera. En la traducción de Joan Fontcuberta le escribía:

> Quisiera decirte una vez más (aunque tal vez aún no te lo haya dicho) lo mucho que te aprecio y lo feliz que me has hecho con tu amistad. Aunque mi actitud parezca ahora fría –quizá también hacia ti sin querer–, tengo, creo yo, una gran necesidad de amor y amistad; y tú me los has dado, por lo que te estoy muy agradecida, más de lo que te imaginas. No sabes lo sola que me sentía por dentro antes de que llegaras, por mucho que me alegrara de estar en

Londres. [...] Mientras estuvimos juntos me colmaste de alegría, y durante nuestra estancia en Niza fui muy dichosa por poder disfrutar de más tiempo a tu lado. Fue muy bonito a pesar del miedo, y aquel único disgusto que tuvimos me atormentó tanto por la gran estima que siento por tu mujer.

La despedida fue difícil, creo que te diste cuenta, y desearía que pudieras estar aquí... los dos solos. [...] Mis conocidos son gente agradable [...] pero en ningún caso pueden reemplazar tu compañía. [...]

Una vez más, te mando saludos cordiales, pienso a menudo en ti y en nuestros días juntos. [...]

Tuya,

[LOTTE]

Quizá me he recreado en esta carta demasiado al citar todo lo que queda de ella bajo el encabezamiento, pero creo que es necesario porque es de las pocas veces que escucharemos a Lotte, aunque su voz venga traducida al alemán escrito, luego a la versión censurada de Friderike (los corchetes con puntos suspensivos son de ella) que destruyó el original y finalmente al castellano. Es una carta que sirve de presentación, de carta de amor, de historia de niños perdidos en el bosque y también, tristemente, de carta de despedida que quizá nunca leyó el propio Stefan.

El amor y la amistad se mezclan en el mensaje y no creo que sea para disfrazar los verdaderos sentimientos de la señorita Altmann, sino porque son muy difíciles de desligar, como ocurría en las relaciones de amor y de amistad del propio Stefan.

Tras la explosión de Niza, Stefan se marcha a Estados Unidos donde permanece hasta el 30 de enero de 1935. Friderike se da cuenta de que algo se ha roto. Su acuerdo con Stefan, que tiene veinte años de vigencia, ha quedado obsoleto por la presencia de una veinteañera. No considera una renovación de lo que no puede seguir igual hasta el final. Si tu pareja está con otra persona, lo lógico es divorciarte, ¿no? También podría ser lógico llegar a un acuerdo de no agresión que fuera aceptable, pero la mayoría en circunstancias así defiende su posición a sangre y fuego, lo que puede ser solo pan para hoy y destrucción para mañana. El acuerdo de Friderike con Stefan está desteñido a pesar de lo moderno que suena: yo soy tu esposa y tú eres mi marido y podemos tener amantes mientras no me entere mucho o no más de lo que me quiero enterar. ¿No es posible un mundo de relaciones abiertas? Yo soy tu marido, pero ahora quiero a otra con la que me voy a dar la vuelta al mundo, pero te sigo queriendo a ti. ¿Por qué tenemos que divorciarnos? Stefan fantasea, pero tampoco le cabe en la cabeza. El acuerdo de las conejitas y la conejita mayor funcionó, pero ahora algo no va y entre las dos colocan a Stefan entre la espada y la pared, y acabará eligiendo a Lotte. Como solo hay dos opciones hay que elegir una, aunque ninguna sea buena. La de quedarse con Friderike supone que nada cambie y pudrirse en un pasado que le persigue. La de Lotte supone quemar las naves e interrogar al futuro. Friderike le da fuerza, Lotte le da ilusión y desgraciadamente necesita las dos cosas.

Stefan no para de relatarse durante los largos días de travesía solitaria el monólogo que le prepara a Friderike: mira, eres mi esposa, llevamos veinte años juntos y te amo. Si no fuera por ti no habría llegado a ser ni el escritor ni el hombre que soy. Hemos pasado de todo incluida una guerra, ¿por qué no seguimos como hasta ahora? Yo vivo mi vida y tú la tuya y seguimos siendo una pareja que solo se reúne para tener buenos momentos. La única diferencia con todo lo anterior es que, mientras, yo quiero tener una relación de pareja con la señorita Altmann que es joven, ágil, lista y siente devoción por mí. ¿Qué culpa tengo yo si me ha hecho sentir vivo de nuevo en medio de todo este desastre?

Stefan partió contento de que Friderike no hubiera actuado como las actrices de las obras de teatro ante la escena que presenció y siguieron tres días los tres en el hotel. Las mujeres se evitaron. Lotte le escribió a Friderike, aunque esa carta no ha trascendido.

Nueva York impresionó a Stefan. Había pasado mucho tiempo de su anterior visita y los nuevos rascacielos eran admirables. El Chrysler y el Empire reinaban sobre la ciudad y este último sería el edificio más alto del mundo durante 40 años. Stefan sintió que Central Park estaba siendo rodeado de grandes murallas. Para hacer el relato de aquel viaje, inicio de *El exilio imposible*, su autor, George Prochnik, recoge las críticas que hacía Stefan de los Estados Unidos. Según él, el país había iniciado una "carrera hacia la servidumbre", mediante una "atrofia de los nervios en favor de los músculos", que despejaría el camino para que dictaduras de todo tipo se hicieran con el poder.

Stefan, como observador de aquel país era una mezcla de agudo filósofo y de tiquismiquis chapado a la antigua, que igual decía en plan profético que si la primera guerra había sido la de la destrucción, la segunda sería la de la americanización; que se quejaba de la mala educación y la descortesía de los niños norteamericanos. No le faltaba razón para criticar la cultura de la diversión sin esfuerzo y de la homogeneización en la que todos debían tener las mismas pasiones, los mismos deportes, los mismos cuerpos, las mismas caras. Stefan acertó al escribirle a Isa Gropius sobre aquella cultura en la que importaban los hechos como si la vida fuera un concurso de trivialidades, que se propagaría como la peste gracias su caballo de Troya, la televisión.

En ese enero de 1935, Stefan dio una rueda de prensa en Viking Press, en la calle 48 de Manhattan, de la que se conservan dos fotos casi idénticas en las que conversa con su editor, Ben Huebsch. Huebsch fuma en pipa y sostiene un ejemplar de relatos cortos en inglés que contemplan los dos. Las fotos se pueden ver en Internet, pero lo que no cuentan es que Stefan no se atrevió a manifestarse en contra de Alemania. Dijo que llevaba tres años fuera, que no podía pronunciarse. Cuando le preguntaron por los judíos, criticó los nacionalismos, el de Hitler y el de los sionistas. Y a renglón seguido añadió: "el artista que cree en la justicia no puede fascinar nunca a las masas ni darles lemas para que se unan. El intelectual debe permanecer apegado a sus libros. Ningún intelectual, en toda la historia del mundo ha estado nunca adecuadamente preparado para subvenir a las necesidades del liderazgo popular".

Stefan era un ilustrado que creía en las virtudes de la educación para todos en contra del despotismo ilustrado, pero son muchos los que prefieren un déspota. Stefan repetía de muchas formas "yo no soy un político, solo soy un escritor", pero no le valió. Lo cierto es que escribió a un amigo contándole que no acusó de nada a Hitler, que era lo que los periodistas querían escuchar, porque todos los judíos que seguían viviendo en Alemania eran rehenes y él no quería perjudicarlos. Nos sigue contando Prochnik que las respuestas evasivas de Stefan no convencieron nada a uno de los periodistas que acudieron y por ello este hombre, de nombre Braining, volvió a abordarlo días después. Lo que al principio le exasperaba a Braining, esa especie de "incurable europeísmo" de Stefan, acabó conmoviéndolo porque se dio cuenta de que Europa era "algo físico" para él y que estaba tan integrado en su ser que notaba un desmembramiento. Stefan le contó a Braining su proyecto de fundar una publicación internacional judía que reuniera las mejores mentes de Europa independientemente de la nacionalidad. Lo veía como la mejor manera de enfrentarse a Hitler. Ahora parece inocente que quisiera enfrentarse con Hitler desde la cultura, desde el reconocimiento de las aportaciones de los judíos, empezando, por ejemplo, por Ehrlich que había encontrado la cura para la sífilis.

Recordando la entrevista años después, Joseph Braining dijo que Stefan Zweig era quizá el más magullado y maltratado de los autores que habían tenido que exiliarse. Parece que ya en aquel momento Stefan se agarraba a una Europa que estaba deshaciéndose y él perdía pie.

En febrero, Stefan ya está de vuelta en Londres. Allí lo espera Lotte y no Friderike. La promesa hecha a Friderike no basta. Prometer a veces no basta. Stefan viaja a Viena vía Salzburgo y se hospeda tres meses en el Hotel Regina, cerca de la casa de su madre. Allí sigue preparando el libro de María Estuardo y se somete a un "costoso" tratamiento dental que lo obliga a estar en reposo unos días. En mayo el libro ya podía adquirirse en las librerías y será un nuevo *best seller*. El día 5, Stefan celebra los 81 años de su madre en familia. Ese mismo día, Lotte Altmann cumple 27. Friderike lo acompaña e intenta convencerle para que no se marche, pero el 8 de mayo Stefan comunica por escrito las condiciones de venta de la casa de Salzburgo a un agente inmobiliario y se marcha a Zúrich a estudiar la vida de Calvino y de Castellio en compañía de su secretaria.

La distancia se fabrica con pequeños detalles y Friderike le mandó una carta dictada que enfadó a Stefan. Él le escribió a Friderike que nunca hasta entonces habían utilizado secretarias para tratar sus asuntos familiares y en la siguiente carta él le devolvió con la misma moneda, una carta mecanografiada, aunque con anotaciones manuscritas. La carta está fechada el 26 de junio, dos días después del estreno de la ópera *La mujer silenciosa* en Dresde. En la carta, Stefan se despacha a gusto con su propia ópera de la que dice que es demasiado larga, pesadísima, que queda cerrada en el primer acto, y que con suerte mejorará cuando Strauss la recorte para la grabación. A pesar de que es una carta dictada a Lotte, Stefan le plantea a Friderike quedar en Marienbad, donde se reunirían en verano. Con la distancia resulta incomprensible y a la vez perfectamente humano que Stefan explique a Friderike que se plantea elegir un balneario en Chequia para poder gastar el saldo de su cuenta bloqueada allí, ahora que el negocio textil de la familia se ha perdido. Stefan tiene idea de gastarlo todo, aunque sea haciéndose confeccionar unos trajes.

Ese fue el último verano que Stefan acudió al Festival de Salzburgo, donde presenció el estreno de *Falstaff* dirigido por Toscanini. La distancia aumentaba y le escribía esto a Friderike el 9 de septiembre desde Viena: "Debo insistir una vez más, pues, en que actúes *con completa independencia de mí* en lo referente a los asuntos de la casa, su cierre definitivo y todas las demás disposiciones. No soporto que nadie me 'espere', pues eso entorpece mi trabajo y mis planes".

El encabezamiento era "Querida esposa" pero debajo venía este "ya no me esperes" rotundo. Stefan continuaba declarando que tomaba sus disposiciones exclusivamente de acuerdo con su trabajo y sugería por enésima vez, pero parecía una orden, que Friderike casara a sus hijas y que dejaran de cuidar enfermos y de tomar fotografías, como hacía Suse, la mayor.

Stefan envió esta carta y siguió su camino. En esa ocasión pasó por la casa de Rolland en Montreux y curiosamente le escribió a Friderike sobre la estúpida y joven esposa de su amigo que también era su secretaria y que estaba relegando a la que había sido hasta hace poco la mujer más importante en la vida de Rolland, su hermana Madeleine. Stefan seguía recorriendo Europa como siempre, cruzándose con la gente importante de verdad. En aquella ocasión tenía la intención de hacer fotos a Rolland, pero llegó Le Corbusier y cambió de planes.

De Suiza a París donde se encontró con Masereel, Ernst Weiss y Roth que ya se emborrachaba "a lo ruso". Stefan estaba de acuerdo con Weiss en que no se podía hacer nada por Roth. Por cierto, que no creo que vuelva a hablar de Weiss, pero no debe caer en el olvido que fue él quien en 1938 escribió una novela titulada *El testigo ocular* que trata sobre la ceguera histérica que sufrió Hitler en las trincheras de la que ya hablé. Weiss se suicidó envenenándose en 1940 cuando las tropas nazis entraron en París.

SER AMIGO DE JOSEPH ROTH ES FUNESTO

¿Qué da sentido a la vida? ¿Los hijos? ¿Los libros? ¿Los amores? ¿Los amigos? Stefan se volcó en sus libros y en sus amigos. De hecho, Friderike fue su amor, pero durante muchos años fue su compañera y casi se podría decir, su amiga. Hasta cuando él la dejó, mantuvieron su relación de amistad, aunque pasasen un periodo de alejamiento.

A pesar de la espantosa crisis reinante, Stefan era de los pocos artistas que seguía ganándose bien la vida, y como era pública esta inclinación suya a la amistad, eran muchos los que se le acercaban para pedirle dinero. Esto llegó a pesarle tanto en el exilio que muchas veces intentaba evitar el contacto con los huidos de Alemania y de Austria para no tener que atender sus peticiones sin fin. Por eso no quería abrir las cartas, porque traían malas noticias de sus amigos y porque gente necesitada le pedía dinero y favores. Estos mensajes deprimentes lo dejaban sin palabras y hacían crecer su culpa de superviviente. Hay otros que echan mano de una máxima religiosa o filosófica como toda devolución y se marchan tan tranquilos en casos así, pero él no.

El mejor ejemplo de cómo se relacionaba Stefan con sus amigos y con las personas que le pedían ayuda fue su amistad con Joseph Roth. Benno Geiger, amigo de Stefan durante un tiempo, aunque algo no terminó nunca de ir bien entre ellos, escribió un poema satírico sobre él titulado: "Stefan el benefactor" en el que dice:

> La palabra favorita en su boca
> desde la mañana a la noche,
> a todas horas, tanto las de hablar como las de callar,
> era fraternidad mundial en alianza
> con amor y humanidad.

Era difícil ser amigo de nadie en aquel mundo del Tercer Reich o como lo llamaba Roth, "la filial del infierno en la Tierra", pero ellos fueron amigos. Stefan le dijo a Rolland de Roth: "Le he querido como a un hermano". Quizá por eso les costaba terminar de entenderse. Su relación fue tensa y compleja y esto se debía en parte a que la desgracia perseguía a Roth y Stefan lo intentaba ayudar. Ese ejercicio de piedad le dolía enormemente a Roth, pero Stefan no podía abandonarlo a pesar de que sabía que la piedad es peligrosa. Su relación queda retratada en el libro *Ser amigo mío es funesto. Cartas (1927-1938)* publicado por Acantilado en 2014. Son 400 páginas de cartas y notas en Traducción de Joan Fontcuberta y Eduardo Gil Bera. Por cierto, quien quiera indagar en la figura de Roth no debe perderse el libro de este último autor, *Esta canalla de literatura. Quince ensayos biográficos sobre Joseph Roth*, que es del que sale casi toda la información de las siguientes páginas y el libro *Cartas* de Roth, ambos también en Acantilado.

Un momento clave en la relación de los dos amigos, sobre el que se ha hecho una obra de teatro, fue el episodio ya citado de la carta enviada por Stefan a su editorial en la que renunciaba a publicar en la revista de judíos exiliados de Klaus Mann y que el Ministerio de Propaganda Nazi se apropió. El 7 de noviembre de 1933 Roth le recriminó que aceptara el chantaje de las hienas por miedo a las represalias. "Ahora, querer mostrar lealtad con esa banda de asesinos y mierdecillas, de mentirosos e imbéciles, de dementes y perjuros, profanadores, ladrones y salteadores de caminos, eso es incomprensible. Deje usted el insensato respeto ante el 'poder'". Roth le dice también que "se trata de una lucha a vida o muerte entre la cultura europea y Prusia ¿De verdad no lo ve usted? (...) En otro tiempo desmintió usted ser Arnold Zweig, hoy desmiente usted, mediante cualquier vinculación con Alemania, ser *Stefan Zweig*". Roth continúa intentando que Stefan entre en razón porque se arriesga a perder todo crédito moral a cambio de nada por parte de los nazis, porque solo existe una posibilidad, tomar partido contra Alemania. Y la carta termina con el famoso ultimátum de Roth a su amigo Stefan: "tiene usted que cortar con el Tercer Reich o conmigo".

Roth, al día siguiente, reitera en otra carta lo dicho y sigue apelando a la dignidad de su amigo, al tiempo que asegura algo que es evidente, que no la ha escrito en "estado alcohólico", aunque el problema es que insiste en que solo bebe vino blanco. A vuelta de correo Stefan le explica que él no es tan asno o cobarde como para apoyar a Alemania y soportar que lo boicoteen, pero que tiene que hacer algo para no perder la propiedad de su obra. Desvincularse de Insel, de la editorial con la que llevaba 30 años, no era nada sencillo y necesitó buenos abogados. Stefan le explica lo que sabemos, que todo ha sido un terrible malentendido en el que los nazis han metido mano y por tanto del que no es tan fácil librarse. Le anuncia a Roth su divorcio de Insel, aunque sus libros desaparezcan unos años y se pregunta con quién publicar a partir de entonces. Stefan dice también: "Ahora hay que aprender a vivir solo y odiado, pero no pienso responder con odio". El 15 de noviembre, Roth cierra la discusión también en una carta: "Sigue siendo el Stefan Zweig de siempre y yo sigo siendo su amigo, sin reservas".

Joseph Roth es un judío del este que nació en Brody, Galitzia, región perteneciente al Imperio Austrohúngaro, que actualmente se dividen Polonia y Ucrania. La palabra que mejor define a Roth es: pobre, siempre pobre, por más que intentara dejar de serlo, y cada vez más pobre. Stefan Zweig es un judío de Viena. La palabra que mejor lo define es: rico, rico y también famoso. Stefan es trece años mayor, dueño de un pequeño palacio en Salzburgo, coleccionista de valiosos manuscritos, escritor superventas y con las mejores relaciones posibles con la intelectualidad de la época. Roth no tiene nada de eso, pero se hacen amigos y Stefan le ayuda siempre y él siempre acepta la ayuda, aunque no de buen grado. Sobre los primeros años de la vida de Roth hay versiones contradictorias, pero parece que su padre abandonó a la familia antes de nacer Joseph y les tocó vivir con distintos familiares. Seguramente este abandono le pesó mucho cuando, por una terrible enfermedad mental, fue él que tuvo que abandonar a su esposa. Poco más se sabe de él salvo que aunque empezó sus estudios de literatura y filosofía en Lemberg, hoy Leópolis, Ucrania, los acabó en Viena a la vez que estalló la primera guerra mundial. En la guerra no se sabe cuánto tiempo pasó en el frente y cuánto en puestos administrativos, pero el resultado final lo dejó sin patria.

Roth nació en el lugar equivocado y en el momento equivocado y no fue capaz de cambiar su destino de escritor santo o más bien, mártir. Pasó muchos años en las últimas y cuando publicó los libros que le darían la fama (*Job*, *La marcha Radetzky*) se los prohibieron. Nunca tenía dinero y aun así lo derrochaba. No tenía casa, erraba continuamente. Paraba en hoteles, en casas de amigos, en alquileres efímeros. Su vida era una huida extrema que le llevó a la muerte más rápido que a Stefan. La explicación que llegó a dar fue: "yo no vivo en parte alguna; lo hago por procuración mediante mis libros". Stefan, que solía ejercer de mecenas, le decía que se alojase en hoteles más baratos, que comiera bien, que bebiese menos, pero los consejos paternales, vengan de donde vengan, no siempre son bien acogidos y el dinero de Stefan nunca bastaba. Roth se enfadaba con Stefan muchas veces, sobre todo porque la generosidad de su amigo le recordaba que era un judío pobre. En descargo de Stefan hay que decir que Roth pensaba que los judíos austriacos no se habrían preocupado por los judíos del este si no los hubieran perseguido también a ellos. Stefan siempre lo intentó apoyar. En una ocasión le escribió a Roth diciendo: "resista ahora, lo necesitamos ¡¡hay tan pocos libros en este mundo abarrotado!!". Pero llegó un momento en que Stefan perdió toda esperanza y llegó a escribir a Huebsch que la única forma de que Roth dejara de beber era que lo metieran en prisión.

En *El legado de Europa* se recoge la oración fúnebre que Stefan compuso en memoria de su amigo. El texto empieza con esta frase: "Los últimos años nos han dado ocasión abundante, y diría que hasta sobreabundante, para aprender el arte difícil y amargo de la despedida". En pocos meses tendría que escribir también la despedida de Freud, pero eso no lo sabía aún y seguía hablando de la pérdida de confianza en que el derecho prevaleciera sobre la violencia. La despedida es un arte al que el corazón se resiste, dice Stefan, sobre todo cuando se trata de lo insustituible como era su querido Roth. Stefan veía tres hombres dentro de su amigo: un ruso de la raza de los Karamazov, demoniaco, de grandes pasiones y un afilado instinto para la autodestrucción, un judío de una sabiduría recta y de una inteligencia crítica, y un tercer hombre austriaco noble, encantador y dotado para la música y el arte. Una mezcla explosiva en un hombre de tantos que llegaban a la capital del imperio para triunfar. Uno de tantos que adelantó al aspirante Adolf Hitler, con lo que ayudó a cimentar la paranoia nazi contra los judíos. Pero Roth era otro judío más de los que como Stefan adoraban la cultura germánica contradiciendo las proclamas nazis. A Stefan le admiran las penurias que pasó Roth en Viena, donde malvivió dando clases particulares y sentándose a la mesas de la beneficencia, al tiempo que le parece un hecho extraordinario que no tuviera un traje cortado a medida hasta los veintiún años. Roth compensaba su pobreza y su timidez siendo el estudiante más brillante, motivo por el cual fue becado y apuntaba a una brillante vida académica cuando estalló la guerra que lo devolvería a Viena "sin meta, sin porvenir y sin medios". A pesar de ello, Roth inició una carrera periodística que lo llevó al éxito vienés en pocos años. Sin embargo, aquello duró muy poco porque el éxito no es la cura de ninguna enfermedad. La esquizofrenia sin solución de su esposa y la culpa por no poder hacer nada más por ella que hipotecar toda su economía para internarla destruyeron a Roth. Es como si el no tener un hogar fijo y poseer únicamente un baúl con una docena de lápices afilados y treinta o cuarenta folios de papel en un abrigo siempre gris, fuera el castigo que se autoimpuso. A diferencia de su novela *Job*, en la que Roth se atreve a plantear un final feliz para el hombre sobre el que recaen todas las desgracias imaginables, lo de Roth fue una cadena de desgracias sin fin. Desde luego, su esposa no se curaría de la esquizofrenia como la hija de Job y Roth se movería como un espectro que no daba valor a lo que este mundo podría ofrecerle con la milagrosa excepción de la literatura. Stefan nos invita a leerlo así: "Lean ustedes sus últimos artículos, lean o escuchen las páginas de su último libro, escrito apenas un mes antes de su muerte, y examinen con atención y sentido crítico esa prosa, examínenla con lupa como se hace con una piedra preciosa, y en su pureza diamantina no encontrarán ninguna grieta, ninguna sombra en su claridad. Cada página, cada línea, está cincelada como la estrofa de un poema con la conciencia más precisa del ritmo y la melodía".

Stefan terminó su oración poniendo juntos a Ernst Toller y a Joseph Roth, los camaradas sacrificados. Toller se había suicidado "por asco a nuestro tiempo enloquecido, injusto e infame" y Roth "se aniquiló conscientemente a sí mismo impulsado por el mismo sentimiento de desesperación, solo que en él esa autodestrucción fue todavía mucho más cruel por cuanto se desarrolló de un modo mucho más lento, porque fue una autodestrucción día tras día, hora tras hora y pieza tras pieza en una especie de autocombustión".

El primer encuentro entre los dos escritores pudo haberse producido mucho antes. Roth, con su admiración por Viena y su cultura, llegó a ir a la puerta del apartamento de Stefan pero no se atrevió a llamar. Esperó un rato y volvió a su casa. Después de aquello pasó mucho, mucho tiempo y por fin se conocieron en persona en mayo de 1929, en la casa de Stefan en Salzburgo. Roth le escribió unos días después: "Era usted diferente a como me lo había imaginado, posee una sabiduría, que yo antes no había percibido, así como belleza y *naturalidad*". Pero su correspondencia comienza un par de años antes, cuando Roth le agradece a Stefan su crítica por *Judíos errantes* y al poco le habla de su siguiente obra, *Fuga sin fin*, con lo que quedaría toda su historia resumida en dos títulos. Un par de cartas después, Roth se maravilla de lo aplicado y preciso que debe ser Stefan después de leer la biografía de Stendhal y a partir de ahí los dos escritores se sinceran. Stefan le cuenta: "Mi relación con la literatura es muy singular. Empecé a escribir de joven, por ambición, por un instinto de juego intelectual e, independientemente de cómo era yo, nunca pensé en convertirlo en profesión (todavía hoy me repugna la idea del oficio). Luego, después de la guerra, se produjo una amplia difusión de mis libros, una difusión realmente mundial que me conturbó más que me hizo feliz". En esa misma carta larga y afectuosa le habla de su instinto nómada, del miedo a tener que ser durante veinte años más un escritor fértil, de su convencimiento de que solo desde el anonimato se ve realmente el mundo y le aconseja a Roth sentar la cabeza lo más tarde posible. Stefan le dijo esto a Roth, nada menos. Roth, en su respuesta del 27 de febrero de 1929, aparte de agradecerle su carta y de contarle que la lleva desde hace un mes en su cartera, le cuenta quién es él y por qué a veces escribe diez horas seguidas y luego no es capaz de concentrarse: "No tengo un carácter literario estable. Y yo tampoco soy estable. Desde que cumplí los dieciocho años, jamás he habitado una vivienda privada y a lo sumo paso una semana como huésped en casas de amigos. Todo lo que poseo son tres maletas. Y eso no me parece extraño. Lo que me resulta extraño y hasta 'romántico' es una casa, con cuadros y todo eso. Pero en un arrebato de falta de consideración, cargué con la responsabilidad de una joven. Tengo que instalarla en alguna parte, es débil y no resiste físicamente la vida a mi lado". La parte final es casi el argumento de *La impaciencia del corazón*.

Tras ese primer encuentro se cruzaron decenas de cartas en solo diez años. No le quedaban más a Roth, que cerraba su última carta de 1929 a Stefan agradeciéndole su brillante *Fouché* y diciéndole que ya estaba enfermo del hígado.

Estas son algunas de las frases que Roth le envió a Stefan en 1930, que son una versión benévola de todo lo que ocurriría después: "Muy distinguido y querido señor Zweig: (...) Merece la muchedumbre de lectores que tiene y, sin embargo, qué modesto en su conducta privada y literaria. Estoy muy contento de estar próximo a usted. (...) Pero debe saber que pienso en usted a menudo y con gratitud y una simpatía que hace mucho tiempo no sentía por nadie (...) He recibido una amable carta de su mujer, en la que me hace propuestas sobre un eventual reposo. (...) ¿Cómo vive usted? ¿Qué escribe? ¿Cómo se siente? (...) Si fuera preciso, yo escribiría a gusto un artículo sobre usted, y si tuviera la más remota esperanza de que pudiera existir alguna comprensión en este mundo para su nobleza, intentaría explicar qué lleva a una persona de su clase a luchar por la juventud (...) Mi mujer acaba de ingresar otra vez en el sanatorio, estoy esperando una llamada de Viena. Kiepenhauer no puede adelantarme más. Quisiera irme, antes incluso de que lleguen los 3.000 marcos de Horovitz, (...) a veces usa usted construcciones del tipo 'en la misma medida que...'; eso no es elegante y tampoco está bien. Mejor: 'Así como'. (...) quizá tenga usted razón en lo que escribe sobre mi mujer. Pero aún no tengo la distancia suficiente. (...) Alemania y Austria se han vuelto repulsivas. ¡Qué destino para nosotros el de ser escritores alemanes! No iremos al infierno, saldremos del purgatorio, que es nuestra vida e iremos al cielo, iremos directamente de este bárbaro Valhalla al cielo. (...) Me he deshecho de mis preocupaciones. Ha sido gracias a París y a una muchacha a la que no amo, pero con la que me gusta acostarme. Usted, querido y venerado amigo, me ha ayudado con su cordura, como tantas veces... y con su amistad, su buen y gran corazón, solo mi debilidad corporal debería afligirle. Tengo el hígado, el corazón, el estómago estropeados. La gota ha hecho su aparición. Cada día me duele una parte distinta del cuerpo. Y de pronto tengo miedo a la muerte. Una señal de que se acerca. (…) Tiene usted razón, Europa se suicida (…) Tenía usted toda la razón: he perdido la cabeza, ya no sé calcular, son cantidades astronómicas que me acosan y cometo un fraude tras otro. (…) ¡Felices correcciones! Su viejo, JOSEPH ROTH. ¡Gracias a su amable esposa y un respetuoso y cariñoso saludo para ella!"

1931 es el año en que Stefan cumplió 50 años y Roth 37. La mujer de Roth sigue callada y él le insiste a Stefan en que termine su novela, la que será su obra maestra. Debe referirse a *La embriaguez de la metamorfosis* que dejó inacabada. Roth sufre por la mala conciencia de haber dejado atrás a su mujer enferma. No sin motivo, pues los nazis la asesinarán dentro de su programa para mejorar la raza que se llevó por delante a 200.000 discapacitados durante la guerra. Roth rumia el consejo de Stefan de guardar distancia con ella, de aceptar su terrible enfermedad. Roth dice también en sus cartas que no quiere interferir entre Stefan y Friderike y habla de mujeres. Menciona a una pequeña y pelirroja que sueña con Stefan.

Durante aquellos años, Roth le relatará a Stefan su huida sin fin. De una casa de un amigo a otra, de un hotel a otro. Cada vez le resulta más difícil levantarse de la cama. Cada vez tiene más deudas. Roth quiere terminar o hacerse monje.

En 1931, en Antibes, le dedica a Stefan su *Job*: "A Stefan Zweig, al que debo Job y más que Job, y más en suma de lo que un libro puede significar". Stefan era el mentor de Roth y Roth le contaba por carta: "Sin haber hablado con usted, no puedo empezar absolutamente nada nuevo. Necesito su bondad y su sabiduría…" Pero esto no es unidireccional. Los dos escritores crecen juntos. Roth lee *María Antonieta* y se entusiasma. Es verdad que para él, Stefan es el sabio de Kapuzinerberg, eremita y mundano a la vez. Roth es el que trae la realidad a la palestra: "todo conduce a una nueva guerra. No doy un céntimo por nuestras vidas". Y le hace ver a Stefan en 1933, antes de la quema, que los libros de ambos no pueden existir en el Tercer Reich. Roth le dice a Stefan que no se venda a Hollywood que pone a la altura de la otra H maléfica, la del Hitler, *El Anticristo*. Roth terminó este libro en 1934 y de él le dijo a Stefan que por primera vez en su vida estaba contento con una obra suya. A lo que Stefan respondió que el Anticristo en su caso es el alcohol y también el dinero que le hacen negociar con demasiada impaciencia. Pero es que la impaciencia de Roth es casi desesperación y llega a hablar de batirse en duelo por un malentendido o fabricar una novela de un modo artificioso de lo que Stefan le advierte: "Eso que usted llama 'rellenar' me parece un proceso peligroso. El relleno, a mi parecer, no le hizo bien en su momento a *El Anticristo*".

El desastre de Roth corre paralelo a su necesidad de dinero que le comunica punto por punto a Stefan por las cartas que le enviaba allá donde estuviera. Roth le pide dinero por primera vez en 1930 con la excusa de pagar el sanatorio de su mujer y luego ya no para. Pero no solo pide dinero. Su demanda es universal. Pide todo aunque no lo sepa, aunque no lo diga, porque parece carecer de todo, de lo básico, parece un niño al que no han querido. Y hasta le pide a Stefan ejemplares de sus propias novelas cuando le ofrecen publicarlos en otros países porque él no tiene ninguno de sus libros. Eso sí que es viajar ligero de equipaje. Por eso se conservan muchas de las cartas que envió Roth y pocas de las que envió Stefan.

Roth le cuenta a Stefan que sabe que la necesidad es su musa y que, como contrapartida, ella le arrastra al suicidio. Roth ya parece un viejo a los cuarenta. No solo va por el mundo con el alma presa de la piedad por su mujer internada en un psiquiátrico, sino que también tiene el corazón roto porque la mujer a la que ama, a la que mantiene junto a sus hijos, Manga Bell, le engaña con su secretario. Aun así le cuenta a Stefan que esa mujer es su único lazo con la Tierra, con la vida. En el verano de 1934 Roth le escribe agradecido a su amigo: "No puedo más. Desde hace meses y meses, estoy con la soga al cuello. Y si todavía no me he estrangulado es porque, una y otra vez, un buen hombre me permite poner un dedo entre la soga y mi cuello". Roth sigue con Manga Bell y los dos hijos de esta y cuida de ellos y gasta en su familia adoptiva miles y miles de francos. Aunque eso no evitará que al cabo de dos años diga que el estado de salud de Manga se parece mucho al de su mujer antaño. Stefan le dice que no hay matrimonio sin graves crisis, pero aquello ya no tendrá solución y Roth lo zanjará con cierto fatalismo: "Mi vida en los cafés ha echado a perder a mi mujer". Como si los cafés tuvieran algo que ver.

Stefan le echa en cara que se queje de dinero cuando ha sido descuidado y ha hipotecado su futuro firmando contratos que le comprometen con los editores para sus próximos libros, la misma enfermedad que mató a Salgari. Roth repite que es demasiado tarde, que no quiere seguir en este mundo, que un buen sudario sería una buena adquisición, que Stefan le mande su dirección actual para enviarle su testamento de podredumbre y sigue dando dinero a todo el que se le acerca, el dinero que no tiene. Sigue con la cantinela meses después: "Y he dado con el método de engañar a mi fe, que prohíbe el suicidio. Moriré con la pluma en la mano. Pronto, pronto, no volveré a verlo a usted, mi querido amigo".

Roth también se queja: "Ustedes me abandonan. Son tan mundanos, tan inteligentes, y yo hago tantas 'tonterías'". Pero toda esta discusión no es más que un reflejo de su consumo excesivo de alcohol que él confirma en sus intentos de justificación: "Y, créame, jamás le ha gustado a un alcohólico el 'disfrute' del alcohol menos que a mí". Stefan, que no tiene madera de terapeuta, le escribe a Roth en 1936: "Estoy muy orgulloso. Yo, el más demencial fumador en cadena, un auténtico Joseph Roth trasladado de lo alcohólico a lo nicotínico, llevo catorce días de total abstinencia. ¡Funciona si se quiere! Debe usted *querer* e incluso debe usted deber, mi querido amigo, esta vez (desde que yo mismo he luchado con el ángel de la nicotina) le pido una proeza". Roth le responde a vuelta de correo: "Bebo casi solo vino, palabra".

Como en toda amistad aderezada por el desastre, a lo largo de la correspondencia surgen malentendidos y aunque en general se aman, también se enfadan, eso sí, muy educadamente. Roth tiene una lucidez aplastante cuando habla del mundo en el que viven y se mete con Stefan: "usted vive y escribe como un romántico". Y es verdad que Stefan vive un poco al margen de todo, incluso del dinero, porque puede, pero no podrá siempre. "Tenga usted en cuenta que he pasado hambre durante veinte años, hecho la guerra durante cuatro, y soportado la 'amarga escasez' otros seis. Hasta hace tres años no he comenzado a medio vivir". Ataca a Stefan también por tener pasta. Siente hacia él un odio íntimo por ser afortunado que se convierte en algo insoportable cuando constata que encima es un buen hombre y lo ataca aún de un modo más amargo: "Para mi gusto usted ha tenido siempre demasiados amigos". Con razón le dice: "A veces me preocupa que mi orientación política me distancie de usted", pues Roth acabará siendo un patriota austriaco que se involucra en un intento de golpe de estado, no como Stefan. Roth se permite a veces ser directamente un borde: "¿Ha manifestado y demostrado una genial comprensión para con figuras muertas y no tiene ninguna por el amigo vivo? (...) Me parece que usted no ha tenido un amigo en su vida. Era usted solo un amigo de los demás" y para arreglarlo añade que él se deja hacer pedazos por Stefan. "¿Y si fuera un muerto?" le pregunta Roth en su paranoia pues cree que todos le quieren engañar y Stefan no sabe qué hacer. Le responde que la amargura siempre le acompañó, pero que el odio es nuevo y lo relaciona con el alcohol. Roth replica que no diga más que es un querulante. Stefan una y mil veces le pide que vaya a un centro de tratamiento, que él se lo paga, pero Roth no va.

Stefan hace gala de una infinita paciencia con su amigo suspicaz al que llama "hermano", aunque detecta en él una "inconsciente cólera" en su contra y se lo dice. Y también le dice que por más cartas enojadas que Roth le escriba, él no se enojará. Roth expone sus necesidades económicas de forma pormenorizada y pide dinero casi con descaro mientras sigue haciendo reproches a Stefan: "No está bien que sea usted un hermano bonachón de las cucarachas". Se refiere a que en agosto de 1935 Stefan ha tardado en manifestarse contra los nazis y en parte le disculpa: "Pero fue usted un optimista, y yo no". Y pide y pide, aparentemente, dinero: "Se lo ruego, se lo ruego, sálveme, me voy a pique sin duda, ya no puedo seguir vendido con pelos y señales, no puedo despertarme noche tras noche con un miedo cerval a la mañana, al camarero, al correo (...) mi vida es terrible. Merodeo de puntillas, como un criminal al que se acecha, me tiemblan las manos y los pies, y me encuentro medio seguro una vez que he bebido. Libéreme usted de la inseguridad y los temblores, y solo necesitaré cerveza y vino para escribir, nada de aguardiente".

EL MALESTAR EN LA CULTURA NO SE CURA VIAJANDO

Freud no dejó escrita su opinión concreta sobre la adicción de Roth, pero escribió esto en *El malestar en la cultura* según la traducción de Biblioteca Nueva: "Contra el temible mundo exterior solo puede uno defenderse mediante una forma cualquiera del alejamiento si pretende solucionar este problema únicamente para sí. Existe, desde luego, otro camino mejor: pasar al ataque contra la Naturaleza (...) Pero los más interesantes preventivos del sufrimiento son los que tratan de influir sobre nuestro propio organismo, pues en última instancia todo sufrimiento no es más que una sensación; solo existe en tanto lo sentimos, y únicamente lo sentimos en virtud de ciertas disposiciones de nuestro organismo. El más crudo, pero también el más efectivo de los métodos destinados a producir tal modificación, es el químico: la intoxicación". Continuando esta línea cien años después, podemos pensar que los individuos que presentan adicciones no son capaces de satisfacer sus necesidades afectivas en las relaciones que tienen y como tampoco toleran la soledad se ven atrapados en una conducta compulsiva y repetitiva que genera una especie de permanencia de objeto. Detengámonos aquí y dejen que les cuente algo importante: cuando un psicoanalista diga "objeto", sustitúyanlo por "madre" y en general se comprenderá todo. Pero es que con esta definición de adicción nos acercamos mucho a la definición o definiciones de amor que nos da el psicoanálisis que básicamente hablan de una búsqueda idealizada de ese primer amor, el amor de una madre.

Amor y alcohol. Stefan y Roth. Todo resumido en esta frase atribuida a Stefan que no he encontrado en sus libros: "El amor es como el vino, y como el vino también, a unos reconforta y a otros destroza". Repasando algunas de las caras que puede tener el amor podemos comprender mejor a Stefan. Si nos quedamos en la primera idea freudiana del amor como un amor narcisista, una especie de búsqueda especular en la que en realidad no buscamos nada porque nuestra media naranja, evidentemente, somos nosotros mismos. Esto también es muy siglo XXI y Stefan lo sufrió en sus carnes, renunciando durante años a una relación de pareja profunda que pudiera interferir en su deseo de alcanzar el éxito literario. Quizá la aparición de Friderike y la dureza de la vida alrededor de la primera guerra mundial lo cambiaron todo y, expresado en términos más lacanianos, Stefan pudo conjuntar el goce puramente sexual con el deseo de un objeto amado no sustituible por un desfile de amantes. Hago estas reflexiones con el libro *Ya no es como antes. Elogio del perdón en la vida amorosa*, de Massimo Recalcati en la mano que empieza así de fuerte: "El amor es una trampa, un engaño, una ilusión destinada a derretirse como la nieve bajo el sol, el efecto de un sueño de la razón, de una impostura, de un truco neuroendocrino". Las relaciones con Friderike y con Lotte arrancaron con esta potencia y fueron duraderas pero ¿a qué podemos aspirar los humanos en esta era del amor a uno mismo? ¿Únicamente a ser felices con un nuevo amor que acabará agotándose y entonces solo podremos resignarnos a la ausencia de deseo o cambiar de pareja? Stefan no era tonto y sabía que el amor perfecto no existe. Al principio solo lo sabía por lo que leía y luego porque tenía claro su proyecto vital y evidentemente no cabía en él un amor que subvirtiera todo el orden que él deseaba. Puede sonar frío, pero si nuestra educación fuera otra, toda declaración de amor y fidelidad eternos nos parecería una solemne mentira y preferiríamos afirmaciones menos megalomaníacas. Stefan le daba vueltas a este tema y al drama que formamos los humanos alrededor del amor. En *Ardiente secreto*, trató el amor edípico y el deseo, en *Miedo* el amor adúltero y las complicaciones que genera la obligación de fidelidad, en *24 horas* el amor no socialmente adecuado, en *Confusión* el amor bisexual y el poliamor, en *La impaciencia del corazón*, los peligros del amor compasivo, en *Amok*, el amor extremo que lleva al delirio y a la muerte. ¿En cuál de sus libros es en el que está él? No sé decir. En todos y en ninguno. Ni siquiera en su autobiografía ni en las biografías de Friderike. Quizá un poco más en sus cartas y en su diario.

La mayoría, cuando habla de Stefan, dice que era un hombre bueno, sabio, cariñoso, acogedor, generoso. Si una persona no tiene todas esas virtudes, ¿qué más da que nos hable de amor romántico? Amar es otra cosa y por cierto, algo muy difícil en aquel momento en Europa. *El mundo de ayer* termina con el capítulo titulado: "La agonía de la paz" que se abre con esta inquietante cita:

> El sol de Roma se ha puesto. Nuestro día murió.
> Nubes, rocío y peligros acechan;
> Hemos cumplido nuestra labor.
>
> Shakespeare. *Julio César*

Como ya conté, Dollfuss, el canciller federal que tomó el gobierno por la fuerza fue asesinado por los nacionalsocialistas austriacos en un fallido golpe de estado el 25 de julio de 1934. Los paramilitares eran miles y desfilaban con impunidad. Es como si los Ultra Sur llenaran toda la Castellana, desfilaran armados todos los fines de semana y hubiera millones de simpatizantes que dijeran que al menos así habrá orden. Es la lógica de la que viven los extremistas. Hace años culpaba solo a Alemania por el ascenso de los nazis. Ahora no sé qué pensar con partidos de ultraderecha en todos los parlamentos Europeos.

A pesar del asesinato de Dollfuss volvió cierta calma y cierta expectativa inocente de que aquello se calmara. Quizá por eso Stefan no vivía Londres como el destierro, todavía. Él se consolaría después pensando que no era un proscrito, nadie había tocados sus libros de la casa de Salzburgo, todavía tenía pasaporte austriaco, aún no era un apátrida. Él no era consciente de que todo sería provisional, ya nunca tendría un hogar que sintiera como tal, aunque a los observadores externos pudiera parecerles que Londres o Petrópolis sí lo eran.

Stefan vivió en Inglaterra desde 1934 a 1940, pero en su autobiografía se carga esos años de un plumazo, como haría un hombre cansado que no tiene energía para seguir contando. Algo extraño en él. Debía estar enfermo. Un escritor no deja de ser escritor a los sesenta, salvo que tenga una enfermedad que deteriore su funcionamiento cognitivo, pero no era el caso. ¿O sí? ¿Es que la depresión no lo deteriora? Sí, sabes en qué día vives y solo sufres olvidos muy selectivos, parece que no ocurre nada, pero ¿y si te olvidas de la alegría de vivir?, ¿quién querría seguir viviendo si no pudiera amar o recibir amor? Es verdad que hay mucha gente zombi que puede vivir así décadas, pero Stefan no era de esos.

Durante años, Stefan se autoexilió dentro de Inglaterra. Algo que luego reconocería como equivocado: "viví todos aquellos años de semiexilio y exilio desconectado de toda vida social franca y abierta, llevado por el error de considerar que en un país extranjero no me estaba permitido participar en debates sobre la época". Inglaterra era el único país del viejo mundo en que no publicó ningún artículo relacionado con temas actuales, donde nunca participó en debates públicos, aunque sí habló una vez en la televisión.

Como también haría con posterioridad fuera de Gran Bretaña, Stefan evitó en general los actos públicos y el mundillo de la escritura. No obstante, su don de la oportunidad hizo por ejemplo que en su visita a la casa de Bernard Shaw coincidiera con H.G. Wells y pudiera asistir a una interesante pelea dialéctica entre ambos. El afán de Stefan de separar el arte de la vida y sobre todo de la política tenía allí la justificación del idioma, que no dominaba totalmente. Stefan observa en silencio como en Londres los políticos y el pueblo se calmaban cada vez que Hitler hablaba de paz. Él sabía que era una trampa, había oído a las SA cantar: "Hoy Alemania es nuestra, mañana lo será el mundo entero". Era extraño haber adquirido en 1933 el manuscrito de un discurso de Hitler de 13 páginas. Stefan lo compró totalmente en secreto y como le ocurría con otras personalidades, lo estudió para intentar entender mejor a la persona que lo había producido. La inquietud por Europa le destrozaba los nervios y eso le movió a viajar mucho pues incluso cruzó el Atlántico en dos ocasiones, cómo decía él: "quizá empujado por el afán de saber que mientras la desconfianza y la discordia destruían nuestro mundo, en alguna parte se estaba construyendo otro". Así fue dándose cuenta de que su futuro estaba al otro lado y así fue para él, para su hermano, para su primera esposa y para las dos hijas de esta.

En marzo de 1936 Stefan se mudó en Londres a la calle de atrás. Dejó el piso de Portland Place por una vivienda en Hallam Street, cerca de Regents Park y, sobre todo, a una milla del British Museum y su biblioteca. Ese año iba a cumplir un sueño de la infancia, viajar a Sudamérica. En agosto fue al Congreso Internacional del Pen-Club en Argentina con escala en Brasil. En aquel momento era el autor europeo más leído en Sudamérica. En su singladura, hizo escala en Vigo, que entonces estaba en poder de Franco y vio algo que ya había visto en Italia y en Alemania y que lo perturbó: jóvenes con apariencia de venir de los pueblos vecinos eran flamantemente uniformados y armados y partían en camiones para servir al ideal fascista. Ante esa escena, Stefan se pregunta de dónde sale el dinero para pagar los uniformes, las armas, los camiones y llega a la conclusión de que hay alguien interesado en el conflicto, en extender el fascismo y que le da igual que se vayan a matar los jóvenes de un país entre sí envenenados por la propaganda, el odio y el miedo de los ricos. El barco que lo lleva a América es el Alcántara, el mismo que llevará tres años después a Ortega a su exilio argentino ¿Quién paga? Los pueblos pagan siempre. Alemania no terminó de pagar las compensaciones económicas por la guerra hasta 2010 y eso que le condonaron más del 50% de la deuda.

En los escaparates del mundo, incluidos los de Vigo, está su *María Estuardo* junto a *Mein Kampf* y al libro de Henry Ford contra los judíos. Stefan pone los pies en España y sale corriendo para su camarote, quizá porque, como escribe en su diario, dos horas en España son más intensas que un año en Inglaterra, lo que le recuerda la Viena de antaño. Durante el viaje vuelve a su burbuja porque solo le reconoce un judío de tercera clase. Una vez en Argentina, volvió a sentirse en España, pero no en una España ensangrentada, sino en una España de amplios horizontes y de abundancia que en ese momento lo llenó de esperanza. Stefan quedó fascinado por la belleza y la energía del sur que también encarnaba Brasil, otro país rico gracias a la naturaleza, mundo nuevo e inmenso aún no destruido por el hombre, al que no llegó la muerte directa ni la muerte diferida de la primera guerra mundial. Allí todavía se podía vivir en paz. En sus memorias Stefan dice que en Brasil vio el futuro, pero en realidad, vio un paraíso que ya se había perdido en su tierra. Un país en el que podría revivir en un mundo natural, nada culto, salvaje en cierta medida, donde todo el que sobrevive se siente joven. Pero el sentimiento de fondo era siempre el mismo a pesar de todo este brillo: "Por más que me alejara de Europa, su destino me acompañaba. Desembarcando de noche en Pernambuco, con la Cruz del Sur sobre mi cabeza y rodeado de gentes de piel oscura en la calle, vi en un periódico la noticia del bombardeo de Barcelona y del fusilamiento de un amigo español en cuya compañía había pasado unas agradables horas no hacía muchos meses. Cuando me dirigía a Tejas a toda velocidad en un vagón *pullman*, entre Houston y otra ciudad petrolera oí de repente a alguien que gritaba furioso en alemán: un compañero de viaje había sintonizado casualmente una emisora alemana en la radio del tren y tuve que escuchar, a través de la llanura de Tejas, un exaltado discurso de Hitler. No había modo de escaparse, ni de día ni de noche, siempre debía pensar, con dolorosa ansiedad, en Europa y, dentro de Europa, en Austria".

La gira por Estados Unidos en aquel enero sacó a Stefan de la melancolía. Acudían a escucharlo multitudes en el local más grande de cada ciudad que visitaba: Nueva York, Boston, Filadelfia, Cincinnati, Salt Lake City. Entre 1.000 y 3.000 personas lo escucharon cada vez.

Entretanto, en Londres se produjo una escena que sí que habría merecido ser grabada por las cámaras, incluso más que la entrevista de Stefan que se perdió: el encuentro de las dos mujeres en la casa de Londres. Friderike estaba allí catalogando la biblioteca, aproximadamente un tercio de la que llegó a haber en Salzburgo, o sea, una biblioteca enorme, y entonces apareció Lotte. Si creemos a Friderike, el comportamiento de Lotte "fue toda una declaración de guerra". Por desgracia no tenemos otro testimonio que el suyo, escrito muchos años después. La versión de Friderike es que ella sabía cómo funcionaba la cabeza de Stefan, que podía haberle planteado un ultimátum, pero que ella sabía que para crear él necesitaba tranquilidad y no quería fastidiar más sus alterados nervios.

De vuelta en Londres, la deriva hacia el odio de Hitler se empezaba a sentir. Se abrieron los refugios antiaéreos, se revisaron las máscaras antigás, se colocaron globos de defensa que a Stefan le parecían elefantes de juguete para niños. Todo esto haría que también dejara Londres y se fuera a vivir a Bath, a más de 100 millas al oeste de la capital, un poco más lejos de la amenaza nazi. Bath era para Stefan un lugar simbólico que lo hermanaba con el auge de la cultura inglesa en el siglo XVIII y XIX con Jane Austen a la cabeza. No obstante, la ciudad considerada como la más bella de Inglaterra, tampoco se libraría de los bombardeos nazis.

El mundo había cambiado mucho y muy rápido. Stefan, en una charla radiofónica a jóvenes, contaba que se había criado en un mundo en el que no existían los aviones ni la radio por la que les hablaba. Stefan estaba atormentado porque el destino del mundo lo decidiera un puñado de hombres en Berlín, en Roma, en París, en Londres, hombres que por otro lado no habían demostrado una sensatez o una habilidad especiales. Él pensaba de sí mismo que era un hombre despierto, pensante, que había trabajado al margen de la política; un hombre tenaz, tranquilo, consagrado a su trabajo, capaz de transformar sus años en obras, pero que a pesar de todo ello se sentía totalmente impotente. Su vida estaba en manos de otros que decidían sobre su libertad. Esta vez era distinto que en la primera guerra mundial porque Stefan ahora se "encontraba sin fuerza ni voluntad frente al destino y los pensamientos latían vacíos de sentido en mis doloridas sienes".

A pesar de esa aparición radiofónica y de la única entrevista que dio para televisión en el verano de 1937 por la que le pagaron dos guineas, Stefan disfrutaba de cierto anonimato. Salir cinco minutos en televisión no tenía la misma repercusión que ahora y de hecho, aquel metraje no se grabó y solo queda de él una transcripción. Por eso sabemos que Stefan habló de que su proyecto era pasar la mayor parte del año en Londres, siete y ocho meses al año, y el resto del tiempo, viajar. En ese momento habla de que Londres es la ciudad ideal para él por las bibliotecas, porque se estaba convirtiendo en la capital de la música y ahí podía trabajar sin que nada lo molestara. Siempre con su máxima de que el artista necesita soledad y tranquilidad, algo que se vería profundamente afectado por la guerra y por los refugiados que sí reconocían a Stefan.

Friderike y sus hijas habían denominado la marcha de Stefan de Salzburgo "huida de la patria" y habían azuzado a los amigos y a la madre de Stefan para intentar convencerlo de que se quedara.

Friderike se resistía a divorciarse una segunda vez y, como sospechaba Stefan, le daba miedo perder su seguridad económica. Normal. Stefan insistía a Friderike en que se preocupase activamente por casar a sus hijas o al menos a una de ellas para que no dependieran de ella y, en consecuencia, de él.

Pero Stefan se había desterrado voluntariamente en Londres y solo volvía a Austria de visita. Escribía: "no puedo quedarme sentado eternamente mirando el muro de Alemania que se alza por encima de Salzburgo". Hacía el recorrido Londres, París, Zúrich, Salzburgo y Viena y vuelta. Evitaba Alemania haciendo el recorrido desde Zúrich en avión. Volvía a visitar a la familia y a intentar liquidar su vida en Salzburgo. Por ejemplo, en 1935, paró en Zúrich para estudiar a Castellio y asistió a una recepción celebrada en honor a Thomas Mann. Casi como despedida, Stefan le regaló un autógrafo de Goethe con un breve poema que le tuvo que encantar porque lo enmarcó y lo colgó en su habitación de trabajo. En Julio, Stefan pasó varios días en Pontresina, al este de Suiza, junto a St-Moritz, donde se vio con Erich Ebermayer, que lo encontró con un estado de ánimo distinto del habitual y escribió después: "Zweig está aquí con su joven secretaria, Lotte Altmann, una criatura inteligente, de ojos melancólicos. Él apenas habla de Salzburgo, apenas habla del Kapuzinerberg y nunca se refiere a su mujer. Yo evito todas las preguntas [...] En lo personal parece estar atravesando una grave crisis, y esto es algo que puede notarse en cada una de sus palabras. Su vieja vida está hecha pedazos. Ahora está construyéndose una nueva".

Stefan se detenía poco en Salzburgo. Permanecía junto a Friderike lo mínimo necesario. Estaba huido de Austria, huido de Friderike. La libertad es algo difícil, aunque repitas la palabra como hacía Stefan en sus diarios. En Salzburgo, Stefan se reencontraba con sus amigos: Carl Zuckmayer que sacaba la vis cómica de Stefan, Felix Braun que acabó regresando a Austria desde Inglaterra en 1951, el incondicional Erwin Rieger que hasta escribía con la misma tinta violeta de Stefan, su querido Emil Fuchs, con quien jugaba al ajedrez en el Café Bazar. Matuschek dice, basándose en el testimonio de Alfred Zweig, que quizá Fuchs era el único amigo de verdad de Stefan, aunque no queda constancia de una correspondencia entre ellos. Fuchs pertenecía al partido socialdemócrata y trabajaba en el *Salzburger Wacht*, la publicación del partido. Stefan acudía a la casa de Fuchs cuando tenía problemas de verdad con Friderike y a veces la mujer de Fuchs hacía de secretaria de Stefan. Por cierto que Friderike la prefería a Anna Meingast, aunque no le hiciera mucha gracia la implicación política de su marido. No olvidemos que en junio de aquel año el nombre de Stefan estaba en los carteles de la ópera de Strauss *La mujer silenciosa* saltándose la prohibición de los nazis con el beneplácito de Hitler.

Cuando entregó su *María Estuardo* al editor, Stefan no se pudo marchar de Viena porque su madre estaba enferma. Estuvo meses en el hotel Regina, donde también se había alojado la poeta Hilda Doolittle los dos años anteriores para analizarse con Freud al ritmo infernal de cuatro sesiones semanales. H. D., que era como solía firmar, llegó con 47 años a Bergasse 19, cuando el maestro le sacaba treinta años y acabó escribiendo su *Tributo a Freud.* Pero dos años después, en aquel 1935, caían del cielo octavillas con esvásticas doradas que decían "Hitler da pan", "Hitler da trabajo".

Es verdad que Stefan huía y eso se notaba en todo. Lo más llamativo fue que se deshizo de la mayor parte de sus manuscritos, acumulados con tanto afán durante décadas. Stefan regaló una parte, no la más importante, a la Biblioteca Nacional de Viena, principalmente piezas de sus coetáneos que había recibido como regalo, otra parte la vendió y del resto escribió: "lo que pasa o ha pasado con el resto no me preocupa demasiado", pero está claro que no era cierto. Ya desde 1934, envió en secreto a la Jewish National and University Library de Jerusalén las cartas más importantes que había recibido. Cartas de Verhaeren, Rolland, Freud, Gorki, Hofmannsthal, Rilke, Ratheneau y Thomas y Heinrich Mann. Desde Jerusalén le habían pedido material de autores judíos y él envió todo esto, tal vez sin entusiasmo, pero con la generosidad del hombre que sabe que su mundo se acaba. Si no, ¿por qué deshacerse de las cartas de todos esos hombres ilustres y amados por él? Hay algo de suicida en desprenderse para siempre de lo que alguna vez ha sido muy importante para ti. Aunque también puede deberse a un impulso, digamos, budista. Stefan regaló todos estos manuscritos con la condición de que el material no se abriese hasta diez años después de su muerte. La colección de Stefan acabó en tres sitios: la Biblioteca de Viena, la de Jerusalén y en un anticuario que los vendió al mejor postor que resultó ser Martin Bodmer, hermano de Hans, el coleccionista de Zúrich al que se le adelantó Stefan con lo de Beethoven y a quien conoció en Suiza durante la primera guerra mundial. Lo más curioso es que el lote incluía una de las últimas adquisiciones. Nada menos que el original de la letra del himno alemán, *Das lied der Deutschen* de Heinrich Hoffmann von Fallersleben, que había comprado en una subasta en París. Pero es que ahí no acaba la cosa, porque, como ya he contado, Stefan era el dueño del original de la música de Haydn del himno alemán, *Gott erhalte Franz der Kaiser*. Por lo tanto, llegó a poseer todo el himno de la ignominia que incluye los versos "Deutschland, Deutschland über alles", Alemania por encima de todo, que sigue siendo el himno oficial de Alemania, aunque la primera estrofa esté prohibida.

La compra por parte de Martin Bodmer y la llegada de los manuscritos a Suiza fue crucial para que se conservaran, porque finalmente fueron transferidos a la Fundación Martin Bodmer que sigue abierta en Cologny, colindante con Ginebra, a orillas del lago Leman. Aparte de estos tres lugares, hay un cuarto, la British Library a la que los herederos de Stefan Zweig donaron en 1986 más de doscientas piezas de la colección que todavía conservaban en su poder.

La liquidación total se produjo en 1936, la última vez que Stefan estuvo en Salzburgo. Según el relato de Friderike, el incinerador humeó sin parar durante dos días quemando todo tipo de documentos y cartas. Stefan estaba serio y parecía muy angustiado. Después, vino la venta de la casa. La presión de Stefan a Friderike funcionó a principios de 1937, pero ya era demasiado tarde. Se despidió a los criados y en abril la casa se vendió a unos comerciantes de Salzburgo, los Gollhofer, por 63.000 chelines austriacos. Pagaron 47.000 de entrada, porque esa cifra era lo que se debía en concepto de impuestos acumulados, y el resto se abonaría en dos años. La verdad es que no entiendo nada. ¿Quién administró aquel desastre? ¿Fue Friderike que en su afán de no abandonar Salzburgo y de no perder a Stefan se aferró demasiado? ¿Fue Stefan que no se atrevió a dar un golpe de mano antes por la culpa? Con razón Stefan se quejaba de que habría perdido menos dinero regalando la casa a un extraño en 1934. Por la culpa los humanos somos capaces de firmar la muerte de Manolete.

Para que el Ministerio de Hacienda lo dejara tranquilo, algo que le preocupaba sobremanera a pesar de haber saldado todas sus deudas, Stefan donó 101 autógrafos de su colección a la Biblioteca Nacional de Viena. Además regaló sus obras completas al ministro de economía y al director general, pues era sabido que había que tener alguna gracia con ellos para que estuvieran satisfechos. Entre los autógrafos, como mencionamos, había muchos de autores contemporáneos: Kafka, Thomas Mann, Hesse, Roth, Rolland.

Friderike alquiló una casa en Salzburgo con la idea de montar un hostal y Stefan le envió dinero para el alquiler y le regaló un manuscrito de Goethe, "Mailied" ("Canción de mayo") una canción de amor que termina con estos versos:

> Igual que yo te amo, con sangre ardiente,
> a ti, que para cantar y bailar,
> me infundes juventud, alegría y valor,
> ¡Sea eternamente feliz, si tú me amas!

Esta traducción la he tomado de la preciosa versión que aparece en YouTube cantada por el barítono Dietrich Fischer-Dieskau. Por añadir un par de curiosidades de las cuales la segunda no me parece para nada fortuita, le puso música Beethoven y como ya dijimos cuando esta canción estaba colgada en el apartamento de soltero de Stefan en la segunda estrofa aparece la palabra "Zweig".

DESMANTELAR TU VIDA

Desmantelar tu vida es una mierda. Todo lo que queda atrás toma un valor relativo, como cuando en una separación se hacen dos lotes y lo que queda en uno o en otro termina dando igual y solo quieres que aquello termine. Stefan puso también a la venta su biblioteca. Ni los libros ni los objetos de la casa parecían significar mucho para él. Benedetti dejó de escribir crítica literaria cuando tuvo que dejar

Montevideo porque su vida corría peligro y emigró a Mallorca. Por salvarse, dejó atrás su biblioteca y escribió *Primavera con una esquina rota*. Stefan sin su biblioteca, siguió escribiendo como siempre.

Stefan le escribía a Friderike diciendo que vendiera todo, el piano del salón, el arcón de su abuelo donde había guardado los manuscritos. Todo. Se excusaba diciendo que lo único que quería era tener libre la cabeza. Semejantes instrucciones suenan increíbles para Stefan y, por el contrario, muy creíbles en el caso de un hombre que huye, que sabe que está en guerra, aunque los demás no se den mucha cuenta. Le pedía que quemara todo lo que tuviera que ver con cuentas corrientes, que vendiera los libros que no fueran muy importantes a un librero de viejo por un chelín la pieza arrancando la dedicatoria si la tenían. Friderike, obedientemente, se deshizo de los libros pero conservó las dedicatorias. Liquidó incluso su colección de los libros de Stefan en todos los idiomas imaginables, unos 600 ejemplares. El temor a la persecución por parte de las autoridades austriacas hizo que Stefan no figurase en las transacciones y de hecho, cuando compró unos manuscritos de Wagner que luego formarían parte de su legado póstumo, hizo que él apareciera como intermediario, no como comprador. Es curioso que comprase manuscritos de Wagner, él, un judío. Resulta una especie de venganza poética contra los nazis. El escritorio de Beethoven, con cuya historia podría escribirse una novela, se trasladó a Viena a casa de Alfred. El violín y la cuchara de plata para la nata montada desaparecieron para siempre. Los contratos con el extranjero los guardó su secretaria.

Stefan le escribió a Rolland y le resumió su situación así: "Todo esto se halla relacionado con la reorganización de mi vida gracias al señor Hitler y a los demás acontecimientos de nuestro tiempo". Stefan despreciaba a ese "agitador de cervecería" que no había terminado la secundaria. Como la mayoría de alemanes, creía que Hitler y los nazis serían un fenómeno pasajero, y lo fueron, pero muy destructivo. Una tiranía brutal de una ambición tan exagerada y desquiciada que se autodestruyó en su irrealidad, pero que dejó ruinas humeantes por todo el mundo.

Stefan intentaba evadirse en la escritura porque su búsqueda continuaba. Mientras escribía su autorretrato encubierto, su Erasmo.

Le escribió a Lavinia Mazzucchetti: "El *Erasmo* me ha ayudado tanto como me ayudó durante la guerra el *Jeremías*. Se ha convertido para mí en una especie de remedio de urgencia y mediante él he aclarado muchas cosas". Stefan llevaba años sin terminar una novela. Se había dedicado a las biografías y, aunque lo había intentado, no había conseguido terminar ninguna obra de narrativa. Había empezado varias veces un proyecto que a veces se llamaba *Historia de una cartera* que debía ser una gran novela sobre Austria, pero no prosperó. En 1936 empezó a trabajar en *La impaciencia del corazón* que se publicaría en 1939. Entre sus proyectos inacabados está el curioso *Novela corta sobre autógrafos* que llenaba dos agendas de borradores y que nunca pasó de ahí. La historia iba a ser la de un coleccionista de manuscritos musicales que por la crisis tiene que malvender su valiosa colección. Tal vez le resultara demasiado doloroso. Rolland escribió en el prólogo de la edición francesa de *Amok*: "Acumula autógrafos en su fiebre por descubrir el secreto de los grandes hombres, de las grandes pasiones y las grandes creaciones, todo aquello que ocultan al público, lo que no han divulgado (...) es el escritor que ha hecho suya la peligrosa llave de Freud, el cazador de almas". Cuando a Stefan le interesaba un escritor no tardaba en tener un autógrafo suyo. Buscaba la verdad oculta que hay más allá de lo evidente.

Este libro empezó después de que yo dijera que la segunda parte de *Los escritores suicidas* la tendría que escribir otro, pero desde el día que lo dije, fueron tantos los que me preguntaron por usted, señor Zweig, que cambié de idea. Es verdad que tuve muchas dudas, pero en la Feria del Libro Usado de Madrid encontré las obras completas y ahí sí que me lie. Salvando las distancias, en Londres a Stefan le pasó algo similar. Estaba cansado de biografías, pero en el British Museum, su pasión por los manuscritos tardó escasos tres días en despertarse en contacto con la riqueza de los fondos del museo. Todo empezó por un informe escrito a mano sobre la ejecución de María Estuardo. Stefan se empezó a preguntar si realmente ella había tenido algo que ver en el asesinato de su segundo marido. Compró libros sobre su historia y como se dio cuenta de que las obras existentes la trataban como a una santa o como a una traidora y nadie le supo recomendar nada mejor pensó que hacía falta investigar lo que pasó. Ya tenía plan. ¿Verdad, señor Zweig?

Figura 36. Stalin y Rolland en 1935 cuando el humanista francés accedió a visitar la URSS (fotografía de Nikolay Petrov. Dominio público. commons.wikimedia.org).

Stefan encuentra la ilusión en Londres. Escribe *María Estuardo*, pero la interrumpe para terminar su biografía filosófica: Erasmo. Erasmo se mantiene digno ante las locuras de su siglo. ¿Podrá Stefan? El libro tiene un subtítulo interesante: *Grandeza y decadencia de una idea*. La idea es el humanismo. Termina el libro en Salzburgo, pero poco más lo va a pisar. Ya se está marchando de allí. El verdadero intelectual está solo o, al menos, debe estar preparado para estarlo. Rolland renunció a la medalla Goethe alemana en 1933. Escribió una carta de renuncia motivada por la repulsa que le producía el proceso ilegal que encumbró a Hitler, en la que abogaba por los falsamente acusados de quemar el Reichstag. Rolland era así, rechazaba el Goethe, rechazaba las invitaciones de la URSS, y creaba un comité internacional para apoyar a la República Española. Muchas veces discutía con su amigo Stefan por su falta de compromiso, pero nadie es perfecto y hasta él accedió finalmente a ir a la URSS en 1935 donde se fotografió como representante de los intelectuales franceses con el mismísimo Stalin. En las fotos de aquel encuentro se ve a dos personas totalmente diferentes, como si pertenecieran a especies distintas, y no solo porque uno vaya de blanco y el otro de negro. Tras ese borrón, en 1936, con la ocasión del 70 cumpleaños de Rolland, sus amigos del Frente Popular organizan un homenaje en la sala Pleyel donde se representó su obra *14 de julio* con decorados de Picasso. La guerra separaría para siempre a Stefan y a Rolland porque ambos murieron antes de que terminara.

Stefan completó su proceso de despedida de Austria a finales de 1937 visitando a Freud a quien sugirió la idea de escribir sobre la tragedia de los judíos. Había estado en octubre viendo a su anciana madre y no tardó mucho en regresar a Londres. Pero ya en Inglaterra, recordaba perfectamente el día que paseaba por Regent Street y compró el *Evening Standard*, los titulares de la visita de Lord Halifax a Berlín para negociar con Hitler le hicieron temblar. Debía ser el 18 de noviembre y con su prudencia, dice que leyó o que creyó leer algo sobre el sacrificio de Austria. Esta línea desaparecería de las siguientes ediciones, pero Stefan supo que las demás naciones abandonarían a Austria y se marchó a toda prisa a comprar un billete para Viena. Los austriacos sabían que Hitler nunca cedería Austria y Stefan veía Austria como la piedra angular que haría que todo el edificio de Europa se derrumbara, así que metió cuatro cosas en la maleta y salió a la mañana siguiente para despedirse de su familia, sus amigos y su país. Sus amigos se rieron al verlo regresar tan pronto con su miedo y le dijeron que era "el mismo Jeremías de siempre". Pero él sabía demasiada historia como para no estar seguro que en cuanto entrase Hitler al país, todos lo aclamarían ante la imposibilidad de enfrentarse a él. Era curiosa la despreocupación entre los vieneses y Stefan pensó tiempo después lo rápido que iban a cambiar sus trajes por los uniformes de los campos, cuando no por una muerte rápida y despersonalizada de la que él no tendría noticias fidedignas. Stefan chocó con la tonta confianza austriaca recogida en el axioma al que puso palabras el dramaturgo Ludwig Anzengruber en su obra de 1872 *Die Kreuzelschreiber* (*Los que firman con una cruz*). El protagonista, Hans el picapedrero, que agoniza, mejora de repente con una revelación que es casi mística pues descubre que como forma parte del todo, en realidad "nada te puede pasar" como dice la traducción de Acantilado de *El mundo de ayer* o "¡No te puede pasar nada!" que se traduce en otros lugares. Parece que ese momento de la obra impresionó hondamente a Wittgenstein y que incluso le permitió superar la crisis que lo llevó al borde del suicidio, o al menos eso cuenta en la introducción de los *Diarios secretos* su editor W. Baum. Así que como Viena no estaba para despedirse de Stefan, a partir del segundo día allí, ya no advirtió a nadie sobre sus catastróficas sospechas, y él sí se despidió. Nadie podría negar que Viena no era la misma. Explotaban bombas, había manifestaciones que parecían reyertas, jóvenes con los calcetines blancos hasta la rodilla, paramilitares exhibiendo su poder, esvásticas por todas partes pintadas, pegadas. Stefan no era un iluminado, es que los demás no querían ver. Las leyes racistas y antisemitas imperaban en Alemania desde septiembre de 1935 y solo se suspendieron durante las dos semanas que duró la Olimpiada de Berlín de 1936.

Pero es que despedirte tú solo es muy duro. Stefan sabía que nunca más vería a sus amigos, que nunca más pasearía por aquellas calles, que nunca más abrazaría a su madre. Y por eso se despidió de todos y pasó los últimos días recorriendo la ciudad, como quien recorre la piel de una amante a la que hay que decir adiós, y en su cabeza se repetía la letanía: nunca más. Es duro ser Jeremías y que nadie te comprenda. El tren que lo sacó de Austria pasó por Salzburgo y Stefan no se detuvo, y ni siquiera se asomó por la ventanilla para despedirse de la casa en la que había vivido y creado durante casi veinte años. La casa en la que había sido feliz con Friderike, la casa de la colina en la que se había convertido en el mundialmente famoso Stefan Zweig. No volvió los ojos atrás. "¿Para qué, mirándolo bien, si no volvería a vivir allí?, y en el instante en que el tren cruzó la frontera supe, como el patriarca Lot de la Biblia, que detrás de mí todo era polvo y ceniza, un pasado petrificado en sal amarga".

Figura 37. Junto a la puerta de la casa de Salzburgo hay cuatro placas de las que solo mostramos una. Dicen que ahí vivieron Stefan Zweig, Friderike Zweig-Winternitz, Alexia Winternitz y Susana Winternitz. Según las inscripciones, él escapó en 1934 y ellas en 1938 (fotografía del autor).

Nietzsche en boca de Zaratustra dijo: "Yo amo a quienes no saben vivir de otro modo que hundiéndose en su ocaso, pues ellos son los que pasan al otro lado". El 13 de marzo de 1938 según Stefan, el 12 según la historia, se produjo la anexión de Austria o Anschluss y ahí ya se desató la "fantasía del odio". Catedráticos y judíos eran humillados de diversas formas por mozalbetes de las SA. Les obligaban a hacer el saludo hitleriano, los arrastraban por las calles, les hacían limpiar las letrinas de las SA. Nada distinto a lo que había ocurrido en Alemania antes y solo el preludio de lo que ocurriría en noviembre en todo el imperio nazi en la noche de los cristales rotos.

En cierta ocasión, el padre de Freud le contó, para decirle que los tiempos habían mejorado, que un ciudadano católico del Imperio Austrohúngaro le quitó el gorro y lo arrojó al barro diciéndole: "¡Judío, bájate de la acera!". Esto sucedió a mitad del siglo XIX y Freud le preguntó a su padre que qué hizo él. El padre hizo lo que se hace con los agresores que son más fuertes que tú, bajar a la calle y recoger el gorro.

Los últimos judíos que pudieron escapar, salieron de Viena después de la anexión alemana a lo largo de 1938. Entre ellos Freud, que gracias a Marie Bonaparte, una clienta rica y agradecida y discípula del maestro, abandonó Berggasse 19 con su familia el 4 de junio. También abandonó Viena a finales de marzo Alfred Zweig con su mujer Stefanie. A la madre la dejaron en Viena, porque ella quiso quedarse y Alfred dispuso todo para que estuviera bien atendida. Ida Zweig, antes Brettauer, falleció en agosto. En ese momento desaparecieron sus joyas y también la colección de recortes de prensa en relación con su hijo Stefan. La fábrica de tejidos de los Zweig en Ober-Rosenthal fue vendida a una empresa alemana por el alcalde de la ciudad sin que los Zweig recibieran nada, el segundo plazo de la casa de Stefan tampoco se abonó. Las propiedades de los Zweig se volatilizaron. Los bienes de todos los judíos que tuvieron la mala fortuna de vivir en lo que durante algún tiempo ocupó el autodenominado "Tercer Reich" fueron fagocitados por los nazis y por sus vecinos. Así nadie se quejó y cuando alguno tuvo la desfachatez de volver años después a recuperar lo que era de su familia tuvo muchas dificultades.

Con la muerte de su madre, Stefan sintió cierto alivio. Tenían idea de sacarla del país, pero no dio tiempo y él pensó que ya no tendría que padecer más con sus ochenta y cuatro años. No tendría que sufrir absurdas leyes como la de que los judíos no pudieran sentarse en los bancos del parque. Cuando la madre enfermó de gravedad y el médico dijo que no pasaría de esa noche no había ningún hijo en Austria y volver no era ya una opción porque incluso se consideraba delito. Contrataron a una enfermera y también pretendía velarla un primo mayor. La enfermera le dijo que no podrían pasar la noche bajo el mismo techo por las nuevas leyes que pretendían evitar la "deshonra racial", así que el primo, que también estaba enfermo, se tuvo que marchar.

Estaba claro que todo lo explicaba el materialismo. Declarar a los judíos indignos daba permiso para saquear sus propiedades y enriquecerse rápidamente. Menos mal que la madre se libró del asesinato. Cuando cayó Austria, Stefan dejó de ser un huésped en Inglaterra y se convirtió en un refugiado. Como le había dicho años atrás un exiliado ruso, antes el hombre solo tenía cuerpo y alma. Ahora, además, necesitaba un pasaporte. Los tiempos habían cambiado y todo eran trabas para la libertad de las personas. Stefan recordaba que antes de 1914 viajó a la India y a América sin pasaporte, porque hubo un tiempo que la gente subía y bajaba de los barcos y los trenes sin que nadie preguntara. Lo de los aviones ya es otra historia. En el mundo de ayer no existían los visados ni los salvoconductos, pero a partir de la primera guerra mundial el mundo enloqueció y empezó el miedo al extranjero. Para Stefan, solicitar un pasaporte o un permiso de residencia, retratarse de frente y de perfil con las orejas bien visibles, imprimir sus huellas dactilares, tener que presentar certificados de todo tipo: de salud, de vacunación, de buena conducta, cartas de recomendación, invitaciones, direcciones de amigos, rellenar formularios y formularios, firmar varias copias, constituía una suerte de humillación. Stefan pasó los años siguientes muchas horas rellenando declaraciones, desesperando en salas de espera, contestando interrogatorios cada vez que cruzaba una frontera, soportando registros. Perdió mucho tiempo y mucha energía en burocracia, inmerso como todos sus contemporáneos en el proceso de Kafka. Todos menos Kafka.

Antes, cuando llegaba a un país extranjero, lo primero que hacía era visitar los museos y los monumentos. Ahora, lo primero era el consulado o la comisaría para tener los permisos en regla. El arte y la vida habían pasado a un segundo plano. Lo primero era la burocracia y conocer a una funcionaria era más importante que la amistad de Toscanini. Así comenzó el éxodo interminable. Ya no había vuelta atrás. Stefan ya no estaba en el padrón y se había destruido toda la correspondencia que tuviera que ver con las conferencias que había dado en Alemania. La embajada austriaca empezó a enviar informes de que había hablado en contra de su patria en París y en Londres.

LA OSCURIDAD

El cincuenta cumpleaños de Stefan lo anunció un imponente fajo de cartas y telegramas llegados de todas partes. Su editorial, Insel, como regalo conmemorativo, editó una bibliografía de todas sus obras en todos los idiomas que era en sí misma un libro. Había traducciones a todos los idiomas imaginables, incluidos el búlgaro, el finés, el armenio, el chino, y hasta transcripciones en taquigrafía y en braille. Stefan escribió esto: "Y así transcurrieron mis años, trabajando y viajando, aprendiendo, leyendo, coleccionando y disfrutando de todo ello. Me desperté una mañana de noviembre de 1931 y tenía cincuenta años".

Stefan estaba orgulloso de haberse mantenido libre, "independiente de cargos y profesiones". Dedicado solo a su pasión. No es que fuera un hombre estándar que se habría complacido ante la perspectiva de sentarse en la misma silla y seguir escribiendo libros y cobrando derechos de autor para acabar convirtiéndose en un anciano y respetable escritor. El artista sabía que quizá era mejor para su obra y para él que ocurriera algo nuevo, algo distinto, que lo moviera y le enseñara más sobre el mundo.

El artista se debate entre el deseo de paz cuando se mueve y el deseo de movimiento cuando está en paz. Ése era Stefan también, pero lo que pasó superó todas sus expectativas. Stefan se consideraba afortunado. Tenía la vaga sensación de que un oscuro poder que podríamos llamar destino le había concedido más cosas de las que él se habría atrevido a desear, pero ese mismo mecenas decidió en cierto momento aplastar todo y hacer que Stefan empezara de nuevo, desde cero o peor aún, desde las ruinas y a una edad ya avanzada para la concepción de la época.

La crisis de los cincuenta lo pilló de lleno y en la primavera de 1934 ya estaba de viaje por Escocia con su secretaria para visitar los lugares donde había vivido María Estuardo. Él tenía 52 años, ella justo la mitad. Claro que él no era nadie sin una secretaria eficiente y Lotte lo era, pero había algo más. Lotte era la muchacha fascinada por el hombre sabio y famoso que además necesitaba que alguien lo quisiera. Afortunadamente, no era la pasivo-agresiva que protagonizaba *Carta de una desconocida.* Lotte se enamoró del escritor y también del hombre y fue feliz o al menos lo parece en la foto que le hizo Stefan en aquel viaje y que recoge Prochnik en su libro.

El sentimiento parece que era mutuo por lo que Stefan le había contado a Roth. Según Stefan había empezado a aprender de nuevo, como un chico de instituto. La historia del amor del hombre maduro con la joven recuerda el capítulo dedicado a Goethe en *Momentos estelares de la humanidad.* Goethe, un hombre de más de 70 se enamora de una muchacha de 19 y casi se casa con ella, pero al final ella rechaza la propuesta. Por esta negativa casi muere de tristeza Goethe según su propia *Elegía de Marienbad*, pero llega un momento en que se recompone, porque todo enamoramiento no deja de ser una ficción, en este caso una ficción patriarcal, y pasa los siguientes diez años de su vida ordenando toda su obra. Stefan también podía haber hecho esto, mirando con superioridad a su admirado Goethe del brazo de una joven que a él sí que lo aceptó. Pero no fue exactamente así, aunque al principio Stefan sí que jugaba con su amada a quedar en estaciones extrañas de ese Londres que inventaron juntos.

En ese verano de 1934, el periodista Egon M. Salzer describiría así a Stefan, según recoge Matuschek, equivocándose en la escritura de su nombre: "La indolente dejadez de su carácter externo no es para nada un signo de su verdadero ser. Stephan Zweig es uno de los más productivos maestros del idioma alemán. Es un austriaco. Sus oscuros y soñadores ojos hacen pensar en un injerto de sangre eslava. Sus manos finas, delicadas, son muy expresivas; su modo de andar, impetuoso, delata ese afán, que sobrepasa el entorno concreto, de ir hacia fuera, hacia los territorios fronterizos del alma humana, que él ha sabido diseccionar mejor que ningún otro maestro".

¿Cómo gestionó esos meses Stefan el amor y el deseo? Porque, desde luego, el periodista no vio nada. Siempre discreto, Stefan disfrutaría en aquel universo inglés, enseñando a su amante todo lo que él había aprendido del sexo y del amor. Un amante es un juguete nuevo con el que jugar. El amor es un idioma que crea cada pareja. El deseo es muy grande al principio, cuando resiste todavía la sensación de que se ha encontrado el verdadero, el auténtico, el que tapa todas las grietas. Todo esto nos mantiene entretenidos a los humanos durante un tiempo.

Stefan es el hombre que trabaja para parecerse a Rolland o a Erasmo, pero también es un hombre que desea y, sabedor de que el deseo está mal visto en su mundo, lo oculta. Es el momento de mencionar una parte oscura de Stefan a la que solo se puede acceder a través de rumores transmitidos por amigos que dejaron de serlo y que Matuschek recoge en *Las tres vidas de Stefan Zweig*.

Carl Zuckmayer en su libro *Horen der Freundschaft* (*Horas de amistad)* no habla muy bien de Stefan: "por lo demás era un hombre extraño, un *komisher Vogel* (bicho raro) como decimos en alemán. Se me ocurre esta imagen porque tenía, en efecto, unos ojillos oscuros, pequeños como botones, muy brillantes, en los que la calidez y también la melancolía no se hacían visibles hasta que uno lo había tratado con confianza mucho tiempo. Zweig amaba a las mujeres, las adoraba, le gustaba hablar de ellas pero *in the flesh* (no hay en nuestra lengua una expresión que tenga igual significado) prefería evitarlas". Zuckmayer cuenta a continuación que en su casa, cuando llegaba Stefan y estaba su mujer con una amiga él se ponía nervioso, no acertaba a conversar bien, rechazaba cortesmente cualquier invitación hasta que las mujeres pillaban la indirecta y los dejaban solos. Ahí se tranquilizaba. "Se sentía relajado y se entregaba, entre hombres, a su intensa y siempre excitante elocuencia. Le gustaba dejar caer, guiñando ladinamente los ojos, pequeñas alusiones a vivencias eróticas para las cuales, sin embargo, nunca tenía tiempo". Qué sabría él, me atrevo a decir. Es verdad que a Stefan le interesaban muchas veces más sus historias que la vida real y que según cuenta Zuckmayer, podía contar las fimosis, sífilis o gonorreas del reino de María Antonieta con un detalle que solo alcanzaría el dermatólogo de la corte. Pero si lo hacía con discreción, tapándose un poco la boca con la mano previa expulsión de las mujeres, supongo que de eso no se puede deducir que no le interesaran. Pero Zuckmayer también habla de la generosidad de Stefan y de su capacidad para la amistad. Pues no solo introdujo al dramaturgo en ciernes en los círculos culturales de Salzburgo, sino que en una ocasión le regaló una estufa que seguramente tuvo que buscar por todo Salzburgo cuando Zuckmayer y su mujer la necesitaban tanto. Stefan le quitó importancia y les contó que la tenía en el desván, pero estaba claro que no era verdad.

El caso de su amigo de juventud Benno Geiger fue mucho peor, pues es quien difundió los rumores más inquietantes sobre Stefan. Geiger no solo se metió con él en vida en aquel poema que ya cité, sino que una vez muerto habló abiertamente de su homosexualidad y su exhibicionismo. En 1958, en italiano, y en una edición muy limitada, Geiger publicó *Recuerdos de mi vida* donde cuenta, por ejemplo, que Stefan llevaba encima un justificante firmado por el mismísimo Sigmund Freud en el que se hacía hincapié en las circunstancias atenuantes que concurrían en su caso de exhibicionismo, que debería utilizar en caso de ser detenido. Lo cuenta así: "También Zweig tenía su pequeña perversión y, para no chocar con la ley, había hecho que Freud, que de esas cosas sabía mucho, le firmara un certificado donde constaba que era paciente suyo y estaba en tratamiento. Eso me lo contó el propio Zweig. Tenía la manía del exhibicionismo, es decir, padecía una irresistible tendencia a mostrarse desnudo en presencia de una muchacha joven y solitaria. A esa fruslería le había dado el nombre inventado de Schauprangertum [exponer las vergüenzas]. Los lugares que él prefería eran los caminos del parque de Schönbrunn, especialmente la vieja "Casa de los monos", que desde hacía tiempo no se usaba como jaula y se encontraba en el centro de un laberinto". Se supone que desde allí se podía ver si venían los policías y Stefan conocía muy bien el parque y las callejuelas por las que se podía escabullir.

Pero Geiger va más allá. Relaciona el poema de Stefan *Ballade von einem Traum* (*Balada de un sueño*) publicado en 1923 con la novela *Confusión de los sentimientos* y afirma que es una "gran confesión poética" de sus tendencias homosexuales y exhibicionistas. El poema es muy ambiguo y se refiere al miedo de ser descubierto y de que salga a la luz su secreto, lo que nunca confesó despierto. El poeta, en su sueño, siente que lo que había ocultado durante cuarenta años, "lo que yo cobardemente había escondido con palabras (...) se hallaba ahora en boca de todos". El poema termina cuando el poeta despierta y se da cuenta de que no era verdad que lo hubieran descubierto (en versión de Cristina Sánchez):

> Entonces reí para mis adentros,
> me puse mi abigarrado vestido de la apariencia,
> me envolví en el silencio, como en un traje,
> y comencé, sin ser descubierto en lo más hondo de mí,
> el trabajo del día, que aguardándome estaba.

Figura 38. Mi ejemplar de Las tres vidas de Stefan Zweig. Libro de Oliver Matuschek traducido por Cristina Sánchez sin el cual no habría conocido a Stefan ni la mitad de bien (fotografía del autor).

Para apoyar su interpretación, Geiger cuenta que Félix Braun, poco después de la muerte de Stefan, le escribió estas palabras: "Todo lo que cuentas de Stefan me es conocido. Con independencia de ello, yo creo que ahora nosotros tenemos que olvidarlo, teniendo en cuenta su lamentable fin. Y además, porque nosotros no tenemos derecho a juzgar". Braun dice que por esto Stefan debía sufrir y afirma que durante la primera guerra mundial estuvo ya cerca del suicidio y que fue Friderike quien lo disuadió. Aunque Geiger no fuera muy de fiar, de hecho perteneció al partido nazi, el que afirmase rotundamente que Stefan tenía algo grave que ocultar no nos extraña. Ya conocemos su "escandalosa" relación abierta con Friderike. Ella creía que la relación no se rompería porque la mezcla de estabilidad y de libertad que le ofrecía a Stefan no la podía igualar nadie y porque el narcisismo de él se alimentaba aparentemente más de literatura que de otra cosa. ¿Que él tenía tendencias homosexuales? Desde la publicación en 1948 de *Comportamiento sexual del hombre* de Kinsey todo el mundo sabe que la bisexualidad es la norma. No parece muy escandaloso, al menos mirando desde el siglo XXI.

Aquí habría que citar la autobiografía póstuma de Erich Ebermayer, *Eh' ich's vergesse* que se podría traducir como "Eh, que no se me olvide" que se publicó en 2005, 35 años después de su muerte. En ella cuenta que era un joven aspirante a escritor cuando trabó amistad con el consagrado Stefan Zweig. Ebermayer dice de él mismo que era un adorable joven rubio que se relacionaba de forma bastante estrecha con el maestro y menciona a Freud para describir su relación en la que resonaba, como en cualquier amistad masculina, un Eros inconsciente. Sin sexo, pero con Eros. Ebermayer cuenta que para calmarlo la noche del estreno de una de sus obras teatrales, su amigo Stefan le sostuvo la mano durante toda la representación. También insinúa que sus novelas cortas de los años 20, dedicadas a la homosexualidad, precedieron a *Confusión de los sentimientos*. Quizá la novela de Stefan se inspirase en las de Ebermayer y por qué no, en la parte homoerótica de su relación, pero lo que sí tengo claro es que la de Stefan es una obra maestra.

Se ha llegado a publicar en 2015 el libro *El ardiente secreto de Stefan Zweig, de*l periodista Ulrich Weinzierl, en el que no aporta grandes cosas que no estuvieran ya recogidas anteriormente. Con respecto al exhibicionismo dice que no era peor que la pedofilia de sus contemporáneos que aceptaban la prostitución de menores como algo normal y de hecho, gran cantidad de niñas eran prostituidas para sostener a la puritana Viena. La diferencia estaría en que el exhibicionista atacaba a hijas de ricos, motivo por el cual, si era sorprendido, sí que se arriesgaba a una pena de prisión. La prueba más sólida en relación con el exhibicionismo es un fragmento del diario de Stefan del 10 de septiembre de 1912: "Después he salido a pasear por el parque de Liechtenstein, *schaup*. El objetivo, demasiado joven y sin gran interés. Más atónita que capaz de la madurez psicológica adecuada. En definitiva, ha sido menos excitante que peligroso. Debería evitarlo, al igual que el parque Liechtenstein". "Schaup" no puede ser otra cosa que "Schauprangertum", ¿no?

Thomas Mann escribió lo siguiente refiriéndose a la reciente muerte de Stefan: "Yo sospecho que en ello ha intervenido el sexo y que era inminente algún escándalo. Él corría peligro en este aspecto". El texto es de una carta que escribió a su protectora Agnes E. Meyer, entre otras cosas, la dueña del Washington Post, que facilitó la salida de Alemania de Mann y de su familia, le introdujo en los círculos intelectuales de Nueva York y Washington y le ayudó a conseguir una plaza en la Universidad de Princeton. Por cierto, que no hay que perderse la fotografía de Mann y de Einstein en Princeton en 1938. Si Mann tuvo a Meyer y Freud a Marie Bonaparte, a Stefan le habría venido bien alguna protectora así, aunque parece que ni la protección de todo el Estado brasileño fue suficiente. Mann fue más claro en una carta de 1954 dirigida al médico Paul Orlowski, en la que decía que Stefan había sido un exhibicionista y añadía: "A mí nunca me lo reconoció, pero en su círculo íntimo era sabido, y también que padeció situaciones terriblemente penosas por ese motivo".

No tenemos información fiable al respecto. Sabemos que Stefan anotó en su diario en 1913 lo siguiente: "El erotismo me horroriza, porque no soy yo quien lo domina, sino él a mí" y que le escribió a Oskar Maurus Fontana en 1926: "En lo erótico no tengo ninguna conciencia de los límites". Frases como estas no aportan gran cosa en un medio tan puritano como aquel. Podemos intentar creer a

Mauricio Wiesenthal cuando dice en el prólogo de los *Diarios* de Stefan que él cree que Stefan, cuando habla del parque Liechtenstein, se refiere a las "süsse Mädel" o "dulces muchachitas" que se prostituían en muchos rincones de la ciudad. O simplemente podemos leer lo que Stefan escribe en anotaciones en los dos meses inmediatamente posteriores a las del 10 de septiembre de 1912: "Al atardecer, las mejores intenciones de trabajar relegadas a causa de una amable señorita de Brno, treinta minutos solo, pero suficientes para disipar la fantasía (...) visita impetuosa y arriesgada al parque Liechtenstein (...) Me quedo con Hans M[üller], que me cuenta de todo, como siempre. Él también está metido en aventuras a las que, pese al peligro comportan –o tal vez precisamente a causa del mismo–, se siente incapaz de renunciar. (...) Liechtenstein resulta cada vez más infructuoso, pese a que he duplicado las visitas. (...) Para distraerme, por la tarde traigo a casa dos amigas, pero, aunque la belleza de sus cuerpos me reconforta, ya no me siento capaz de soportar demasiado rato la falta de cortesía de este tipo de encuentros, de modo que a las seis en punto las despido. (...) Después con el doctor Krauss, excelente conversación llena de revelaciones eróticas, de las cuales solo cobro conciencia al hablar. (...) hace un tiempo que he dejado a un lado el erotismo. El nuevo criado me permite llevar una vida más ordenada. (...) Por la tarde, fugaz aventura. (...) No tengo tiempo para mujeres, solo un apresurado episodio esporádico". Después empieza el reinado de Friderike y estas alusiones desaparecen salvo cuando Stefan está en París, donde registra que se mete en el cine o vuelve a su "habitación con una chica muy simpática que conozco en el metro, sin que ocurra nada serio. No alimento ningún deseo de esta clase, es mera curiosidad".

En este punto de cierta contradicción podríamos desviar la conversación hacia Viena, a esa educación que era más ocultación y represión de toda curiosidad artística o sexual. Podría decir que el mayor gesto de rebeldía para un joven vienés era interesarse por el sexo y todas sus manifestaciones y no solo por las aceptadas en su cultura. Quizá con lo de no tener límites se refería a la posibilidad de irse la cama con una chica de la que no sabía el nombre. Pero todo eso sería quitarle importancia a su posible o probable exhibicionismo.

¿Lo que sabemos es motivo suficiente para cancelar a Stefan? No lo sé. Sí puedo decir que no me gusta, que no me parece bien y que me encantaría saber la verdad. Si Stefan fue un exhibicionista que buscaba víctimas infantiles en los parques de Viena lo condeno, como condeno a Foucault si violó niños en Túnez. Nuestra cultura patriarcal nos enseña a ejercer la violencia sobre los débiles y tenemos que cambiar. Si queremos hacer algo, podemos empezar por condenar con contundencia los casos de bullying, de acoso y de abusos sexuales que desgraciadamente son más frecuentes de lo que creemos. Y estaría bien empezar escuchando el testimonio de las víctimas en vez de dudar de él de entrada.

EL VERANO DEL 36 EN OSTENDE

Todos tenemos una cara oculta. El infierno cálido del deseo bulle debajo de la apariencia y hay muchas opciones a la hora de decidir qué hacer con él. La represión sola no vale. Ni siquiera la sublimación basta. Los sueños, como el que contaba Stefan en el poema, solo son la vía regia que nos lleva al inconsciente, que dijo Freud. Habría sido bonito que Stefan le contara a Freud acerca de su gestión del deseo. Un análisis con Freud le habría servido para entender lo que le ocurría y quizá no habría acabado suicidándose. Seguramente Stefan no se lo contó a Freud por vergüenza, pero también por discreción. La resistencia tiene muchos nombres. Pero también es verdad que Stefan sabía que si le contaba a Freud todos sus secretos quedarían registrados para la posteridad. Me temo que aquí hay una novela al estilo de la que escribió Yalom acerca de un análisis inventado de Nietzsche con Breuer en *El día que Nietzsche lloró*.

Sean como fueren los deseos y las conductas sexuales de Stefan, él parecía prestar más importancia a la literatura y a la amistad y esos dos argumentos se desarrollaron en la última vez que se reunió en Ostende con sus amigos. Un episodio tan remoto en el tiempo y hasta en el espacio parece que todavía es digno de atención porque en 2015 Alianza publicó en España la traducción de *Ostende. 1936, el verano de la amistad* de Volker Weidermann.

Cómo no, el principal protagonista, aparte de Stefan es su amigo del alma Joseph Roth. Roth se mete con la tibieza de Stefan y le dice de mil maneras que no se puede ser judío de retaguardia en el campo de batalla de la humanidad. Stefan sabe que Roth está muy enfermo y le escribe: "sufro con todas sus irritaciones sin irritarme a mi vez. No le servirá de nada, puede usted hacer contra mí lo que quiera, rebajarme o manifestarme hostilidad en privado o en público, no puede evitar que yo sienta por usted un amor desdichado, un amor que sufre por su sufrimiento y está mortificado por su odio". En el último verano de Ostende, el amor y el odio se alternan en un mismo día, a lo largo de un café. El legendario altruismo de Stefan se quiebra ante las terribles afrentas de Roth, pero no se rompe. Roth dice: "nada de entregarse a eso que con ligereza se llama destino", pero se abandona. Demorará eternamente *Fresas*, la novela que quería escribir, la novela de su infancia donde quizá se explicase su huida hacia la nada. Existe de hecho un libro publicado que se titula *Fresas* y que firma Roth y que no es más que un pequeño fragmento de lo que habría sido.

Stefan ha ejercido de padre, de mecenas, de agente literario. A veces los papeles se confunden y le escribe a Roth: "No regale ni envíe nada. Pague su factura en el hotel con tres semanas de antelación, así no tendrá usted preocupaciones en el trabajo y podrá estar tranquilo por fin". A Roth le molestaba el pedestal desde el que le hablaba, pero recogía su dinero y su ayuda y después era duro con él: "Habla usted por y para sí, el destino le ha regalado pasión, alegría, éxito, gloria, y cincuenta años, una feliz juventud en paz, y una masculinidad fresca, vigorosa. Perdone a un amigo que le dice: eso no vale para todo el mundo que hoy sufre".

En julio de 1936, Stefan se va a Ostende con Lotte e invita a Roth. Le da dinero para los próximos meses y apenas tienen contacto después. Stefan debía estar cansado de darle dinero y de dedicarle días y semanas, pues muchas veces se reunían para trabajar en un mismo lugar, siguiendo un programa de trabajo ideado por el propio Stefan para evitar que su amigo se abandonara al alcohol.

Roth no quiere cruzar el Canal de la Mancha. Londres le da miedo por el idioma, por los protestantes, porque ya no puede más. Sus últimas energías las gasta en combatir al Anticristo. No solo escribe la obra homónima en 1934, en la que aboga por no comprenderlo todo, porque hay cosas que son imperdonables, sino que también se convierte al catolicismo y guarda lealtad a los Habsburgo como única manera de combatirlo.

El verano del 36 en Ostende pretendía ser un periodo de descanso y de reencuentro y lo fue, aunque Stefan y Roth no pudieran ser más distintos. Stefan tenía mucho dinero y lo sabía gestionar y Roth tenía poco y lo gastaba sin tino. Era "un derrochador pobre" como decía Ernst Weiss. Roth no tenía casa, ni por supuesto biblioteca y no conservaba nada. Solo escribía y bebía y no sabía de qué viviría la semana siguiente. Su horizonte era así de estrecho o así de ancho, según se mire. Vivía en un presente precario. Sabía que estaba cada vez más enfermo y día sí, día no le escribía a Stefan que vomitaba sangre o que no podía levantarse, aunque seguía escribiendo.

Stefan para a descansar en Ostende con Hitler pisándole los talones. Aunque lo acusen de alarmista tiene razón. Por eso empezaba a faltarle el aire. No tardaría mucho en llegar el miedo a todos y ya no tendría gracia aquel chiste que contaba Stefan: ¿cómo se reconoce el baúl de un judío? Porque tiene ruedas.

Los judíos no entendían por qué se los metía a todos en un mismo cesto siendo tan distintos unos de otros. El exilió unió a mucha gente que no tenía nada en común excepto un origen judío, pero aún era 1936 y Ostende era el balneario más grande y elegante de Bélgica, al que acudía la nobleza, incluido el Sha de Persia. Stefan fue muchas veces. De hecho, ya escribió en 1902 para una revista de Stuttgart, *Von Fels Zum Meer*. Para la que habló de la ciudad muerta de Brujas, de una playa generosa y liberal en el centro de todo, con su casino y su puerto lleno de veleros. Ostende era uno de esos lugares donde la revolución industrial inventó el ocio para unos pocos. Por las noches, los caballeros vestían de etiqueta y las señoras traje de noche y espectaculares joyas. Primero concierto y después baile, y a la mañana siguiente, aire libre, mar, hipódromo. Ricos y bellas, dice Stefan, se pasean por el verano de Ostende y en septiembre se cierra el decorado. Entonces la ciudad vuelve a ser un pueblo de pescadores al que llega un canal que viene de Brujas, Brugge, que se llama así porque tiene muchos "brug" que es "puente" en flamenco. Brujas es un decorado caprichoso que creció porque una terrible tormenta en 1134 abrió desde allí un canal que salía al mar y que no se anegó hasta el siglo XVI. Entretanto creció una ciudad medieval dedicada al comercio, con un puerto lleno de veleros y una tropa de burguesas tan elegantes como reinas. Pero las guerras, las epidemias y los sedimentos alejaron a Brujas de la franja del mar de Ostende, claramente visible desde las torres de la ciudad. En 1904, Stefan llamó a Brujas: "la silenciosa ciudad de la muerte y de los sueños". Es como toda ciudad medieval, como el mismo Toledo. Ciudades diseñadas como el caparazón de una tortuga con calles serpenteantes y llenas de gente en la época en que las murallas las constreñían como un cinturón, que al perder los muros el sentido, también lo perdieron en parte las ciudades. En 1904, Stefan continuó su paseo por Brujas en el hospital de St. Jean contemplando las obras de Memling, el artista que se recuperó allí de las lesiones de una batalla. Ahora es un museo en el que paran los turistas, pero cuando lo visitó Stefan era aún un hospital con monjas tocadas y enfermos en los patios. Allí terminó su artículo diciendo que había sentido en aquel lugar la siguiente verdad de Perogrullo: "La muerte debe ser algo muy triste y la vida debe tener una fuerza infinita que obliga a amar incluso a los que no quieren".

En mayo de 1936, Roth había felicitado a Stefan por su prohibición en Alemania. La vida de Roth era rocambolesca como la de todo adicto y en vez de viajar como un señor, en primera, tardó más de lo previsto en llegar a Ostende. Estuvo dos semanas varado en Ámsterdam hasta que obtuvo el visado. Un judío pobre no tiene dinero para sobornos. Roth llegaba recién separado de Manga Bell, aunque en Ámsterdam le escribió y le propuso que se fuera con él pero sin los hijos que deberían valerse ya por sí mismos, como pasaba con las hijas de Friderike. Roth, ante los ataques de nervios de ella, no podía parar de recordar a su primera mujer. Roth no es un elemento estabilizador para sus parejas. Es un judío errante, a veces celoso, a veces autoritario, siempre de la abstinencia a la resaca. Con respecto a su separación, Stefan le dice que es una suerte cuando las cosas se deshacen de repente en lugar de irse descomponiendo poco a poco.

Qué sabrá Stefan. Roth aprendió todo acerca de la destrucción con la locura de su mujer. Friedl era una joven muy bella que aún mira a la cámara con una intensidad hipnótica. Roth y Friedl hacían buena pareja y la desgracia de ella hizo que él se sintiera culpable toda la vida cuando solo pudo abandonarla.

Figura 39. Friederike (Friedl) Roth se casó con Joseph Roth en 1922. Desarrolló esquizofrenia en 1928, fue institucionalizada en 1930 y asesinada por los nazis en 1940. (Alrededor de 1920. Autor desconocido. Dominio público. commons.wikimedia.org).

Desde el principio, Friedl tenía sus rarezas, por ejemplo, le daba miedo la gente. En el verano de 1926 aparecieron los primeros síntomas. Les llegó un giro postal de 3.000 marcos del periódico para el viaje que haría Roth a Rusia y ella le dio mil al cartero porque le pareció pobre. A principios de 1928, mientas Roth estaba en Berlín firmando el contrato de su próxima obra con el editor Samuel Fischer, ella apareció en Frankfurt, en casa de un redactor del Frankfurter Zeitung, muy asustada diciendo que por los tubos de la calefacción de su hotel salían fantasmas y vapores malignos y que había descubierto que todos los amigos de su marido eran en realidad enemigos disfrazados. Ese hotel al que se refería estaba en la Costa Azul y los dos estaban juntos unos pocos días antes, cuando Roth salió para Berlín vía París. En el verano de aquel año ella tenía que estar vigilada porque hizo intentos de suicidio. La internaron en un centro neurológico de Berlín y le diagnosticaron esquizofrenia. A los dos meses, en contra de la opinión médica, Roth se la llevó.

Mientras ella estaba vigilada en la habitación de al lado, Roth escribió *Job*, que fue su primer éxito. Fue traducida al inglés, llevada al cine en América y Marlene Dietrich dijo que era su novela favorita. De hecho, Roth cenó con ella en 1937, en su fugaz paso por Viena, y la Dietrich le ofreció pagarle el pasaje a América. Sin embargo, Roth tenía que hacerlo más complicado. En 1938 le pidió a su primo Miguel Grübel, huido en México, que consiguiera el visado para él y para diez personas más. No pudo y Roth nunca conoció América.

Friedl aún pasó buenas temporadas en 1929 en el apartamento que compartía la pareja, pero se fue deteriorando. Roth escribía: "desde agosto mi mujer está gravemente enferma, psicosis, histeria, absoluta voluntad suicida, apenas vive y yo acosado y rodeado por demonios tenebrosos y (...) sin perspectiva de mejoría". Roth no escribe y está hundido. A principios de 1930 un doctor dice que en realidad lo que tiene es una psicosis histérica y que si no fuera tan inteligente ni tan extraordinariamente sensible todo hubiera durado unas semanas. Pero no parece que modificar un diagnóstico mueva mucho la realidad. En el Sanatorio Rekawinkel de Viena le diagnostican esquizofrenia de nuevo. Roth enferma también, pero de angustia, no solo por lo que le ocurre, sino que también se suma algo que ya no desaparecerá nunca, la necesidad de dinero. No tiene ni tendrá nunca a pesar de los éxitos. Ahí comienza un descenso a los infiernos sin solución del que Roth fue totalmente consciente. En una carta al responsable cultural del *Frankfurter Zeitung* para el que escribe, dice:

"Así vivo, acosado por las deudas, y también por preocupaciones por el futuro de mi mujer. Está más lúcida últimamente, pregunta por mí a veces, y yo ya no tengo fuerza para ir a Viena. ¿Qué va a pasar? Y si mi mujer se pone del todo lúcida, ¿cómo voy a encontrarle un camino? Mi presente es turbio y mi futuro tenebroso". Roth pasó de ser el periodista mejor pagado del *Frankfurter Zeitung* a ser un paria otra vez.

En 1931, Roth ya está con Manga Bell y se siente fatal por ello. Las cartas de sus suegros le cuentan que su mujer se alegra cuando le hablan de él, aunque en general no sale de su mutismo. A finales de 1933, Friedl es trasladada a un psiquiátrico público, el psiquiátrico Steinhof, en Viena, más barato, unos 150 chelines al mes que debe sufragar Roth. Los padres de Friedl emigran a Palestina en 1934 y la abandonan. Una vez, por prescripción médica, Roth se acostó con su mujer en la celda del manicomio donde ella estaba. Una habitación vacía, con pareces forradas de caucho, preparada para aguantar los arrebatos de furia de los pacientes agitados. No había entonces ninguna medicación que pudiera calmarla. La última vez que la visitó solo pudo verla por la mirilla. Se encontraba de nuevo en lo que llamaban un "delirio furioso".

Hacia 1925, Roth podía hablar con ligereza de "la mujer", bromear con que cuando uno es joven cree que para conocer a la mujer hay que acostarse con muchas, y que luego de mayor uno se acuesta con algunas mujeres para persuadirse de que siempre es la misma. Pero la tragedia lo arrollaría poco después y todo en él se volvería grave y trágico. Hay personas a las que las persigue la desgracia, que vienen de la desgracia y que paso a paso también cumplen la profecía y se labran su propia desgracia. Para rematar, el redactor jefe del *Frankfurter Zeitung* le dijo totalmente en serio que tenía que ponerse mucho más triste porque cuanto más triste estaba, mejor escribía.

Según Roth, su mujer lo llevó al camino de la culpa y no pudo escaparse. En su obra *El triunfo de la belleza* publicada en 1934, habla casi con odio de las mujeres, pero está hablando de su vida, de su mujer y de su desesperación. Ni siquiera se defendió cuando se lo señaló Blanche Gidon y respondió así: "Si las mujeres encuentran que mi relato es hostil con ellas, lo sentiré mucho, porque no es odio contra las mujeres, es simplemente mi convicción de que la mujer que encuentra a un hombre incapaz de amarla a su manera se convierte un día en objeto del diablo".

A partir de entonces Roth le decía a todo el mundo que su mujer había muerto y no le faltaba razón. Friedl, diminutivo de Friederike, acabó siendo asesinada dentro del programa de exterminio nazi de enfermos mentales en junio de 1940, en una clínica junto a Linz, diez meses después del fallecimiento de su marido.

Joseph Roth se marchó de Berlín el 30 de enero de 1933. Aún no se sabía que Hitler iba a ser nombrado canciller, pero Roth lo tenía claro. Es posible que hubiera convenido rebajar tanta lucidez. Roth había sido tan comunista que firmó una época sus artículos como "Der rote Joseph", Joseph el rojo, y creía en una juventud educada para rechazar la guerra y superar nacionalismos y fronteras. Pero vamos, era un hombre crítico que decía que hasta la revolución bolchevique había creado su propia burguesía permitiendo medrar a los arribistas más zafios dando como resultado una nueva religión no precisamente de la libertad. Tenía claro que ni los nazis ni los comunistas eran la solución para Europa y por eso no tenía ninguna opción en el este.

La huida lo llevó al sur de Francia, donde se estableció una comunidad de escritores huidos. De hecho, él alquiló con Hermann Kesten y Henrich Mann una casa de tres plantas en Niza en 1934, aunque siempre trabajaba en bares y cafés. En Niza prefería la zona del puerto y escribía sin parar. En los primeros dos años de exilio escribió nueve obras, entre ellas *Leviatán, Tarabás y El anticristo*. *Fresas* se postergaba siempre porque decía que le llevaría mínimo un año que nunca tendría. Según Gil Bera, en el borrador de *Fresas* existe un fragmento que es como la piedra angular que se llama "Esta mañana ha llegado una carta" y que incluye esta frase: "Los hombres de mi país tienen buena memoria porque recuerdan con el corazón. Yo, en cambio, los hubiera olvidado casi del todo, porque he vivido y sigo viviendo en los países de Europa occidental, donde el corazón no es nada, la cabeza poco, y el puño, todo". No lo he encontrado en lo que se ha publicado con el título de *Fresas*.

Los dos amigos que se habían conocido diecisiete años antes, cuando a Stefan le encantó la novela *Judíos errantes* que Alfred Beierle le había regalado, se reencontraron en Ostende. Los problemas de los judíos seguían siendo los mismos, pero empeorados. Los judíos del este, pobres como Roth, siguen sin ser considerados como iguales ni siquiera por los judíos del oeste. Roth y Stefan son uno del este y otro del oeste, pero se quieren y son amigos de verdad, lo que les permite no estar de acuerdo en muchas cosas.

A Ostende, Roth llegó finalmente acompañado por Irmgard Keun, una escritora alemana de treinta y un años. Su primera novela, *Gilgi, una de nosotras*, publicada en 1931, había tenido mucho éxito. Pero esa y las sucesivas obras de Keun trataban sobre mujeres que tenían sus propios deseos y tomaban sus decisiones, algo incompatible con el autoritarismo. Quizá por eso ya habían prohibido sus libros en Alemania aunque no era judía. Keun era una mujer valiente que siguió publicando bajo pseudónimo y que demandó al ministerio solicitando una indemnización. Keun ya conoce Ostende porque veraneó antes con sus padres. Es una época extraña para ella que seguía casada con un escritor del que se había separado por ser simpatizante nazi y llegaba del brazo de Roth. Pero es que además tenía un amante, Arnold Strauss, médico judío casado que se había marchado a América con su familia y al que le había escrito: "Te quiero, pero me importa una mierda casarme contigo (...) preferiría que me mataran a palos en un campo de concentración alemán, antes de pasar el resto de mi vida a tu lado, agradecida y sumisa".

Ante Roth, la piel de Keun dijo sí, pero Roth desconfiaba porque ella había tardado más que él en marcharse de Alemania. La joven bronceada quiere quitar de la bebida al escritor que cada vez es más un viejo borracho. Está claro que ella no puede ganar, solo puede perder y ganapierde una temporada hasta que empieza a perdeganar y luego se va. Mientras, llegan juntos a Ostende. Keun aún pasaría una temporada con él antes de volver del destierro a Alemania de incógnito.

No se puede decir que Stefan le fascinara a Keun: "Stefan Zweig causaba un efecto muy decorativo, parecía el escritor famoso imaginado por quienes suelen frecuentar los cines: hombre de mundo, elegante, cultivado, con una suave melancolía en la oscura mirada (...) de Viena hablaba con una cariñosa intimidad y pintaba con agradables tonos pastel cuadros de su vida, la cual ya había empezado a encaminarse queda e imparablemente hacia la descomposición". Roth tampoco se queda atrás en aquella época pues, tras su último encuentro con Stefan, dijo: "Su filantropía no es auténtica. A veces tengo la impresión de que no le caerían mal los nazis, si hicieran diferencias entre judíos orientales y occidentales, entre judíos ricos y pobres, entre judíos famosos y no famosos. Los judíos ricos alemanes siempre pensaron, al principio, que Hitler solo se refería a nosotros, los judíos orientales". El alcohol es una condena, pero también una disculpa. Roth y Keun beben mucho hasta el día que dicen que no. En Bélgica está prohibido el alcohol de alta graduación, pero, hecha la prohibición, inaugurado el mercado negro. Ella escribe a su amante de América que el alcohol es malo, caro y difícil de encontrar. No le cuenta que todo el que encuentra se lo bebe con Roth, que es con quien se acuesta en una borrachera continua.

Es verdad que Keun y Roth se entienden desde el principio, pero Roth está muy enfermo. El alcohol hace que ella se olvide temporalmente, pues también lo utiliza como refugio. A Roth se le hinchan las piernas y no le caben los zapatos. Vomita por las mañanas, a veces durante horas. Muchos días apenas come. Stefan se empeña en que coma y le invita siempre. Intenta ayudarle e intenta ponerle límites, pero ya no se entienden. Un día lleva a Roth al sastre a hacerle unos pantalones y Roth se enfada porque su amigo millonario no le encarga también una chaqueta, pero no dice nada, no le cuenta, no le explica. Los amigos, máxime cuando son millonarios, a veces no se dan cuenta de cosas importantes. Delante de Kesten vacía tres copas de licor en la chaqueta de Stefan para reprenderlo. Stefan no se harta tampoco en esa ocasión y le encarga la chaqueta. Stefan lo aprecia. Según él es un genio, como Verlaine, como Villon. Lo trata mejor de lo que se merece y le da dinero a Roth para que pague el Hôtel de la Couronne donde vive con Keun.

En Ostende, Stefan no deja de ser la factoría ambulante que fabrica libros. Alquila dos pisos a la orilla del mar. El tercer piso es para él, el cuarto para Lotte y la máquina de escribir. Stefan sigue terminando relatos pero el que se lleva a Ostende se le resiste. La historia se publicará al año siguiente con el título de *El candelabro enterrado* y trata de la condena del pueblo judío a errar sin fin. En ese texto publicado por Acantilado en traducción de Joan Fontcuberta escribe acerca de los judíos: "En tiempos de prosperidad, los pueblos, olvidados de ellos, no les prestaban atención. Entonces, los príncipes se engalanaban, edificaban y ostentaban su grandeza, y el populacho se entregaba a los burdos placeres del juego y de la caza. Pero cada vez que reinaba la penuria, los culpaban a ellos (...) Todo el mal del mundo –eso lo sabían– se convertía irremisiblemente en mal para ellos". El libro es una fábula histórica protagonizada por la menorá, la lámpara de aceite de siete llamas que es un objeto sagrado de los judíos. Las vicisitudes de ese objeto, se supone que diseñado por Yahvé, son las del pueblo judío, que nace con la salida de Egipto y no para de rodar por el mundo. Al pie del monte Sinaí, el pueblo judío recibe las tablas de la ley con los otros dos símbolos míticos del judaísmo: el tabernáculo y el Arca de la Alianza. El lugar de la menorá es el tabernáculo y después el Templo de Jerusalén de donde es robada por el emperador romano Tito que toma la ciudad en el año 70. La menorá permanecerá en Roma al menos hasta el saqueo de los vándalos en el 455, pero ahí se pierde la certeza y por eso Stefan puede inventar su historia. El relato de Stefan concuerda con la leyenda en que los vándalos se llevaron la menorá a Cartago y de allí lo rescató el ejército bizantino ochenta años después, pero, a partir de ahí, él inventa un rescate. La historia que firma Stefan termina como muchas de sus novelas cortas, en un giro dramático con el que le ayudó Roth: el protagonista, decide enterrar la menorá en un lugar secreto y no deja testigos. Parece ser la única manera de que descanse. Los dos amigos están de acuerdo en fantasear con que la huida tendrá un final.

En Ostende, todos están bronceados menos Roth que sigue en su cueva. Roth y Stefan se reúnen a diario en el Café Flore con Arthur Koestler, Egon Erwin Kisch, Ernst Toller, Herman Kesten, Irmgard Keun, Lotte Altmann. Los dos primeros, periodistas, aventureros, comunistas, comprometidos, están a punto de partir hacia España para unirse a las Brigadas Internacionales, pero no saben cómo cruzar la frontera. Les cuesta disfrutar la paz de Ostende. De ese grupo solo llegarán a viejos Koestler, Kesten y Keun. Kesten, el más longevo, morirá en 1996, a los 96 años. Toller, Stefan y Lotte se suicidarán en breve y Koestler lo hará pero en 1983 y por una enfermedad terminal. Koestler, nacido en Budapest, se hizo sionista muy joven y se fue a Tierra Santa donde tuvo que sobrevivir vendiendo limonada. Luego regresó a Berlín y como periodista sobrevoló la Antártida en dirigible, viajó por la URSS y Oriente Medio y en 1934 obtuvo gran éxito con un diccionario sexual. Del Partido Comunista recibirá el encargo de encontrar en España pruebas de la intervención alemana e italiana del lado Franquista y allí lo harán preso y estará a punto de ser fusilado. De hecho, la puerta de su calabozo se llega a abrir en una de las "sacas" pero se vuelve a cerrar. En su periplo de regreso se cruzará en Marsella con Walter Benjamin y compartirá con él las pastillas de morfina que lleva para suicidarse en caso de que lo apresen. En una situación extrema se las toma, pero a diferencia de Benjamin, él las vomita y se refugia en Londres el resto de la guerra donde será un escritor de éxito y el creador de la sociedad a favor de la eutanasia. Con Koestler se suicidará también su mujer, mucho más joven que él, que también había sido primero su secretaria y que no tenía ninguna enfermedad grave. *Nada es más asombroso que la verdad* es también el título de la recopilación de reportajes y artículos de Kisch que acabó la segunda guerra mundial en México y en cuanto pudo regresó a Praga para encontrarse con que habían asesinado a sus hermanos. Él tampoco duraría mucho más porque en 1948 moriría de un infarto cerebral atendido por su esposa y por su novia.

En Ostende, Roth está emocionado con *Un mundo feliz* de Huxley que se acaba de publicar en alemán como ¿A dónde va el mundo? Lee en voz alta algunos pasajes. Hombres clónicos y serviciales fabricados en masa, el sueño de los nazis. Los demás hablan de *Tiempos modernos*, la película de Chaplin que Roth no ha visto. El solo tiene tiempo para escribir y para beber, y también para conseguir dinero. Le pide a Stefan que su agente siga vendiendo los derechos cinematográficos de sus obras, aunque no tenga intención de ver el resultado, como ha ocurrido con *Job*. Entretanto Francia y Bélgica están paralizadas por la huelga ya que los obreros piden vacaciones y que encima sean remuneradas, semana de cuarenta horas y salarios dignos.

Stefan disfruta de su último verano en Ostende treinta y tantos años después de su primera vez allí. Ahora es mundialmente famoso y sus *Momentos estelares de la humanidad* es un superventas mundial. A Roth le molesta que Stefan le dé dinero. A Keun le molesta que Stefan pueda creerse superior por ello. No obstante, Roth corrige sus obras con Stefan porque él sabe todo lo que se puede saber sobre edición. Roth siente que Stefan le ayuda, por eso lo odia un poco más. Stefan lo lleva al restaurante del italiano Joseph, cuyo apellido Almondo da nombre a su restaurante en Langestraat. Allí consigue Stefan que Roth coma y al terminar se toman un aguardiente de verbena. Cada día Stefan intenta que le dé el sol a Roth. Le pide que se tome algo con él y con Lotte en la terraza del Flore. Uno de esos días Lotte les hace una fotografía que es omnipresente en Internet. Stefan parece el padre benévolo y sonriente que mira a su hijo avejentado y Roth el niño enfurruñado que casi se encara con la fotógrafa. La chaqueta negra debe ser la que le regaló Stefan. Los dos siguen hablando de sus textos, de sus dificultades. Roth se metía con su benefactor y amigo por sus costumbres burguesas que eran precisamente las que le apetecía tener a él, que de joven iba hecho un pincel, e incluso llevaba monóculo, pero Hitler y Friedl se interpusieron en su camino hacia la gloria.

Figura 40. Stefan Zweig y Joseph Roth en Ostende en 1936. (Fotografía de Lotte Altmann. Dominio público. commons.wikimedia.org).

Roth seguía viajando con su lente de relojero y sus minúsculas herramientas. Le encantaban los relojes. No se puede decir que los coleccionara porque, a sabiendas de que no podría conservarlos, los regalaba. Se paraba interminablemente ante los escaparates de las relojerías. Las esferas eran para él música celestial. Escribía sobre ellos. El tiempo, el único insobornable, y su doble, la muerte.

Cuando Stefan se va de Ostende, le envía a Friderike unas palabras premonitorias sobre Roth. Si le escribe sobre Roth sabe que no discutirán: "A Roth también lo he acompañado mucho, ya come todos los días, claro que a pasear o bañarse nadie le puede obligar. También me he ocupado de él por un tiempo, pero veo muy negro su futuro, como el de todos los escritores, las ventas descienden rápidamente y las dificultades crecerán". La cultura es frágil. En cualquier momento le pueden subir los impuestos y arrinconarla y así mueren los artistas. Stefan se va, deja a Roth y se siente liberado y triste. Su amigo es insobornable e insalvable por mucho dinero o atención que le preste. Al menos se queda Keun con él. Roth tiene buenas ideas, pero las que tiene para él no las pone en práctica como si ya estuviera desahuciado. Por ejemplo, Keun quiere que su marido en Alemania, fiel a los nazis, le conceda el divorcio, pero él no está de acuerdo y Roth le dice: "Nada más fácil, mándale una postal desde aquí en la que ponga claramente que te estás acostando con negros y judíos, por turnos o a la vez y ya verás". Keun y Roth escriben en mesas separadas en el bistró. Keun junto a la ventana mordisqueando el pan negro que Roth le ha conseguido y que en Bélgica usan para alimentar a los caballos. Roth al fondo, protegiéndose del verano inexorable, mirando hacia ella y diciéndole algo de vez en cuando. Ella lo admira y lo ama y juntos se sumergen en una lucha titánica contra la muerte. Pasan el día escribiendo y por la noche cuentan las páginas. Ella ha leído todo lo que Roth ha escrito, él no la ha leído a ella, pero la anima a escribir diciéndole que no es una mujer, que es un soldado, una escritora con una tarea en el mundo y en eso no hay pausa ni descanso. Ella siente que también con ella lleva una máscara, teme, se esconde. Así no se puede vivir. Él es muy lúcido. Lo ve, lo sabe. Sabe que va a toda velocidad hacia la muerte y pide otra. Escriben, escriben, escriben. Compiten siempre a ver quién escribe más, a ver quién bebe más. A las cinco de la tarde entra Stefan y paran. Stefan saluda a Keun y se va al fondo a hablar con Roth. Keun es una especie de prepunk que luego volverá a Alemania y podrá vivir ocultada por sus padres y por la treta de publicar su suicidio en el Daily Telegraph. Ella y Stefan solo se comprenden gracias a Roth, pero ella no sabe qué hacer con Stefan y con sus libros.

Roth regresará a Polonia a finales de año con un petate que ha comprado en Ostende con la idea de ser un judío errante como sus antepasados. Keun no lo entiende. Ella es más salvaje que él, pero está dispuesta a quedarse a su lado. Él sigue igual que siempre. No quiere alojarse con parientes porque dice que los judíos tienen unas copas de licor muy pequeñas. Roth mejora ese invierno, pero pasea por el cementerio de su ciudad, como de niño jugaba entre las tumbas. Keun dice que pesa como un niño de diez años y que es todo barriga de hepatópata. Le quedan tres dientes, sigue vomitando todas las mañanas, se pone celoso con ella, delira por las noches. Ella no va a poder aguantar mucho más. Llega con él a la primavera de Salzburgo de 1937. Se alojan a los pies de la colina de los Zweig. Stefan pasa por allí pero está pálido y ausente y solo piensa en cerrar el capítulo de Salzburgo. Stefan no está para Roth y Roth se mosquea y le envía su queja por carta: "Se relaciona usted con mierdecillas mucho más íntimamente que conmigo". Stefan ya lo ha dado por perdido. Su alcoholismo lo ha agotado. Roth le escribe que se va a Ostende, que le recordará a Stefan. Son cartas de amor y de odio, de desamor en suma. "Está usted cerca de mí, no solo espiritualmente, sino también físicamente. Es el cordón umbilical de la amistad, que en verdad existe". Le pide dinero y Stefan se lo manda. Tarda en morirse el viejoven de Roth. Su mensaje desde Ostende dice así: "El final por desgracia se alarga. Reventar lleva más tiempo que vivir". Roth le cuenta que el propio Almondo, en cuyo local escribe, le ha regalado una botella de licor de verbena. Más madera. Roth espera a Stefan en Ostende y no llega. Lo convoca en París. Lo necesita pero no llega.

Keun estará con Roth hasta 1938 recorriendo Europa: París, Vilna, Lemberg, Varsovia, Viena, Salzburgo, Bruselas, Ámsterdam. Pero cuando la vida de él se agota, la peripecia vital de ella no habrá hecho más que empezar. En 1938 viajará a Norfolk, Virginia, invitada por Strauss, ese amante con el que nunca se casaría, pero regresó a Europa ese mismo año. Cuando los alemanes entraron en los Países Bajos en 1940, bebía sin parar, ésa era la herencia que le quedaba de Roth. Había perdido casi 20 kilos y su hermano diagnostica que su despreocupación y su honestidad hacen imposible su regreso a Colonia, pero ella regresa y, como ya dijimos, vive oculta allí hasta 1945. Iba a escribir que la maldición de las parejas de Roth la persiguió, pero me suena sensacionalista. Lo que ocurre es que en 1966 fue ingresada en el psiquiátrico estatal de Bonn, donde además estuvo tutelada hasta 1972. Luego se recuperó y aún pudo disfrutar de cierta bonanza gracias a nuevas ediciones de sus obras al final de los años 70. Más bien creo que era una época muy difícil y que todas las historias de entonces son tremendas. Otro ejemplo es la peripecia de Ernst Toller que acabará suicidándose. Resulta que él estaba en Ostende con su jovencísima esposa Christiane Grautoff a la que conoció cuando solo tenía 14 años y ya era una estrella. En 1933, a los 16 años, se fugó de Alemania con él para no actuar en un film de propaganda nazi. Dos años después se casaron en Londres. Toller estaba preocupado al llegar a Ostende, pero se quedó tranquilo cuando vio que "Sepp" Roth había llegado con pareja y que por lo tanto iba a dejar tranquila a su mujer. Toller escribe de Roth que era un "sádico". Seguramente estaba tan quemado que lo parecía, pero es que allí todos huyen. Toller también, desde antes de que su madre mandara ingresarlo en un psiquiátrico porque no entendía que su hijo pudiera haberse involucrado con el movimiento obrero. Cuando a Grautoff le sale un contrato de un año como actriz en Londres le pide a él que no se vaya de gira, que se quede con ella en casa. "¿En casa? ¿Dónde está eso?", responde él haciendo una versión más del chiste del baúl con ruedas. Grautoff murió en México en 1974, no la arrastró su marido como ocurrió con Stefan y con Koestler. Keun, Grautoff y Friderike resistieron y siguieron viviendo.

LA LEYENDA DEL SANTO BEBEDOR

Después del verano en Ostende, Stefan y Roth solo se verán fugazmente. Como ya he dicho, a lo largo de 1937 Stefan lo evitará todo lo posible, tanto en la primavera de Salzburgo, como en el otoño de Viena. Para Roth todo va mal. Su editor en los Estados Unidos, Huebsch, le dice que no lo va a publicar más y se cierra su única fuente de ingresos. Además, un joven que había trabajado de secretario para él se lleva el anticipo de una editorial holandesa y el dinero que le había dado Stefan. Mientras está con Keun en Ámsterdam sin dinero, la detienen a ella. Por suerte consigue un visado de cinco días para Bélgica y un visado de tránsito para Francia con el que llegan a Viena, el único lugar donde ella puede estar sin visado. Se hospedan en el Hotel Bristol, donde fían a Roth. Morgenstern relata una escena en el bar del hotel aquellos días en la que Stefan y Roth hablan de la biografía de Moisés que acababa de publicar Freud. En ella defendía que Moisés no era judío sino egipcio y a Roth le dio un ataque de risa porque él también se llamaba Moses, Moisés. Moses Joseph Roth. Judíos o no, Roth y Keun escriben a editoriales que rechazan sus obras. De Langue se niega a publicar *Después de Medianoche* de Keun, aunque finalmente sí encontrará editor ese año, Los artistas son por definición apátridas, pero ellos envían cartas al mundo y finalmente reciben dinero que Strauss le envía a Keun desde América.

La última vez que Stefan ve a Roth es en febrero de 1938. Stefan pasa por París con Lotte y Roth está fatal. Keun ya lo ha abandonado o él la ha agotado y con una lucidez acerada recordará: "Lo dejé en París, con un profundo suspiro de alivio, y me fui a Niza con un oficial de la marina francesa. Tenía el sentimiento de haberme escapado de una carga insoportable". Amar sin límites no es amar y es que Roth está casi delirando. Tiene el plan de ir a Austria a convencer al canciller Schuschnigg de que otorgue el poder al heredero del trono austriaco, Otto de Habsburgo, que vive en Steenokerzeel. Es una locura. Hitler tiene tropas en la frontera esperando la orden de invadir el país. Roth llega a Viena en tren, pero el canciller no lo recibe. Todavía tiene energía para comportarse como un héroe romántico. Su plan de restaurar la monarquía es muy inocente, tanto que el jefe de policía no toma ninguna medida contra él y le aconseja que se vuelva a París porque su vida corre peligro. El problema es que corre peligro en cualquier sitio.

Gil Bera relata todos los detalles de la vida de Roth en sus ensayos. Por ejemplo, nos cuenta que visita a su tío abuelo que vive en Viena y se saludan con la frase con que Kraus saludó a Brecht cuando se refugió en Viena: "Las ratas entran en el barco que se hunde". Su intención es heroica, pero no es viable. El 11 de marzo de 1938 regresa a París y el 12 desaparece Austria. Escribe para un diario: "Ha fallecido un mundo, y el que sobrevive ni siquiera concede al muerto una ceremonia funeraria digna (...) El mundo civilizado pronto se convencerá de que no se puede renunciar a una patria del pensamiento europeo sin perder la segunda, la tercera y la cuarta".

Solo Friderike velará por Roth en sus últimos días. Roth se había comprometido en no escribir la necrológica de Stefan por un problema de cercanía. Puede que fuera su manera de presionarle para que no se matara porque algo debía saber Roth, pero el que escribió la necrológica fue Stefan. El legado de Roth a Stefan se puede resumir en esta frase que le escribió: "Alemania está muerta. Para nosotros, está muerta. Ha sido un sueño. ¡Véalo de una vez, por favor!". Él lo veía claro con su mirada azul profunda e inteligente. También podemos considerar *La leyenda del santo bebedor* como su despedida del mundo y de Stefan. Apenas podía escribir, pero dictaba ese libro que se publicó en Alemania de 1949 sin éxito. Roth estaba olvidado y nadie quería sus manuscritos aunque los intentara vender Manga Bell y, en su nombre, Friderike. Por supuesto, en 1949 nadie echaba de menos los ciento cincuenta manuscritos de Roth que se perdieron cuando los nazis metieron a su prima Paula en un campo de concentración en Francia, donde murió en 1941.

Stefan había vaticinado en la época del último Ostende que las novelas de Roth serían cada vez peores por su forma de beber que describiría así en su oración fúnebre: "Créanme que era un beber por odio, por ira, impotencia y rebelión, un beber maligno, tenebroso y hostil, que él odiaba personalmente pero del que no podía arrancarse". Pero Stefan se equivocó. Nunca serán malas sus obras y la última, *La leyenda del santo bebedor*, será una obra maestra que se gestó en su habitación, encima del café Tournon, donde vivió desde 1937 hasta su muerte. Antes solía quedarse en una mansarda mínima justo enfrente, en los impares de la rue Tournon, dentro del Hotel Foyot, que tuvo que abandonar porque lo iban a demoler. Fue el último en abandonarlo y es que el dueño le dejaba quedarse gratis. Cuando empezaron a desmontar el tejado, se marchó con su baúl.

En el libro, el bebedor se encuentra con un elegante benefactor que le da dinero y lo llama "hermano". Stefan es un milagro en la vida de Roth, el bebedor, pero se termina y el peregrinaje del bebedor concluye. Su amigo Stefan piensa que su destino es paralelo, pero no. Él aún puede elegir en 1939, y elige. Roth ya no, aunque la culpa le persigue hasta el final. Al ingresar en el hospital en el que moriría en París en mayo de 1939 le dijo a su amigo Stefan Fingal: "Ya sabes que Friedl va a volver. ¿Cómo voy a mantenerla? ¿Qué voy a hacer?"". Esta hipótesis no pierde fuerza, aunque sepamos que era por el delirium tremens o por la encefalopatía hepática. Ya en 1925 le habían diagnosticado "Hígado de bebedor" y en su fuga sin fin recibía un mensaje en cada botella que vaciaba, pero no los leía.

Cuando la noticia de la muerte de Toller llega a Roth el 23 de mayo de 1939, cae un escalón más. A Toller lo encontró su secretaria ahorcado con el cinturón de la bata en el hotel Mayflower de Nueva York. La prensa local se pregunta por qué lo hizo si tenía varios miles de dólares en efectivo. Sobre la mesa de la habitación hay unas fotos de niños de la derrotada República Española. Toller y Roth son dos niños vencidos y también dos suicidas que emplean métodos de una eficacia muy dispar, pero que generan una extraña sincronía. El mismo día 23, Roth ingresa en el hospital. Su padre también se había ahorcado, aunque lo ingresaron antes de su nacimiento y no se sabe si tuvo contacto con él. Gil Bera recoge que sobre el suicidio de Toller comentó: "¡Qué tontería por su parte! Ahora que las horas de nuestros enemigos están contadas". Pero él no salió ya del hospital. Cinco minutos antes de las seis de la mañana del día 27 de mayo de 1939, murió en el hospital Necker para indigentes del distrito XV de París. En su delirio final intentó dictar a la enfermera en alemán. A pesar de todo, parece que murió tranquilo. En sus últimos días lo acompañó Friderike Zweig. Se marchó antes de que llegara el verano que fue muy caluroso, como el de 1914. Friderike llegó por la mañana al hospital y la enfermera le dijo que había fallecido durante la noche. Friderike buscó por la tarde a la enfermera del turno de noche que le contó que había muerto plácidamente. Friderike dirá que ha perdido al amigo más fiel, al más severo y bondadoso de los hombres.

El último texto manuscrito de Roth, un artículo de una serie que escribió sobre la caída de Barcelona terminaba así: "Hoy aún queda en pie Europa, Pero pasado mañana puede suceder que la victoria sobre Barcelona que se celebra en Berlín no haya sido más que el sinónimo de una victoria sobre Europa. *Vae victis!*". ¡Ay de los vencidos! A pesar de haber escrito febrilmente los últimos años de su vida y de haber publicado continuamente libros y artículos, en el certificado de defunción de Joseph Roth ponía que no tenía profesión.

Stefan no fue al entierro alegando que no podía abandonar Gran Bretaña por los trámites de inmigración, pero publicó su necrológica de Roth en The Sunday Times el 28 de mayo de 1939. El texto termina así: "Joseph Roth ha sido uno de los realmente grandes escritores de nuestros días; su prosa alemana ha sido siempre un modelo de estilo perfecto. Escribió cada página de sus libros con el fervor de un verdadero poeta; como un orfebre, pulía y repulía cada frase hasta que el ritmo era perfecto, y el color, brillante. Su conciencia artística era tan inexorable como apasionado y tierno era su corazón. Una generación entera pierde con él un gran ejemplo, y sus amigos, a un amigo extraordinario".

Benjamin Huebsch, director de *The Viking Press*, escribió a Stefan desde Nueva York el 6 de junio reconociéndole su actitud fraternal y su generosidad con Joseph Roth y recordándole que toleró cosas que habrían irritado a cualquiera. Pero Stefan había empezado a separarse del lastre de Roth ya en Ostende. De allí, Stefan salió con fuerzas renovadas. Fue a Londres y se embarcó para Brasil donde fue solo y en el barco empezó a escribir *La impaciencia del corazón* sobre el tema de la culpa y de si es posible separarse de ella. Mientras, en Salzburgo, todo parecía ir. El festival de verano seguía siendo una manifestación no nazi, lo cual ya era mucho. Desde la casa del Kapuzinerberg llegó una postal de Klaus Mann que estaba con su inseparable hermana Erika: "¡Saludos cordiales con envidia sana! Es encantador estar en su casa ¿Cómo es que no está usted aquí? ¿Cómo se puede encontrar uno mejor en Río o en Ostende?" Ya sabes, querido Klaus, como fuera de casa, en ningún sitio, Antonio Gamero dixit. Ostende se perdió en el horizonte, cerrando el arco que comenzó en 1914, cuando Stefan coincidió por última vez con Verhaeren y pasó unos días con Marcelle, intentando llenar con la pasión de ella lo que no podían llenar los libros. Pasión y libertad, disfrutar y no hacer daño. Friderike le escribía diciéndole que debía pasarlo bien con aquella amiga y disfrutar el verano, que ella esperaba. Ahora venía otra guerra y él partía con otra mujer. Su intención era clara, tal como le había escrito a Lotte días antes de llegar a la playa: "Nada de grandes maletas, allí no haremos más que vivir". Pero la cosa no estaba para bromas y de nada sirve crear el fanatismo del antifanatismo como Stefan le ha escrito a Rolland desde Ostende 1936. Roth dijo en cierta ocasión que Stefan era demasiado rico para darse cuenta de lo que pasaba, pero sí se daba cuenta.

LA IMPACIENCIA DEL CORAZÓN Y EL DIVORCIO

Los muertos, muertos están, pero los vivos siempre tienen tareas pendientes y Stefan tenía que divorciarse de Friderike, más que nada para poder casarse con Lotte y sentir que la complacía o la protegía de algún modo. Aunque su hermano Alfred le aconsejaba que se divorciara cuanto antes, lo demoró hasta 1938 con la excusa de no disgustar a su madre. Para entonces, Friderike y Stefan ya eran una pareja separada a todos los efectos y en febrero de 1938, Stefan y Lotte estuvieron en París y se vieron varias veces con Friderike. Friderike aún debía creer que Stefan sufría la psicosis imaginaria del emigrante, como le había escrito a una amiga, pero en eso se equivocaba. Los exiliados seguían huyendo y nunca sabrían si su huida era suficiente. Por ejemplo, Ödön von Horváth falleció aplastado por un árbol en París el 1 de junio de 1938 con estos versos en el bolsillo:

Lo que es falso ha de pudrirse
aun cuando siga rigiendo.
Lo que es cierto ha de venir,
aunque hoy esté muriendo.

Figura 41. Stefan y Friderike en 1937 en casa de Henry y Grete Joske en Vence, Francia (dominio público. commons.wikimedia.org).

Ida Zweig falleció en agosto y el divorcio se consumó el 22 de noviembre de 1938. Stefan asumió toda la culpa en el fracaso del matrimonio y por propio deseo permitió que Friderike conservara su apellido, por lo que siempre sería Friderike Zweig y ejercería más o menos de viuda hasta su muerte en 1971. Friderike le había pedido demorar más el divorcio para beneficiarse de la nacionalidad británica, pero Stefan ya no esperó.

Cuando llegó el telegrama anunciando la muerte de su madre, Stefan se quedó sentado con la mirada perdida. Así estuvo una hora sin hablar y sin escuchar lo que se le decía y se frotaba sin parar la palma de las manos, casi como el que evoca una sensación física que sustituya un contacto que nunca volverá. Stefan le había escrito unos días antes: "Querida mamá, (...) Haces alusión a algo, evidentemente

Fritzi te ha escrito como si se hubiera realizado un divorcio. Eso (¡por desgracia!) no es cierto. Hace año y medio no lo llevé a cabo, aunque todo estaba preparado, por consideración a ti; yo no quería que ella u otros parientes te molestaran con ese asunto. Ahora por desgracia, es mucho más difícil hacerlo. (...) Ella no lo tiene fácil con sus hijas, que han desaprovechado, por su estúpido afán de divertirse, todas las ocasiones de contraer matrimonio decente; ahora estoy contento de no ver más a esas dos jovencitas".

Stefan le escribió a Friderike justificándose. Según él, ya no es el mismo hombre, su compañía ya no es agradable, se ha vuelto un misántropo y está asqueado de la vida. Le agradece los años compartidos, le dice que no la olvidará y que ahora que están divorciados podrán volver a tener relación, una nueva. Y eso era verdad porque nunca dejaron de verse y de escribirse. Él sabía de la fortaleza de carácter de ella y estaba seguro de que no se suicidaría jamás.

El final de 1938 debió suponer un cierto alivio para Stefan, pues por fin había liquidado su vida anterior y podía seguir dedicándose a la nueva. Tenía planeado casarse con Lotte y el único problema grave que le quedaba era el de su nacionalidad y su pasaporte austriaco a punto de caducar. Stefan solicitó el pasaporte británico argumentando que el austriaco caducaría durante la gira estadounidense que tenía programada. Pretendían Stefan y Lotte pedir la nacionalidad británica y para ello había que haber residido cinco años en el país. Si no se arreglaba todo rápido, la perspectiva para Stefan era ser oficialmente apátrida. De su solicitud se enteraron los lectores del *Daily Telegraph* y del *Times* por un anuncio que insertaron las autoridades solicitando objeciones a que se nacionalizara británico. Aparte de los años de residencia se exigía no haber cometido delitos y en el caso de Stefan actuaron como garantes su editor y un marchante de objetos de arte al que treinta años atrás había comprado el Rey Juan de William Blake.

Con parte del papeleo resuelto, la pareja marchó a Nueva York en diciembre de 1938. Pasearon como unos turistas más, compraron en Macy's y acudieron a estrenos de amigos como George Bernard Shaw o Thornton Wilder. Estuvieron con Klaus Mann que tal vez se salvó porque los peor posicionados –homosexual, judío, escritor– tienden a huir antes y más lejos ¿Qué vieron de la tierra prometida desde el piso sesenta y cinco del Rockefeller Center donde todavía está el espacio Rainbow Room? Subieron al atardecer, como intentan subir hoy las hordas de turistas que desean sentirse en lo alto del mundo. Además, se acababa de estrenar con gran éxito la superproducción de la Metro-Goldwyn-Mayer *María Antonieta*, basada en la biografía de Stefan. ¿Qué más se puede pedir?

Antes de volver a Londres en enero, despacio, aún en barco, Stefan le concedió una entrevista a Thomas Quinn Curtis, pareja de Klaus Mann. En ella Stefan confesó que el objetivo real de la visita era no respirar el ominoso aire de Europa durante algún tiempo. La búsqueda de un nuevo país de acogida estaba en marcha.

El tema de la boda siguió coleando hasta que todo estuvo listo al final del verano. El día 1 de septiembre de 1939 la pareja fue al ayuntamiento de Bath con idea de ultimar los preparativos para la ceremonia que pretendían celebrar al día siguiente. El funcionario no les puso ninguna pega hasta que llegó la noticia de que Alemania había invadido Polonia. Se enteraron allí mismo. Los del registro sospechaban que la declaración de guerra era inminente y decidieron esperar instrucciones de Londres. Todo se quedó en una aparente calma tras la noticia, pero no era calma, era parálisis. En Gran Bretaña sabían lo que significaba aquello. Era la guerra, independientemente de la pantomima con Chamberlain. Efectivamente, la declaración de guerra llegó el día 3. Por las noches se decretó el "blackout". Todas las luces debían estar apagadas ante un posible ataque aéreo alemán y se editaron calendarios especiales para saber a qué hora había que apagar la iluminación.

Por fin, tres días después de la declaración de guerra, Lotte y Stefan se casaron e hicieron una oferta por una casa ubicada en una colina sobre Bath, como la casa del Kapuzinerberg se alzaba sobre Salzburgo. Eva, la sobrina de Lotte y una prima llamada Úrsula, recién llegada de Italia, fueron evacuadas allí. Con el inicio de la guerra, Stefan y Lotte se habían convertido oficialmente en "alien enemies", pero se resistieron a cambiar de planes por el momento. Su refugio de Bath ocultaba con dificultad que el problema era Europa. A final de mes murió Freud y Stefan volvió a Londres para despedirlo con el imprescindible permiso y confirmó cuánto le dolía transitar por las calles del viejo continente, llenas de europeos desesperados y deprimidos.

Eva Altmann, era la hija de Manfred, el hermano mayor de Lotte y de Hannah, ambos médicos en Berlín, que abandonaron Alemania y se instalaron en Londres tras el ascenso de Hitler. Por cierto que Hannah era psiquiatra y trabajó en Londres con Anna Freud. A pesar de que Stefan siempre tuvo todas las atenciones hacia la familia de Lotte, Manfred nunca lo vio con buenos ojos. Ni siquiera cuando Stefan nombró heredera universal a Lotte y esta a ellos dos. Sin embargo, Eva, pasó temporadas con "Onkel Stefan" y "Tante Lotte", que era como les llamaba la niña, en Bath y en los Estados Unidos. Eva, que tenía diez años, recordaba el oscuro apartamento de Londres y su trabajo de "secretaria ayudante" mientras Lotte mecanografiaba todo por duplicado con una copia de carbón y organizaba el trabajo de Stefan.

La vida en Bath era amable para las niñas que recordaban a Stefan como una persona muy humana que intentaba interesarlas en lo que a él le gustaba. Por ejemplo, les mostraba las obras más preciadas de su colección de manuscritos y Eva recordaba que había ido con ellos a ver Don Giovanni en Covent Garden. Las niñas tenían pequeñas tareas en el jardín y en el huerto y con la pareja representaban fragmentos de óperas mientras Lotte tocaba el piano. La regla era que se hablaba francés a la hora de comer, lo que conseguía que las niñas estuvieran un poco calladas, pero la verdad es que los idiomas eran primordiales para Stefan y se lo intentaba inculcar. En una ocasión le escribió a Eva una carta con el encabezamiento "Querida Evula" en la que saltaba del inglés al francés al alemán y al italiano. En la convivencia con las niñas eran evidentes dos cosas, el malestar anímico de Stefan y la mala salud de Tante Lotte. Aún así, la pareja pasaba horas encerrada en la biblioteca. Stefan dictaba y Lotte transcribía. Alguna vez la actividad se detenía y la explicación que llegaba a las niñas era que Stefan no estaba de muy buen humor ese día y que no hicieran mucho ruido.

Stefan cargaba con su maldición de rey Midas. En Inglaterra tardó un poco más en convertirse en escritor de éxito pero bastó con publicar en inglés *La confusión de los sentimientos* para vender cuatro ediciones en dos semanas. En Bath supo que sus amigos de Salzburgo Erwin Rieger, Felix Braun y Victor Fleischer habían conseguido escapar, pero Rieger dejó de escribirle y en 1941 se enteró de que había fallecido en Túnez. No se supo cómo, pero Stefan estaba seguro de que se había suicidado. Los otros dos llegaron a Inglaterra y a Fleischer lo trató el hermano de Lotte.

Rosemount, que así se llamaba la casa de Bath, era un trozo de campo con jardín, huerto y algunas gallinas donde por primera vez Stefan se interesó por algo que tuviera que ver con el oficio de granjero. El estar aislado cambió a Stefan. Se reía en sus cartas porque a veces el acontecimiento más importante era que las gallinas del granjero Zweig habían puesto el primer huevo en Rosemount. En esa transformación tuvo algo que ver Edward Miller, su jardinero, con el que conversaba y que le enseñaba cosas sobre el campo. En Rosemount, Stefan acumulaba latas. El ahorro, la acumulación, habían sido su forma de vida. Él acumuló toda su vida para después y le sirvió o les sirvió a otros. Por ejemplo, de esas latas vivió la familia de Eva durante la guerra y el racionamiento.

La tristeza de Stefan tenía mucho que ver con su profunda desconfianza en el futuro. Algunas veces hacia sentarse junto a él en un banco del jardín a Edward Miller y a su hijo y mirando al prado les preguntaba lo mismo que preguntaba a los que le visitaban: "¿Creen que llegarán aquí alguna vez?" Del miedo no te puedes esconder porque viaja dentro. Pero es que los nazis avanzaban hacia París. "No mientras usted viva, estará muy bien si se queda aquí", le decían. Pero él pensaba que no, que tenía que irse.

Stefan aprendió algo de jardinería. No se puede seguir siendo el mismo todo el tiempo. Si no, ¿de qué serviría vivir 60 años? Pero ni el oficio nuevo ni la preciosa casa ni las latas de comida ni las enormes reservas de jabón, de tinta, de papel, servían. Y eso que Stefan estaba muy contento con la casa porque todas las habitaciones tenían dos puertas y eso le permitía pasear sin parar mientras pensaba. "Afrontemos el tiempo tal y como se avecina" decía Cimbelino, el rey de Britania, en la obra de Shakespeare mientras esperaba la inminente invasión de los romanos. Ellos sí pudieron cruzar el Canal de la Mancha. Stefan citó esa frase en *El mundo de ayer*. En Bath no podía ignorar este hecho histórico pues la ciudad es también famosa por sus termas romanas en las que, aunque no es posible bañarse, sigue manando vapor. Esa imagen de las nubes de vapor de agua termal no interrumpida durante casi dos mil años llevaba a Stefan a uno de sus textos, el capítulo dedicado a Cicerón dentro de *Momentos estelares de la humanidad* que había publicado diez años antes. Cicerón se inscribe en la tradición iniciada por Sócrates y continuada por Séneca de sabios cuyos valores son la ética, la ley y la libertad. Dentro de la obra de Stefan, Cicerón es un temprano precursor de Erasmo y de Castellio y su apunte biográfico comienza así: "Lo más prudente que puede hacer un hombre sensato y no muy intrépido cuando se encuentra con otro más fuerte que él es evitarlo y, sin avergonzarse, aguardar un cambio, hasta que el camino vuelva a quedar libre". Este consejo era igual de válido para Cicerón que ya había cumplido los sesenta años aquel fatídico 15 de marzo del 44 a. C. y para Stefan, que se acercaba a esa edad. Esa es la fecha del asesinato de César y el momento en que se empieza a sellar la suerte de Cicerón. Él, un hombre de República, había esquivado el golpe de estado de César recluyéndose en una vida apartada al estilo de Montaigne que Stefan elogia: "A un hombre de espíritu no le puede suceder nada más ventajoso que el que se le excluya de la vida pública". Pero al morir César, puede resurgir la República y Cicerón se emplea a fondo para pelear por los más altos ideales desde su posición de maestro de retórica, abogado y político. Él desea que Roma sea grande, pero no por el militarismo, el imperialismo y la explotación de las provincias, y según Stefan, pasa de ser un humanista a convertirse en el primer defensor de la humanidad. Lo que ocurre es que el mundo no ha madurado suficiente y cuando alguien se mete en medio de la salvaje lucha por el poder exclamando como Cicerón contra la dictadura: "Si no podemos conquistar la libertad, dejadnos morir", es fácil que salga mal parado. Cicerón se enfrentó a Marco Antonio con sus discursos en los que atacaba ferozmente al cónsul e intentó que nadie se hiciera con el Imperio, pero perdió. Cuando se proclamó el segundo triunvirato, Marco Antonio, Octavio y Lépido decidieron eliminar a los hombres más poderosos de Roma y arrebatar sus riquezas para que nadie les hiciera sombra y Antonio exigió que el primero de la lista fuera Marco Tulio Cicerón. Como dice Stefan en un improvisado manual para déspotas: "Quien quiera establecer una dictadura, para asegurar su dominio, debe ante todo hacer callar a los eternos rivales de cualquier tiranía: a los hombres independientes, a los defensores de esa inextirpable utopía que es la libertad de espíritu". Octavio se debió resistir bastante, porque Cicerón era su consejero y lo había defendido en sus discursos, pero la "alta política" es así y Octavío sabía también que si Cicerón hubiera tenido que elegir entre la República y él lo habría tenido claro. Marco Antonio no le perdonaba que hubiera alcanzado la cumbre de la oratoria con sus Filípicas, que lo denigraban a él y disfrutó de su condena a muerte. No obstante, el viejo de 64 años pudo huir lejos pero decidió no hacerlo. Stefan retrata esta decisión así: "Lo prepara todo, informa a sus amigos, se embarca, se pone en camino, pero en el último momento se detiene. Quien ha conocido ya la desesperación del exilio, experimenta incluso en el riesgo la voluptuosidad del suelo patrio y la indignidad de una vida en huida constante (...) sin estar del todo resuelto a hacer frente a su destino, pero tampoco a evitarlo, como si, con esa disposición a morir, inconscientemente quisiera cumplir con la máxima que formulara en su tratado *De senectute*, según la cual un hombre viejo no tiene derecho a buscar la muerte ni a aplazarla. Venga cuando venga, hay que recibirla con resignación".

Esto lo escribió Stefan, como muy tarde, en 1927, fecha de publicación de *Momentos estelares*, cuando no tenía ni cincuenta años, pero parece que siempre lo tuvo así de claro. Cicerón y los dos mil hombres más ricos de Roma fueron asesinados y expropiados. Pero la cabeza y las manos de Cicerón fueron clavadas en la tribuna desde la que incitó al pueblo a defender la República y la mujer de Marco Antonio arrancó aquella lengua que la había ofendido y la ensartó con sus pasadores del pelo.

Pocos discursos por la libertad se harían en Roma en los siglos siguientes, pero aquello sentó precedente y por ejemplo, Jacques Lacan, otro mago de la oratoria, hizo oficial su cisma con la dictatorial Sociedad Psicoanalítica de París con su famoso Discurso de Roma.

La guerra se acercaba y Stefan veía su casa de Bath tomada. Anotó en su diario el 21 de mayo de 1940 que las noticias le cortaban el aliento. Los alemanes habían saltado la línea Maginot. Pronto llegarían a la llanura de París y el ejército inglés estaba acorralado en Bélgica. Inglaterra iba a quedar aislada y existía riesgo inminente de invasión. Una catástrofe tan rápida que ni el pesimista Stefan lo esperaba. Afortunadamente, la evacuación del ejército anglo-francés de Dunkerque fue un éxito. Pero él ya había escrito en su diario: "Nosotros, los que vivimos en y con las ideas antiguas, estamos perdidos; yo ya tengo preparado cierto frasquito".

Hay unos versos de Verhaeren que dicen:

Sois ton Bourreau toi même!
N'abandonne le soin de te Martyriser
À personne, jamais.

Stefan lo tradujo al alemán en 1904 y en español sería algo así:

¡Sé tu propio verdugo!
No dejes que te torturen
Que nadie lo haga, jamás.

En Inglaterra había tenido ya dudas de todo tipo, como la de que era posible que lo detuvieran al declararse la guerra si incluían a los austriacos en el saco de los enemigos alemanes. En su caso era un absurdo, ya que se había pasado la vida defendiendo los valores contrarios a la guerra, pero eso daba igual y necesitaba un permiso especial para alejarse más de 8 km de Bath. Tras la declaración de guerra, paseando por la ciudad, Stefan empezó a pensar en la Viena de 1918, colonizada por la escasez, los veteranos de la guerra heridos o lisiados, las mujeres solas y de luto, los hombres andrajosos que volvían de los campos de batalla, los años de penurias, de frío y de hambre. Stefan sabía que vendría una nueva época, pero "¡Cuántos infiernos y purgatorios había que recorrer todavía para llegar a ella!"

Las vacaciones de Bath se habían agotado pronto. Poco después del desastre de Dunkerque, Úrsula volvió con sus padres a Londres y Eva fue enviada a Estados Unidos, donde pasaría tres años bastante tristes a pesar de las apariciones fugaces de Stefan y Lotte. A su regreso, en 1943, llevaba consigo algunos de los manuscritos más importantes de Stefan. Así que la pareja se quedó sola en Bath y en junio de 1940 decidió partir para América.

De nuevo le tocaba a Stefan ver cómo se acababa una época y cómo empezaba otra. La travesía al Nuevo Mundo no pudo ser tan tranquila como las otras veces. Los submarinos alemanes acechaban y nadie estaba a salvo desde el hundimiento del transatlántico Athenia, aunque dijeran que fue por error. En las librerías estaba *La impaciencia del corazón*, publicada unos meses antes por Bermann-Fischer/Allert de Lange, cuyas sedes eran Estocolmo y Ámsterdam. Se alejaban de Alemania, pero no lo suficiente. En España, el libro se publicó como *La piedad peligrosa*, un título *spoiler*, nada fiel al original, *Ungeduld des Herzens*, que literalmente significa *La impaciencia del corazón*. ¿Por qué tenía impaciencia su corazón? ¿Es peligrosa la piedad? ¿Por qué el corazón se mueve entre la impaciencia y otras motivaciones éticas entre las que está la piedad? ¿Qué hay que elegir cuando se enfrentan el deseo y la ética? ¿Por qué todo parece siempre la misma guerra entre *La realidad y el deseo*, la cuente Cernuda o Freud?

He de confesar que Stefan Zweig siempre ha estado conmigo. *La impaciencia del corazón* es un libro que compró mi padre de soltero y que siempre me miró desde la estantería, al lado de *Un millón de muertos* de Gironella y de *Rojo y negro* de Stendhal en edición todos ellos de El Círculo de Lectores. Nunca lo empecé, pero lo miraba y me llamaba la atención el título que en aquella edición prescindía del artículo: *Impaciencia del corazón*. Ese libro lo leyó mi tía, porque mi padre era el hermano mayor y compraba libros que a veces no leía. Cuando hablamos de Stefan Zweig, mi tía me dijo que había leído uno. Yo sé cuál, le dije.

Hace un par de años, por fin, leí el libro. Es una edición de 1967 que utiliza la traducción de 1946 de Alfredo Cahn, aunque en sus primeras páginas ponga "Alfredo Calm". Descarté la reciente traducción de Joan Fontcuberta en Acantilado porque quería leer el libro que siempre había vivido con mi familia.

Figura 42. Libro de Stefan Zweig titulado Impaciencia del corazón que mi padre compró antes de que yo naciera (fotografía del autor).

La tesis de *La impaciencia del corazón* aparece en un párrafo suelto y en cursiva que abre la edición y que es un recorte que volveremos a encontrar dentro del libro:

> Existen dos clases de compasión. Una cobarde y sentimental que, en verdad, no es más que la impaciencia del corazón por librarse lo antes posible de la emoción molesta que causa la desgracia ajena, aquella compasión que no es compasión verdadera, sino una forma instintiva de ahuyentar la pena extraña del alma propia. La otra, la productiva, la que sabe lo que quiere y está dispuesta a compartir un sufrimiento hasta el límite de sus fuerzas y aún más allá de ese límite.

Queda inaugurado el drama. De hecho el libro se llamaba en un principio "Asesinato por compasión". Se repite hasta la saciedad que esta obra es la única novela terminada de Stefan apoyándose en la distinción entre novela y novela corta, pero a mí me parece una novela más de las que escribía Stefan, estructurada alrededor de un dilema que se le plantea a un personaje cuya psicología suele ser el auténtico protagonista de la historia. Quizá esta observación y clasificar *La impaciencia del corazón* con sus demás novelas cortas sea osado, máxime cuando mi edición tiene más de cuatrocientas páginas, pero las similitudes son más que las diferencias. En este caso, Stefan nos cuenta en primera persona la historia de Anton Hofmiller, un joven teniente de caballería que ve una posibilidad de conocer gente rica cuando le invitan al castillo de los Kekesfalva. En la velada sucede un malentendido que justifica toda la historia, pero que no es tan terrible, la verdad. Hofmiller, que ignora que Edith, la hija de Kekesfalva, es parapléjica, la invita a bailar y desgraciadamente todavía no es la época en que la gente baila en silla de ruedas. Ese es todo el drama. Evidentemente, Edith llora y él, avergonzado, huye. Pero claro, para enmendar el error, Hofmiller vuelve al castillo y así se origina el enganche entre los dos jóvenes y se va hilando la tragedia. Todo el problema es que él intenta reparar su falta y no hace más que agravar el problema. Edith se enamora de Hofmiller y él no la ama del mismo modo, pero no dice nada y acaba haciendo lo que ahora se llama "ghosting". Vamos, que desaparece, y ella se mata. En el epílogo, Hofmiller es enviado a la guerra y desea que lo maten, pero no lo matan y al final lo condecoran por su heroísmo suicida.

La obra fue un gran éxito en el mundo anglosajón y en Francia y, la verdad, es que está bien y disfruté leyéndola en un libro amarillento más viejo que yo, pero creo que sus códigos no son muy válidos ahora. Hofmiller la lía y se siente tan culpable que piensa en el suicidio, luego hace tanto el paripé que Edith se enamora. Atención, que hay detalles interesantes en la historia porque el joven se engancha a las visitas a casa de ella porque también siente el calor de hogar que él nunca ha vivido, al pasar la infancia y la vida de una institución militar a otra. También hay un momento en que Hofmiller cae en que "esas pequeñas coincidencias de una amistad espiritual me causaban más dicha junto a esa muchacha desamparada e impotente que las aventuras apasionadas con cualquier otra mujer". Podían haber tirado por ahí, pero no, eso no lo hablan. Es verdad que el idioma del deseo y el de la ternura son distintos, y los personajes del libro no lo saben y los confunden por lo que la ternura de él despierta el deseo de ella y Edith se enamora tanto que el mundo no tiene sentido sin él. En esta confusión, Edith rompe cartas, amenaza con suicidarse si las cosas no son como ella quiere y en vez de aguantarse como hace todo el mundo, cierra algo que parece un libreto de ópera.

En fin, que creo que le sobran muchas páginas, le quitaría muchas descripciones tediosas y mucha paja, para mi gusto hay demasiados monólogos interiores de Hofmiller que parecen la obsesiva voz en *off* de un anime y, puestos a pedir, me gustaría que los protagonistas no fueran un militar y la hija de un rico, un hombre de 25 y una adolescente de 17, pero es mi criterio y no es el de millones de lectores. Eso por no hablar de que nada menos que Bille August ha hecho una versión cinematográfica que se ha estrenado en 2022. Así que me callo porque también puede ser que Stefan se refugiara de la realidad en el oasis decimonónico de la novela.

¿La impaciencia del corazón de Stefan se calmó con Lotte? ¿Lo que sentía por ella era piedad o era amor? ¿El amor de Lotte podía llenar el vacío de Stefan? Como dijo Freud, para no enfermar hay que amar, pero ¿es una condición suficiente? ¿Se puede considerar la amistad una forma de amor? ¿Qué idioma hablaban ellos, el del deseo o el de la ternura?

En la mitad del libro aparece un retrato extraño del amor: "La resistencia de un hombre se convierte, de todos modos, en crueldad, y siempre cae en culpa, inocentemente, cuando no acepta un amor. ¡Tremendas cadenas irrompibles! Acabas de sentirte libre, de ser dueño de ti mismo, no estabas obligado a nadie, y de repente te sientes perseguido y rodeado, presa y meta de un deseo ajeno, contrario a tu voluntad. Sabes, confuso hasta el fondo de tu alma, que de día y de noche, una mujer, una extraña, te espera, piensa en ti, sufre y suspira por ti. Ella te exige, te quiere, te reclama con cada poro de su ser, con su cuerpo, con su sangre. Quiere tus manos, tu cabello, tus labios, tu cuerpo, tu día y tu noche, tu sentimiento, tu sexo y todos tus pensamientos y sueños. Quiere compartir todo contigo, quiere quitarte todo y absorberlo con su halo". Este retrato tan lúgubre no concuerda con el funcionamiento de los personajes de Stefan. Habitualmente sus protagonistas son seres solitarios capaces de jugárselo todo por la pasión. Persiguen sus sueños de un modo dramático, guiados por sentimientos que siempre permanecían ocultos en aquella Europa. Él los consideraba monomaníacos fervorosos que se enfrentaban al orden establecido de los deseos silenciados.

REFLEJOS DE UN EXILIO IMPOSIBLE

El 22 de junio de 1940, cae París. La esvástica ondea en la Torre Eiffel. Stefan pierde su segunda patria. Cuando le llega la noticia está con Desmond Flowers, su editor británico, que dijo que nunca había visto un hombre tan destrozado. No podía hablar, estaba paralizado como cuando falleció su madre. París, Viena, Ostende, incluso la Costa Azul quedaban atrás para siempre. El salzburgués errante no podrá renunciar nunca a este título. Va a comenzar la Batalla de Inglaterra y Stefan y Lotte duermen en el camarote del capitán del barco que los lleva a América porque se ha enterado de que huyen en tercera y no lo ha consentido.

Inglaterra emplea todas sus fuerzas para defenderse del intento de invasión por parte de Hitler. Lloverán panfletos que hacen "un último llamamiento a la razón" solicitando la rendición del país. La respuesta británica fue grabar a la población recortando los panfletos y poniéndolos como papel higiénico en los cuartos de baño. Los delirios de grandeza de los nazis les impidieron ver la capacidad británica. No creyeron que sus radares fueran operativos y no los atacaron apenas, pensaban que solo podían producir 200 aviones al mes gracias a los informes de un agente doble, pero la realidad era que se producían más de 400. El radar detectaba los aviones alemanes que querían cruzar el canal y los aparatos de la RAF podían hacer algo impensable para Hitler, llegar a interceptarlos. Durante la Batalla de Inglaterra el cielo quedó marcado por las balas trazadoras, una de cada cuatro, que permitían a los aviadores ver hacia dónde disparaban. En Octubre se termina la batalla. Los nazis desisten, pero durante el invierno posterior bombardean Londres casi todas las noches.

Saber que solo queda la huida es mucha sabiduría y Stefan ya se lo dijo en 1930 a Victor Fleischer, pero vivir con ello es otro cantar. En Inglaterra queda atrás una posibilidad de vida nueva y el escritorio de Beethoven que había llegado camuflado de escritorio a secas gracias a Alfred.

El plan era poner el océano de por medio y preparar una gira por Sudamérica empezando por Brasil. A pesar de esto, parece que Stefan pensaba regresar a Bath. Es cierto que se llevó los autógrafos más valiosos de su colección y dos dibujos de Rembrandt que había comprado hacía poco, pero dejó los capítulos acabados de la biografía de Balzac y los materiales relacionados con la obra. Ni las propiedades ni el dinero garantizaban nada, como bien sabía la familia Zweig. Lo único que parecía conservar valor eran las obras de arte. Por eso Stefan viajaba con dos maletas. Una, la de las "necesidades terrenales" con ropa y demás enseres, y otra, la de las "reservas espirituales" con los manuscritos propios y de grandes autores. Con este equipaje abandonó Stefan Europa para siempre.

En Nueva York, Stefan y Lotte tenían un apartamento en el desaparecido Wyndham Hotel, entre la Quinta Avenida y Central Park. La ciudad estaba llena de gente conocida y, aunque él ayudaba a los que podía, no daba su dirección con facilidad y recibía el correo en la oficina de su editor.

Los refugiados eran una columna interminable de gentes sin un lugar al que volver, buscando un sitio en el que poder vivir, cualquier sitio. Stefan parecía ver pasar a todos aquellos desgraciados, pero también se movía con ellos. Vio muchos en Londres y también en Nueva York. Demasiados exiliados. Muchas veces, lo que hace sobrevivir a la gente que huye es la perentoria necesidad de comer. Pasan años en la pelea de trabajar donde sea para conseguir techo y comida y si se deprimen es mucho después, cuando pueden. Desgraciadamente para Stefan, él no podía olvidarse de la realidad buscando de qué alimentarse. En Nueva York, Stefan no era conocido, pero había tantos refugiados que la sensación era la contraria. Una de sus ocupaciones básicas era echar una mano a los que le pedían ayuda, pero aquello era agobiante. Se decía que en los Estados Unidos había más de un millón de refugiados de Europa Central. "Ayudo y ayudo por todas partes, pero no soy capaz de ayudarme a mí mismo" escribía. Esta cita y muchas referencias posteriores acerca del exilio aparecen en *El exilio imposible* publicado por Ariel que agradezco a George Prochnik y a su traductora Ana Herrera Ferrer. A Stefan le pesaba la tarea, la incapacidad para realizarla, el rechazo que le producía toda aquella desgracia y lo abrumadoramente grande que era el Nuevo Mundo; "un error gigantesco" como lo había bautizado Freud. Sí, había muchos refugiados, paro, criminalidad, movimientos xenófobos, pero en realidad no llegaron ni a 400.000. Muchos querían llegar, pero pocos llegaban y lo hacían acarreando la culpa del superviviente. En una de las últimas conferencias que Stefan dio en Brasil con el fin de recaudar fondos para las víctimas judías dijo: "No somos mejores, y no somos tampoco más valiosos que esos otros a los que están acosando y persiguiendo ahora mismo allí, en Europa". Los más débiles, empezando por los niños, se perdieron por el camino, pero los que llegaron llenos de gratitud también se encontraron con la propaganda xenófoba habitual. Por ejemplo, corrió el rumor de que a los norteamericanos se les obligó a dejar trabajos para que tuvieran su lugar los exiliados. Tal fue la locura desatada que las grandes empresas se vieron obligadas a desmentir este tipo de rumores públicamente. ¿Es señal de que los tiempos avanzan el hecho de que no se les acusara de brujería o de comer niños?

La apatía que le producía a Stefan Nueva York no era algo aislado. Bruno Walter se encontró paseando por las avenidas de Manhattan un cartel que decía "U.S. Tires", "Estados Unidos cansa" entendió y pensó: sí claro, pero ¿por qué lo anuncian? No era exactamente el cansancio del *Lavorare stanca* de Pavese, pero tenía su parecido. El inocente cartel de neumáticos no se refería, evidentemente, a que el país ayudaba a hacerte sentir cansado. En Centroeuropa no estaban acostumbrados a ese calor tremendo del verano. Tan agobiante le resultaba todo aquello a Stefan que le dijo a su editor brasileño: "Me gustaría vivir olvidado, en un lugar desconocido, por ahí, y no volver a abrir nunca más un periódico".

El problema, según dice Hilde Spiel, es que llegaron a Nueva York y pensaron que habían llegado a los Estados Unidos, pero no. Nueva York es una ciudad europea y, yo añadiría, una ciudad construida por las gentes más inquietas y abiertas del mundo. No se parece en nada a los Estados Unidos o a cualquier otro país. Es un mundo en sí mismo.

La historia de cada uno de los que llegó da para una novela. Prochnik cita, por ejemplo, la peripecia de Hans Natonek, a quien Stefan consideraba "uno de los más importantes". Natonek llegó con menos de cuatro dólares y sobrevivió durante días comiendo manzanas. Su visita al National Refugee Service junto a Times Square le puso delante de la realidad. Allí a los refugiados se les hacía rellenar formularios y formularios y se les preguntaba de todo: ¿tiene dinero?, ¿algún ingreso?, ¿algo de valor?, ¿joyas?, ¿parientes?, ¿tiene experiencia técnica?, ¿oficio?, ¿profesión?, y todas las respuestas de Natonek eran "no". Natonek se enfadó con Stefan por su "escapismo final", pero al menos la muerte de Stefan le sirvió para darse cuenta de que él estaba vivo y del milagro que suponía eso.

Stefan describió esta que podríamos llamar "enfermedad del emigrante" al final de *El mundo de ayer*: "La emigración, sea del tipo que sea, provoca por sí misma, inevitablemente, un desequilibrio. La persona pierde estabilidad (y eso también hace falta haberlo vivido para comprenderlo); si no siente su propio suelo bajo los pies, se vuelve más insegura y más desconfiada consigo misma. Y no dudo en reconocer que, desde el día en que tuve que vivir con documentos o pasaportes extraños, no volví a sentirme del todo yo mismo. Una parte de la identidad natural de mi 'yo' original y auténtico quedó destruida para siempre. Me volví más reservado de lo que era por naturaleza y yo, antes tan cosmopolita, ahora no logro librarme de la sensación de tener que dar gracias especiales por cada hálito que robo a un pueblo que no es el mío".

Hubo emigrantes a los que les fue bien como el antes citado Bruno Walter o Thomas Mann. Sin embargo, otros no pudieron arraigar como Ernst Toller o Bertolt Brecht. El desarraigo es terrible. Goebbels se reía de los autores emigrados y los llamaba "Cadáveres de permiso". Los torturadores conocían bien la tristeza del exiliado. El exiliado tiene que buscar un sitio donde pueda vivir y centrarse en las cosas que hay ahí. Si se empeña en buscar lugares que le recuerdan su desdicha, va mal.

Stefan y Lotte querían alejarse del río de la emigración y del calor de Manhattan y estuvieron en Atlantic City. A Lotte le pareció Brighton a lo grande y no les gustó. Casi se quedan en Long Island, donde vivía Van Loon, el que escribió *Nuestra lucha*, una respuesta a *Mein Kampf*. Van Loon y su esposa, que llegaron a medir su contribución a los exiliados en comidas extra servidas, les buscaron casa pero desecharon Long Island y Nueva Inglaterra por la humedad que era mala para Lotte. Huebsch les habló de Cambridge, Massachusetts, con Boston y su Sinfónica al otro lado del río y a punto estuvieron de acabar en Princeton con Thomas Mann o Einstein, a quien visitaron. Habría sido bonito ver a Stefan cerrando filas con Einstein contra el Comité de Actividades Antiestadounidenses. Habría sido el final perfecto para la historia de Stefan, volverse un viejo activista, pero le pareció que Princeton estaba demasiado cerca de Nueva York. Podía haber elegido Hollywood o cualquiera de las ciudades en las que dio conferencias: Salt Lake City, Baltimore, San Francisco, Washington. Ese era tal vez el problema de Stefan. Demasiadas opciones.

Stefan nunca se tomó en serio la posibilidad de afincarse en Hollywood a pesar de que sus novelas ya habían sido llevadas al cine con éxito. Con Berthold Viertel, austriaco como él, había escrito un guion titulado *El año robado* a partir de una novela inacabada de Viertel, pero algo no le cuadraba. A finales de 1933 un grupo de productores le invitaron a pasar en Hollywood diez semanas y le hicieron una oferta económica fantástica, pero la rechazó.

Al final, Stefan y Lotte eligieron Ossining. Alquilaron una casa que había sido arrancada y trasladada desde otro emplazamiento, como ellos. Ossining estaba encima de la prisión de Sing Sing, la peor vista para un hombre que cree en la libertad. Claro que algo bueno debía tener aquel lugar porque Stefan llegó a escribir setenta páginas a la semana de *El mundo de ayer*. Demasiadas páginas si no te estás muriendo. Stefan le confeso a Huebsch: "Desgraciadamente, siempre es señal de depresión moral cuando me sumerjo tan intensamente en el trabajo". Tal vez por eso eligió Ossining, un lugar sin nada que ver para poder trabajar y deprimirse a gusto. A veces uno lo que quiere es deprimirse más y no hay quien lo pare. A veces te escondes para llorar a solas, hasta que pasa mucho tiempo y has llorado todo lo que tienes que llorar. En el caso de Stefan, todo esto era especialmente dramático porque él había pasado toda su vida construyendo la identidad de ciudadano del mundo y de repente, a los 58 años, era un apátrida. A veces se llega al final de la depresión y entonces se puede volver. Stefan alcanzó esta paz muchas veces, demasiadas, y por ello la paz nunca fue completa y la depresión siempre regresaba. Quizá por eso eligieron Ossining, porque allí vivía Friderike.

Mucha gente no cree en las casualidades, pero existen. O como dejó escrito Buero para uno de sus personajes: "Pensaba en lo lleno que está el mundo de coincidencias, en cómo todos esperamos algo". El otro día me recordó mi tía que hace no mucho el *bookcrossing* llegó a la ventana de su academia. Apareció un libro, pero no era un libro cualquiera, era un ejemplar de *Los escritores suicidas*, mi primer libro. Ninguno creemos que sea casualidad, porque estamos hablando de Marchamalo, un pueblo de Guadalajara que no es precisamente famoso por el *bookcrossing*. O sea, que yo no lo calificaría de fortuito, como tampoco lo fue el encuentro de Stefan con Friderike en el consulado inglés de Nueva York el 31 de enero de 1941. Entre los siete millones de habitantes de Nueva York se tuvieron que encontrar. La casualidad no es tal, simplemente no tenemos en cuenta un montón de variables que también tienen su importancia. El caso es que Stefan acababa de llegar en avión desde Florida y se fue al consulado inglés para registrar su presencia, tal como exigía la ley. Estuvieron muy poco rato juntos, quizá por la conmoción, quizá porque Friderike salía del ascensor con Suse y Stefan entraba con Alfred. Los consulados británicos fueron importantes en esta historia, por las horas que tuvieron que pasar en ellos, por lo de Niza y por esto. Stefan iba con Alfred, que no quería a Friderike pues la veía como una manipuladora. Friderike tampoco se detuvo por lo desconcertante del suceso y porque estaba Alfred. Llevaban nueve meses sin verse desde que ella lo acompañó al aeropuerto en París. Friderike había pasado terribles calamidades para llegar al nuevo mundo y Stefan lo sabía. No se abrazaron, no se pusieron a gritar de alegría, no se fueron a comer juntos. Stefan le escribió una carta a Friderike nada más llegar al hotel en la que a modo de disculpa le decía: "Estoy destrozado. Desde hace diez días me levanto todos los días a las cuatro y media de la mañana para coger el avión, luego los viajes en coche al interior, las revisiones, las recepciones. Viajé esta noche desde Miami en un avión donde no había asientos reclinables, después de llevar volando desde las seis de la mañana, desde el extremo norte de Brasil, hasta las cinco de la tarde. Ha sido un record que espero no volver a repetir. Debido a lo temprano de mi llegada, nadie sabe que estoy aquí y te suplico encarecidamente que no le hables a nadie de mi presencia, no des a nadie –sin excepciones– mi dirección provisional. Necesito algunos días para recuperarme, ya que solo estoy aquí de forma provisional y quiero buscar alojamiento. Tal vez quieras telefonearme el domingo. ¡En diez días he recorrido tres veces la distancia del viaje de ida y vuelta de aquí a Europa!" Aunque firmaba esto con un "De todo corazón", la escena es fea. Las rupturas son tan duras que a veces te encuentras al otro lado del mundo después de haber escapado de una guerra y apenas te saludas. Porque separarte de un maltratador, en el fondo, es más fácil. Todo va a ser mejor. Pero separarte de alguien a quien has amado y aún amas es un dolor profundo del que no dejan de surgir preguntas.

Stefan había estado preocupado por Friderike porque se quedó atrapada en Francia. De París huyó hacia Marsella con sus dos hijas y los maridos de ambas, pues finalmente se habían casado. Stefan informó a Friderike de que él había intercedido ante el comité de refugiados para que les procurasen visado de entrada en Estados Unidos, pero que le resultaba imposible conseguir visado para cinco personas y que los maridos de Suse y de Alix deberían cuidar de ellas. Esto no era muy elegante. Los cinco recorrieron un camino similar al del Walter Benjamin, aunque Benjamin se quedó en la frontera. Llegaron a Lisboa, consiguieron el visado a los Estados Unidos y cruzaron el Atlántico en octubre de 1940.

A mediados de 2019 yo tenía encima de la mesa el libro *Reflejos de una vida* de Friderike Zweig y estaba un poco abrumado por la cantidad de material que debía revisar en relación con Friderike: una biografía antigua, esa biografía, *Correspondencia (1912-1942)* entre Friderike y Stefan y además otro libro que fue el primero que leí de Friderike que fue lo que escribió de sus recuerdos de la vida en común con Stefan casi treinta años después de su muerte. Resulta que este libro, publicado por Papel de liar, se titula *Destellos de vida*. Evidentemente, el primero y el último son el mismo libro pero no había caído. Eso me animó. La tarea no me pareció tan enorme y además encontré mis notas grabadas sobre el *Destellos de vida*, traducido por Pablo Álvarez, que por cierto fue el primer libro que leí sobre Stefan después de su autobiografía allá por 2015. Es extraño escuchar tu voz de cuatro años atrás leyendo las notas que subrayaste en el libro y que como no te dio tiempo a apuntar, dejaste grabadas en un audio de casi dos horas antes de devolver el libro a la biblioteca. En 2019 me pregunté si no sería mejor idea comprar el libro, pero me dio pereza, porque ya lo había subrayado una vez con mucho mimo y había borrado el lápiz después de grabar las notas.

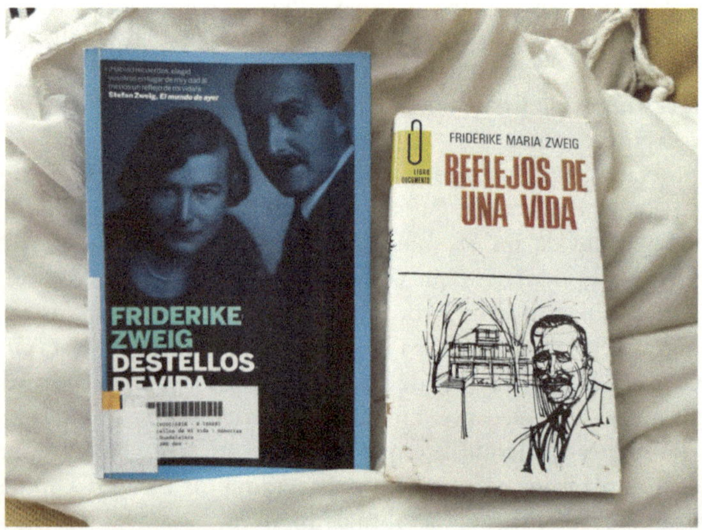

Figura 43. Reflejos de una vida de Friderike Zweig que compré años después de leer la versión titulada Destellos de vida (fotografía del autor).

La voz de superviviente orgullosa de Friderike es reconocible a lo largo de todo el texto: "Yo, con todo, y a diferencia de mi esposo Stefan Zweig, jamás sufrí la pérdida de la seguridad; la mía se encontraba y se encuentra en otro lugar; es intemporal". De hecho

Friderike vivió hasta casi los noventa años y murió en 1971. Friderike explica su deseo de vivir en relación con su deseo de independencia, de tener los medios para ser libre. Ella siempre fue así y rechazó dos peticiones de mano antes de casarse con el deslumbrante Félix von Winternitz. Él era un prometedor joven de familia acaudalada con el que compartía su gusto por la música y con quien leía partituras de Mahler, su ídolo de entonces. Félix desapareció en cuanto nacieron las niñas y Friderike tuvo que pelearse cada paso a pesar de la ayuda de su suegro. Le atraía el mundo de la literatura y al aproximarse acabó conociendo a Stefan. Con él sí que pudo tener una relación más madura que con su marido que hacía vida casi de soltero con mujeres que le aguantaban su inconsistencia y su dedicación al alcohol.

Como ya conté, en su primer viaje juntos, Stefan la llevó a conocer el mar. Le reservó una habitación en su hotel preferido de Hamburgo, y la llenó de flores, frutas, libros y mensajes e incluso algún poema. La hizo acompañar por amigos porque él estaba ocupado con la representación de su obra *La casa junto al mar* y, sin Stefan, Friderike visitó la ciudad y fue al teatro a ver una obra de Schilling. En el viaje de regreso pasaron por Lübeck donde celebraron el cumpleaños de Stefan y también por Leipzig. Como dice ella y a pesar de tener que estar atenta a las noticias que venían acerca de cómo se encontraban sus hijas: "¿Cómo soportar la vida cotidiana tras aquel viaje? En Lübeck olvidé la cotidianeidad".

Su personalidad era más sólida que la de Stefan, no solo en época de guerra. Viena, el lugar donde se escondía todo sentimiento, daba muchos frutos distintos. Como dice Friderike: "Era habitual en Viena disimular la consternación: nadie se lamentaba más de lo necesario. El congreso, por así decir, seguía bailando. Y así era, literalmente. No es casualidad que el vals sea una invención vienesa". En este marco, la verdad es que Friderike y Stefan nunca volvieron a separarse del todo desde que se conocieron. Ella aceptó vivir con un hombre que era una celebridad, al que todo el país rendía homenaje cuando pasaba. Un hombre que no aceptaba un compromiso de total fidelidad, aunque sí era de fiar. Cariñoso con ella, atento, siempre detallista, libros, manuscritos, dedicatorias, dispuesto a casarse con ella, una mujer separada y con dos hijas. Ella tampoco es que quisiera pasar por el altar, al menos al principio, porque confiaba en él. Y ella también lo quería. Se disculpaba con él por sus ataques de celos. La primera guerra mundial supuso un cambio, los unió en la adversidad. El equilibrio frágil entre la libertad y la seguridad de dos personas que buscan ser libres. Con respecto a su tiempo que pasaron juntos dice: "De rodillas doy gracias a Dios por haber permitido que permanezca sano y salvo a mi lado. Soy feliz, además, porque él cree en las propiedades benéficas de mi voluntad interna y de mis oraciones". Ella fue quien le quitó de la cabeza que se enrolara para ir al frente a demostrar su valentía y lo llevó de la mano a prestar servicio en un organismo burocrático. El disfraz de burócrata en un archivo salvó al que tenía burofobia. En los primeros años todo iba bien, hasta la relación con las niñas que eran la única imagen de la felicidad durante la guerra. Alix siempre contenta, lozana, morena, siempre con sandalias, hasta los días que iba a la ciudad a preparar su examen de admisión al liceo; Suse, siempre un ángel, prodigio de laboriosidad, comprensión, bondad, dulzura. Friderike podía con todo. Sacó a Stefan de las trincheras y lo metió en un archivo y de ahí lo sacó con una dispensa de corresponsal para la Suiza pacifista y dadaista. En sus memorias aparece como una mujer sin fisuras que colecciona las celebridades de su época al final del relato. O puede que hablase de todos esos personajes porque ya estaba cansada de contar su vida con Stefan en 1967. Por allí pasan Tagore, el príncipe indio que hizo parada y fonda en el Kapuzinerberg; Strauss (Johann), que vivía al otro lado del muro; Strauss (Richard), el gran músico que confiaba en que los nazis no eran nazis; Twain, con su hija la pianista; Hofmannsthal, con su mujer y su envidia; Schnitzler, el médico vanguardista y osado; Max Brod, como anfitrión en Praga; el delicado Rilke; el visionario Hesse; Rolland, el hombre más sabio; Einstein, el pacifista lector de Stefan, como todos, que respondió así a la pregunta de Friderike sobre lo que debían hacer las mujeres para acabar con todas las guerras: "impidiendo a maridos, compañeros e hijos servir en el ejército"; Gorki, quien "no era lo suficientemente industrioso para poder mantenerse por su cuenta"; no es que tuviera los pulmones débiles por ser tuberculoso sino que "hastiado de su vida de vagabundo se había atravesado un pulmón de un tiro"; H. G.

Wells, en cuya casa vivía la baronesa Budberg que cumplía funciones de compañera y secretaria; Sommerset Maugham, que pasaba por allí; Toscanini con Bruno Walter y Stefan fotografiados en la terraza de la casa de Salzburgo en la primera fotografía de Suse que dio la vuelta al mundo; Erwin Schördinger, el joven físico teórico menos famoso que su gato y otros más.

Cuando Friderike pone el punto final del libro dice que lo cierra con una cadena y añade: "En uno de los extremos de la cadena hay un candado, y sobre este quisiera grabar las dos palabras que en nuestra infancia garabateábamos sobre la primera página de nuestros cuadernos con la esperanza secreta de no obtener malas notas. CON DIOS"

ADIÓS A NUEVA YORK

Pero regresemos a 1941 y acompañemos a Stefan y al texto de Prochnik, el biógrafo de sus últimos días al que ya hemos mencionado. Uno no sabe cuándo es la última vez que verá a alguien, pero todavía no había ocurrido eso con Friderike. Stefan era un hombre de pelo gris, tal como registraban los funcionarios de aduanas, sin esas manos refinadas de antaño, con vello en los dedos, y con el rostro más afilado y menos distinguido. La vejez, el último viaje, el que viene de propina si tenemos suerte, depende de más cosas aparte de la edad. Stefan iba a cumplir 60 años y se sentía viejo, cuando en el siglo XXI ya se dice que los 60 son los nuevos 40, 30, 20 si tenemos que hacer caso al texto predictivo de Google. Stefan se sentía viejo, pero no paraba. En marzo terminó el libro de Brasil y lo envió a Rio. En los Estados Unidos solo disponían de un visado de tránsito, lo que hizo que decidieran no quedarse a vivir. Por eso y por la presión de los refugiados.

Un día Stefan quedó con Carl Zuckmayer en Manhattan. Cenaron en un restaurante francés. Hablaron de muchas cosas. De la vez que Stefan huyó de Salzburgo cuando iba a cumplir 50 años y se escapó a Múnich y estuvo con Zuckmayer. Stefan le dijo que sesenta años eran suficientes, que él ya no esperaba vivir tiempos buenos. Zuckmayer no supo qué decir. Bueno sí, le dijo que gente como él debería vivir noventa o cien años para ver cómo la vida volvía a la normalidad. Le entristeció la mirada de Stefan que comentó que tenía miedo a envejecer. Sus palabras fueron: "El mundo que tanto amábamos ya ha pasado para siempre. Lo que tenemos que decir no será comprendido en ninguna lengua. Seremos unos parias en todos los países. No tenemos presente ni tendremos futuro".

El 6 de mayo de 1941 Stefan depositó su testamento en un despacho de abogados. Ese mes lo fotografió Kurt Severin por encargo de una agencia fotográfica de Manhattan. En la imagen más famosa se ve a Stefan con sombrero, sentado en un autobús sin techo. El modelo posa con su mirada en el horizonte, distante, con un libro en el regazo casi como un objeto transicional del que acaba de descubrir que no es preciso poseer porque las bibliotecas de la ciudad te lo pueden prestar. Estados Unidos era un país raro, pensaba Stefan, sin apenas transporte público, donde el que no tiene coche propio es un paria; con caminos de tierra, qué pereza, pero a cambio tienen libros y te los dejan elegir a ti y te los prestan para que te los lleves a casa. Una gran fuente de luz para el hombre que sufrió tanto al separarse de su biblioteca.

El río de exiliados seguía fluyendo y muchos, como decía Stefan, traían peripecias no menos peligrosas que la de Odiseo. Hannah Arendt también llegó en la primavera de 1941 y dijo que, a diferencia del héroe griego, aquellos migrantes forzosos no sabían quiénes eran. Les habían robado la identidad. Años después, Arendt haría una crítica demoledora de *El mundo de ayer.* Según ella, en el libro el autor no habla del mundo de ayer, porque no vive en el mundo, sino en uno de sus bordes con celosías doradas. Arendt llegó a decir que si los intelectuales como él hubieran bajado de su Olimpo al desastre de las calles se habrían vuelto activistas.

Arendt no tenía en cuenta que en 1941, todo el que no vivía en territorio nazi era activista, que cuando escribió el libro a vuelapluma, sin acceso a archivos de ningún tipo salvo su memoria y la de Friderike, Stefan estaba deprimido con pensamientos reverberantes del tipo: "todo estaba perdido, roto en pedazos, y yo sabía que tendría que empezar de nuevo (¡una vez más!) después de que acabase la guerra". Estar en la tierra de las oportunidades tampoco ayudaba, porque su burocracia no es que fuera ridícula, que lo era, es que hacía sentir ridículos a todos los emigrantes con Stefan y Brecht a la cabeza. En su desesperación, Stefan compró la eterna juventud en inyecciones a un doctor charlatán, pero no funcionó.

Para la cena inaugural del PEN club europeo en América en mayo, Stefan seguía esquivo. Se sentía obligado a ir a "una de esas cenas monstruosas de más de 1.000 personas, que he evitado toda mi vida", pero es que Lotte disfrutaría. Aquel evento tuvo lugar en el majestuoso Hotel Biltmore, junto a Grand Central Station. El mítico hotel que Scott Fitzgerald retrató en *El Gran Gatsby* y del que le echaron a él y a Zelda por la juerga que organizaron en su luna de miel. De aquel lugar no queda ni rastro ya que, con nocturnidad, fue desmantelado hasta su estructura de acero en los años ochenta y reconfigurado hasta su despersonalización actual. No sabemos si aquella noche abrieron el techo de la sala que dejaba ver las estrellas. Seguramente no, porque las estrellas en aquella ocasión eran los escritores y 1.000 personas pagaron 3 dólares por asistir a la cena. Lotte estaba preocupada por que toda esa gente no saliera decepcionada después de semejante dispendio. Lotte no era la chica silenciosa que describiría Friderike, a la vez que insinuaba que quizá por eso le gustaba a Stefan. Era más bien una joven encantadora, inteligente y buena conversadora que poco a poco iba siendo conocida entre los viejos escritores. Sommerset Maugham, con su cortesía y su tartamudeo, exageración del ritmo sincopado del inglés de Gran Bretaña, dijo que la verdadera batalla estaba en decidir si la verdad era mejor que la mentira. Stefan lo tenía claro. Conmovió a todos disculpándose en inglés por el daño que habían hecho los nazis a la humanidad, algo que el New York Times recogió incluso en sus titulares. "Nosotros que hablamos en el idioma alemán, notamos una vergüenza secreta que nos atormenta". La tenacidad y la eficacia son muy peligrosas si no se apoyan en valores humanistas. Si por el contrario se amalgaman con el nacionalismo las consecuencias pueden ser desastrosas. Durante décadas nos han vendido coches por su ingeniería alemana, pero no nos han contado sus triquiñuelas de ingeniería fiscal para hundir a la Europa mediterránea con el fin de que sus bancos no quebraran. ¿Es tal vez un tema de narcisismo, de necesidad de sentirse mejores? Durante la crisis posterior a la derrota de la primera guerra mundial, se alimentaron los ideales pangermánicos tanto en Alemania como en Austria. La fundamentación mítica de Alemania elaborada por Hitler con su teoría racial y sus resentimientos históricos y personales no tenía ninguna base histórica pero ¿qué teoría paranoide la necesita? Como dicen los partidos de ultraderecha incluso en la España de 2023, son ellos o nosotros. La aplastante máquina de la propaganda nazi, en un mundo mojigato y con poca capacidad crítica hizo el resto. Como dijo Hitler en un alarde de cinismo: "Las masas son femeninas y estúpidas. Solo la emoción y el odio pueden mantenerlas bajo control".

El 4 de junio de 1941, Stefan y Lotte dieron una fiesta en el Wyndham Hotel en el que residían. Estaban invitados muchos amigos: Klaus Mann, Hermann Broch, Hermann Kesten, Jules Romains, Friderike. Muchos tenían graves dificultades económicas. Por ejemplo, Klaus Mann compartía casa en Brooklyn Heights con W.H. Auden y Gypsy Lee Rose. Stefan estuvo bien, incluso con Friderike que seguía en aquella fiesta luciendo el apellido Zweig al lado de la nueva esposa. Pero nadie sabía el motivo de la invitación, ni siquiera Stefan lo tenía claro. Desde la distancia parece más bien una despedida inconsciente. El caluroso verano de Nueva York asomaba y finalmente decidieron pasarlo en Ossining, cerca de Eva, la sobrina de Lotte. También vivía allí Friderike, sus hijas y los maridos de estas y Stefan la necesitaba para su siguiente proyecto.

Tal vez si Eva se hubiera quedado con ellos y Stefan se hubiera centrado menos en sí mismo, habrían encontrado otra solución, pero colocaron a Eva con familias e instituciones. Stefan les explicó a los Altmann los motivos: "En el mundo que viene será necesario ser efectivo, fiable e independiente, no será un mundo para soñadores, y cuanto antes aprenda que uno tiene que pensar por sí mismo, mejor para ella". Esto es una enfermedad de ricos, colocar a los hijos al cuidado de internados con la idea de darles la mejor educación posible para que triunfen, porque no se dan cuenta de que los que hacen es apartar a sus hijos y vaciarlos de afectos. No dudo que quizá así se triunfe más según el canon occidental, pero ¿para qué? Eva Altmann, que sería la heredera de su tía Lotte, acabó apellidándose Alberman, y triunfó. Fue de las primeras mujeres que entró en las facultades de medicina inglesas y se graduó en 1955 con honores. Fue profesora de epidemiología y contribuyó al campo de la epidemiología infantil hasta su jubilación en 1991 y desde entonces es profesora emérita.

Figura 44. Stefan y Lotte en 1937 (Autor desconocido. PEN International Brazilian Centre).

En Ossining todo sigue su ritmo como en *El mundo de ayer*. En Sing Sing envían a la silla eléctrica a los asesinos y la factoría Zweig no para. Reclutan obreros: Eva y las hijas de Friderike ayudan a ordenar el manuscrito. El primer borrador queda listo. Stefan busca título: *Mis tres vidas*, *Los años irrecuperables*, *Mirada a mi vida*, *Los días que se fueron*, *Nuestra generación*, *Europa era mi vida*. Stefan le dice a su editor que está "extraordinariamente deprimido". Siente que los últimos siete años han sido de "hostigamiento constante". En ese periodo ha vivido más historia que cualquiera de sus antepasados en toda una vida. Tal vez sea suficiente. En un momento le inquieta el número 7. 7 años de huida le llevan al mes 7 de 1941 al 7 de Ramapo Road. Saber que es capaz de trabajar el ritmo de siempre no lo tranquiliza. Tiene demasiada prisa. Ya ha escrito su mensaje, ya ha terminado su obra. Los *Constructores del mundo* ya están escritos desde hace tiempo y ahora escribe sobre la destrucción de ese mundo, aunque siempre está por ahí el Balzac inacabado. El monstruo de Balzac, una fuerza imparable a pesar de las penalidades. Stefan tiende a pensar que ya ha escrito lo que tenía que escribir. Lotte no está de acuerdo, pero no tiene autoridad para convencerlo. Le falta hablar de él, no solo de su tiempo, pero no le parece educado. Podía haber escrito sin tapujos de todo, de su juventud, de su libertad, de su sexualidad. Pero no. Eso que lo hagan otros.

Entretanto "la señora Zweig número 1" iba a conversar con Stefan sobre detalles de los recuerdos comunes. Lotte la llamaba en broma con ese nombre y no le molestaba que estuviera por allí. Reconocía que era raro en sus cartas, pero era así. Friderike estaba ya en otra guerra. Ahora era ella la que vivía como una soltera libre, justo lo que Stefan había deseado para sí. A ella le asusta el ritmo de trabajo que llevan aquellos dos frenéticos: "Un hombre cercano a los sesenta y una mujer frágil creían que podían escapar a los problemas de los tiempos retirándose bajo una muralla de trabajo inmoderado". Lotte está con él y seguirá con él. Siempre junto a él. El ritmo en Ossining ha sido tremendo. Lotte enseña a Eva a toda prisa a escribir a la vez que las memorias de Stefan corren.

De repente, un día, Stefan y Lotte se marchan de allí y vuelven a Manhattan. Stefan es un tremendo culo inquieto y cuando da por terminadas las memorias sale escopetado. Dejan allí a la niña de 11 años. Podían haberla adoptado, pero Stefan no quiso tener hijos propios, no cuidó como un padre a las hijas de Friderike y no iba a cambiar ahora. Lotte se queja, pero poco. Tendría que haberlo parado y haber defendido aquella extraña familia extensa como zona de confort. Mientras el mundo del exilio estaba quieto, moverse él le daba vida, pero aumentaba su inquietud. El desasosiego que siente daría para escribir el libro que no escribe. Lotte lo cuenta así: "muchas cosas habrían sido tan bonitas, de no ser… por la inquietud". ¿Por qué no se puso en tratamiento Stefan? ¿Alguien se atrevió a decirle que debía hacerlo? ¿Habría respondido como respondemos todos? Algo así como: no, no estoy tan mal, no me ha ido tan mal hasta ahora, yo sé lo que me pasa. Como si saberlo sirviera.

Pero ellos regresan al Wyndham. Stefan otra vez en Nueva York. Klaus Mann se lo encuentra en Manhattan y le parece ausente. Estaba sin afeitar con la mirada perdida y de primeras no lo reconoció. Mann pensó ¿pero qué le pasa? Cuando se dirigió a él volvió de donde estuviera y era el mismo de siempre. Unas semanas después también encontró esa mirada Carl Zuckmayer. Stefan le preguntó qué sentido tenía continuar viviendo como una sombra. Dijo: "Somos solo fantasmas… o recuerdos". Uno de sus recuerdos en los que estaba implicado Klaus Mann era doloroso. Como ya dije, Stefan había calificado de protesta sólida y positiva de la juventud el ascenso de los nazis. Mann le respondió en una carta abierta publicada en la prensa en la que decía que había jóvenes "empeñados en propagar la regresión y la barbarie con el mismo impulso y determinación que debería reservarse a mejores propósitos". Esta exaltación del éxito de los jóvenes más ambiciosos es una enfermedad típica de Occidente que se ve también en el análisis que Balzac hace del ascenso de Napoleón como "la victoria de la idea de juventud". Estos ideales de libertad encandilan a generaciones enteras desde la Alemania que fue de cabeza a la primera guerra mundial, hasta los nacionalismos del siglo XXI en los que masas de población dicen luchar por su independencia o por su libertad. Como si la independencia se pudiera alcanzar siguiendo a un predicador interesado.

Klaus Mann gustaba de presentarse como el gemelo de su hermana Erika que era un año mayor. No le faltaba razón pues, aunque no se parecían físicamente, tenían muchas cosas en común: los dos eran escritores, actores, pacifistas, antifascistas, homosexuales, los dos fueron corresponsales en la Guerra Civil española, dieron juntos la vuelta al mundo y juntos tuvieron que superar la frialdad de un padre genial a la vez que egocéntrico y extraño al que llamaban "el mago". La vida de los dos se retrata en un documental de 2001 titulado *Huida hacia la vida*. Y es que allá donde iban los hermanos transmitían alegría y ganas de vivir, pero Klaus, en cuanto se alejaba de su hermana, tendía a perderse en sus inseguridades. Con Klaus, Stefan desempeñó un rol híbrido del amigo-padre que aun siendo 25 años mayor fue capaz de comprenderlo y apreciarlo. Klaus sí superó la guerra y llegó a liberar Berlín como periodista del ejército norteamericano, pero como dijo él: "uno no se hunde mientras tenga una misión". Al finalizar la guerra no encontró el norte y antes de que la caza de brujas de McCarthy lo expulsara del país como a su hermana, se suicidó con barbitúricos en 1949.

Stefan también pudo ser uno de esos que pasan la guerra y luego se suicidan, como Klaus Mann, Romain Gary, Primo Levi o Jean Améry que casualmente murió en Salzburgo y nos dejó una crueldad sobre el suicidio de Stefan. Dijo nada menos que su suicidio era su mayor obra maestra. No sé. No creo que leyera muchas de las obras de Stefan, ni siquiera *El mundo de ayer*, que Stefan escribió aquel verano de 1941 y que estructuró apoyándose sobre las conferencias que iba dando por el mundo bajo el encabezamiento de *La Viena de ayer*. Ese título habría sido muy adecuado ya que era una mirada despersonalizada. No salían claramente sus sentimientos, sus deseos y, por supuesto, en ningún lugar llama por su nombre ni a Lotte ni a Friderike.

El mundo de ayer no se acabó un día concreto. No terminó el día del atentado de Sarajevo, ni con la ejecución de los Zares, ni con otro hecho histórico puntual. Acababa el modelo antiguo, los imperios, y empezaba un periodo de guerras con una falsa paz en medio. De todo esto nació un mundo aparentemente moderno, de progreso, de aire acondicionado y lavadora que Betty Friedan intentaría desenmascarar. El capitalismo mostraba sus bondades al primer mundo, a los vencedores y, últimamente, sus colmillos afilados a todos. Con el derrumbamiento también aparecieron cosas buenas como el pacifismo, el feminismo, los sindicatos modernos, la democracia, el ecologismo, las nuevas vanguardias. La modernidad dejó paso a la posmodernidad.

La revolución industrial hace que todo se vuelva industrial, incluida la guerra y las migraciones. La gente ya no nace y muere en el mismo sitio y si hay guerras hay que huir o desaparecer. El mundo empieza a ser uno, en una confluencia brutal. Todos los fenómenos acaban por ser mundiales, la cultura, la religión y hasta los conflictos. La guerra total llevó a Stefan a Ossining en el verano de 1941. Allí se levantaba a las doce, escribía hasta las seis escondiéndose del calor. A esa hora aparecía Friderike. Él estaba angustiado. Cenaba con algún amigo. La salud de Lotte no era buena. Escribía también por la noche. Le dolían las articulaciones, la cabeza. A veces subían a la ciudad, como decían allí cuando iban a las tiendas del centro de Ossining donde había de todo, no como en Europa: mantequilla, verduras, latas. Stefan recordaba con amargura el montón de latas que acumuló en Bath. A Lotte y a Stefan les alucinaba la cantidad de basura que producían los estadounidenses, algo que no ha cambiado hasta la fecha, los escaparates llenos y la cantidad de comida que podían comprar. Ni siquiera en Alemania, el vencedor parcial de la guerra, se podía uno alimentar bien. Ese problema no lo solucionó Hitler y eso fue parte de su derrota, porque la propaganda no proporciona calorías.

Friderike está bien. Ella ha podido escapar de Europa con sus dos hijas. Ella es una superviviente y ese rol le basta: la Zweig superviviente. Stefan no encuentra su lugar. Según Jean-Jacques Lafaye, unos de sus biógrafos marginales que publicó *Nostalgias Europeas. Una vida de Stefan Zweig*, Stefan se plantea volver con Friderike. No parece que esto tenga mucho fundamento, porque cuando Friderike visita a Stefan con la excusa de hablar de los viejos tiempos para su libro, Lotte no se mosquea. Hasta Suse les visita y fotografía y toma la imagen de Stefan con pajarita y mirada perdida en una silla de caña delante del porche de su casa. En realidad aquello a lo que más se parece es a la factoría Zweig de Salzburgo. Se trabaja todas las horas del día. Lotte es su secretaria, las hijas de Friderike le ayudan a repasar manuscritos y traducciones de *Brasil*, Friderike es su memoria auxiliar, porque no tiene documentos en los que apoyarse. Son meses de trabajo agotador. La prisa de Stefan da escalofríos.

No sería nada descabellado quedarse en Ossining con sus dos mujeres, una en cada casa. Sin ir más lejos, Cortázar está enterrado en la misma tumba de París que sus dos mujeres. Stefan tiene una mujer joven y eficiente que le ayuda con sus libros y que le intenta dar ganas de vivir, y la mujer de toda la vida, la camarada que lo conoce de pe a pa y que no va a permitir que se abandone ni que diga que comprende por qué la gente se jubila a los sesenta o eso de: "Estoy terriblemente cansado y a veces me da pena la pobre Lotte, que tiene que compartir todas mis desdichas".

Pero Stefan y Lotte dejan Ossining. Un día cenan con Joaquim Maas y Stefan se queja de todo, de las "tontas formalidades de los viajes", de las "idioteces de las aduanas". Maas replica que el mismo Dios, si viajara por tierra, se encontraría con los mismos problemas. La cena termina y Lotte y Maas se van a tomar algo. Stefan se queda en el hotel. Maas dice que se alegra de que Lotte esté con él, que eso le ayuda y ella responde: "Sí, vaya ayuda que soy. ¿Qué puedo hacer yo? Lo único que puedo hacer es dejar que me arrastre con él". Cuando Maas se va, Stefan le regala la máquina de escribir Remington en la que estaba escribiendo esa tarde Lotte y con la que se había escrito *El mundo de ayer*. Sus palabras son: "Puedes llevarte mi máquina de escribir. Ya no la necesitaré". Maas le pregunta que cómo es eso y Stefan se excusa diciendo que le comprará una nueva a Lotte, que no hace falta llevarse esa.

El libro termina el día de la invasión de Polonia, pero la vida sigue fuera del papel. Lotte le cuenta a su cuñada por carta que está preocupada por la depresión de Stefan y le pide que le envíe desde Inglaterra el borrador de la biografía de Balzac. Stefan decía que no la quería. El final de *El mundo de ayer* es el final de toda esperanza. Parece que Alemania ganará la guerra. Stefan cuenta en el prólogo que escribe ese libro porque le ha tocado al ser austriaco, literato y judío. Podía ser peor, podía haber sido pobre, gitano, transexual o discapacitado de verdad, pero no ve más allá. Stefan no es como Casanova, que cuando las puertas del mundo se le cierran y las mujeres lo dan de lado, se da cuenta de que está solo y empieza a escribir sus memorias, las de verdad, durante años.

Lotte tiene crisis de asma y deciden irse a Brasil. Stefan necesita poco o, al menos, poco para ser un rico: un sitio donde la comida sea buena, una temperatura que no le recuerde los inviernos heladores de Salzburgo, un lugar tranquilo, una habitación de trabajo grande para poder caminar mientras piensa o dicta, una mesa amplia para llenarla de libros y papeles, buenas vistas. Incluso puede prescindir de las vistas, pero es que hasta eso consigue.

Stefan habla un día con su amigo René Füllop-Miller que escribe sobre la muerte voluntaria y los misterios del tránsito. Este le informa de la dosis de veronal necesaria para matar y morir. Stefan se lo pregunta sin dar a entender que lo utilizará y su amigo se explaya repasando su obra de 1938 *El triunfo sobre el dolor (Historia de la anestesia).*

Un día antes de que Stefan y Lotte se marchen, van a visitar a Eva con Füllop-Miller. Le llevan muchos paquetes. Principalmente regalos de cumpleaños y libros de la familia. Ya había pasado la hora de acostarse pero salen a dar una vuelta nocturna por Ossining para despedirse de la señora Zweig número 1. Después, en vez de llevar a Eva a casa de la señora Schaeffer, van a la calle principal. Para Lotte es importante hacer algo extraordinario, nada menos que tomar un helado y una Coca-Cola a las nueve y media de la noche, para dejarle un recuerdo agradable a la niña. Eva está bien con la señora Schaeffer, o al menos esa fue la excusa para no llevársela a Brasil. Stefan repite también que no quiere que la niña tenga que empezar de nuevo en otro país con otro idioma. Stefan cree que en una casa de ensueño la niña va a ser más feliz. No tiene ni idea de psicología infantil o solo piensa en sí mismo, pues lo que quiere es "olvidarme de todo lo que tenía y todo lo que era antes, e intentar escribir nuevos libros en vez de los viejos y olvidados". Stefan sigue pensando en volver algún día a Bath, pero elige el camino largo, Brasil, con un amargo fatalismo: "No me importaría vivir en una choza de negros en Brasil si supiera que podía quedarme allí (...) la generación más joven recogerá la recompensa por estos esfuerzos tan enormes... para mí es demasiado tarde, y no podría disfrutar ya de la victoria. ¡Pero vosotros y vuestros hijos veréis un mundo mejor!" Él deja atrás lo más parecido a un hijo que ha tenido nunca, porque Eva lo necesita en ese momento mucho más de lo que le han necesitado nunca las hijas de Friderike. Pero Eva acaba de ver *Fantasía* de Disney con la señora Schaeffer. Stefan y Lotte se cuentan maravillas del señor Schaeffer, el filósofo que siente gran aprecio por Eva, pero ella le cuenta a Prochnik que Albrecht Schaeffer era más frío que un témpano, que le hacía leer a Goethe y que no significó nada para ella. Cuando Eva se entrevista con Prochnik, tiene 83 años y vive en una casa que llama "kibutz capitalista", porque lo comparte con otra familia de refugiados al estilo de José Mujica. Su mitad de la casa está anidada por estudiantes de música de todo el mundo y por recuerdos de Stefan: una carta de Goethe y la pluma blanca usada para escribirla, libros de Stefan a montones y cajas con cartas. Eva dice que Lotte se parecía a su hermano: tranquilo, con un sentido del humor muy seco, pero una persona fuerte. Para la niña que era Eva en 1941, la enfermedad de Lotte no constituía una justificación suficiente. Según ella Stefan era conservador y exigente en cuanto a su educación, aunque cariñoso. Llevaban a la niña a comer a los mejores sitios y a tomar helado y chocolate, pero la casa de Ossining la recuerda como deprimente. Eva siempre ha debido arrastrar su dosis de trauma por tener que vivir separada de sus padres. Primero no se adaptó a la casa de la familia Salmon, a pesar de que ellos se esforzaron, luego con los Schaeffer y finalmente con unos amigos de sus padres en la Universidad de Columbia que le parecieron bien. Eva, aunque considere que ellos solo eran otros refugiados más en la historia de la humanidad, tuvo que pensar muchas veces en los abandonos sucesivos que sufrió, primero por parte de sus padres y después por Stefan y Lotte. No creo que Eva se separase mucho de sus dos hijos y quizá por eso ahora uno de ellos es concertista de violín por toda Europa y el otro trabaja en asociaciones humanitarias.

Me pregunto por qué no he intentado visitar a Eva en Londres. Creo que me da mucho apuro molestar a una mujer de 90 años que ya le ha contado su historia a otros. No es que prefiera inventarme yo su relato y no contrastarlo con la realidad, pero me falta el deseo de conocerla personalmente a pesar de que las fotos y los testimonios hablan de una persona encantadora. Habría estado curioso cruzarme con ella en Salzburgo en el Café Bazar o en el Stefan Zweig Centre cuando los visitó en junio de 2019 con el motivo de la presentación del libro *Stefan Zweigs Bibliotheken*. Pero era imposible, porque yo fui tres meses antes. En la prensa local, Eva declaró, entre otras cosas, que los que son contrarios al Brexit citan a su tío Stefan.

No sé por qué no me acerqué a Ossining estando tantos días en Nueva York en 2016. No sé. Me parece un poco tonto no haberlo hecho, si hasta consulté el horario de trenes y cuando alquilamos coche fuimos a Walden Pond y a la tumba de Walt Whitman. Para no haber ido a Petrópolis tengo excusa, porque ir a Brasil aposta a visitar la casa de Stefan es algo que me parece excesivo, pero estando ya allí no tiene mucho sentido no llegar hasta Ossining. Claro que no es imprescindible, como no lo es el comprar la postal autógrafa de Stefan Zweig que venden en París por 1.700 €, sobre todo cuando desde el mismo Google Maps puedes fotografiar la casa.

A mí la que más me interesa es la niña a la que todos abandonaron. La niña a la que la señora Schaeffer montó en un tren a última hora de la noche para poder llegar a despedir a sus tíos antes de que su barco partiera rumbo a Brasil. Hay abrazos que abren heridas más que cerrarlas. Stefan repetía que la niña estaba mejor allí que con ellos "que no sabemos ni adónde vamos". Lotte asentía. Mientras el barco se aventuraba en el mar, la niña regresaba a Croton-on-Hudson pasada la medianoche. Ya era 16 de agosto de 1941, duodécimo cumpleaños de Eva.

En el barco que lo lleva a Brasil, Stefan atesora el texto de Camoens que había enviado las Navidades pasadas a sus amigos desde Rio, mientras redactaba las memorias cuyo borrador ya había terminado. Los versos del siglo XVI dicen:

> No mar tanta tormenta e tanto dano
> Tantas vezes a morte apercebida;
> Na terra tanta guerra, tanto engano,
> Tanta necessidade aborrecida!
> Onde pode acolher-se um fraco humano,
> Onde terá segura a curta vida
> Que não se arme e indigne o Céu sereno
> Contra um bicho da terra tão pequeno?

Os Lusíadas (I,106)

En la habitación de Stefan en Petrópolis estarán enmarcados los cuatro últimos versos con caligrafía gótica casi como una maldición que podemos releer en la traducción de 1580 de Luis Gómez de Tapia:

> Tanta tormenta en mar y tanto daño,
> tantas veces la muerte apercibida,
> tantas guerras en tierra y tanto engaño,
> tanta necesidad aborrecida:
> ¿dónde se acogerá de mal tamaño,
> dónde estará segura nuestra vida,
> si contra un gusanillo vil del suelo
> se indigna, se levanta, se arma el cielo?

Figura 45. Monumento dedicado a Stefan Zweig en los Jardines de Luxemburgo, París, 2003 (Escultor: Félix Schivo. Fotografía del autor).

IV

"Los hombres de bien deberían meditar sobre
la responsabilidad y la vergüenza de una civilización
capaz de crear un mundo donde Stefan Zweig
no ha podido vivir".
André Maurois

VARADOS EN EL PARAÍSO

Muy de madrugada, todos los pasajeros, llevando prismáticos y máquinas fotográficas, aguardan con impaciencia, agolpados a la borda; ninguno de ellos quiere dejar de ver la célebre entrada a Río de Janeiro, por más veces que la haya admirado. Pero todavía no se ve sino el brillo del mar, azul y metálico, como desde hace muchos días: monotonía sedante y que cansa. Y, sin embargo, sentimos que nos aproximamos a la costa; respiramos la tierra cercana antes de verla, pues el aire se torna de repente húmedo y suave, acariciándonos la boca y las manos, y un perfume misterioso llega hasta nosotros imperceptiblemente; perfume preparado en el fondo de la inmensa selva con el hálito de las plantas y la humedad de los cálices, esas indescriptibles exhalaciones de las regiones tropicales, cálidas, bochornosas y en fermentación, que nos embriagan y nos cansan de un modo delicioso.

Ahora, por fin, una silueta a lo lejos: en lontananza una cadena de montañas perfílase vagamente, como unas nubes, sobre el cielo límpido y, en la medida que el vapor se va aproximando, los contornos resaltan más nítidos: es la serie de montañas que con los brazos abiertos protege la bahía de Guanabara, una de las más grandes del mundo. Esta bahía, con sus muchos recodos y promontorios, es tan ancha y tan ensenada que todas las embarcaciones de todas las naciones cabrían en ella, una junto a otra, y en el interior de esta gigantesca concha abierta, hállanse diseminadas, cual perlas, numerosísimas islas, cada una de las cuales es de forma y de color distintos. Unas emergen grises y uniformes del mar de color amatista; vistas de lejos, semejan unas ballenas por la desnudez y la tersura de sus lomos. Otras son de forma oblonga, pedregosas y cubiertas de tubérculos como la piel de cocodrilo; otras: están pobladas, otras convertidas en fortalezas; y otras parecidas a unos jardines flotantes con palmeras y vergeles; y mientras admiramos con curiosidad, a través de unos prismáticos, la insospechada multiplicidad de sus formas, cobran plasticidad las montañas del fondo, cada una de ellas, también, de figura particular. Allí están los montes: uno, sin árboles; otro, cubierto de una envoltura de verdes palmeras; otro, peñascoso; y otro, ceñido con un resplandeciente cinturón de casas y jardines, como si la naturaleza, escultora atrevida, hubiera tratado de colocar, una al lado de otra, todas las formas existentes en este mundo, y por eso la fantasía popular dio nombres de este mundo a las figuras pétreas y montañosas –la Viuda, el Corcovado, el Perro, los Dedos de Dios–, llamando Pan de Azúcar a la más sobresaliente de ellas, la que se eleva frente a la ciudad con repentino empinamiento, cual la estatua de la Libertad a la entrada de Nueva York, como símbolo antiquísimo e inamovible de la ciudad. Mas a todos esos monolitos y montes les domina el Corcovado, el jefe de la tribu de gigantes, que alza sobre Río de Janeiro una cruz gigantesca (que de noche se ilumina con luz eléctrica) para la bendición, como un sacerdote alza la Custodia sobre un grupo de gente arrodillada.

Ahora, finalmente, luego de haber atravesado el laberinto de islas, divisamos la ciudad. Pero no la divisamos de una vez. Este panorama de edificios no se puede abrazar de una ojeada como los de Nápoles, de Argel o de Marsella, que se ofrecen en forma de anfiteatro abierto con gradas de piedra: Río de Janeiro se abre como un abanico, una imagen después de otra, un sector después de otro, una perspectiva después de otra, y esto es lo que da su carácter dramático a la entrada, tan abundante en sorpresas. Cada una de las ensenadas pobladas, cuya suma forma la playa, se halla aislada por cadenas de montañas, que son como las varillas del abanico que separan las imágenes a la par que las reúnen. Surge, por fin, la playa, de hermosa curvatura. ¡Qué aspecto más encantador! Un paseo costanero, ancho, siempre cubierto de espuma de olas, con casas y chalets y jardines, y ahora ya se distinguen bien el hotel de gran lujo y los chalets, rodeados de parques y trepando por las colinas. Pero nos hemos equivocado; aquello no es más que la playa de Copacabana, una de las más hermosas del mundo, y Copacabana es un arrabal nuevo de Río de Janeiro, y no la ciudad propiamente dicha. Aun hay que doblar el Pan de Azúcar, que quita la vista: solo entonces vemos la ciudad dentro de la bahía, esa ciudad blanca y compacta, mirando al mar y fundiéndose indistintamente en las alturas vestidas de verde. Vemos los jardines, recién plantados junto al mar, y el aeródromo, que se acaban de ganar al océano: no tardaremos en desembarcar y satisfacer nuestra impaciencia. ¡Otra vez estamos equivocados! Ésta es la bahía de Botafogo y de Flamengo; tenemos que seguir adelante, abriendo otro pliegue de este abanico divino, reluciente con todos los colores imaginables, al pasar por delante de la isla de la Marina y aquella otra, pequeña, con el palacio de estilo ojival, donde el emperador Pedro ofreció, sin sospechar nada, su último sarao, dos días antes de su destronamiento. Solo ahora nos saludan los rascacielos, que forman una compacta mole vertical; solo ahora se echan de ver los diques, y el vapor puede atracar al desembarcadero, y estamos en la América del Sur, en el Brasil, en la ciudad más hermosa del mundo.

Esta es la llegada a Río que relata Stefan en *Brasil, país de futuro* según la versión de Alfredo Cahn, su traductor, su editor y su amigo en Argentina. Cahn había nacido Kahn en Zúrich, pero tras estudiar en España emigró a Argentina con su novia María Costa en 1924. Lo más curioso es que Cahn conoció a Stefan en Zúrich durante la primera guerra mundial. Él era un adolescente que había escrito una novela y se había atrevido a empezarla con una "Y" para dar a entender que los personajes ya habían tenido vida antes de iniciarse el relato. Los eruditos del lugar se rieron de tal osadía, y enviaron el manuscrito a Stefan que sí le vio la gracia y convocó al autor en el Café Odeón. Allí le presentó a Hesse, Mann y Rolland y se sorprendió mucho al ver lo joven que era Cahn. De esta forma comenzó una amistad que duró toda la vida, aunque después solo se vieron en 1936 y en 1940.

El relato de Stefan en palabras también de Cahn continúa así:

Esta entrada a Río de Janeiro, que dura una hora, depara emociones extraordinarias, únicas, solo comparables a las que causa Nueva York. Pero el saludo de Nueva York es más austero, más enérgico: sus cubos blancos como el hielo y puestos unos sobre otros, producen la impresión de un fiord nórdico. Manhattan es un saludo varonil, heroico; la empinada voluntad humana de América: explosión única de energías concentradas. Río de Janeiro no se empina ante el forastero, sino que se extiende abriendo sus brazos muelles, brazos de mujer: Río de Janeiro recibe al forastero, lo atrae hacia sí, entregándose con cierta voluptuosidad a la vista. Aquí todo es armonía: la ciudad, el mar, el verdor y las montañas, todo se confunde armoniosamente; ni los rascacielos, ni las embarcaciones, ni las multicolores luminiscencias publicitarias constituyen estorbo alguno; y esa armonía se repite en acordes cada vez más diferentes: esta ciudad, vista desde las colinas, es distinta de la misma ciudad vista desde el mar, pero en todas sus partes predomina la armonía, multiplicidad resuelta que siempre vuelve a formar una perfecta unidad: la naturaleza hecha una ciudad, y una ciudad que impresiona como la naturaleza. Y del mismo modo ambiguo, inagotable, grandioso y liberal que nos recibe, sabe retenernos; desde la hora de la entrada sabemos que la vista no se cansará y que los sentidos no se hartarán de esta ciudad sin par.

Más breve, pero, acaso, más perturbadora aún es la impresión que se recibe llegando en avión a la ciudad. En tal caso se obtiene por primera vez una visión completa de la disposición verdadera de Río, se ve cómo está tendida en la falda de las montañas, que la vigilan; cómo, por así decirlo, se va diluyendo en el paisaje. Se va planeando sobre montañas y más montañas y de repente se abarca la amplitud de la bahía que encierra a esa perla blanca en su gigantesca concha azul. Se ven las diagonales tajantes, como trazadas a cuchillo, de las avenidas que la atraviesan, la playa resplandeciente, no más ancha que la piel blanca que cubre una naranja dorada, y luego, esparciéndose hasta muy tierra adentro, las manchas blancas de los chalets y

> casas, y todo esto destacando sobre un doble azul: el cielo límpido y acerado y el agua que lo refleja. Y cuando el avión toma una curva, es como si las sierras desapareciesen de pronto, y entonces es la ciudad, con sus casas albas, la que saluda como una sola pared blanca de piedra, y ya se distingue la cinta movida de los autos que recorren las avenidas costaneras, los bañistas en el mar, se percibe la vida que le espera a uno y los colores que deslumbran al que llega. Y una, dos, tres veces más, el avión va perdiendo altura hasta casi tocar el tejado del monasterio de San Benito. Luego rechinan las ruedas, se aterriza en suelo firme, en la tierra más bella del mundo.

Cahn organizó la gira de Stefan por Argentina en 1940, tradujo veinte de sus obras al español y recibió una carta de Stefan fechada la víspera de su suicidio. La carta llegó a la dirección que figuraba en la libreta de direcciones que dejó Stefan, cuyo Facsímil se puede encontrar en la red junto con la reseña biográfica de todas las personas que aparecen desde Gabriela Mistral a Albert Einstein, gracias al trabajo de Elke Rehder.

"Si hay un paraíso terrestre en algún lugar, no puede estar muy lejos de aquí", son las palabras que se atribuyen a Américo Vespucio refiriéndose a Brasil. Pero la belleza no es suficiente. Stefan escribió *Américo Vespucio. Relato de un error histórico* poco antes de morir y no lo vio publicado. En su afán de explicar la realidad, se entretuvo en rastrear concienzudamente la peripecia que llevó a llamar "América" al continente nuevo con el que se topó Colón. Si era verdad que Dios no había destruido el Paraíso y lo había trasladado al "anction", es decir, al lado opuesto de la Tierra, allí debía ser. El error de la historia es un error del geógrafo Waldseemüller que en 1507 decidió proponer otro nombre femenino para el nuevo continente, América, a partir del nombre del autor al que se atribuía la obra M*undus Novus* de 1503. Esta obra se publicó en París y parece ser un resumen con muchos añadidos de origen desconocido de cartas reales que escribió Américo Vespucio a Lorenzo de Medici, su jefe en Sevilla, acerca de sus viajes. No contento con eso, Waldseemüller imprimió el nombre en el mapa que incluía su publicación en la que ni se mencionaba el nombre de Colón. Los humanos nos creemos lo que vemos impreso y bien maquetado, y a partir de entonces todos vemos el mapa del nuevo continente con la palabra "América" encima. El padre de todos los cartógrafos, Mercator, fue quien confirmó esta tendencia colocando también en su mapamundi de 1538 este nombre sobre el enorme continente que iba del Ártico al Antártico.

De poco sirvió que Waldseemüller quisiera enmendar su error años después cuando se dio cuenta de que Vespucio no merecía tanta gloria. Como dice Stefan en la traducción de Úrsula Barta: "Colón descubrió América, pero no la reconoció. Vespucio no la descubrió, pero fue el primero en reconocerla". Y esto no es poco, porque mientras, Colón seguía diciendo en sus cartas a la reina que Panamá no estaba más lejos del Ganges que Pisa de Génova, que Cipango estaba allí mismo y que ese era el camino que debía seguir la cruzada que iría a liberar Jerusalén. Desgraciadamente, Colón murió, no en la pobreza, pero siendo el "Almirante de la tierra de los mosquitos" que no vería todas las riquezas que iban a dar las nuevas tierras; no como las descubiertas por Vasco de Gama y Cabral. Y Vespucio, como dice Stefan, era un hombre honrado y valiente que con cincuenta años osó atravesar el océano tres veces en una nave diminuta y acertó a escribir unas cartas que acabaron dando cuerpo a una obra llamada *Mundus Novus*. Con muchas más intrigas de las mencionadas, esta obra acabó bautizando el nuevo continente. Tampoco está mal, como dice Stefan, que un marinero anónimo, uno entre miles, fuera el que dio nombre al continente.

En Brasil todo es sencillo, hasta la comida: arroz, judías, pollo y fruta fresca. En Brasil habían sido felices, pensó. Se puso la dentadura que guardaba en un vaso. Se vistió con una ropa que era menos impecable pero más cómoda que la que utilizaba en Salzburgo. Cruzó la calle hasta el Café Elegante a tomarse un café buenísimo por el que solo cobraban medio penique. Stefan había trabajado toda su vida de forma organizada, sin parar, año tras año, libro tras libro y ya solo le quedaba, de todas las listas de tareas que se había impuesto, una pequeña, pero inabarcable.

Cincuenta escalones desde la casa a la calle. Siempre había escalones para llegar a sus casas. Y debajo, su café, su barbero. Dando unos pasos más, uno se metía en la selva casi virgen. ¿Por qué no le dio por echar a andar hacia el norte y atravesar el continente como han hecho otros?

Habían llegado el 27 de agosto de 1941 a Río en el vapor Uruguay. Les esperaban amigos. Ni de lejos tanta gente como en las otras dos visitas. Fueron doce días de tranquila navegación en los que Lotte se puso firme y no permitió que trabajaran. Stefan leyó "metódicamente" los best-sellers de los últimos años y le pareció instructivo. Así era él. Muy serio para todo, muy ordenado. Desde el primer momento sabían que Río no iba a ser. En verano olía mal y hacía demasiado calor. Había mosquitos por todas partes y muchas enfermedades. La carne y el pescado estaban llenos de moscas. La gente que podía se iba al interior a veranear y Petrópolis era el lugar estrella, aunque las puertas y las ventanas no cerrasen bien y las sábanas estuvieran húmedas. Encontraron una casa en la Rua Gonçalvez Dias 34 que en 2012 se convertiría en Museo Zweig gracias a Alberto Dines y otros admiradores y al apoyo económico de Austria y de Alemania. Dines dice que Brasil es un país de futuro al que no le gusta recordar el pasado, pero allí, a una casa que solo era igual por fuera, llegaron Stefan y Lotte el 17 de septiembre y, por primera vez en muchos meses, vaciaron las maletas. Por cinco dólares al mes contrataron dos criadas y un jardinero.

Allí terminó Stefan de escribir *El mundo de ayer* en noviembre y eso le dio mucha alegría o tal vez solo fuera alivio. Añadió un capítulo muy significativo a sus memorias, "Eros Matutinus", donde hablaba del sexo en Viena, de la represión que dio lugar al psicoanálisis y de la moralidad oscura y triste que oprimía a los hombres y ahogaba a las mujeres. Este capítulo ha sido eliminado de muchas ediciones de la obra, algo que resulta muy llamativo porque en Viena todos los baños públicos estaban pintarrajeados con mensajes obscenos, había agujeros para espiar, cabarets pornográficos, los restaurantes tenían reservados y se traficaba con fotos de desnudos. Por desgracia no era nada austriaco solamente. La libido asfixiada salía por donde podía. En el caso de Stefan, por París o tal vez por el exhibicionismo. Un hombre obsesionado por la libertad no podía dejar de ver lo que pasaba con la esclavitud de la moralidad. Él intentó ser libre. En cierto sentido, Austria era lo contrario a Brasil. La represión y la libertad, el orden y lo salvaje, demasiado salvaje quizá.

Durante la revisión de sus memorias, Stefan vio que había trabajado demasiado rápido. Ossining había quedado atrás, pero había sufrido una auténtica crisis nerviosa pensando en todo lo que podía ocurrir. Lotte estaba muy flaca y tosió sin parar durante semanas. Tosía tanto que hasta un perro le respondía y luego conversaba con su asma. Seguramente pensaba que si no era allí, donde a un apátrida como él lo había recibido como al Papa, no sería en ningún otro sitio. Además, en aquellos cafés no había mucho peligro de que una multitud de exiliados lo abordara para llorar y para pedir. Pero eso tampoco fue suficiente, porque Stefan sentía la muerte en los talones hasta en Pernambuco. La Tierra era demasiado pequeña para escapar.

El mundo de Stefan siempre había sido el mundo de las ideas y seguía pensando en que lo que tenía que haber hecho Wilson después de la primera guerra mundial era cumplir un plan de dos fases del que solo hizo una. Estaba muy bien dar independencia a las pequeñas naciones europeas, pero habría sido imprescindible integrarlas en una organización de orden superior que hiciera que pensasen juntas en un futuro mejor. Pero los delirios de grandeza y las reivindicaciones territoriales de Alemania habían desembocado en otra guerra. Eso ya daba igual, aunque Stefan tuviera razón. Como había escrito Freud en su diario de 1938: "Finis Austriae". Al principio, ni Francia ni Inglaterra quisieron hacer nada. Luego vieron que no podían.

Por lo menos, ellos habían podido llegar a Brasil dejando atrás aquella "pequeña península de Asia" que era como Nietzsche llamaba a Europa. En el museo Zweig de Petrópolis hay una lista de refugiados que iniciaron allí una vida nueva. Muchos de ellos se debieron beneficiar de las donaciones de Stefan que dio todo lo que ganó en la gira de conferencias por Sudamérica para los fugitivos de Europa. Y fueron muchas conferencias, en locales muy grandes que siempre se llenaban y Stefan ni siquiera lo puso en sus memorias.

En el museo también hay una carta que Gabriela Mistral escribió después del suicidio de Stefan en la que dice de sus encuentros en Petrópolis: "Cuando hablábamos de la guerra, yo seguía en su cara, punto a punto, su corazón en carne viva e iba midiendo lo que yo podía decir, lo cual no me ha ocurrido con ningún hombre de letras. Y no era que perdiese en momento alguno su control riguroso; era que los hechos brutales, o simplemente penosos, no parecían ser oídos, sino tocados por él en el mismo instante en que los escuchaba, y le caía al rostro una tristeza sin límites que lo envejecía de golpe".

Como dice Javier Montes en su texto publicado en Anagrama, Stefan y otros más a lo largo de la historia han acabado *Varados en Río*. A Río llegó, por ejemplo, Rosa Chacel, un poco antes que Stefan, pero siendo pobre. Venía con su hijo Carlos de 10 años y con su marido, el héroe de la guerra. Allí vivió con ellos, pero sin estar del todo, durante 40 años. Río le arrebato a su marido y casi también a su hijo y ella quedó congelada. En 1967 escribió: "Después de 27 años en este inmenso país, ni una amistad". A lo mejor no exagera, pero también tendría algún día bueno, porque al menos ella vivía en Copacabana. Por ejemplo, en 1965 acompañó a Ángel Crespo, que siempre iba dando la otra mano a Pessoa, a visitar a Clarice Lispector. No le cayó bien: "Esta no es una mujer, sino una pantera". El marido dejó la pintura, se convirtió en dueño de una mina de caolín y se quedó anclado en un amor nuevo. Pero ella no, se quedó atrás, en una vida anterior, sin vistas al mar. Chacel, dentro de su melancolía, no era de suicidarse. Había visto las consecuencias que tuvo el suicidio de Stefan dos años después de que ella llegara y no le debió gustar. Chacel se pasaría décadas extrañando la república irrecuperable. Stefan podría haber recuperado mucho antes su Viena, pero no esperó. Chacel puso toda su tristeza en su vida, en sus diarios y en sus novelas. De hecho, cuando se editan sus novelas, un jovencísimo Javier Marías le dice que no le ha gustado su tono quejumbroso. Sí hijo, sí, podía haberle respondido ella con esta frase: "Buena literatura solo se puede hacer bajo cero". Chacel, a pesar de perder poco a poco a su marido y a su hijo en lo que Montes llama "el reexilio", tuvo su oportunidad y resucitó. La terminaron rescatando, entre otros Severo Ochoa, medio familia suya y hombre muy influyente, y Chacel pudo volver a España con todas las de la ley. Como prueba están sus vídeos en Internet que ojalá Stefan hubiera podido ver.

Otro que pudo regresar fue Chaplin, que habló por primera vez en el cine en 1940 con su monólogo de *El gran dictador*, un discurso revolucionariamente pacifista que habría firmado el mismo Stefan. Chaplin se tendría que refugiar en Suiza en 1952, ya con más de 60 años, por ser acusado de comunista, pero aguantó, regresó a recoger su Oscar honorífico y murió muy viejo, aunque no tanto como Rosa Chacel.

Río no fue siempre el esplendor y la alegría. Cualquiera que lea a Manuel Puig, otro de sus exiliados ilustres, lo intuye. Antes de la samba, reinaba la melancolía de una ciudad industrial y lluviosa en la que, según Montes, los días de perros se siguen por noches de lobos. Una operación promocional muy bien orquestada la transformó en la ciudad del carnaval y del sol en la que las semanas son de siete domingos. Elizabeth Bishop, la poeta errante, que pasó dos décadas en Brasil, le escribió a alguien: "¿Deberíamos habernos quedado en casa / dondequiera que eso sea?" Ella vivió cerca de Petrópolis, en la famosa casa de Samanbaia, proyectada por la arquitecta Lota de Macedo, su pareja, que diseñó una habitación para ella. Bishop sabía que todos somos exiliados, pero la mayoría preferimos ignorarlo. Si ella tenía alguna duda, la muerte de Lota tras una sobredosis de barbitúricos cuando fue a visitarla en Nueva York, se la despejó.

Stefan llamaba "paraíso" a Brasil, pero sabía que no puede existir un verdadero paraíso en un mundo que es globalmente tan injusto. Su vida en Petrópolis era pura contradicción. Pensaba en morirse, pero se arreglaba la dentadura, se teñía el bigote e iba a diario a su barbero. Tenía dentro ese bicho que no lo había matado en ocasiones anteriores, pero que en Brasil sí iba a poder con él y con su frágil acompañante. Da un poco de pena imaginarlo y entiendo que Montes escriba en su libro que tenía "amigos pobres y sin estrella pero mil veces más talentosos, como Joseph Roth", porque yo antes de conocerlo bien quizá habría escrito algo similar. Que le gustaran las historias de amor romántico tirando a trágicas que por cierto reflejan su época, no es motivo para olvidar sus méritos, ni aunque este gusto le diera mucho éxito.

LA EMBRIAGUEZ DE LOS FINALES ALTERNATIVOS

Una salida distinta para Stefan habría sido añadir a sus memorias un capítulo sobre toda su rabia o, mejor, escribir un libro entero sobre los muertos que nos han dado vida, los que se han ahogado en los mares, los que viven esclavizados para que algunos lo tengamos todo en esta estafa piramidal que es el capitalismo. Otra habría sido escribir la triste historia de dos amantes que a punto de matarse por su desdicha deciden no hacerlo y encuentran su forma de resurrección. Claro que esta obra existe, aunque esté inconclusa. Se llama *La embriaguez de la metamorfosis.*

Stefan tenía la ambición de escribir una novela en la que estuviera incluida toda Austria, pero no llegó darla por terminada, aunque la llevó con él más de una década. Esto no fue problema para que se acabase publicando en los años 80 y llegase a recibir críticas muy favorables. En español tenemos la traducción de Adan Kovacsics en Acantilado. A mí me encanta el título. En alemán es *Rausch der Verwandlung* y sí, *Die Verwandlung* es el título de la famosa obra de Kafka que en alguna traducción antigua se llamó *La transformación.* En este caso se trata de la metamorfosis de Christine, una gris empleada de correos que, aunque es joven, ya se le está pasando la edad para encontrar marido. Su oficina de provincias es calcada a las que hay por todo el país: gris, incómoda, fría y fea. "La misma vida o, más bien, la misma muerte continua reina allí sin florecer ni marchitarse". En realidad es un retrato de Austria y de su "inmovilidad atemporal" que se ve quebrada por la irrupción de algo externo. En el caso de Christine, aparece de la nada una tía que se casó con un norteamericano y que la invita a pasar una temporada en Suiza.

La vida de Christine en el balneario suizo se explica en tres líneas: ella queda fascinada por el mundo de los ricos y los juegos corteses de los hombres casaderos, tiene un pavor absoluto por que se descubra que en realidad es pobre, y los tíos, que la quieren, no la quieren tanto como para implicarse un poco y ayudarla de verdad. Y claro, al final se sabe que ella llegó al balneario con un paraguas roto y ropa raída y eso hace que sufra un bullying salvaje por parte de las demás aspirantes en aquel mercado de ganado que es la búsqueda de pareja entre las élites. Es verdad que hay un momento maravilloso en el que apetece levantarse a aplaudir cuando el tío americano le dice a la tía al respecto de esto: "Déjalos que hablen... Me resulta indiferente. Es una buena chica y la quiero a pesar de todo. Y si es pobre o no, no importa un comino a nadie. Aquí no he pedido prestado ni un penique a nadie y me importa un rábano si nos consideran elegantes o no. A quién no le guste algo de nosotros, pues que lo deje estar". Un soplo de aire fresco parece romper el mundo de ayer, pero no. Es muy complicado todo y el pretendiente que estaba en el bote se escabulle y los tíos acaban largando a Christine que tiene que volver a su pueblo, a su oficina de correos, a su soltería y a su madre enferma.

Christine recibe un duro golpe, pero ya no puede resignarse. Un día, en su desesperación, escapa a Viena y conoce por casualidad a Ferdinand. Él es una especie de alter ego igual de melancólico, pero con el aporte trágico de quien ha sido un hombre de acción. Podía haber llegado a ser un ingeniero, pero la guerra se interpuso y perdió el tren que para aumentar el drama, el autor pinta como único. "No somos lagartijas, a las que las colas les crecen enseguida cuando se arrancan" dice Ferdinand.

Ferdinand y Christine se acercan el uno al otro con la torpeza de dos discapacitados emocionales. Uno podría mosquearse con el autor porque lo que nos relata nos saca de quicio, pero no es su culpa, él solo cuenta lo que ve. Los frutos de la represión son la frialdad en el contacto de los dos amantes, el drama innecesario del hombre que prefiere morir de hambre antes de que su pareja lo mantenga, la falta de sinceridad con uno mismo y con el otro, el fatalismo incontrolable al denegarle a ella el traslado a Viena, la muerte en vida. Por eso caen en la desesperanza más absoluta y él le propone a ella que se suiciden. Ella, como la mujer de Stefan, accede. Dice que no tiene coraje para hacerlo sola, pero que con él sí lo hará. "Es mejor morir rápido que lento". La represión da frutos tan locos que Ferdinand le llega a decir a Christine: "Ya ves cómo somos. Eres valiente y no tienes miedo de morir. Pero te da miedo llegar tarde a la oficina".

Stefan nos cuenta la calma maravillosa a la que se accede cuando se toma la decisión de suicidarse, "una quietud serena como si estuviera en un prado al atardecer, cuando las sombras se proyectan sobre ella". Los movimientos de Christine son fluidos por primera vez, "como en un juego". Ella deja todo ordenado, escribe las cartas de despedida pertinentes, y está lista para una última noche con su amante y para morir. Como le debió decir un profesor a Stefan, "la única superioridad del ser humano respecto al animal: el hecho de poder morir cuando quiera y no cuando debe".

Lo que ocurre es que en la ficción sí que hay un *plot twist.* Stefan no encontró la manera en 1942, pero unos años antes sí que la encontró para Christine y Ferdinand. Mientras ella cierra el balance y coloca todo perfectamente en la oficina de correos, él se da cuenta de que hay mucho dinero allí. Insight súbito: "No queríamos huir de la vida, ni tú ni yo. Solo queríamos abandonar por fin nuestras vidas fracasadas". Así que, cambio de planes. Si vamos a morir, mejor morir robando el Banco de Inglaterra. Si el estado nos ha utilizado en sus guerras para defender los intereses de los poderosos y luego nos ha tirado a la basura, ¿por qué no vamos a atracarlo? Las últimas páginas del libro tratan de los preparativos para robar una cantidad considerable que les permita vivir el resto de su vida y del detallado contrato de mutuo respeto que firman los dos socios y amantes que seguirá vigente aunque ya no se amen. ¿Qué más da el amor si sabes que tu pareja te va a ser leal siempre?

Sabemos que *La embriaguez de la metamorfosis* es un libro inacabado porque el autor no lo dio a publicar, aunque podía haber terminado tal como quedó. Después de sellar su acuerdo, Ferdinand pregunta: "¿Miércoles día 10 a las seis de la tarde?" y Christine responde: "sí".

BRASIL, PAÍS DE FUTURO

Pero nos hemos adelantado. Antes de tomar la decisión, Stefan fue a Brasil a intentar olvidarse de todo lo que había perdido en Europa. Lo que ocurre es que olvidar no es algo que se puede alcanzar solo deseándolo. De hecho, Freud dijo que la mejor manera de olvidar es recordar. Todo el psicoanálisis se basa en que recordar, hacer consciente lo inconsciente, es empezar a curarse. Stefan lo intentó también así con sus memorias, pero escribió una maravillosa historia de su Austria dejándose en el tintero muchas de las cosas que quería olvidar.

Brasil, qué lugar. Allí, Stefan había sido aclamado por multitudes y se sintió un divo como Marlene Dietrich o como Charlie Chaplin. Lo recibió el presidente del país, en la prensa salían fotos suyas, en las casas en las que había libros, había libros suyos, hasta tocaron el himno austriaco en su honor por primera vez en su vida en Sao Paulo. En Río llegó a firmar 500 libros al día. Tanto firmaba que tenía que llevar varias plumas y le daban calambres en la mano. Además, en Brasil la gente era encantadora y su exótica belleza fascinaba a Stefan. También le sorprendía que no hubiera problemas de discriminación racial. Debía ser el único lugar, escribió.

Brasil, país de Futuro, se había publicado nada más llegar Stefan de todo su periplo: Montevideo, Yale, Asunción, Salvador de Bahía, Pernambuco, Nueva Orleans, Caracas, Nueva York y Río. Es como si la rueda de la fortuna, después de hacer clac en todos los destinos posibles, se detuviera finalmente allí. El autor más vendido de su época aterrizó allí, en la nada, con un regalo para Brasil. Al contrario que en otras ocasiones, no fue bien recibido. El periódico Correio de Manha publicó tres días seguidos mordaces críticas. Su amigo Souza era considerado un lacayo del dictador Vargas y los intelectuales como Jorge Amado creían que lo había escrito por encargo del gobierno. Stefan no podía negar que sus vuelos por Sudamérica en el último viaje se los había pagado el estado brasileño, pero a él le sorprendieron estas críticas porque había escrito el libro emocionado con el país, "un país con más futuro que pasado", no como el suyo.

La verdad es que Stefan también tuvo buenas críticas, y no dejó de ocurrir lo de siempre, que los intelectuales se metían con él argumentando que sus obras eran superficiales y que les faltaba calidad literaria. Vamos, la envidia de siempre que se inflamaba al ver las pasiones que levantaba entre las lectoras y los lectores. Y eso que él pensaba que en la vida pública de Brasil no había odio.

El afán enciclopedista de Stefan jugó en contra de su libro, porque Brasil es un continente. Quizá habría sido mejor enfocarlo como un libro de viajes, de impresiones, de postales en vez de intentar recoger toda la verdad sobre Brasil. De hecho, el libro es tan fragmentario que de repente aparece el relato de aventuras de cómo el Rey Café llegó de contrabando al Brasil en un bastón de peregrino vaciado. Es comprensible el afán de Stefan de descubrir y contar todo sobre el café, nada menos que el café, la droga que estaba detrás de su febril actividad literaria. Y claro, como era Stefan, no pudo resistirse a dedicar también un capítulo al azúcar, el tabaco y el cacao. El café brasileño lo tenía fascinado. "Se toma de un modo distinto del nuestro: de un trago, como un licor, y muy caliente, tan caliente que –como dicen– un perro saldría aullando si sobre él se derramasen algunas gotas". Podía haber escrito un libro titulado *La gasolina del capitalismo* hablando del café y de esas otras drogas legales que convirtieron el capitalismo en poscapitalismo sin cambiarle el nombre, pero no, tenía que meter todo Brasil dentro de su libro.

Pero es que era imposible. Brasil no solo es el país del que se enamoró Stefan en sus tres estancias, desde el Amazonas a Bahía, Minas Gerais, Río Grande y Sao Paulo sin llegar a Iguazú. Brasil también es un país que recibe su nombre del palo brasil que casi se extingue por su tinte rojo, donde era más fácil traer un esclavo de África que evitar que se muriera el que tenías, un mundo que entró en el siglo XXI batiendo records de corrupción, de pobreza y de desigualdad a pesar de tener por primera vez un gobierno presidido por el partido de los trabajadores. El Brasil de Stefan era el Brasil de las mil razas, mezcla de portugueses, africanos, indígenas, italianos, alemanes, en el que él no vio el racismo. En cuanto a sus bondades era casi como el Brasil que encontraron los portugueses: "tierra fértil, vientos suaves, agua potable fresca, fruta abundante, una población gentil e inofensiva".

El manual de cómo se crea un país de la nada al otro lado del mundo no existe, pero lo han escrito muchos imperios. Los portugueses también se encontraron con el problema básico de la escasez de súbditos y lo resolvieron de un modo sencillo: ¿Para qué meter en la cárcel o ajusticiar a portugueses cuando los podías mandar a Brasil? Así que todo delincuente que aceptara montarse en aquellos barquichuelos recibía la absolución del sistema. El mundo siempre ha sido de los impulsivos y pendencieros, y así nos va. Y como con este movimiento la ecuación quedaba desequilibrada, decidieron enviar también a las putas de las calles de Lisboa. Stefan recorre la historia de Brasil deteniendo nuestra respiración en sus momentos estelares como su propia fiebre del oro o el día del siglo XVI en que los franceses fueron derrotados y no pudieron quedarse en Río o los años del siglo XVII que Bahía fue holandés. ¿Y cómo olvidarse de que Portugal, el pequeño país que quería dominar el mundo, fue conquistado por Felipe II tras la muerte del rey Sebastián en la batalla de Alcazarquivir?

La historia de Brasil es la historia de todos los países que fueron antes colonias en la misma medida en que la biografía de Stefan es la biografía de todos los hombres de su época que ya habían vivido una guerra. Mientras la metrópolis se aprovechaba de la riqueza del nuevo mundo, intentaba mantener su dependencia con leyes absurdas como la prohibición de fabricar tejidos o jabón. Pero Portugal tenía sus peculiaridades y la más llamativa es que cuando Napoleón amenaza con invadirlo, el rey y quince mil de las personas más influyentes del país, cruzan el océano para no perder Brasil. Juan IV es el primer rey europeo que parece caer en la cuenta de que su colonia es lo más valioso que tiene. Pero no fue exactamente así, porque una década después el rey abandonó Brasil, despreciándolo como Camões. No parece mala idea, esperar que pase la guerra en Europa y regresar después de unas vacaciones en el paraíso. El problema que tiene el paraíso es que no estamos acostumbrados a tanta abundancia y a tanto ocio. Así que el rey regresó y el expolio continuó. El expolio no para nunca. Primero fue el azúcar, después el oro y los diamantes, más tarde el caucho, el café, el tabaco y ahora la soja. Mientras escribo esto, la prensa anuncia un record de deforestación de la Amazonia y que Brasil ya ha superado ampliamente a Estados Unidos como primer productor mundial de soja.

¿Qué importa todo eso cuando acabas de llegar a la ciudad que consideras la más hermosa de la Tierra, aunque sepas también que es la más insondable e inabarcable? Cuando Stefan dijo esto de Río, también escribió que "cuando se cree haber llegado a un final, se tropieza con un nuevo comienzo". Pero a Stefan se le debieron agotar los nuevos comienzos, mientras que Río, ochenta años después, sigue empezando de nuevo tal como él lo describió: "En un cuarto de hora puede pasarse de la brillante costa del mar a la cumbre de una montaña, en cinco minutos puede pasarse de un mundo de lujo a la pobreza más primitiva de unas chozas de barro". No tengo muy claro que ni siquiera entonces fuera verdad lo que decía Stefan de que en Río era más fácil ser pobre que en cualquier otra metrópolis –nótese la ironía involuntaria de Stefan con esto del cambio de papeles con la metrópolis del imperio portugués que ahora es solo una ciudad pintoresca. Desgraciadamente, no dijo nada de cómo resultaba para los escritores con tendencias suicidas.

Botafogo, Corcovado, Copacabana, Cristo Redentor, Flamengo, Guanabara, Ipanema, Pan de Azúcar, Playa Vermelha. Todos esos nombres resonaban en la cabeza austriaca de Stefan, mientras se perdía por las callejuelas de Río sin sentir que perdía el tiempo, algo notable para un adicto al trabajo como él. Un barrio le recordaba Marsella, una colina era Nápoles, había rascacielos que habían sido teletransportados desde Nueva York, mil cafés que eran Barcelona, Roma, Viena y Europa entera. Pero tampoco Río era una opción porque, por definición, su verano era insoportable. De hecho, Rio era el lugar donde todos le preguntaban: "¿Dónde pasará usted el verano?"

Figura 46. Stefan con Getúlio Vargas en 1936. Imagen publicada en el Correio da Manhã (dominio público. commons.wikimedia.org).

¿Qué mejor elección que Petrópolis, donde una vez pasaba los veranos la corte y todo su séquito? A setenta kilómetros de Río, hace un siglo era un "villorrio de veraneo" un poco anticuado, parecido a una pequeña ciudad alemana de provincias con su palacio imperial y todo. A Stefan, la carretera que llegaba a la ciudad le recordó el camino que llevaba a Semmering, en Austria. Le escribió a Friderike: "Te mando muchos saludos desde la casa de locos más bella del mundo". Su anterior visita al país había sido tempestuosa con conferencias, visita al presidente de la República, al Museo de Historia, recepción en la Academia y discurso. Cuando el ministro de asuntos exteriores hace una recepción en tu honor y te recibe el presidente de un país no puedes llegar más alto, aunque debe ser raro que eso ocurra cuando no puedes regresar a tu país porque te matarían.

Figura 47. Xilografía de Elke Rehder para *Novela de ajedrez* (dominio público. commons.wikimedia.org).

En noviembre de 1941, Stefan le cuenta a la familia de Lotte en una carta que viven como dos tortolitos. "Intentamos olvidar el mundo y ojalá todo el mundo nos olvidara a nosotros". Olvidar no sirve. Stefan, ¿cómo te tengo que decir que es de primero de psicoterapia? Llevan meses allí intentando pensar que no tener que hacer maletas es algún tipo de solución. Tolstoi había dicho que un hombre de sesenta años debía retirarse a la naturaleza y es lo que él hace, pero no del todo, porque no se mancha las manos. Otro de sus gurús, Montaigne, dejó escrito: "Los problemas de la vida del hombre se funden en un solo problema: ¿cómo puedo seguir siendo libre? ¿Cómo puedo liberarme de toda trampa? ¿Cómo librarme del miedo?" Ni las cartas le entretienen. Le llegan pocas. Tiene proyectos, por ejemplo, escribir el argumento para un ballet de Heitor Villa-Lobos, terminar Balzac, escribir su Montaigne. No se puede decir que no lo intentara. Después de dar por terminadas sus memorias, siguió escribiendo y escribió *Novela de ajedrez.*

Novela de ajedrez, que se publicaría tras su muerte, es una historia sencilla y breve. El narrador cruza el océano hacia Río de Janeiro en un barco en el que también viaja el hosco campeón del mundo de ajedrez. El narrador, que no puede ser nadie más que Stefan, como buen monomaníaco de la literatura, está fascinado por el monomaníaco campeón, que es una especie de Bobby Fischer antes de Bobby Fischer. Entre el narrador y un fanfarrón norteamericano consiguen hacer que el campeón juegue con ellos previo pago. Cuando parece que los doce días de travesía van a concluir sin pena ni gloria con las derrotas del norteamericano desplumado, aparece un personaje misterioso que sabe jugar tan bien al ajedrez que es capaz de ganar al campeón. El misterioso sabio del ajedrez le confiesa al narrador que adquirió este conocimiento gracias a la Gestapo que lo tuvo aislado mucho tiempo en el que solo pudo jugar al ajedrez. La descripción que hace el narrador de la tortura nazi hace pensar en Stefan, pues habla de la construcción de una nada absoluta con la desaparición de la vida anterior y los objetos del torturado, una nada total, sin estímulos, que introduce al que la sufre en una espera estéril de algo que nunca llega. El torturado se aferra al ajedrez, mientras que Stefan se aferra a la literatura para superar que ha perdido su vida, su cultura, sus objetos, su libertad. La mente del prisionero alcanzó una maestría total en el ajedrez, pero esto le hizo colapsar mentalmente. Stefan no llegó al colapso. Friderike decía que estaba en plena forma en Petrópolis, que la prueba era que había escrito *Novela de ajedrez.* En la narración, la presencia de una enfermedad mental franca libera al personaje de su rol. El aguante de Stefan y su resistencia a colapsar hicieron que no cayera enfermo de una forma visible. Su dureza evitó que recibiera ayuda y quizá por eso se suicidó.

YO NO PERTENEZCO A NINGÚN LUGAR: LAS DEPRESIONES DE STEFAN ZWEIG

La exposición realizada en el Stefan Zweig Centre de Salzburgo con motivo del 75 aniversario de la muerte de Stefan se titulaba: "Yo no pertenezco a ningún lugar. Novela de ajedrez de Stefan Zweig. Una historia del exilio". Toda ella giraba alrededor de *Novela de Ajedrez* no solo porque era el último texto completo del autor, sino también porque es la única narración que trata la situación política de Austria y de sus emigrados.

Salzburgo ha dado la espalda a Stefan durante décadas y esta exposición en el Stefan Zweig Centre, fundado en 2008, pretendía reconocer al autor su importancia en la primera ciudad austriaca que quemó sus libros en el lejano 1938. Salzburgo es solo una ciudad, pero se podría decir de toda Austria lo que Stefan anota a mano en junio de 1933 en una carta mecanografiada: "Mi situación es muy mala, peor de lo que me atreví a dictar. Ya no se puede vivir aquí, ya no se puede hablar con nadie porque todos son nacionalsocialistas, incluso mis amigos cercanos ya no están seguros". Esta cita que marca el principio de su exilio encuentra su conclusión en lo que escribió a su amigo Felix Braun en noviembre de 1941 ya en Petrópolis a una semana de cumplir 60 años: "Siento que ya no encuentro la identidad de mi yo, no pertenezco a ningún lugar, nómada y al mismo tiempo sin libertad. Mi trabajo y mis libros están ahí, he estado viviendo con maletas y paquetes durante años y el regreso no es algo en lo que se pueda pensar en mucho tiempo y no sería a un hogar real. Los otros han quemado sus naves detrás de ellos, se han americanizado, incluso han abandonado su idioma. Soy demasiado viejo para todo eso".

Figura 48. Mi ejemplar del catálogo de la exposición dedicada a Stefan Zweig en el Stefan Zweig Centre de Salzburgo con motivo del 75 aniversario de su muerte en el centro de una estantería dedicada a Stefan Zweig (fotografía del autor).

Aquello también era una partida de ajedrez con la muerte y *Novela de ajedrez* es la confirmación de que algo andaba roto dentro de Stefan. El tablero del mundo había sido destruido por los nazis y Stefan sabe que ya no podrá jugar con Emil Fuchs en el Café Bazar.

Alguien con la curiosidad de Walter Benjamin podría haber descrito las entrañas de nuestra cultura estudiando los cafés, o el ajedrez, en vez de los pasajes. El ajedrez y los cafés donde se jugaba eran un elemento estructural del mundo burgués en el que se había criado Stefan. Normas claras, maneras educadas, una barrera transparente para no intimar, el sucedáneo perfecto para el contacto humano; ir al café a jugar al ajedrez entretiene, hace que uno sienta calor humano, pero no es jugar de verdad, no es tocar, no es hablar de lo que importa, no es tomar contacto con lo que de verdad nos preocupa. Carmen Martín Gaite tiene un ensayo que se llama *La búsqueda de interlocutor* en el que habla de esto y de que escribir es un sucedáneo de la conversación con un interlocutor válido. En una entrevista en televisión resume: "… En el momento en que haya alguien con quien puedes hablar, para mí que se quite el cine, el teatro, los viajes y hasta incluso placeres más fuertes".

En 1938, el lujoso Hotel Metropole de Viena fue ocupado por los nazis y se convirtió en la sede más grande de la Gestapo. Toda Viena fue ocupada por los nazis y medio mundo también, incluyendo la mayor parte del mundo de Stefan. Él, como Sherezade, aún tiene fuerzas y sobrevive otra noche más contando su *Novela de ajedrez.* Después piensa que como ya no va a ganar es que ha perdido, cuando el que pierde de verdad es el que deja de contar su historia. Él para, pero Friderike continúa tres décadas más repitiendo que ella no estuvo allí para salvarlo. Stefan se plantea todo con dramatismo. Si un día no es capaz de escribir como desea, se desespera, teme haber perdido su talento para siempre y cree que su vida no tiene sentido. Para eso está con él Friderike, persona mucho más práctica. Ella aguanta el tirón y lo pone en la realidad. Si no te sale hoy, te saldrá mañana. A saber vivir no se aprende en las escuelas y menos en las de Viena.

En realidad, la historia no la cuentan los vencedores, la cuentan los supervivientes y sus heridas, y Friderike recuerda lo que quiere o lo que puede. Su versión es que ella tomó de su mano a un prometedor literato, lo convirtió en un fenómeno mundial y lo protegió de la primera guerra mundial y de sí mismo. Pero claro, después del divorcio y de que Stefan se emparejase con una mujer frágil, ella perdió su influencia y no pudo hacer más.

Stefan sufría "depresiones". Eso es al menos lo que cuentan sus biógrafos empezando por Friderike. Todo empezaba por su carácter, el de un niño dolido con su madre porque casi trataba mejor al servicio que a sus propios hijos, como en la historia del árbol de Navidad. Los demás niños tenían fiesta, incluso los criados, pero ellos no. Ellos tuvieron una infancia rígida, engastada en trajes de terciopelo acartonados. En las vacaciones de balneario, la madre dejaba que los niños mirasen las montañas, pero su angustia no les dejaba escalarlas como tampoco les permitía jugar con las olas. Todo un manual de represión.

Según Friderike, Stefan era un niño malcriado que se había quedado estancado en la infancia, que había sufrido crueles privaciones por la intervención de una madre sorda, acaparadora y metomentodo. Friderike bromeó sin mucho disimulo por que Stefan hubiera elegido a Lotte, una mujer dócil y calladita, pero es que ella era el otro extremo y, por qué no mencionarlo, una mujer mucho más parecida a su suegra.

Joan Fontcuberta nos trae de nuevo algo de luz en su traducción de la carta que Stefan le escribió a Friderike el 12 de agosto de 1925: "Mi estado depresivo carece de motivo real, que no está ni en el trabajo (que tampoco es tan apremiante) ni en la nicotina, a la que por cierto he renunciado dos días a modo de ensayo. Es más bien una crisis de la edad, vinculada a una claridad excesiva (poco apropiada a mis años), pues no me engaño con sueños de inmortalidad y conozco el valor relativo que tiene toda la literatura que yo puedo hacer. No creo en la humanidad y muy pocas cosas me alegran. Muchas veces de estas crisis sale algo, y otras muchas se hunde uno más en ellas... Pero, como es natural, forman parte de uno. (...) Hay que resignarse y pensar que, durante los diez años de guerra y de postguerra, hemos carecido de la cuota de alegría y juventud que nos correspondía. Y, además, resulta que nuestros nervios destrozados por la guerra son irreparables, el pesimismo ha calado muy hondo bajo nuestra piel. Yo ya no espero nada, pues me es indiferente que se vendan diez mil o ciento cincuenta mil ejemplares. Lo importante sería comenzar algo nuevo, otra forma de vida; tener otras ambiciones, otra relación con la existencia: irse lejos no solo físicamente".

Stefan aún no había cumplido los 44 años y escribe como alguien que sabe que ya está perdido. Su experiencia era que salía de las crisis, pero cuando caía en una de ellas también era consciente de su fragilidad. Stefan tenía buen aspecto para su edad, estaba sano, pero cuando fallecía algún amigo, le afectaba mucho. Aquel año, su estado de ánimo fue sombrío, pero a finales de año mejoró y así pudo adaptar *Volpone* de Ben Jonson. El título le quedó así: *Volpone. Comedia sin amor en tres actos adaptada libremente por Stefan Zweig.* Por lo visto, en nueve días hizo un borrador en prosa de la obra que pretendía hacer en verso y ni siquiera estaba conforme con el resultado a pesar de que no era más que un borrador. Sin embargo, del Teatro Real de Dresde le escribieron diciendo que estaba perfecta así, que por favor no cambiase nada. En ese caso su aliado fue el apagón temporal de la autocensura o la autoexigencia y cuando finalmente la obra se estrenó el 6 de noviembre de 1926 en el Burgtheater de Viena fue un gran éxito. De hecho fue un éxito en toda Europa y sigue siendo la obra más taquillera de ese teatro y del Teatro Real de Dresde.

Este periodo se corresponde con los años entre 1922 y 1927 en los que Stefan dejó de escribir narrativa y se volcó en las biografías. El 22 de septiembre de 1927 le escribe a Friderike desde Salzburgo mientras ella y Suse estaban en Gland, a orillas del lago Leman: "Mi vida transcurre, como ya sabes, ajena a las grandes turbulencias. Apenas recibo visitas; mi mejor amigo es ahora el señor Casanova. Pero aún no trabajo con la prontitud de espíritu de otro tiempo. Tengo la sensación de estar desquiciado, como si se hubieran aflojado algunos tornillos de la máquina: lo mejor sería pararla del todo al llegar a los cincuenta años e intentar de nuevo adquirir experiencia del mundo en lugar de describirlo. Estoy lleno de recelos en lo tocante al cultivo incesante de la literatura, que es un estado poco natural cuando uno no es ambicioso".

Después de ese periodo de desgana o de apatía pudo remontar y tuvo la década más fructífera que pueda soñar un escritor. Pero en él había varias zonas de fragilidad. Por ejemplo, la burocracia lo exasperaba y las dificultades administrativas podían sumirlo en un estado casi depresivo. Cuando solicitó su pasaporte en Inglaterra estaba muy angustiado y según decía en la carta de recomendación que escribió el secretario de la organización de refugiados que lo ayudó, pensaba que si no se lo concedían se arruinaría, literalmente. Cooper, el tipo que escribió la carta, venía a decir que disculparan el nerviosismo del señor Zweig que a fin de cuentas era un artista y los artistas son así: 90% temperamento, 10% razón. Pero él no se veía a sí mismo como un artista. Rodin era un artista y los poetas a los que tanto admiraba, también, pero él no confiaba en que su obra perduraría como algo relevante. Seguro que Arnold Schönberg no estaba de acuerdo con él cuando dijo: "El artista logra la belleza sin pretenderla, pues solo está empeñado en la búsqueda de la verdad". Stefan buscaba la verdad incansablemente y supongo que no estaríamos hablando de él si no hubiera logrado tocar la belleza.

Hoy, en mitad de esta página, me ha atropellado, durante la cuarentena por el coronavirus, la noticia de la muerte de Luis Eduardo Aute, un cantautor tal vez local. Nunca le dieron el Nobel, pero creo que es el poeta y el filósofo más influyente en mi vida. Aún me sé enteras muchas de sus canciones, entre ellas, *La belleza*. Estas son sus dos primeras estrofas:

Enemigo de la guerra
Y su reverso, la medalla,
No propuse otra batalla
Que librar al corazón
De ponerse cuerpo a tierra
Bajo el peso de una historia
Que iba a alzar hasta la gloria
El poder de la razón.

Y ahora que ya no hay trincheras
El combate es la escalera
Y el que trepe a lo más alto
Pondrá a salvo su cabeza
Aunque se hunda en el asfalto
La belleza.

La vida es una cura de humildad. Stefan nunca estuvo especialmente orgulloso de sus libros o al menos los ponía un peldaño por debajo de los de otros maestros a los que admiraba. Hasta reconocía públicamente los méritos de Hugo von Hofmannsthal a pesar de que el poeta no apreciara su obra o hablaba del sublime arte de Joseph Roth como novelista; Roth, su amigo y su dolor. Pero Stefan tenía un proyecto más ambicioso que ninguno de ellos: escribir la historia sentimental del hombre y a la vez su propia genealogía artística. Aun así, él era relativamente humilde en relación con la importancia de su obra.

Todo escritor se plantea si lo que hace merece la pena. Stefan oscilaba entre su afán de crear una hermandad universal y la realidad en la que solo podía aspirar a aliviar levemente el sufrimiento humano con el conocimiento de nuestros orígenes y nuestros sentimientos y deseos. Stefan aspiraba a la libertad y el honor de Erasmo y de Castellio, pero él era solo escritor. Lo fue de una forma exagerada, poniendo todas sus energías en ello. No conocía otra vida. A esto se sumaba que era un hombre tímido, incluso cuando ya había cumplido los 50. Según la opinión de Friderike, no estaba hecho para el aplauso público. Debe ser difícil convertirse en una estrella que llena teatros, eso seguro, pero no termino de estar de acuerdo con Friderike.

Stefan era un intelectual a la antigua, incluso a principios del siglo XX. Hasta en tiempo de guerra anteponía la lucha por la libertad individual e intentaba separar la literatura de la triste realidad. Es comprensible que intentara eso, pero no le funcionó. Los últimos años estaba cansado. ¿Cansado de la propia vida? ¿Cansado de ser autor reconocido y de no experimentar? ¿Cansado de escribir mucho y de vivir poco en la burbuja de la fama sabiendo que no se puede esperar a los 80 e intentar huir como un patético Tolstoi?

"Recibimos y perdemos, y debemos tratar de alcanzar la gratitud; y con esa gratitud, abrazar con todo el corazón lo que quede de la vida después de las pérdidas". Esto es lo que dice André Dubus, un escritor que perdió una pierna en un accidente de tráfico y entonces descubrió quién era. Al releer *La mujer que no quería amar y otras historias sobre del inconsciente* de Stephen Grosz, me encontré con esta cita. El dolor es lo que tenemos los humanos en común y me acordaba de cómo el que había leído el libro cinco años atrás no era precisamente un hombre feliz. Pero vamos, que es casi lo mismo que dice Najwa Nimri hoy, 5 de abril de 2020 en La Vanguardia: "Tener un hijo y darte algún batacazo te quita las tonterías" o lo que tiene como tuit fijado Nerea Aróstegui: "Vamos madurando con el paso de los daños". La cosa es que al releer el libro de Grosz me di cuenta de unas cuantas cosas. Lo primero es que el libro en inglés de titula: *The Examined Life: How We Lose and Find Ourselves.* Es una referencia no declarada a Sócrates que en el tribunal que lo condenó a muerte defendió su filosofía diciendo algo así como: "Una vida sin examen no merece la pena ser vivida". Sin examen o por decirlo más claramente, sin autocrítica, que es la única herramienta válida que tenemos para evolucionar, para ser la mejor persona que podemos ser. Mira por dónde, los hombres éticos tienen más probabilidad de ser condenados por la sociedad que pretenden mejorar, porque claro, ella no quiere cambiar nada. Y vayamos con el subtítulo: ¿Investigar la vida para saber cómo nos perdemos y cómo nos encontramos? A eso dedicó Stefan toda su vida y su presencia de ánimo se terminó de diluir en Brasil. El libro de Grosz, independientemente de lo confuso que es que tenga dos títulos tan dispares en dos idiomas, habla todo el rato de las pérdidas, de cómo nos abruman y de cómo las integramos para sobrevivir. Este es mi trabajo, acompañar a personas que han perdido algo y tienen que seguir viviendo, ayudarles a encontrar la manera.

Stefan no la encontró. Se encontró por última vez con el dolor y no supo qué hacer con él. Olvidó que el dolor psíquico es útil, tiene una función, nos avisa de que algo va mal y de que debemos descubrirlo y hacer cambios. El dolor de su pérdida era muy consciente porque sabía que cuando volviera todo seguiría estando, pero no como él habría querido. Es como si él hubiera elegido colgar en su vida este cartel: "Fui feliz". Con la trampa que conlleva utilizar el tiempo pasado. Stefan solo veía la parte oscura de sus experiencias y relaciones pasadas. El peor duelo es el de la propia vida si uno no está en paz, si no supera la paradoja de aceptar el dolor. Y esto no es fácil, porque nuestra cultura lleva siglos con la misma táctica de negar el duelo, de las cosas malas no se habla, recordar hace daño, denunciar el maltrato es de débiles. Como dice la ley de Hansel, la efectividad de una intervención en crisis aumenta si actuamos rápido. Cuanto antes nos pongamos a ello, a hablar en profundidad de lo que nos pasa, antes podremos deshacer el nudo. ¿Es desanudar o desnudar?

Conversando con mi amigo Roberto Longhi, que es también mi supervisor, la herramienta que tenemos los terapeutas para equivocarnos menos, para llevar los casos difíciles, para sufrir menos, un día le pedí que hablásemos de Stefan. Él se puso contento. Por cómo lo recibió, es como si le hubiera ofrecido algo que no se esperaba: poner en el diván a una de las personas que admira. De hecho,

Roberto tiene en el despacho una foto de Stefan, junto con las de otros escritores y psicoanalistas. Me pregunto si nos hemos hecho psicoanalistas por el drama oculto de nuestros abuelos. Y no es una tontería, porque yo tengo muchos abuelos, empezando por Stefan.

Lo primero que le pregunté a Roberto es por qué Stefan no le pidió ayuda a Freud. Nos educan en la omnipotencia, en el valor de no mostrar debilidades y así es muy difícil que uno se deje llevar por otro que encima es mitad detective, mitad intérprete, como dice Grosz. O dicho de otro modo aún más oscuro, necesariamente confuso, ni damos principios ni damos paradojas con forma de koan ni todo lo contrario, acompañamos de la mejor manera que sabemos a gente que no se encuentra bien en su piel. Y a Stefan le habría venido bien saber que existe una figura, aunque sea la del terapeuta, que siempre va a estar ahí cuando se la necesite. Claro que todos fallamos, eso resume nuestra historia. Fallamos como parejas, como padres, como hijos, como terapeutas y eso precisamente es lo que puede curar a algunos pacientes. Cada vez es más la gente que dice: "Anda que trabajo no te tiene que faltar...", y es verdad, trabajo hay mucho, muchísimo, pero lo difícil es llevarlo a consulta. O como dice el capitalismo: la demanda es la que manda. Y por lo que sabemos, Stefan no consultó, aunque siempre tuvo a Freud muy presente.

LA CURACIÓN POR LA LITERATURA

Cuando Stefan se atascaba con alguna obra, siempre podía seguir escribiendo de lo que le obsesionaba y así le ocurrió con *La curación por el espíritu*. En ese volumen volvió a agrupar tres biografías: la de Mesmer que curaba por la voluntad de curar, la de Mary Baker-Eddy que curaba por la fe en Dios y la de Freud. El libro está dedicado a Freud, que es el más importante de los tres, y es como si los otros dos sobraran. En realidad, Freud es la superación de los otros dos. Curar por la hipnosis o por la fe genera relaciones muy desiguales con los que acuden a pedir ayuda. En un lado está el que sabe, el que cura y en el otro, el pobre enfermo. El hipnotizador, un sabio poderoso, toma el control de tu vida y te da la solución. Genera una relación de sumisión y Freud se dio cuenta de que eso no le gustaba. Él inventó la terapia en la que el designado como paciente trae un problema y el terapeuta le acompaña, le intenta dar luz, pero no seduce, no adorna, no satisface su narcisismo, no dice lo que hay que hacer.

Stefan sufría fluctuaciones importantes en su estado de ánimo e intensos dolores de cabeza, pero es que solo iban al psiquiatra los que no tenían otra opción, y sigue siendo así para mucha gente. ¿Qué le habría dicho Freud si Stefan le hubiera contado esa escena en la que su padre de niño preguntó la hora y no se la dieron por judío? El padre de Freud era un comerciante de lanas, el de Stefan un industrial textil, dos judíos en una región que apoyaría su exterminio. ¿Da miedo o da curiosidad que Freud te pregunte y quiera conocer los secretos de tu alma? ¿No es mejor saber un poco mejor de dónde vienen nuestros sufrimientos? Escribir es una buena forma de buscar, pero hay cosas que uno no puede hacer solo.

Cuando el libro se publicó, Freud le escribió a Stefan. El ensayo de Mesmer le gustó. Mary Baker no le parecía una figura relevante, por no hablar de lo dudoso de su doctrina y de que acabó paranoica creyendo que 50.000 personas estaban tratando de matarla proyectando hacia ella sus pensamientos. Freud también le apuntó que la etiqueta de "pequeñoburgués" se le quedaba corta y que se notaba que no conocía la teoría psicoanalítica en profundidad, pero que le reconocía toda la labor que había hecho. Sutil. De todos modos, como anuncia la portada del libro de Matuschek, Freud dijo esto de Stefan: "Comprendo sus pensamientos como si fueran viejos conocidos míos".

El libro fue un éxito, como todo lo que tocaba Stefan. Su mezcla de rigor y de emoción en la búsqueda dio resultado de nuevo para completar ese póker de biografías triples: *Tres maestros*, *Tres poetas de sus vidas*, *La lucha contra el demonio* y la culminación: *La curación por el espíritu*. Todo ello con un grandísimo esfuerzo de lectura de obras y documentos originales, recopilación de cientos de viñetas, redacción de miles de páginas, ordenación, reordenación y eliminación de lo superfluo que le llevó a Stefan toda la vida. Tanta concentración y tanto trabajo le hizo escribir a su traductora italiana que acabada la biografía de Mesmer venía la de Freud y después, una cabriola de alegría.

Stefan alaba en Freud que se enfrentase al centro de la cultura de su época, el principio básico de negación del que vivimos los terapeutas y que podríamos enunciar así: basta con ocultar algo para que no exista. En un mundo en el que se sacrifica al ser humano por la apariencia moral, en el que la sexualidad no existe y el sufrimiento psíquico tampoco, Stefan se pregunta: "¿dónde puede acudir el hombre perturbado o extraviado en su vida sentimental?" Pues al único investigador honesto que no teme enfrentarse con las convenciones y que "en vez de negar los hechos, ha empezado a interpretarlos", Freud.

Así que el elefante de la habitación era el sexo y Freud no era de los que no preguntan cuándo se tropiezan con él. Sí que le extrañaba que hubiera pasado inadvertido hasta entonces a casi todos, aunque Charcot ya le había confiado en París que siempre está detrás la cosa sexual, siempre. Pero cuando nadie hablaba de ello en público y menos aún lo publicaba, Freud se atrevió a decir cosas así: "Las neurosis se producen cuando obstáculos interiores o exteriores impiden la satisfacción de las necesidades eróticas" y a hablar de libido o instinto sexual. Y se encontró con la oposición de casi todos, pero lo que parecía un suicidio científico no lo fue. Además, una vez atravesada la raya, no hay límite y Freud no solo sacó la sexualidad del armario, sino que ya puestos, la amplió mucho más allá de los órganos sexuales y de los instintos. Con este punto de partida, Freud empieza a curar gente ayudándoles a hacer consciente lo inconsciente y aunque llegará el día en que desconfíe de sus histéricas, había nacido el psicoanálisis y la psicología moderna. Lo tenían todos delante de las narices y era casi intuitivo: reprimir hace que la máquina explote por otro lado, pero nadie lo vio o nadie se atrevió a decirlo antes que él.

Nuestra visión cambia y se da la vuelta. Los síntomas no son solo lo que revela la enfermedad sino también lo que la oculta, porque el neurótico no sabe lo que le pasa y no lo quiere saber. Los sueños nos hablan de deseos insatisfechos y nos dejan entrever nuestro inconsciente. Stefan describe el procedimiento psicoanalítico como quien vuelve de un viaje exótico y tiene ganas de relatar lo que vio. Nos cuenta cómo el paciente se echa en un sofá y detrás está el médico "para evitar las trabas del pudor y de la conciencia" y enuncia así la técnica de la libre asociación del psicoanálisis, en la versión de Joan Fontcuberta: "El psicoanalista recomienda de manera expresa y encarecida que, durante la exposición, el paciente renuncie a toda reflexión consciente y no intervenga en el proceso en curso como abogado, juez o demandante; en definitiva, que se inhiba de todo y ceda sin pensar a las ideas que se le ocurran involuntariamente (pues estas ideas no le vienen de fuera, sino de dentro, del inconsciente)". Este párrafo se le debió pasar a Freud, que se quejó en su carta de que casi nunca menciona esta técnica.

Stefan nos cuenta que Freud no para. Hace ocho, nueve, diez, a veces once sesiones de análisis al día sin estar nunca de baja y toma notas y lee y escribe y responde la correspondencia y se reúne, todo sin apenas moverse de su casa en la Berggasse 19 y lo que le alucina a Stefan: ¡sin secretario! Inventa conceptos que no existían o se encontraban en un estado larvario: inhibición, complejo de Edipo, ello, yo, superyó, inconsciente, libido, neurosis, represión, acto fallido, catarsis; inventa la misma psicoterapia o al menos le da el significado que tiene ahora para nosotros. Su retrato del psicoanálisis es muy bueno para ser un contemporáneo de Freud, pues explica conceptos intrincados como por ejemplo la neurosis de transferencia: en ella, el paciente reproduce su conflicto fundamental en la relación con el terapeuta y este, gracias a ello, lo puede interpretar y, en última instancia, puede conseguir que el paciente entienda el porqué de sus síntomas, los abandone y se ponga a vivir. Se ve que Stefan lo pensó mucho y por eso es más extraño que no pidiera ayuda para él.

Stefan también repasa las fases del desarrollo del niño y lo explica muy bien. Como todos hemos oído unas cuantas veces en la vida, está la fase oral, la más primitiva, en la que el lactante solo conoce una fuente de placer, su boca. Después viene la siguiente fase en la que se empieza a distinguir lo que está en él y lo que está fuera de él, y así se desarrolla el yo que empieza a ser bombardeado por la cultura con lo que es bueno y lo que es malo. Así se constreñirá la libido y luego vendrá el superyó y así estamos de adultos, apremiados por una parte oral, que busca el placer instantáneo; una parte anal, que obtiene placer en controlar y acumular; y una parte fálica que se puede pasar la vida compitiendo sin escuchar. Stefan nos cuenta que los adultos conservan formas de deseo propias de niños y pone el ejemplo de la cruel autobiografía de Rousseau en la que confiesa su masoquismo, pues para excitarse necesita que lo azoten como hacía con él la terrible maestra de su infancia de la que estaba enamorado. Y también habla de la sublimación. Nos cuenta que la libido "puede descargarse y desahogarse en actos sexuales normales y naturales y también espiritualizarse y sublimarse en actividades artísticas y religiosas". Aquí se le pasó a Stefan que el psicoanálisis es una disciplina herética, pues Freud sostenía que las religiones no eran más que una neurosis obsesiva anclada en fases precoces de nuestro desarrollo cultural. No en vano se le llamaba por esto "el destructor de la ilusión".

Algo falló en la biografía. Tal vez fue que se cruzó en la cabeza de Stefan con la de María Antonieta que ya se estaba cociendo. Tal vez Stefan era consciente de la preocupación que generaba en Freud su trabajo. De hecho, Freud se lo reconoció a Arnold Zweig, a quien trató de doctor sin serlo en una carta como si se tratara de Stefan. El maestro le dio esta freudiana explicación: "El inmediato análisis llevado a cabo por mí de este acto fallido conducía por supuesto a un terreno delicado, y apuntaba como perturbación al otro Zweig, de quien sé que se encuentra en Hamburgo en estos momentos y trabaja en un ensayo sobre mí, que me pondrá ante la opinión pública en compañía de Mesmer y Mary Baker Eddy. Él me ha dado un gran motivo de insatisfacción durante este último medio año, y el fuerte deseo de venganza que tuve al principio ahora está desterrado por completo en el inconsciente, y allí es muy posible que yo quisiera establecer un paralelo y sustituir a Zweig por el otro Zweig". Por cierto, Arnold, el otro Zweig, que también fue escritor, si se puso en tratamiento y estaba muy agradecido al psicoanálisis o al menos esto le escribió al maestro: "Le debo a su terapia psicológica la restauración de toda mi personalidad, el descubrimiento de que estaba sufriendo una neurosis y finalmente la curación de esta neurosis".

Volviendo a Stefan, escribir sobre alguien vivo a quien admiras no parece buena idea. A Friderike tampoco le convenció la biografía.

El inicio le pareció magnífico, pero luego se quejó de que emite juicios de valor superlativos que parecen alejarse de la realidad. Faltan muchas cosas, pero el que quiera más puede acudir a la autobiografía de Stefan porque es curioso que dedique veinte de las treinta últimas a hablar de Freud.

Para el que se quede con ganas de más Freud le recomiendo la reciente biografía de Élisabeth Roudinesco quien tuvo acceso a los archivos freudianos que se guardan en la Biblioteca del Congreso de Washington y que no pudieron ser consultados antes de 2010.

Stefan que tanto admiraba a Freud, podía haber tomado su ejemplo y seguir trabajando hasta el final. Aunque es verdad que hay quien simplifica los hechos diciendo que Freud se suicidó, aquello fue un caso ejemplar de eutanasia. Con 83 años, más de 15 años enfermo, después de más de treinta operaciones, con una calidad de vida nula detrás de lo que él llamaba su "bozal", pidió una dosis mortal de morfina para que no se alargase su agonía. Antes nunca dejó de pelear. Estaba acostumbrado a pelear contra las resistencias del mundo entero y sabía cómo hacerlo. Stefan estaba seguro de que podía haber colado una quinta parte de sus teorías y haber tenido éxito académico desde el principio si hubiera llamado erotismo a la sexualidad, pero eso no le interesaba. Sin embargo, toda esa lucidez se desvanecía cuando se trataba de la Viena nazi.

Freud, como la mayoría de judíos de Viena, pensaba que lo de los nazis no era para tanto y que tendrían algún tipo de límite, pero no. Desde la anexión de Austria en marzo de 1938, todos corrían peligro y la muerte se acercaba muy rápido. Freud pensaba que qué le podría ofrecer el mundo a un viejo que rechazaba por igual el sionismo trasplantado a Israel, el sueño americano o el comunismo. Además, él siempre se había declarado apolítico porque el psicoanálisis era una ciencia y debía ser neutral. En esto era como Stefan, solo que Stefan se dio cuenta de que debía marcharse mucho antes. Freud se convenció solo al final. Un día después de su entrada en la ciudad, los nazis saquearon la casa de Freud y robaron más de mil dólares. La semana siguiente detuvieron a Anna y la tuvieron un día retenida en el Hotel Metropole. Entonces Freud aceptó la ayuda de Marie Bonaparte y de Ernest Jones y hasta del presidente de los Estados

Unidos para salir de allí. Después de muchos papeleos y mucho dinero entregado, el 4 de junio salió hacia París en el Orient Express con Anna y con su mujer. Firmó el documento que le pusieron delante. Así certificó que le habían tratado "con todo el respeto y la consideración debido a mi reputación científica y que podía vivir y trabajar en plena libertad". No obstante, según su hijo Martin o la leyenda, no pudo evitar añadir esta adenda: "Recomiendo encarecidamente la Gestapo a todos". Las cuatro hermanas de Freud que quedaron en Viena no pudieron salir y murieron en el exterminio nazi.

Menos mal que finalmente Marie Bonaparte le convenció para que abandonase el Hades, como lo llamaba Stefan. Marie era una mujer renacida gracias al psicoanálisis, no como esos dictadores de su tiempo que pasaban su vida y por encima de cualquiera para nunca superar un sentimiento de inferioridad infantil. Ella se sentía en deuda porque Freud la había salvado de su vida anterior y de los traumas de su infancia. De hecho, se convirtió en una importante psicoanalista y mecenas del psicoanálisis y merece la pena ver el film *Princesa Marie*, con Catherine Deneuve como protagonista.

Y así Freud pasó por la residencia de Marie Bonaparte en St. Cloud, muy cerca de la casa donde había vivido Verhaeren, y a Londres. En Londres fue feliz los meses que le quedaban, a pesar de que llegó viejo y enfermo. Allí recuperó la energía y Stefan llegó a decir que lo vio más libre y feliz que nunca. A Stefan le preguntaba si había vivido alguna vez en un lugar tan bonito como aquel. Freud estaba feliz también porque pudo volver a reunir su colección de antigüedades egipcias, griegas y romanas gracias a que Marie Bonaparte las sacó de Viena por valija diplomática. No solo a Stefan le contó que había leído más de arqueología que de psicología. Además, su hijo Ernst, el más joven, arquitecto refugiado en Londres, y padre de Lucian Freud, le hizo una copia exacta de su despacho en la Bergasse. Como le escribió a Ernst: "Dos son los motivos que me empujan a irme a Londres en estos días tan deprimentes: reunirme contigo y morir en libertad". Stefan dijo de aquella época en *El mundo de ayer*: "Durante todos aquellos años, conversar con Freud fue para mí uno de los mayores placeres intelectuales. Aprendía de él y a la vez lo admiraba; se sentía uno comprendido con cada palabra que pronunciaba aquel hombre magnífico y sin prejuicios al que ninguna confesión asustaba, ninguna afirmación irritaba y para el que la voluntad de educar a los demás a ver y sentir con claridad se había convertido en una voluntad instintiva de vivir. Pero nunca experimenté con tanta gratitud el valor insustituible de aquellas largas conversadores como durante aquel año sombrío, el último de su vida. Tan pronto como uno entraba en su habitación, quedaba excluida de la misma, por decirlo así, la locura del mundo exterior". ¿Qué dirían aquellos dos hombres cuando cayeron en la cuenta de que treinta años atrás habían coincidido con Hitler en Viena? Y de nuevo la pregunta: ¿Por qué Stefan no le pidió que le analizara, sobre todo en aquella época en la que el anciano doctor había dejado atrás sus remilgos, miraba con más calidez y era capaz de poner a Stefan la mano en la espalda si se hubiera tumbado en el diván?

Freud, el hombre que tardó seis años en vender la primera tirada de 300 ejemplares de la *Interpretación de los sueños*, que aprendió español para leer a Cervantes, que se puso su mejor camisa para visitar la Acrópolis o que amaba Roma sobre todas las cosas, al final le hizo caso a Stefan y escribió sobre los judíos en su *Moisés y la religión monoteísta*. Según él, para entender el odio a los judíos hay que "tener presente que todos esos pueblos, hoy destacados enemigos de los judíos, no se convirtieron al cristianismo sino en épocas relativamente tardías, y muchas veces fueron compelidos a hacerlo por sangrienta imposición. Podría decirse que todos ellos fueron, en cierto momento, "mal bautizados"; que bajo un tenue barniz cristiano siguen siendo lo que eran sus antepasados, adoradores de un politeísmo bárbaro. No lograron superar todavía su rencor contra la nueva religión que les fue impuesta, pero lo han desplazado a la fuente desde la cual les llegó el cristianismo. La circunstancia de que los Evangelios narran una historia que sucede entre judíos y que, en realidad, solo trata de judíos, ha facilitado, por cierto, semejante desplazamiento. En el fondo, el odio de estos pueblos contra los judíos es un odio a los cristianos, y no debe sorprendernos que esta íntima vinculación entre las dos religiones monoteístas se haya expresado tan claramente en la persecución de ambas por la revolución nacional-socialista alemana". Entre esto y lo que le dijo a Arthur Koestler de que el movimiento nazi quizá se debía a la agresividad reprimida en nuestra civilización de la que fue tan consciente en la primera guerra mundial, nos podemos hacer una idea de su interpretación de la historia. Seguro que ya nadie lo volvía a tachar de pesimista por negar la supremacía de la cultura sobre los instintos. Los nazis dejaron un rastro de víctimas que antes habían confiado en la cultura que ya no se planteaban dónde querían ir, la única opción era ir a donde se pudiera ir. Todos eran ex: excatedráticos, exmúsicos, expersonas, hasta un niño de Milán bautizado "Stefan Zweig" cuyos padres le pedían ayuda a Stefan para emigrar a Inglaterra. De momento era una cruel diáspora y no el Holocausto que vendría y que no podían imaginar.

EL LEGADO DE SIGMUND FREUD

En el verano de 1938, Freud recibió una extraña visita en su casa londinense. Stefan llevó a un joven artista español del que decía que era el de más talento de la nueva generación para que conociera al maestro. Salvador Dalí había intentado ya ver a Freud tres veces en Viena, pero no coincidió nunca con él en la ciudad y se tuvo que conformar las tres veces con ver *El arte de la pintura* de Vermeer de la colección Cernina. Por cierto, que el cuadro, la obra de mayor tamaño de las 37 que se atribuyen a Vermeer, es considerada la más importante del artista y fue adquirida por el propio Hitler previa coacción a los dueños. En 1945 apareció en una mina de sal y está expuesta en el Museo de Historia del Arte de Viena. Dalí pintó un retrato de Freud que Stefan nunca le mostró porque la muerte ya se asomaba en él y no paraba de insistir en que el maestro leyera su tesis sobre la paranoia. Pero Freud solo estaba interesado en la obra de Dalí y en el propio Dalí. La insistencia de Dalí fue tan vehemente que llegó a dar un puñetazo en la mesa, detalle que omitió Stefan en su crónica, y que hizo que Freud dijera que Dalí era el ejemplo de un español fanático. Stefan vuelve a omitir lo que le incomoda y en esto difiere totalmente del método freudiano de no ocultar nada. Menos mal que Dalí sí que lo contó ante las cámaras.

Los meses pasaron y a Freud le cansaba hablar con la prótesis enorme que tenía que llevar en la boca y eso hacía difícil para él articular. No obstante dejó una grabación en inglés para la BBC que se puede escuchar en Internet. Aunque no le llegó el Nobel por el que hacía campaña todos los años Arnold Zweig, sí le llegó el reconocimiento de la Royal Society que le hizo firmar su libro de oro junto a Darwin y Newton. Eso le hizo feliz.

Figura 49. Sigmund Freud fotografiado por Max Halberstadt (circa 1921. Dominio público. commons.wikimedia.org).

Freud murió el 26 de septiembre de 1939, tres semanas después del inicio de la guerra. La última carta que le había escrito Stefan era del 14 de septiembre. En ella se preguntaba cuándo podría volver a ver a Freud y se quejaba de que la valía literaria se esfuma ante una orden policial y de que así, casi arrestado en Bath y alejado de sus amigos, era incapaz de escribir. La carta termina con un alegato por la vida que le surge a Stefan para animar a alguien que está en las últimas. Dice así en la traducción de Rosa S. Carbó: "Tenemos que permanecer firmes (no tendría sentido morirse sin haber visto antes el descenso de los criminales al infierno)".

En el funeral habló Ernest Jones, el biógrafo oficial de Freud, en representación de los psicoanalistas de todo el mundo, y Stefan con un discurso titulado: *Worte am Sarge Sigmund Freuds, Palabras ante el féretro de Sigmund Freud* que dice algo así:

> Permítanme, ante este glorioso féretro, unas palabras de agradecimiento en nombre de sus amigos vieneses, austríacos y de todo el mundo, en la lengua que Sigmund Freud ha enriquecido y ennoblecido en forma tan grandiosa con su obra. Sobre todo, debemos ser conscientes de que los que aquí estamos reunidos por un duelo común, vivimos un momento histórico que el destino no nos concederá una segunda vez. Recordemos que con otros mortales, con casi todos, en el breve minuto en que el cuerpo se enfría, su existencia, su presencia entre nosotros, termina para siempre. En cambio, para este ante cuyo féretro nos encontramos, para este ser único de nuestra desconsolada época, la muerte solo es un fenómeno fugaz y casi sin importancia. En este caso, su marcha no es un final, no es una conclusión dura, sino simplemente una transición suave de la mortalidad a la inmortalidad. Frente a lo físicamente efímero, que hoy estamos perdiendo dolorosamente, se salva lo imperecedero de su obra, de su esencia. Los que aquí seguimos respirando y viviendo y hablando y escuchando, todos, no estamos vivos en sentido espiritual ni una milésima parte siquiera de como lo está este gran muerto, en su estrecho ataúd terrenal.
>
> No es necesario que ensalce la vida de Sigmund Freud ante ustedes. Todos conocen su obra, ¿quién no? ¿A quién en nuestra generación no le ha transformado internamente? Su obra vive, maravilloso descubrimiento del alma humana, como una leyenda imperecedera en todos los idiomas, y esto lo digo en el sentido más

literal, porque ¿existe acaso una lengua que no echara de menos los conceptos y términos que arrancó del crepúsculo del subconsciente? Las costumbres, la educación, la filosofía, la poesía, la psicología y todas y cada una de las formas de creación intelectual y artística y de comprensión del psiquismo, han sido enriquecidas por él como por ningún otro durante dos o tres generaciones. Incluso aquellos que no conocen su obra o que se niegan a reconocer sus hallazgos, incluso los que nunca oyeron su nombre, están inconscientemente en deuda con él y sujetos a su voluntad espiritual. Cada uno de nosotros, personas del siglo XX, sería diferente, sería otro sin él en su pensamiento y comprensión, cada uno de nosotros pensaría, juzgaría, sentiría de un modo más constreñido, menos libre, más injusto, menos consciente del futuro, sin el poderoso impulso que él nos dio. Y donde sea que intentemos penetrar en el laberinto del corazón humano, su luz espiritual nos acompañará en el camino. Todo lo que Sigmund Freud concibió y predijo como descubridor y como guía, también estará con nosotros en el futuro; una sola cosa, un solo ser nos abandonó: el hombre mismo, el amigo valioso e irreemplazable. Creo que todos nosotros sin distinción, por diferentes que seamos, nada hemos anhelado más vivamente en nuestra juventud que ver vivir en carne y sangre lo que Schopenhauer llama la forma suprema de la existencia: una existencia moral, una vida heroica. Todos hemos soñado cuando éramos niños con encontrarnos alguna vez a ese héroe tan espiritual, con el que pudiéramos formarnos y mejorar, un hombre indiferente a las seducciones de la fama y la vanidad, un hombre de alma plena y responsable, entregado únicamente a su tarea, una tarea que no se sirve a sí misma sino a toda la humanidad. La vida inolvidable de este muerto llenó aquel sueño entusiasta de nuestra infancia, y también los supuestos cada vez más estrictos de nuestra madurez, y con ello nos dio una felicidad espiritual sin precedentes. Aquí estaba finalmente, en un tiempo vano y olvidadizo: el inquebrantable, el auténtico buscador de la verdad, para quien nada en este mundo era tan importante como lo absoluto, lo permanentemente válido. Aquí estaba finalmente ante nuestros ojos, ante nuestro respetuoso corazón, el más noble, el investigador más perfecto en su eterno desacuerdo: por un lado, prudente, cuidadoso, reflexivo, poniendo todo en duda siete veces hasta estar seguro de una idea; pero luego, una vez conquistada una convicción, la podría defender contra la oposición del mundo entero. Una vez más y gracias a él, hemos descubierto de manera ejemplar que no hay valor más glorioso sobre la Tierra que el hombre libre, independiente y espiritual; para nosotros será inolvidable su coraje a la hora de desvelar conocimientos que otros no descubrieron porque no se atrevieron a encontrarlos o, a veces, a expresarlos y confesarlos. Pero él se atrevió y se atrevió, una y otra vez, solo contra todos, siguió atreviéndose y pisando donde nadie había pisado hasta el último día de su vida. ¡Qué ejemplo nos dio con su valentía espiritual en la eterna lucha de la humanidad por el conocimiento!

Pero nosotros, que lo conocíamos, sabemos también qué conmovedora modestia personal acompañaba a su coraje para lo absoluto, y cómo este ser admirablemente fuerte de alma era al mismo tiempo el más comprensivo para todas las fragilidades mentales. Estas dos voces profundas, la severidad de su espíritu y la generosidad de su corazón, al final de su vida dieron como resultado la armonía más perfecta que se pueda alcanzar dentro del mundo espiritual: una sabiduría pura, clara y otoñal. Aquellos que la experimentamos en estos últimos años fuimos consolados por horas de conversación íntima sobre el sinsentido y la locura de nuestro mundo y, a menudo, durante esas horas, deseamos que también les fueran concedidas a los jóvenes, para que ellos, cuando ya no podamos dar testimonio de la grandeza del alma de este hombre, puedan decir con orgullo: “He visto a un verdadero sabio, he conocido a Sigmund Freud”.

Este puede ser nuestro consuelo en esta hora: él ha concluido su obra y ha completado su vida en plenitud. Él es el maestro que domina al enemigo primitivo de la vida, al dolor físico, mediante la firmeza de su mente, la resistencia de su alma, es maestro también en la lucha contra su propio sufrimiento, como lo fue durante toda la vida en la lucha contra el sufrimiento ajeno, ejemplar por eso como médico, como filósofo, como conocedor de sí mismo hasta el último momento amargo. Gracias por este ejemplo mi amado y venerado amigo, y gracias por tu gran vida creativa, gracias por cada uno de tus actos y tus obras, gracias por lo que has sido y por lo que pusiste de ti en nuestras almas, gracias por los mundos que nos abriste y por los que ahora caminamos solos, sin guía, siempre fieles a ti, recordándote siempre con respeto, tú, el amigo más apreciado, tú, el maestro más amado, Sigmund Freud.

Stefan Zweig

Las cenizas de Sigmund Freud descansan junto a las de su mujer en una impresionante urna griega que le regaló Marie Bonaparte en el crematorio londinense de Golders Green.

EL MISTERIO DE LA CREACIÓN ARTÍSTICA II

En ese otoño Stefan escribió en su diario tal como recoge Prochnik en *El exilio imposible*: "Siempre el mismo defecto en la humanidad, ¡una completa falta de imaginación!" Pero con Freud se había recorrido el camino contrario, una dosis completa de realidad, de verdad, que es lo único que permite crecer e imaginar otros mundos. La búsqueda es la que hace que los libros o las vidas merezcan la pena, como el libro *La mujer temblorosa* de Siri Hustvedt o la vida de Marie Bonaparte.

El misterio de la creación artística es otro de los proyectos inacabados de Stefan, aunque parezca que sí lo terminó. La conferencia que pronunció en 1936 solo es un prólogo y toda su obra, el borrador. Él siempre buscó a esa persona que casi mágicamente alcanzó la inmortalidad forzando los límites terrenales. Stefan sentía adoración por los grandes creadores y calificaba de acto sobrenatural al arte. Como ya dije, Poe y Stefan se quejan de los pocos testimonios autobiográficos de la creación artística, sobre cómo se hace Prometeo, aunque todos podamos ver su fuego. Todos sabemos que Arquímedes dibujaba en la arena de Siracusa cuando irrumpe el soldado romano al que increpa para que no altere sus círculos, pero nadie sabe lo que sentía el sabio siciliano. Porque El Dorado es fascinante, pero al final, los que sí lo son de verdad son sus buscadores. Poe y Stefan indagaron ahí, y por eso son tan interesantes, porque abordan la que podríamos llamar "paradoja del artista": el artista no puede observarse a sí mismo mientras crea; o tenemos su obra o su testimonio. Vamos, que su obra es su autobiografía y que se fastidien los investigadores cuantitativos. Así, Marie Bonaparte publicó en 1933 *La vida y obras de Edgar Allan Poe*, con prólogo de Sigmund Freud que también fue, además del analista que le ayudó a curar su frigidez, su mentor en el camino del psicoanálisis y su supervisor. A Stefan le gustó el libro y le escribió a Marie Bonaparte para contárselo y para decirle que después de leerlo entendía que el desastre de Poe no era solo una desgracia como les gustaba decir en los Estados Unidos, muy pragmáticos ellos en el arte de contar cartuchos pero no en el de saber por qué se dispararon. A Stefan no se le escapó que según testimonio de Poe, él compuso *El cuervo* sin inspiración, de forma meditada y a continuación reconoce que se ha exagerado con lo de la inspiración, que los artistas son humanos, que van y vienen del consciente al inconsciente, de lo sublime a lo vulgar, de la inspiración al trabajo, del deleite al tormento.

La fascinación de Marie por el autor norteamericano le llevó a descubrir que compartía con Poe la pérdida muy temprana de la madre, algo que relacionó con que los personajes femeninos del escritor fueran tan espectrales, como si temiera el retorno de la madre muerta. El extenso estudio de Marie permite entender por qué Poe acaba hundido en el alcohol y la locura al no poder agarrarse a la literatura para huir de las aguas inmóviles que tanto lo obsesionaban.

El primer paciente de Marie, Valerio Jahier, periodista italiano que llevaba años exiliado en Francia por no querer vivir en territorio fascista, se suicidó en 1939 aparentemente por los mismos motivos que Stefan según cuenta Rémy Amouroux en su artículo del International Journal of Psychoanalysis: agotado por las guerras, por la depresión y por no poder volver al mundo de ayer. En este caso tampoco la literatura o el cine sirvieron, que era de lo que escribía Jahier.

Freud, cuando en 1895 nació su hija pequeña, Anna, optó por la abstinencia sexual ya que veía a Martha agotada por sus seis hijos. Este fue el camino directo para acabar en brazos de la sublimación. La pasión de Freud era su trabajo y a él se entregó casi con la pasión de un Balzac, pero sin ignorar un hecho fundamental que Roudinesco cuenta así: "los escritores y los poetas accedían al inconsciente –en especial al propio– más profundamente que los especialistas del alma. Por eso las obras literarias debían servir de modelos, no solo para la escritura de los casos clínicos, sino para el mismo método psicoanalítico en cuanto exploración científica de la subjetividad". Esta cercanía entre literatura y psicoanálisis, entre arte y psicología, no solo fascinó a Freud, a Marie Bonaparte y a Stefan, sino que a nosotros nos pasa lo mismo y en nuestros predecesores buscamos la luz que no es fácil de retener y que se apaga con facilidad. Si ahora tuviera a Stefan delante le diría que por qué ese afán de no llamarse a sí mismo artista. Entiendo su modestia y su búsqueda sincera en los que él creía más brillantes que él, pero ¿por qué no deberíamos llamar artista al que busca toda su vida y nos da unas cuantas obras maravillosas aunque sean mainstream?

Como también diría Lola López Mondéjar, este ritual de coleccionar los rastros más o menos evidentes de las personas que admiraba Stefan o que admiramos nosotros es una búsqueda genealógica destinada a fortalecer nuestra estructura, lo que ella llama la "función autor". Lola dice en la revista del Centro Psicoanalítico de Madrid en su texto, *Una maldición que salva: La función Autor*: "Un sujeto que para sobrevivir ha elegido la producción artística, ha buscado el modo de convertirse en alguien distinto a quien era por nacimiento, demasiado marcado por la huella de lo traumático. Un sujeto que insiste en ser un autor".

El sostenimiento que consiguió gracias a la creación, le dio a Stefan un nombre y después un renombre. Pero esa identidad no alcanzó una solidez suficiente que lo sostuviera durante la guerra. Regresando a mi charla con Roberto Longhi, él tiene claro que en el caso de Stefan estamos ante un cuadro melancólico en los términos que habla Massimo Recalcati en su obra *Melancolía y creación en Vincent Van Gogh*. En esta obra, el autor insiste en prestar atención a la vida del artista en contra del psicoanálisis clásico. Recalcati dice del arte que "ya no puede ser considerado como el efecto de la vida y la enfermedad de su autor, según un nexo determinista que anula la autonomía de la obra, sino el lugar donde se manifiesta el inconsciente como un corte en curso, como lo que resiste a la significación, como barra que separa el significante del significado produciendo un efecto enigma". Para terminar de no aclarar las cosas, añade: "la biografía no explica la obra, pero encuentra en la obra su última escritura". Roberto me dice que no es que Stefan sufriera exactamente como Vincent el problema de un hermano al que haya venido a reemplazar, un Vincent idealizado que nació muerto y que por lo tanto nunca defraudó, sino algo parecido, porque por el motivo que fuera, quedó también fuera del espectro del ideal. Durante toda su vida, Stefan busca un regreso casi a la vida intrauterina, un regreso que es imposible. Da la sensación de que fue un niño no suficientemente deseado que se narcisizó por su genialidad como autor, pero lo que consiguió nunca fue suficiente a pesar de la compulsividad de su extensa producción. Volviendo a citar a Lola, ella dice que el creador "fue un niño amado e investido, con un poderoso Yo ideal, hijo de un narcisismo primario rico en producción imaginaria. Pero en un momento determinado, este niño es abandonado repentinamente por la figura de cuidado, perdiendo tanto el reconocimiento como el sentido (pues no puede comprender lo que sucede), trauma del que se defenderá mediante una disociación funcional: de una parte, el niño abandonado, desamparado, que ha perdido el sentido y el reconocimiento del adulto que le cuidaba, el más significativo para él; de la otra el niño omnipotente del Yo ideal. Este niño omnipotente se convertirá en un cuidador del niño desamparado, aminorando la sensación de vacío, futilidad y muerte que la pérdida ha producido en él". Esto es válido para Stefan y para Bojack Horseman. Si no te quiso tu madre es difícil que puedas sentirte querido alguna vez. Pero todo podía ser peor, como en el caso de su admirado Kleist que era más bizarro, más psicotoide. Stefan busca una vuelta, una fusión de regreso hasta un lugar en el que nunca estuvo del todo. Roberto piensa en el texto *El niño mal recibido y la pulsión de muerte* de Ferenczi, en el que se dice que los niños no amados "captaron perfectamente los signos conscientes e inconscientes de aversión o de impaciencia de la madre, y que su voluntad de vivir quedó destrozada". Roberto continúa diciendo que Stefan debió quedar excluido del triángulo de sus padres y su hermano mayor. El padre debió elegir como heredero para soportar su ideal al hijo mayor, lo que le dejó a Stefan el vacío de su madre sorda y distante que lo culpaba de su sordera sobrevenida con su nacimiento. Nos queda así para Stefan casi el retrato de "la madre muerta" de André Green y, por tanto, la necesidad de construir él solo una identidad, de autor en este caso. Lo que pasa es que él no tiene un lugar de identidad en el mundo real, solo tiene una de identidad creada por él. Pensando en esta línea, Stefan no se suicidaría por el nazismo y su apocalipsis, sino porque pierde sentido su identidad como autor. El mal va a destruir todo su mundo de referencia, su mundo de autor. Es como si Stefan hubiera construido una especie de Matrix que lo ha sostenido, en la que a falta de amor materno utiliza la prótesis de la lengua materna, pero en la guerra se derrumba. El drama para él sería perder la lengua materna por culpa de los nazis que además, durante los últimos años, la fueron pervirtiendo y simplificando hasta convertirla en una jerga propagandística, una especie de neolengua estilo *1984*, tal como analizaría Victor Klemperer.

Para rematar la jugada, Stefan se une de segundas a esta mujer también de apariencia melancólica, que tiene enfermedades somáticas como el asma, y que con 33 años parece una mujer mayor. Stefan la invita no a una huida, sino al regreso a un mundo fusional en el que la muerte acabará constituyéndose como lugar regresivo y placentero. La foto de la pareja muerta hablará de una muerte pacífica con los cónyuges que están juntos y se dan las manos. Cada vez que veo la foto, lo primero que pienso es que no me creo una imagen tan ideal.

Si Stefan se hubiera analizado con Freud, podría haber escrito la historia de su análisis, como hicieron otros, pero la autoridad de Freud era mucha autoridad. Stefan no querría exponer su pequeñez a semejante figura idealizada. A Stefan le habría venido bien un terapeuta winicottiano, una figura continente que le permitiera hacer una regresión en la terapia sin miedo a quedar aplastado, donde pudiera crear una identidad más allá de la identidad de autor. ¿Y si Freud era realmente un terapeuta winicottiano? García Márquez escribía para que le quisieran, para obtener un suministro narcisista que sostuviera una personalidad deficitaria, en cambio, Beckett escribía para llegar al silencio. Supongo que la definición de la cura en un escritor es no necesitar escribir. En *La lucha contra el demonio*, Stefan detecta que Schiller y Goethe pueden ir hasta la luz, traerla y, aparentemente, no quemarse. Los demás, incluido Stefan, no pueden regresar sin daños. Tras nuestro diálogo, Roberto y yo acordamos que Stefan disimulaba su falta con un self neurotizado que es un ejemplo perfecto de la función autor. Y esta función es la que se quiebra en Brasil. Stefan ya no quiere volver a empezar de nuevo, aunque intuye que los nazis también van a desaparecer. Él no tiene mucha esperanza en el ser humano y prevé una especie de eterno retorno, insoportable cuando uno está deprimido. Su visión melancólica de la realidad se adueña de él que vuelve a estar en la tierra de nadie de su infancia. Brasil podía ser una gran nación, él lo vio, pero también intuyó las dictaduras, el liberalismo y los populismos. El liberalismo que parece la mejor opción no es una doctrina política, es un robot de fabricar dinero, es una psicosis perversa y masiva, una acumulación absurda de bienes y una negación de la vida, de las relaciones, de las necesidades afectivas del ser humano.

Y ya, puestos a preguntar, ¿por qué he elegido yo a Stefan? Creo que se parece a mí o yo me parezco a él. No es casual. Roberto Longhi me cuenta que eligió esta profesión al ser un hijo único que se aburría y jugaba solo. Él, con ocho años, observaba a un anciano que pasaba las tardes sentado y pensaba: "Yo cuando sea mayor quiero tener la mirada de este anciano". El viejo, vestido de siciliano, salía lentamente y se sentaba en una silla de tijera frente a la puerta de su casa. El niño que era Roberto dejaba de jugar a la pelota contra la pared y lo observaba. El hombre sacaba un reloj del bolsillo y decía: "Ciao, Robi", y el niño lo miraba y no hacía nada. Ahora Roberto, en su consulta, cerca de su butaca, tiene tres relojes, uno de ellos se lo regaló su viejo, aunque Cortázar no estaría de acuerdo, y a él llega todas las mañanas, para darle cuerda.

No, no podemos explicar todo, pero por algo elegí yo a Stefan. El joven Stefan era un hombre dispuesto, trabajador, con la presión de satisfacer a sus padres que no lo querían como él quería. Nuestro padre y nuestra madre son deficitarios, se equivocan, nos hacen daño sin querer y la vida es dura. Todos, si tenemos suerte, queremos conquistar el mundo para nuestros padres, pero no es posible y tras el batacazo, cada cual tenemos que construir nuestra propia historia y nuestra propia familia. Stefan construyó la suya en una biblioteca, como yo. Las bibliotecas están llenas de líneas subversivas que te despistan de tu destino. Yo iba para ingeniero, el ingeniero que mi padre no pudo ser, pero lo cambié. Los que desafiamos nuestro destino, me termina diciendo Roberto, como quien consuela a un amigo, somos los raros y tenemos más elementos de sufrimiento en nuestra historia. Eso nos da un plus de resiliencia, una identidad propia más sólida, una mayor capacidad de empatía creada a la contra de un padre que nos vende su método, su competitividad, y una madre de la que siempre hay que escapar. Anda que no hemos aprendido de esas dos peleas.

Mientras seguimos intentando escapar, vemos cada vez con más claridad a los que están atrapados bajo la tiranía del logro narcisista, del peso del ideal. Todos esos que manejan el mundo impulsados por un oscuro impulso de logro que casa tan bien con el capitalismo. Stefan, a veces me parece muy atrapado ahí, en la necesidad de construirse una estatua demasiado grande que nunca es suficiente. Y también en lo consciente que era de que no podía ser así cuando dijo en una entrevista de 1938 que recoge Prochnik: "No me gustan los vencedores, los triunfantes, sino más bien los derrotados, y creo que es tarea del artista pintar a esos personajes que se resistieron a las tendencias de su época y que cayeron víctimas de sus convicciones".

CASTELLIO CONTRA EL MAL

Stefan tuvo como referencia en sus últimos años a Castellio, aquel hombre al que admiraba, que era como su hermano y que también había muerto perseguido cuatrocientos años antes, pero sin elegir el suicidio.

Sebastián Castellio es el teólogo que se enfrentó a Calvino y al que Stefan le dedicó una obra apasionante: *Castellio contra Calvino. Conciencia contra violencia* publicada en 1936. El siglo XVI era una época en la que los hombres vivían mucho menos y su vida se parecía más a una lucha por la supervivencia en la que suponemos que no había mucho espacio para pensar en el suicidio. Además, los suicidas eran desterrados del cementerio y se solía perseguir a su familia, por lo que la única verdad es que no sabemos cuánto se suicidaban las personas.

¿Quién ganó en la pelea épica entre Castellio y el todopoderoso Calvino? ¿El asceta iluminado que comía una vez al día y marcó la historia de la cristiandad radical? ¿O el teólogo humano que resumía todo su enfrentamiento con Calvino en que matar a un hombre no es defender una doctrina, sino matar a un hombre? Viendo el mundo y los libros de historia, parece que ganó Calvino: no solo murió antes Castellio, sino que la rígida doctrina calvinista se introdujo en nuestras vidas, cargó las armas de los padres fundadores de los Estados Unidos, y desde allí se propagó como una pandemia.

Stefan, como Castellio, también perdió. Perdió la lucha de la conciencia contra la violencia. Los nazis lo llevaron a un destierro en el otro extremo del mundo y allí se mató. Al poco, los nazis también perderían. La lucha no para. Saber quién gana es solo saber quién gana la penúltima batalla. Mañana habrá otra y siempre será la misma. La que Castellio definió como la del mosquito contra el elefante. Al principio mueren muchos mosquitos rebeldes y se olvidan porque pertenecen al bando de los vencidos. Y un buen día, cuando los mosquitos son millones, el elefante cae y los mosquitos se transforman en elefante y vuelta a empezar. Calvino y Castellio formaron parte de todo este ciclo y todo esto es mucho más sangrante porque Calvino fue primero un mosquito perseguido por la Inquisición y luego elefante.

Pero todo lo que pasó con Calvino en Ginebra no se podría explicar si no habláramos primero de Farel. Erasmo, el otro alter ego de Stefan, decía de Farel que no había conocido hombre más arrogante y eso explica muchas de las cosas que hizo. Además, era un estratega. Para conquistar el poder en Ginebra utilizó varias tácticas nazis como crear una guardia personal de asalto integrada por los jóvenes que no tenían oficio ni beneficio. Así pudo atemorizar a los católicos y finalmente boicotear sus oficios religiosos y entrar en los monasterios para destruir las imágenes de santos. Farel, con sus malas artes, se hizo con el poder en una sociedad de ovejas que a pesar de todo no estaban conformes con ser gobernadas desde Roma. Entonces, cuando Farel se hizo con la ciudad, se dio cuenta de que necesitaba a alguien que pudiera liderar el proyecto y encontró a Calvino, que estaba de paso en su huida. Ahí comenzó una asociación que duraría hasta el final.

Pocos meses después de aquel encuentro, Calvino terminó su obra magna, *Institutio religionis Christianae*, uno de los libros más influyentes de la historia, y tal vez por eso, solo pasó otro año más cuando el domingo 21 de mayo de 1536 los ciudadanos de Ginebra se reunieron en la plaza pública para jurar vivir "según el evangelio y la palabra de Dios". Por un lado se independizaron y por otro solo cambiaron de señor. Calvino rápidamente convirtió aquella república gobernada por el pueblo y su amor a Dios en una dictadura regida por una mente obsesiva y atormentada, la suya. Por favor, dejemos de pedir que un individuo nos lidere.

La aclamación en la plaza pública de la nueva forma de vida se convierte en una obligación. Los ciudadanos tienen que pasar por la catedral y jurar la nueva fe. Si no, son expulsados de la ciudad. La libertad del cristiano de la que habla Lutero desaparece. Pero aún quedan rebeldes, calles enteras se niegan a jurar, se rebelan y al final el exiliado es Calvino. Dentro de los mandamientos de la Ilustración, si los hubiera, debería estar el de no dar crédito a los radicales que viven en el todo o nada, pero la Ilustración ni siquiera existía entonces. El primer asalto al poder de Calvino fracasa, como le pasó Hitler con el Putsch de Múnich. Para Calvino, el destierro; o en el caso de Hitler, el encarcelamiento, solo sirvió para preparar una vuelta más virulenta cuando el pueblo se sintió huérfano, cuando sintió miedo y ya aceptó todas sus condiciones.

Calvino regresó triunfante a Ginebra con su plan de hacer un "Reino de Dios en la Tierra" en el que no tuviera lugar el pecado. Veinticinco años gobernó desde el despotismo más severo. La reforma que empezó como un movimiento de libertad religiosa acabó en Ginebra como una teocracia tan dura que solo ha sido igualada por las teocracias del siglo XXI. Calvino sabía lo que era bueno y eso era lo que había que hacer, siguiendo, evidentemente, los mandamientos de Dios, de quien se convirtió en su enviado reprimido y vestido de negro, y su único portavoz autorizado.

La férrea disciplina que Calvino se aplicaba a sí mismo y que hacía mella en su salud se hizo dueña de Ginebra. Se eliminó la Navidad y las fiestas de los santos. Nada de festejar, solo temer. El hombre dejó de ser una creación divina y pasó a ser únicamente pecador. Todos debían cumplir los preceptos y también debían hacerlos cumplir. Todos eran agentes de Calvino, todos tenían la obligación de vigilar y denunciar. Los inquisidores católicos solo eran unos principiantes. La policía de la moral entraba en las casas y contaba los zapatos, buscaba las golosinas que estaban prohibidas, comprobaba que se servía el plato único obligatorio, se aseguraba de que nadie se divirtiera. La policía del pensamiento de Orwell es algo muy poco radical en comparación con esto. El asceta, para serlo, se aparta del mundo, pero Calvino no. Él es un asceta amargado que prohíbe la felicidad, porque él no puede ser feliz de ningún modo. No se lo perdonaría. Y así instaura una vía final común a todas las dictaduras: el terror. Si te ríes en un bautizo, a la cárcel, si te duermes durante el sermón, si tomas vino, si bailas, si desayunas empanada, si juegas a los bolos, si alabas la traducción de la Biblia que ha hecho Castellio, a la cárcel. La pena de muerte es frecuente y los acusados por cualquier crimen prefieren suicidarse antes de ser torturados para que confiesen. Por eso esposan a los acusados día y noche. Muchos huyen de la ciudad que lleva años de luto.

En un momento dado aparece Castellio en la vida de Calvino y ya nunca desaparece. Según los humanistas y teólogos de entonces, Castellio es el hombre más sabio de aquel tiempo y eso Calvino nunca se lo perdona. El joven Castellio, huido de la inquisición católica, autora de las mismas atrocidades que Calvino implantó en Ginebra de forma sistemática, empieza por todo lo alto en el feudo de Calvino, que lo nombra profesor de la escuela reformada. Castellio tradujo al latín los episodios más importantes de la Biblia y fueron un gran éxito. Pero Castellio tiene otra ambición que choca con Calvino: quiere hacer una traducción nueva de la Biblia, primero al latín y luego al francés. Además, Castellio es un hombre modesto que advierte a su lector de que no confíe demasiado en su traducción porque la Biblia es un libro oscuro y lleno de contradicciones y que la suya es solo una de las interpretaciones posibles. Calvino no puede soportar que nadie le haga sombra y le hace la vida imposible. Impide su ascenso y al no poder mantener a su familia, debe emigrar pues no está dispuesto a renegar de su libertad de conciencia. Si huyó de la inquisición católica no fue para caer en las garras de Calvino. Voltaire escribirá de Calvino: "Se puede calcular por las vejaciones que sometió a Castellio, que era un sabio mucho más grande que él y al que su envidia expulsó de Ginebra".

Castellio emigró a Basilea, pero durante años le costó ganarse la vida. Trabajó como corrector en una imprenta, como preceptor, como hortelano en su casa a las afueras de la ciudad, porque no había otra manera de alimentar a su mujer y a sus hijos. Tradujo miles de páginas del griego, del hebreo, del latín, del italiano, del alemán, sin abandonar el proyecto de su Biblia. Su contemporáneo Montaigne dice que es lamentable que un hombre de su valía haya tenido que batallar tanto tiempo con la miseria. Finalmente le ofrecen trabajo en la universidad.

Y entonces aparece en escena Miguel Servet, un maño cabezota que nunca comprendió el trabalenguas de la Santísima Trinidad tal como lo entendían las iglesias establecidas y que intentó expresar su opinión discordante incluso por escrito, tremenda osadía, ya que en la Biblia no apareciera el concepto. Servet acabó siendo declarado hereje por la iglesia católica y también por la iglesia reformada de Ginebra que lo encarceló en las peores condiciones imaginables y lo condenó a muerte. Según la crónica de un testigo presencial, el 27 de octubre de 1553, Miguel Servet fue escoltado por las calles de Ginebra por un escuadrón de arqueros hasta una pira en el alto de Champel. Caminaba renqueante, desarrapado, sin afeitar, comido por los piojos, con la mirada apagada, porque llevaba semanas consumiéndose en las mazmorras, maltratado con saña por Calvino. Lo ataron fuertemente al poste con una cuerda gruesa colocándole un ejemplar de su obra *Christianismi restitutio* en las manos y le pusieron una corona de paja rociada de azufre. La ejecución comenzó después de cantar un salmo, cuando el verdugo atizó el fuego en la cabeza y el rostro del reo arrancándole un grito que ya no pararía. Entre alaridos, el suplicio se prolongó porque la leña estaba verde. La muerte en la hoguera es la más cruel y solo se empleaba en casos en los que se quería dar un escarmiento; aun así, muchas veces se narcotizaba o se estrangulaba a los reos. Con Servet no tuvieron esa piedad. Algunos asistentes arrojaron leña seca a la hoguera para acelerar la agonía. No soy capaz de imaginar lo que supone ver morir así a un hombre durante media hora, dando gemidos espantosos, para finalmente expirar exclamando: '¡Oh Jesús mío, hijo del Dios eterno, ten compasión de mí!'. Miguel Servet Conesa quedó reducido a una masa negra, gelatinosa y humeante, abrazada por unas cadenas que llegaron a estar al rojo vivo. Es sobrecogedor que hasta el final mantuviera sus tesis, porque en el camino al calvario el propio Farel le ofreció salvar la vida si reconocía al menos que Jesucristo era eterno, pero se negó. Galileo se retractó, Servet no.

La influencia de Calvino es tal, que en una fecha tan cercana como 1903, con motivo del 350 aniversario de la ejecución, la ciudad de Ginebra erigió un monolito conmemorativo en el que la placa frontal, redactada por un erudito Calvinista de la Universidad de Montauban, condena de un modo bastante tangencial el asesinato de Servet, sin mencionarlo. De hecho, solo en la placa trasera del monumento, mucho menos visible, se puede leer que fue Servet el que murió en la hoguera, como si se hubiera caído accidentalmente en ella, como si fuera una mujer española de principios del siglo XXI que hubiera sido asesinada por su ex y hubiera "aparecido muerta" en los titulares de prensa.

Servet era un genio muy osado que incluso se atrevió a anotar de arriba abajo la obra de Calvino señalando todos los errores que encontró, que según él eran muchos, y a enviársela para que se enmendara. ¡A Calvino el infalible! Evidentemente, después de esto, Calvino, escribió a Farel diciéndole que si Servet aparecía por Ginebra no se podría permitir que abandonara la ciudad con vida. Y así sucedió. Los detalles de su historia son fascinantes, sus primeros años y su marcha de España, sus huidas de película, sus años de trabajo como médico, eso por no mencionar su descubrimiento de la circulación pulmonar de la sangre. Pero lo que más me interesa ahora es lo que ocurrió después de su martirio y que se resume en la reclamación por la libertad de conciencia de Castellio que recoge Stefan en su obra, como todas las citas que utilizo, en traducción de Berta Vias

Mahou: "Buscar y decir la verdad, tal y como se piensa, no puede ser nunca un delito. A nadie se le debe obligar a creer. La conciencia es libre". Castellio calificó la ejecución de Servet de asesinato, lo que le llevó a una lucha a muerte con Calvino en los años siguientes en la que escribió los argumentos más poderosos de la historia a favor de la libertad de conciencia. No es de extrañar que este caso interesara tanto a Stefan, que publicó su libro en 1936, cuando ya los judíos no podían publicar en la Alemania nazi.

Resulta curioso recordar que la libertad de conciencia es la demanda inicial del cristianismo cuando aparece en Roma. Pero pasaron poco más de cincuenta años desde que se permitió aquella nueva religión hasta que el cristianismo fue declarado religión exclusiva del imperio; desde el edicto de Milán, hasta el decreto de Teodosio del año 380. No obstante, en Francia, la persecución de la Inquisición se acabó en 1598 con el edicto de Nantes, en el que se estableció la libertad de culto aunque solo para los protestantes calvinistas. Podemos afirmar que Castellio, como principal impulsor de la respuesta ante el asesinato de Servet, fue el padre en la sombra de esa revolución que acabó con los tribunales de la Inquisición, aunque en España durarían hasta 1834.

Castellio tenía claro dónde estaba el punto clave: ¿se puede matar a alguien que piensa de modo distinto? Y quien dice matar, dice encarcelar, desterrar, vetar, despreciar o señalar. Calvino creía que sí, pero también creía que él era el dueño de la verdad y que los que no estaban totalmente de acuerdo con él eran herejes, y los que los defendían, también lo eran. Doctrina paranoide pura al estilo del régimen de Corea del Norte, de Stalin, de Hitler o de todas las dictaduras en general.

A veces convenimos que el mundo es para los osados, porque todos somos de natural un poco cobardes y preferimos no meternos en líos. Sebastián Castellio no era un guerrero, sino más bien un erudito, pero la vida puso a este hombre de letras ante una decisión ética de gran magnitud y no dudó. A veces uno toma conciencia de que es oveja negra y sabe que debe cumplir con su obligación de llevar la contraria para que la vida sea un lugar mejor, aunque las ovejas blancas acaben fusilándola, como relató don Augusto.

Así, Castellio maquina su defensa de la libertad de conciencia y escribe un libro, *De haereticis* que firma con pseudónimo y dice imprimir en Magdeburgo. A primera vista parece un sesudo repaso del tema de las herejías en el que se recogen las opiniones de todos los sabios de la cristiandad, pero de repente aparece Calvino diciendo: "Perseguir por las armas a los que son expulsados por la Iglesia y negarles los derechos humanos, es anticristiano". Poco importa que esto lo dijera en una de sus primeras ediciones, cuando él mismo acababa de huir como hereje de la iglesia católica. Lo dijo, y la clave está en que si cualquiera lo dijera en ese momento en Ginebra sería condenado por hereje. El libro no es otra cosa que una crítica implacable contra la dictadura teocrática de Calvino que viste de cristianos sus asesinatos y su crueldad. Castellio no se muerde la lengua. Si todo eso se lo atribuimos a Jesucristo, ¿Qué le dejamos a Satanás?

Castellio remata la faena cuando le resulta imposible encontrar en la Biblia una palabra que condene a los herejes porque, a fin de cuentas, como concluye: "llamamos herejes a los que no están de acuerdo con nuestra opinión". Tanta claridad era demasiada. Si toda esta información se hubiera convertido en octavillas que se hubieran podido lanzar desde un artefacto volador y hubiesen llegado a manos de la población de Ginebra, estos las habrían leído, y tal vez las cosas hubieran cambiado, pero serían necesarios muchos avances técnicos y culturales para llegar a ese punto. Al feudo de Calvino llega solo un primer ejemplar de *De haereticis* y Calvino no da crédito. Qué osadía ¿Cómo se atreverá a anteponer la conciencia y la humanidad a la autoridad? En Ginebra no cambia nada. Allí reina el miedo y De Beze, uno de sus secuaces, el que sucederá a Calvino, es el encargado de dar una respuesta. De Beze no solo escribe aquello que le hizo famoso de que la libertad de conciencia es una doctrina del diablo, sino que también se atreve a afirmar que mejor tener un tirano, aunque sea atroz que permitir que cualquiera pueda actuar a su modo y que a los herejes, no solo hay que matarlos, sino que hay que hacerlo de la manera más cruel posible. Toma esto, ponle la máxima eficiencia y tienes la maquinaria nazi que, eso sí, prefería quemar a puerta cerrada para poder seguir quemando hasta el final.

Castellio se encuentra ante el dilema ético de callar o abrir una tradición de defensa de los perseguidos por los regímenes dictatoriales que luego continuaría Zola con su *J'accuse...!* y mil pensadores, periodistas y personas de bien que arriesgarán sus vidas al no callar ante la injusticia. No tiene duda. Escribe *Contra libellum Calvini*, ignorando la supuesta autoria de De Beze. En la obra no discute si lo que opina Servet es o no verdad, va directo contra su jefe y empieza así: "Juan Calvino goza hoy de gran autoridad, y yo le desearía una aún mayor si le viera animado por un modo de pensar más apacible. Pero su último acto fue una ejecución sangrienta y una amenaza para muchos hombres piadosos". Y no se detiene. La tesis es sencilla y demoledora. Si un escritor escribe algo que contraríe al tirano de Ginebra, será quemado, por cierto, como debería hacer con aquel que escribió en su primera versión de la *Institutio* que eliminar a los herejes era un delito, porque mandar eliminarlos a hierro y fuego es negar todo principio de humanidad. Un tal Calvino fue quien, aunque luego eliminara la frase en versiones posteriores, nunca quedará libre de su autoría.

La censura detiene la obra casi un siglo, pero no consigue hacer que desaparezca. La estructura de poder represor contra la libertad del individuo, como siempre, vence y trae el mundo en el que vivimos. Los líderes no lideran nada, solo son los que cuentan las mentiras que tranquilizan a las masas. El distinto no es un loco ni un hereje, pero hacia él se apunta la rabia para poder seguir viviendo de forma arcaica, en la negación y en la proyección. Calvino no solo se cree el enviado de Dios, sino que también cree que la subversión se puede aniquilar, pero no. Castellio es uno de sus padres, uno más en una genealogía interminable, Kafka es el narrador y por fin aparece un terapeuta, Freud. Stefan, a pesar de buscar una salida, se deprime. Cuando la única defensa es la distancia, significa que la batalla es desigual. Stefan acabó en Brasil y no podía huir más lejos, pues el camino de Stevenson a las islas del Pacífico estaba cortado. Castellio no podía dejar Basilea que era una isla en medio de inquisidores de distintas iglesias irreconciliables.

Castellio termina su *Contra libellum Calvini* diciendo que Calvino lo ha acusado falsa y salvajemente y pidiendo a Dios que lo proteja de sus adversarios y que dé a Calvino la oportunidad de arrepentirse antes de su muerte. A pesar de las circunstancias, Castellio escribe con una bondad sideralmente superior a los oscuros manejos de Calvino. A partir de ahí el cerco se cierra sobre Castellio que, debilitado por una enfermedad cualquiera de las que entonces era mortal, no resiste y expira el 29 de diciembre de 1563. No encuentran en su casa ni una moneda de plata y sus amigos tienen que pagar su ataúd y sus deudas. De nada sirve que medio siglo después renazcan sus textos y en Holanda recopilen sus obras completas.

Figura 50. Obras completas de Stefan Zweig publicadas por Editorial Juventud en 1952 (fotografía del autor).

Con Stefan ocurrirá algo parecido. Sesenta años después de su muerte, tras un periodo de relativo olvido, empezarán a aparecer biografías, nuevas traducciones y hasta películas en todo el mundo y gente como yo buscará hasta encontrar ediciones suyas antiguas, como sus obras completas de Editorial Juventud en cuatro tomos que encontré en la Feria del libro antiguo de Madrid. Stefan, en tiempos de paz, era un defensor a ultranza de la libertad individual, una especie de heredero de Sebastián Castellio. Pero en tiempos de guerra, tan altos ideales quedan lejos y uno se debe conformar con demandar un mínimo respeto por los derechos humanos. Lo que me lleva a pensar que siempre estamos en guerra, pero no nos dispersemos. Bueno sí, dispersémonos. En esta línea voy a interrumpir mi trabajo porque me voy con un grupo de ciudadanos a una visita guiada por la ciudad en la que se recorren calles dedicadas a personajes golpistas o franquistas, como se prefiera, y se sustituirán por otros nombres que hemos propuesto entre todos.

La libertad de conciencia y su hermana gemela la libertad de expresión siguen amenazadas, aunque no queramos verlo, pero podemos hacer lo que hemos hecho por personajes como Castellio y como Stefan: hablar de ellos.

¿Y qué fue de Calvino? Porque en la figura de Calvino están todas las maravillas y perversiones de las que es capaz el ser humano, que no deja de ser pura contradicción. Porque al principio no era el fanático asesino que se creía iluminado por la gracia de Dios. Calvino era hijo de un hombre que fue expulsado de su ciudad por herejía y a su vez era hijo de un fabricante de barriles. No era un pobre, sino el hijo de una familia acomodada, lo que facilitó que su formación fuera completa. Incluso podríamos decir que su pasado lo predestinó, aunque no tanto como habría exigido él. No podemos olvidar que Calvino también fue uno de los padres de la modernidad al separase de la iglesia católica. Pues, al principio, su reforma abogaba por una religión de la igualdad, de la reunión de personas en la fe de Dios, para servir a Dios contra el culto al boato y las reliquias. Calvino desacralizó el mundo, separando a Dios de él, con lo que el mundo se vuelve lugar para la actividad económica, como bien nos contó Max Weber. El trabajo ya no es solo esfuerzo y castigo, sino responsabilidad personal, y la acumulación empieza a estar bien vista como señal del amor de Dios. Esto lo cambió todo sobre la Tierra, aunque los calvinistas, extremos seguidores de aquel trabajador incansable y obsesivo, siguieron esta afirmación de un modo demasiado literal. No podía ser de otro modo a la luz de la ubicua predestinación. Aquel líder que era Calvino decía entre otras cosas que a los pobres no hay que tratarlos con compasión, sino con justicia. Suena muy actual. Resulta curioso y casi increíble que la dictadura de Ginebra desembocara en la democracia actual. Calvino probablemente no daría crédito. Como detalle de su avanzada mente, incluso revocó el celibato casándose él mismo, aunque el suyo fuera un matrimonio triste por estricto hasta la temprana muerte de su mujer y de su hijo. Calvino creó esta iglesia nueva como humanista que dejaba atrás la Edad Media, pero después se convertiría en un radical intolerante que asesinaría a sus enemigos.

Con el paso de los siglos, cuanto más aumentaba la distancia con respecto a Calvino, más se suavizó su ascetismo radical. El mundo ya no era de Dios, también era de los hombres, pero debajo de nuestra realidad todavía se ve su enorme influencia, por ejemplo, en el sueño americano. Ahí está también el calvinismo: los seguidores de ambas doctrinas hermanas gustan de conducir vehículos ostentosos, incluso obscenamente ostentosos. Según los creyentes del sueño americano, el que lo hace bien en la vida y trabaja duro, se puede comprar ese coche, y lo debe hacer, consumir es la base de todo, como dijo George Bush después del 11-S: que no nos detengan, salgamos a consumir. Según los creyentes calvinistas, el tener ese coche es señal de que somos los elegidos por Dios. Y todo por su teoría de la doble predestinación, según la cual Dios no solo ha predestinado nuestra vida, sino también nuestra elección aunque, curiosamente, lo que Dios quiere para nosotros depende de nuestra fe. Esto da lugar a un determinismo maligno: si no tienes éxito en la vida es que Dios no te quiere, seguramente porque no tienes fe. Un perfecto ejemplo de profecía autocumplida. La providencia divina determinaría el kit completo de nuestro destino hasta la muerte, incluido el destino final: la gloria o la condenación eternas. Y ojo, no vale cruzarse de brazos diciendo que total, ya está todo predestinado, porque eso sería un signo externo de falta de fe. Vamos, algo enloquecedor.

Solo cinco meses después de Castellio, en 1564, muere Calvino tras una vida de enfermedades con un tufo psicosomático: dolores de todo tipo, hemorroides, enfriamientos, cálculos biliares, vómitos de sangre, etc., de las que llega a decir: "Mi salud es como una muerte incesante". Calvino deja escrito que ha tenido muchas debilidades que los demás han tenido que soportar, que todo lo que ha hecho no vale nada y que ha sido una criatura miserable aunque ha deseado el bien y sus errores siempre lo disgustaron. Leve disculpa para todo lo que hizo y que el bondadoso de Castellio dejó retratado así en su *De arte dubitandi* escrito en 1562: "La posteridad no podrá creer que, después de que ya se hubiera hecho la luz, hayamos tenido que vivir de nuevo en medio de tan densa oscuridad".

CONGRESO DE ANGUSTIA. EL FINAL DEL ANÁLISIS

No dejo de pensar que, para saber todos los detalles, me hubiera gustado que Stefan hubiera escrito una autobiografía descarnada, la cara oculta de *El mundo de ayer*. Sueño con esa obra escrita con un estilo directo y sin censura, pero no existe y no la puedo escribir yo.

Este libro es otra cosa y solo lo he podido escribir después de haber pasado yo mismo un proceso depresivo por desmoronamiento del ideal. Lo pasé mal, pero oye, realmente ahora siento que puedo tratar a mis pacientes depresivos. Ahora y solo ahora que yo he sufrido como ellos y quiero añadir también que nunca he estado mejor en mi vida. No me extraña que recualara cuando estaba con *Los escritores suicidas* y decidiera no incluir a Stefan con un capítulo propio en el libro. No estaba preparado.

Cuando hablo de depresión, es verdad que hablo del concepto en un sentido amplio. Depresión originalmente quería decir eso, depresión de las funciones vitales, de la energía. Stefan ya no tenía el empuje de antes. Fue a visitar a Bernanos a su retiro de Minas Gerais y se hizo amigo de Gabriela Mistral. Estos compañeros de profesión intentaron animarlo, pero no pudieron. Además, Malasia y Singapur habían caído en manos de los japoneses.

Todos odiamos envejecer. Es verdad que llegar a viejo significa que todavía no te has muerto, pero el problema es esa palabra, "todavía". Stefan tenía metida hasta los huesos la idea de que un hombre de 60 años es un viejo. En *La confusión de los sentimientos* el protagonista empieza contando su historia a esa edad y dice que es ya un "Alter Mann", un "anciano" según el traductor, aunque un "hombre mayor" sería mejor opción. El lema de la vida es sobrevivir antes de ser destruido. Virus, bacterias, tumores, amores. Vivir es demasiado peligroso. Aun así, Stefan podía haberse levantado y haber seguido a Hemingway en la distancia. Pero es que Hemingway era dieciocho años menor y aún le quedaba cuerda para acompañar al ejército americano hasta la reconquista de París. Allí anidaría en el Ritz para beberse los mejores vinos que habían salvado del capitán Ernst Jünger y sus secuaces. Por cierto que, en el Ritz, Hemingway se encontró con el joven Salinger. Al que tiene ganas de vivir se le reconoce porque vive. Esa guerra, como la anterior, destruyó muchas vidas y varias generaciones. Salinger tampoco sería afortunado. Llegaría al bosque de Hürtgen y saldría de él y también se volvería a encontrar allí con Hemingway y beberían champán en la tartera de aluminio de una cantimplora. De aquel bosque escribió Hemingway que allí era extremadamente difícil permanecer con vida, incluso si lo único que hacías era estar. No es extraño que el terror atravesara a Salinger, aunque saliera con vida: compañeros caídos en la peor batalla de la guerra, el campo de exterminio de Dachau con muertos vivientes que no necesitaban gritar que por qué habían tardado tanto, su intento de suicidio a base de alcohol, la necesidad de barbitúricos para dormir, el trastorno por estrés postraumático. "Me pasé la guerra metiéndome en agujeros. Y no salía hasta que las excavadoras empezaban a construirme un aeropuerto encima" relató Salinger en una carta. Como escriben sus biógrafos David Shields y Shane Salerno, la guerra destruyó al hombre, pero lo convirtió en un gran artista. Aun así, algún editor rechazó su novela que lleva vendidos más de sesenta millones de ejemplares.

Durante años pensé que ser escritor me iba a curar, pero no, lo que me curó fue dejar de querer serlo. Un día me desperté pensando que este libro no podría terminarlo nunca. Uno de los motivos es que su origen no parecía muy sólido. Empezar a escribir porque la gente te pregunta no parece suficiente, pero había un problema mayor y es que llevaba días leyendo *La Viena de Wittgenstein* de Janik y Toulmin y me había dispersado leyendo novelas ambientadas en la época y de paso empecé a leer sobre la filosofía de Kierkegaard y de Schopenhauer, eso por no hablar de los manuales y documentales de historia del siglo xx. Y para más inri era Semana Santa y habíamos decidido que íbamos de viaje a Japón ese verano y me dio por empezar a estudiar japonés.

Eso no tenía buena pinta, no podía acabar bien, sobre todo con la montaña de textos de Stefan que me faltaba aún por leer. Pero seguí tomando notas y de repente encontré un escritor que había vivido también en la Spiegelgasse de Zúrich y una frase de Sócrates que me llevó al libro de Grosz que habla de la pérdida. Y vi que sí, que avanzaba, que quizá no me convertiría en escritor, pero que escribía y sobre todo que disfrutaba, aunque no supiera exactamente hacía dónde iba.

Aquí creo que debo copiar el texto que le envié a mi analista al dar los dos por terminada mi terapia. Porque escribir sobre los problemas de los demás, diseccionarlos, buscar sus fracturas, es entretenido, pero también es insuficiente. ¿Quién no querría ir con Deleuze, si no hubiera sido filósofo, en su oficio de plañidera, acompañando el sufrimiento de los artistas?

No puedo pegar aquí la foto que incluía al principio de Einstein con su terapeuta porque no está libre de derechos, pero se encuentra fácilmente en Internet. El texto es el siguiente:

Congreso de angustia. El final del análisis

Antes de nada, quiero decir que me costó entender que la terapia es una herramienta básica para que cualquier persona pueda navegar por sus conflictos. Por eso la fotografía de Einstein con su terapeuta ahora me parece enternecedora, cuando en tiempos seguramente me parecería una rareza de genio.

En este texto voy a hablar de mi terapia y concretamente de su final. Cuando diga "análisis" me estoy refiriendo a la terapia que hice a lo largo de cuatro años y medio con Agustín Genovés (2013-2017). Fue una terapia en la que yo estaba tendido en un diván y seguía más o menos la regla fundamental. Es verdad que el último año Genovés se jubiló y se fue a Argentina y la terapia fue por Skype solo de voz y rara vez yo pude tumbarme para hacerla. Aunque Agustín puso reparos para llamarla "psicoanálisis" y prefiere llamarla "terapia psicoanalítica", yo generalmente la llamaré "análisis" para abreviar.

La idea de escribir este texto y enviárselo a Agustín se me ocurrió durante un "Congreso de angustia" al que acudí al final de la primavera de 2017. La mayoría de ponencias fueron muy interesantes y muchas de ellas hablaban de lo que yo identifiqué como el motivo de mi análisis: la angustia. Para entonces ya sabía que no había final posible para el análisis, pero la idea de darle un cierre de algún tipo con este texto se concretó cuando mi amiga Marta con la que fui al congreso me habló de que le había escrito a su analista al final de su terapia. Me encantan los ejercicios de escritura, qué le voy a hacer.

Cuando terminó el congreso me fui con Marta a La Caleta, una tasca o restaurante gaditano. No se quiso venir nadie más. Como le dije a ella, mi gente es gente normal, de esa que está siempre ocupada, no son de esos "intensitos" como yo, que siempre estamos dispuestos a hacer algo distinto o inesperado. Allí íbamos a asistir a la escena que se podría convalidar, hablando de finales, con la del fin de la paternidad, si es que eso existe. Todo había empezado por la mañana, cuando le mandé a mi hijo mayor una grabación en la que le decía que después del curso probablemente iría a comer a La Caleta y que, si le apetecía, le invitaba a él y a una amiga suya con la que me había dicho que quedaría. Él me respondió que no y que pensaban ir justo a ese sitio. Yo no entendí o no quise entender que eso era un "no vengas ni de coña", aunque lo intuí, pero preferí no darme por aludido. Me escudé todo el día en que yo había dicho primero lo de La Caleta, aunque ahora no veo que sea razón suficiente. Así que mi amiga y yo llegamos al sitio dispuestos a comer pescaíto frito. Creo que estábamos hablando del amor y de esa mentira según la cual uno piensa que quien te quiere no te va a hacer daño y no, quien te quiere también te puede hacer daño, el que más. Y justo ahí entró mi hijo. La cara que puso fue un poema. "Joder, padre", dijo. Discutimos levemente con la mirada y la entonación. Pero me gustó mucho ver a su amiga y después de hablar un poco con ellos en la mesa de al lado, cada cual nos pusimos a lo nuestro. Nosotros terminamos mucho antes y le pedí al camarero las dos cuentas.

Pagué todo y nos fuimos a tomar café a otro lado. Y ese es el fin de la paternidad. Entrar en un bar al que llevaste a tu hijo por primera vez hace años y que lo conozcan más a él que a ti como de hecho ocurrió. El camarero lo abrazó cuando lo vio. Y si ese no es el fin de la paternidad, es uno de ellos, porque al rato vino otro. Después del café, cuando mi amiga y yo nos separamos, me fui a la FNAC a comprarle un teléfono nuevo a mi padre. El suyo se le había roto y días atrás le había dejado uno viejo para que fuera tirando. La paternidad no se termina nunca, Todos vamos tirando.

El congreso sobre la angustia lo había organizado el grupo de psicoanálisis de la AEN y yo no dejé de pensar todo el rato en mi análisis y en el libro de Zweig, cosas que aparentemente no tienen mucho que ver, pero sí. En el congreso se habló, como no podía ser de otro modo, de la angustia. Esa que empezó por retratar Kierkegaard en su obra *El concepto de angustia* en 1844. Justo ahí yo llevaba un mes en el que todo me llevaba a Kierkegaard, que de algún modo es también padre de Freud. Acababa de leer el artículo del libro *Historia de la filosofía* de Störig que habla de Kierkegaard y en medio de una frase había exclamado: "¡Pero si este hombre está hablando del inconsciente cincuenta años antes que Freud!"

El congreso arrancó enmarcando todo esto de la angustia, que en general es la angustia también conocida como existencial. Como decía Kierkegaard, la angustia es el signo de la subjetividad de nuestro tiempo y para complicar más las cosas, también es el único afecto que no engaña, esto según Lacan. También quiero dejar clara una cosa, que aunque lleguemos al final oficial de mi análisis o mi terapia o como lo queramos llamar, no será porque yo haya entendido a Lacan. Parafraseando a Fernando Colina, que cerró el congreso, si lo has entendido, no es Lacan. Pero volvamos a la angustia si es que nos habíamos alejado de ella, que no. *El malestar de la cultura*, la angustia, es donde reside la verdad del sujeto y por eso nos resistimos a ella con toda suerte de subterfugios: fármacos, objetos, logros, ascensos, gimnasios, poder, dinero, etc. Pero la mayoría son formas de deshumanización que no sirven. Cuando yo acudí a terapia estaba, como dijo una vez mi terapeuta, roto. Supongo que era por haber tapado la angustia con los hijos, el trabajo, el buen sueldo y el relativo éxito social que suponía ser psiquiatra en el sistema. De tanto tapar, no es que la angustia pasara en ningún momento a ser la angustia psicótica con la que lidiaba en mi trabajo, eso no, pero dolía. Esa angustia es la que yo veía en mis pacientes. La falta y también la falta de la falta. Pero resulta que soy bastante empático y su angustia sin nombre se encarnaba en mí y yo sufría mucho. Me sentía entre el sistema represor que los rechazaba y ellos que tampoco tenían excesiva motivación o capacidad para cambiar. Eso creo que es lo que vio Roberto Longhi en un ejercicio que nos propuso en el que tumbados teníamos que cerrar los ojos y sentir. Yo sentí falta de aire, sentí que me ahogaba. Él interpretó que aquello era angustia psicótica y mis compañeros me preguntaron si estaba bien. Yo dije que sí, pero no, no estaba bien y entonces ni siquiera lo sabía. Esto fue mucho tiempo atrás, quizá en 2010.

Pero volvamos a Kierkegaard. El subtítulo de su libro sobre la angustia que publicó un año antes de morir es nada menos: "Un mero análisis psicológico en la dirección del problema dogmático del pecado original". En cuanto lo vi me entró la risa. Resulta que en primero de BUP, con 14 años, el profesor de religión, que era un cura rijoso, nos mandó hacer un trabajo acerca del pecado original. Fue divertido estar con mis compañeros en casa de una de ellas. Recuerdo perfectamente que estuvimos en su garaje y que, entre otras cosas, para entretenernos, fuimos a comprar folios en una papelería que ya cerró y que se llamaba "El Pilar". La verdad es que no hicimos nada aparte de reírnos y, como había que entregar el trabajo al día siguiente me lo llevé y lo escribí a mi aire. Acerca del pecado original argumenté algo así: que Dios no quería que el hombre pensara por sí mismo y por eso le echó del paraíso, no por comer la famosa manzana. Es curioso que haya tantas manzanas en la historia de nuestra cultura, pero esa es otra cuestión. El caso es que nos puso un cinco pelado en la nota y se metió mucho conmigo por haber escrito semejante herejía. Menos mal que en estos tiempos no se quema a la gente en España. Es probable también que yo estuviera mosqueado con la asignatura porque yo había elegido ética y mi madre había cambiado mi elección por su cuenta.

Toda la vida arrastrando la angustia de elegir y no encajar y por fin sé que la verdad es que no termino de encajar, que no pertenezco a la mayoría. Tampoco es tan malo ¿no? Pero, desde luego, así es. Y por eso, en cualquier esquina me espera la angustia, en más esquinas de las habituales. No es miedo, porque el miedo se le tiene a algo concreto, es angustia. ¿O no? En esto Lacan, mal que nos pese, puede que tenga razón cuando dice que la angustia no es sin objeto. El problema es encontrar el objeto.

Kierkegaard fue el primero que retrató la angustia del hombre contemporáneo, esa angustia de hombre escindido que no puede coincidir consigo mismo y desde entonces, el arte y la filosofía no hablan de otra cosa. La angustia es un grito, *El grito* de Munch. Lo incomunicable de la angustia es un grito y son también los heterónimos de Pessoa y de todos los demás artistas que no caben dentro de un solo nombre. Luego vienen Freud y los existencialistas con Sartre, Unamuno, Heidegger, Arendt, Lacan y todos nosotros. Todos estamos sin terminar, estamos en vías de realización y la señal de esa lucha subyacente es la angustia.

Así podemos volver a una tarde de octubre de 2012, cuando le pedí a Bea, mi pareja, que saliéramos a pasear hasta el polideportivo donde entrenaba nuestro hijo pequeño. Le dije que no podía más, que quería cambiar de vida, dejar atrás el trabajo seguro de la psiquiatría pública en la que yo no me encontraba bien. Ahora creo que también sentía que era un represor y eso no me gustaba, me aplastaba. En aquel momento yo ganaba mucha pasta, al menos para lo que estaba acostumbrado, trabajando de psiquiatra por las mañanas, de padre por las tardes y de traductor el resto del tiempo. Todo el día estaba ocupado, todos los días. Era como esos pacientes que me llegan ahora y no encontramos un momento en el que vernos por sus limitaciones de horario más que por las mías. Esto es diagnóstico. Mi pareja y yo acordamos que me diera un trimestre y que en enero tomara la decisión definitiva. En enero todo seguía igual, el tiempo no cura y no podía más. Pedí una excedencia. Los primeros días estuvieron bien, pero luego me hundí. Ahí se abrió una brecha y pudo empezar por fin mi terapia después de años rodeado de gente que "iba a análisis". No hay que olvidar que nada más dejar de trabajar hice el proyecto que me llevaba años rondando y que me dolía tanto postergar: entrevisté a mis abuelas y escribí dos breves biografías. No sé qué paso. Creo que estaba así de mal y la terapia destapó toda mi angustia. Pasé unos meses de insomnio, ansiedad, agobio irreal por el dinero y no me calmé hasta que decidí reincorporarme al trabajo fijo y seguro de la sanidad pública. Eso al menos me dio un verano de paz. Antes de volver, retomé mi libro *Los escritores suicidas* que terminé finalmente en el plazo de un año y medio.

Pero obedecer al miedo no solucionaba la angustia. Como la fobia que transforma la angustia en un miedo concreto no sirve para eliminarla y sí para confundirnos. La vida se rige por una especie de principio de incertidumbre de Heisenberg ampliado tal como lo describió Hannah Arendt: por un lado no podemos saber las consecuencias de nuestros actos y por otro, estos actos son irreversibles. Anda, sobrevive a eso. No se me ocurre una definición mejor de angustia.

Ahora entiendo por qué no podía leer el Babelia durante años, porque ahí había una comunicación directa con la angustia. Yo quería dedicar tiempo a leer, a escribir, a vivir y aun intuyéndolo o teniéndolo claro, miraba para otro lado. Si era hábil podía volver la espalda a lo que yo quería hacer, pero no siempre me podía escapar. Y entonces llegó noviembre de 2013 y empecé a trabajar de nuevo en la Sanidad Pública con su aplastante seguridad de que todos los días serían similares hasta la jubilación. El primer día ya me di cuenta de que me había equivocado. Es más fácil cuando el lugar al que llegas es una mierda. Tardé poco más de un año en volver a pedir una excedencia permanente y empezar a vivir más de acuerdo con mis deseos. Resultó que sí era posible.

Las ideas de Freud a veces suenan anticuadas, pero no es motivo para que fuera de los congresos de psicoanálisis la gente diga que Freud está obsoleto, y que, eso sí, es bueno como escritor. Vaya lugar común en el que cae hasta Javier Gomá. ¿Cómo no va a sonar anticuado, si su obra tiene más de cien años? Nadie puede negar que la pulsión exige satisfacción más allá de nuestras capacidades y que nuestro objetivo sería dominarla, sí, pero es insuficiente. Ni siquiera nos vale como explicación a lo que sentimos el concepto de "angustia señal" que sería el aviso de un peligro pulsional. Sí, sentimos la amenaza de la pulsión y ponemos en marcha la represión, ¿pero qué es peor? ¿Ser arrastrado por una o ser aplastado por la otra?

Freud es nuestro padre, pero entendemos mejor a sus herederos. "Angst", es angustia en alemán y se puede traducir también como: miedo, ansiedad, temor, terror, espanto, congoja, fobia, aprensión, opresión, zozobra. Heidegger, además de escribir *Ser y Tiempo*, estuvo ingresado en un psiquiátrico. ¿Por cuál de las acepciones de "Angst"? En aquellos meses que necesité tomar lorazepam, mi mujer y mis amigos se preocuparon y pensaron que quizá debía tomar antidepresivos. A punto estuve. Me resistí y al final mejoré. Kierkegaard decía que la locura es el instante de la decisión. Yo decidí seguir adelante, aunque tuviera mucho miedo. De todos modos sentía que no tenía elección. Y una cosa estaba clara: sabía lo que quería desde los 15 años y no era capaz de seguir escondiendo mis deseos.

El análisis siguió avanzando. Muy pronto entendí alguna cosa. No sabía que lo había dicho Heidegger, pero empecé a aceptar que somos radicalmente injustificables, que por muy guay que sea tu trabajo, tu novia o tu libro, no vas a llegar, nunca alcanzarás el final. También lo podemos llamar "duelo básico" o, como se dice en psicoanálisis, "castración". Eso sí que sería el fin del análisis, aceptar la castración, aceptar que no vamos a conseguirlo, aceptar que no vamos a poder con todo, aceptar la finitud, aceptar que nos vamos a morir. Como dijo Heidegger, ser para la muerte. Toda pérdida nos pone en contacto con el vacío, con la angustia, nos pone frente a nuestros límites. Porque la fantasía es que el mundo de los adultos es fiable, pero no lo es. No nos ayuda y nos pone en el disparadero, en el desamparo (Hiflosigkeit) y solo quedan dos salidas. Una de ellas es huir, pero ni eso sirve, porque estés donde estés no siempre puedes olvidarte y la depresión acecha. Todos sabemos que ni deprimirse ni huir son soluciones válidas, pero huyendo al menos te mueves. Yo me deprimí, a punto estuve de huir de mi vida anterior, pero en los momentos clave elegí quedarme. Mi analista me decía: "está bien que se divierta, pero piense". No es que tuviese la sensación de divertirme en absoluto, pero tampoco creo que pensara mucho. Quede claro que lo pasé mal, fatal. Estuve más de un año llorando a diario, hasta que un día sentí que ya era suficiente.

La esperanza nunca es vana, que decía Borges y yo nunca la perdí. A lo largo de mi análisis tomé conciencia de que mis actos eran míos y que precisamente por eso debía decidir yo, porque si no, cargar con sus consecuencias iba a ser insoportable. La compañía del analista me ayudó, me paró cuando necesitaba pausa, me empujó cuando necesitaba moverme. El analista no te quita la sensación de que todo lo tienes que hacer solo, pero es algo que poco a poco te vacuna contra el dolor que genera. Es verdad que al principio yo tenía la sensación de estar solo con mi angustia, pero es que no puede ser de otro modo. Es verdad que podía correr y corrí un tiempo, pero la velocidad solo despista la angustia por un rato, como si fuera una bandada de mosquitos que se van solo cuando llega su hora.

Creo que he aceptado esa parte de adolescente que tengo. Es bonito tener muchas opciones y no decantarse por ninguna, pero también hay que elegir. Sí, elegir angustia, pero no elegir paraliza. Stefan Zweig nació en un mundo en el que todo venía ya elegido, la profesión, la pareja, la trayectoria. Yo nací en un mundo de provincias que era un poco así. Hay mucha gente que cree que engaña a la angustia de este modo, con rutinas, pero a la mía no le sirve ese señuelo. Hay gente que dice que la adolescencia no termina hasta que se te acaban las ganas de gustar a los otros y si es así, no veo que tenga fin. Para saber con quién estás basta con escucharle un momento y con verle caminar. Si habla con ilusión, si camina con ilusión no es un viejo, independientemente de su edad. Pues sí, muchas veces me siento un adolescente de los de Winnicott, de los adolescentes solitarios reunidos. Solo, pero con deseo de estar con gente. ¿Para qué voy a dejar la adolescencia? ¿Para qué voy a dejar de lado el paso al acto? Pues un poco sí, qué quieres que te diga. Si tengo que elegir para mi futuro, prefiero ser un cincuentañero que un cincuentón, pero también sé que debo elegir, que tatuarme no va a servir de mucho, que si hago rafting lo debo hacer con mucho cuidado, que definitivamente la vigorexia, las múltiples parejas, el lifting, las adicciones, las religiones, el fútbol, el amor romántico, los fármacos, los rituales de riesgo, la Harley Davidson no son para mí. A algunos les permitirán superar la angustia, pero a mí no. Yo ya he encontrado lo que me permite seguir: un trabajo que me pone y que debo cuidar para no pasarme trabajando, una actividad artística que me hace sentir vivo y esto es parte de ella, aunque el título pueda inducir a equívoco, y una vida familiar y de pareja que, aunque no lo tiene todo, me hace feliz muchas veces cada día. Creo que soy afortunado.

Tanto hablar de adolescentes y vuelve a salir Lacan justo cuando he decidido no ir a los seminarios de Lacan a los que iba: "Adulto es aquel que no ignora la causa de su deseo". Me identifico momentáneamente con Lacan, aunque si lo pienso un poco, seguro que no es así, porque él está muerto y yo no. Yo aún puedo sacar nuevas interpretaciones y él no. Yo ya sé bastante no de la causa de mi deseo, pero sí de mi deseo. Sé que es grande y que no debo hacerle mucho caso porque si no me estrellaría con él y luego me odiaría. Disfrutar un rato está bien y sé que se puede, pero sufrir después de forma indefinida, eso debe ser el infierno. Este es mi gran problema y el problema que le planteé a Agustín en las primeras entrevistas cuando me pidió que le contara si yo tenía algo que quisiera resolver. Sí, lo tenía claro, aunque en un principio no supiera enunciarlo. Mi problema era qué hacer con el deseo, aunque deseo sea la pregunta que no tiene respuesta, en palabras de Cernuda.

Ya sé que ser un profesional del tratamiento de la angustia también es un síntoma, pero cada cual se hace cargo de su angustia como puede y desgraciadamente, colocársela a otro no sirve. Durante un tiempo pensé que estaba enfermo, de hecho, durante un tiempo estuve enfermo de verdad, pero convertir nuestra angustia en enfermedad para podernos medicar solo es una buena idea para la industria farmacéutica. A los que tenemos que seguir viviendo fuera de sus diagramas de beneficios, no nos sirve de mucho. De la angustia no nos saca ni un carro de pastillas, ni un líder, ni el consumismo, ni la militancia, y mucho menos la posverdad. Mientras escribía esta línea sonó el teléfono y tuve que salir del congreso sobre angustia. Cada vez ocurre más a menudo: de repente suena el teléfono y tienes que salir para el tanatorio. Las campanas no paran de doblar. ¿Los que vamos quedando somos los mejores? No, solo somos los que quedamos y rápidamente intentamos olvidarnos de la muerte.

No os dejéis engañar, las emociones no dicen la verdad, la angustia sí, pues su verdad es más básica e insobornable. Y debajo está lo de siempre, el trauma de estar vivos y de no poder estar nunca completos, terminados, en paz.

La mía y la de Zweig son la misma angustia, la que Frankl llamó angustia noógena, la neurosis existencial del hombre contemporáneo. El eterno conflicto entre la realidad y el deseo. Por eso quizá me he empeñado en hacer un libro sobre Zweig. Pero hay que trascender ese conflicto dicotómico, hay que introducir un tercero, porque en la estrechez de la dicotomía está el peligro de la psicosis. Los humanos necesitamos que entren más personajes en nuestra vida para que podamos escapar de esta pelea. ¿El budismo nos servirá? No sé. No todos los tríos son buenos, aunque mejor que no salir de la madre sí son.

Estoy diciendo muchas cosas y de forma desordenada. Como decía René Char, las palabras saben de nosotros lo que nosotros ignoramos de ellas.

Joyce McDougall decía que las niñas, al tener un déficit de narcisización, juegan más con muñecas. Como sus madres invisten más a sus hijos varones por un hecho fundamentalmente cultural, las hijas proyectan ese déficit en la relación con sus muñecas. Las muñecas son en realidad ellas mismas y es curioso que en muchas culturas estudiadas, esto pasa más con las niñas. Así también asumen las mujeres el rol de cuidadoras y se cierra el círculo.

No sé si mi déficit es el "normal" o sí es mayor. Según Lola López Mondéjar, los escritores tienen uno bien gordo. Quizá por eso, durante los últimos años, Stefan Zweig ha sido "mi muñeco" mientras descubría los déficits míos y de mis padres. Pero también he hecho más cosas y he intentado hacerlas mejor, equivocarme menos, fallar mejor, que decía Beckett, consciente tal vez de lo cerca que andaba del lapsus o quizá la frase misma fue su lapsus.

Yo no quiero ser un loco que con su locura pague el precio de su libertad. El loco de Fernando Colina decía: 'No puedo trabajar porque el trabajo me privaría de la libertad que no tengo'.

El final del análisis, al menos para mí, se parece a vivir con ilusión, a usar la palabra como uno quiere, a aceptar la falta porque nunca podremos volver al objeto. Aunque nunca logremos una total comprensión o una total expresión, creo que es el momento de terminar mi análisis o por lo menos, de terminar este texto.

Yo estoy bien con mi mujer, bien con mi trabajo y bien con mis hijos y nada de esto estaba así al principio, y hasta estoy bien conmigo. Ahora sé lo que deseo y lo admito y no tengo que permanecer oculto. Una vez llegados aquí no me importa que no pueda ser, que no llegue a cumplir mis deseos, que no pueda tener todo. Es verdad que todo es mejorable, que podría procrastrinar menos, que podría superar mi relación problemática con la burocracia y demás autoridades, que podría follar más, pero ¿qué sería de mí si todo fuera como yo quisiera? No, en serio, lo de la burocracia lo tengo que superar y creo que no va mal.

El otro día escribí en el borrador de Stefan Zweig una pequeña reseña de su libro *Angst*, que normalmente se traduce como *Miedo* en España. Han sido un par de semanas bonitas en lo que tiene que ver con el libro porque he descubierto que la narrativa de Zweig, que antes calificaba solamente de melodramática y anacrónica, ahora creo que también es revolucionaria. *Ardiente secreto*, *Miedo* y *Confusión de los sentimientos* son tres obras que revolucionan la visión de la época en torno a la sexualidad de los niños, la sexualidad de las mujeres y el sexo fuera de la heterosexualidad, respectivamente. Es verdad que en *Miedo* los deseos de la protagonista aparecen y rompen el orden establecido para luego ser reprimidos hasta dejarla convertida en una cáscara vacía. La angustia no siempre nos lleva a sitios mejores, pero yo estoy contento con mi viaje.

¿Y ahora qué? ¿Voy a ser feliz haciendo lo que hago? ¿Me hundirán las preocupaciones habituales o me las pasaré por el forro? No sé, parece que todo está bastante en orden. Como ya he dicho, la relación con mis hijos está bien y sobre todo, ellos están bien. Hagan lo que hagan los veo bien, incluso aunque no consigan lo que quieren en sus primeros intentos. Mi vida con Bea es una vida en pareja maravillosa: ella es cariñosa, me cuida, me quiere, comparto con ella el gusto por el arte, el teatro, el cine, podemos viajar juntos, comer juntos, me encanta dormir con ella, siento que estoy por delante de su trabajo suficientes veces, me desea y hasta me permite tener un espacio personal que necesito. Mi trabajo es precioso. Me emociona a diario. Mi situación financiera es óptima. Óptima para un pobre hijo de pobres, quiero decir. Y encima escribo y puedo escribir lo que quiera.

No está mal. Juro que me planto, aunque me cueste trabajo estar en forma y por debajo de los 80 kilos, aunque la edad vaya haciendo mella, aunque a veces el tedio entre por la ventana, aunque a veces la angustia llegue. No está nada mal. Trabajar, leer, escribir, preparar talleres, planear cosas con mi mujer, con mis hijos, con mis amigos. Suficiente, creo, contra la angustia y la posmodernidad.

Hoy, día 24 de octubre de 2017, mucho tiempo después del final oficial de mi terapia en julio, le pongo final a este documento. No es que haya pasado mucho tiempo, pero siento que desde que decidí escribirlo no avanzo nada con el libro de Zweig. Es verdad que se han interpuesto las vacaciones en Japón, mi empeño de aprender algo de japonés, los libros de Zweig que quería leer antes de terminar la segunda parte del libro, el brazo roto de Bea, el aumento de pacientes en la agenda y la tranquilidad que eso me produce, la compra de una casa en Madrid, aunque todavía esté en construcción. Son muchas cosas pero ahora no tengo excusa. Igual que termino esto, terminaré la segunda parte del libro, pasaré su ecuador con holgura y seguiré viviendo.

Y bueno, como dijo antes San Agustín, que de Agustines va la cosa, si lo has entendido, no es Dios. Y yo, que no he entendido del todo, sigo escribiendo.

MIS AMIGOS ME SIGUEN PREGUNTANDO POR USTED, SEÑOR ZWEIG

Me he pasado tanto tiempo con este proyecto abierto que mis amigos me preguntan por él y me mandan cosas de Stefan. Sin ir más lejos, no hace mucho una paciente me regaló una edición preciosa de *Veinticuatro horas en la vida de una mujer* y un amigo me envió una foto de la enorme placa de mármol que hay en la casa natal de Stefan en Schottenring 14, Viena y que aparece al principio del libro.

La pregunta que estaba detrás de *Los escritores suicidas* era si merecía la pena escribir o si merecía la pena vivir escribiendo o en última instancia si merecía la pena vivir. La respuesta es sencilla: sí. Pero claro, después no viene la paz absoluta, aunque debo decir que vivir, decidir vivir, es un buen principio. Después viene la otra pregunta: ¿Cómo vivir? Este relato dedicado a la vida de Stefan Zweig me da muchas pistas a mí sobre cómo debo hacerlo yo. No sé si le servirá a alguien más. Pero bueno, la vida sigue y hasta el libro sigue, aunque parezca que se está acabando aquí, aunque no podamos calcular si el efecto de la psicoterapia habría sido suficientemente bueno para Stefan, si le hubiera hecho sentirse menos solo, menos deprimido.

Mientras aún no escribía este libro pero ya lo rumiaba, Sánchez Dragó, sin conocerlo de nada, me invitó a la televisión y salí en su programa de La2 que se puede ver en "TVE a la carta". Fue genial porque mis padres me vieron en la tele. A Dragó se le había atascado el libro que estaba escribiendo, se le pasaron ideas suicidas por la cabeza y acabó contactando conmigo a través de su secretario para que le hiciera llegar un ejemplar de *Los escritores suicidas*. Después de una ceremonia casi artúrica en la que me dijo que no me preocupara si no me habían querido publicar, que yo ya era escritor, Dragó me dijo que los artistas tienen tendencias depresivas porque el arte es siempre una derrota. Siempre frustra, porque uno no alcanza la perfección ni con *La broma infinita*. Desde luego que el arte es una forma de expresión sanadora, pero no es la panacea.

Y la depresión de Stefan era honda. Escribía que se sentía como Keats (no confundir con Yeats, a quien conoció personalmente y en cuya casa viviría después Plath), cuando puso en su tumba: "Escrito en el agua". Las señales siguen estando en el agua. Quizá a Stefan le parecía una buena justificación tener que hacer sitio para lo nuevo. Lo viejo hay que reciclarlo, hay que soltar, justificaciones que parecen aceptables para un hombre que se siente acabado. Pero ¿y si mañana inventan un medicamento que nos aumenta la vida? Nuestros pensamientos cambiarían, nuestra vida cambiaría de forma instantánea. El Stefan exiliado perdió ese deseo de recorrer el mundo sin parar. Los nazis únicamente lo convirtieron en obligatorio y ahí se perdió. Es como si a un escapista profesional le obligan a escapar de su casa y a no volver jamás. Seguro que se le quitan las ganas de ser escapista. Eso fue lo que le pasó a Stefan: escapó de la vida que le tenían diseñada, de la casa de sus padres, de la vida académica y de la vida industrial, de las mujeres, de la paternidad, se centró en una cosa únicamente y admitió una pareja a su lado cuando vio que podía ser su perfecto lugarteniente, escapó de una guerra, de Viena.

Su mujer y él establecieron un ecosistema en equilibrio en el cual él vivía a su aire y ella guardaba el castillo, lo que resultó muy fructífero para los dos. Luego vino la huida progresiva de su casa, de su Austria, de Europa, y después la huida de Inglaterra, de su vulnerabilidad, de su burocracia, de su olor a ciudad asediada. Pero eso tampoco bastó.

A lo mejor debería haberse dedicado a escribir la novela austriaca que tenía en la cabeza, pero se cerraba el camino pensando que para eso necesitaría revisar diez años de periódicos que no había en América.

Justo en este punto es 29 de abril de 2020 y estoy en pleno confinamiento por el coronavirus agobiado por el grupo de WhatsApp de mis compañeros de facultad. Hace unos días uno de ellos subió una foto de una cajetilla de tabaco tuneada en la que salían las fotos de los políticos del gobierno en la que ponía "Votar basura mata". Me molestó y respondí con una ironía amarga que yo echaba en falta otros políticos en la cajetilla, refiriéndome a los de la oposición. Durante la cuarentena, y vamos ya por la semana 7, estamos sufriendo una campaña de la derecha y la ultraderecha que sigue todos los cánones de la propaganda para atacar al gobierno y está teniendo cierto éxito. De hecho, hay compañeros míos que afirman que la ultraderecha dice algunas cosas sensatas y que no son nazis. La conversación de WhatsApp llegó a convertirse es un poema dadaista en el que llegaron a citar a Goebbels. Menos mal que siempre hay alguien que intenta hacerles ver que escupen recortes o incluso bulos, pero el desencuentro es palpable. Lo peor fue el silencio de los treinta integrantes del grupo que no escribieron nada.

Después, empezamos a hablar otra vez de medicina y de coronavirus y ha habido una reconciliación y una difícil vuelta al diálogo, porque en una situación así, el problema no son los contenidos, sino las actitudes.

Yo de momento no he decidido marcharme como han hecho otros. Pero esta guerra propagandística genera mucho malestar y debe parecerse en una proporción de 1 a 10 a lo que sentía Stefan. En este punto quizá sea buena idea leer el texto de Brecht titulado *Cinco dificultades para quien escribe la verdad*, para pensar cómo se sentían todos aquellos damnificados de la propaganda nazi. Entonces y ahora, la extrema derecha azuza nuestros miedos y nuestra paranoia y en un momento es capaz de ponernos a vociferar como masa pero a callar como individuos.

¿Cómo llegó el fascismo? ¿Cómo es que el relevo natural del mundo de ayer fueron totalitarismos más terribles aún que los anteriores? El peligro de la democracia es la libertad de expresión, ya lo decía Platón. En Alemania los votantes encumbraron a Hitler y luego ya, él solito, se adueñó del sistema. Como dice Jason Stanley en su libro *Facha*, traducido por Laura Ibañez y publicado en Blackie Books: "Ese siempre fue el problema de la democracia, que no puede existir si hay resentimiento. No se puede tener democracia si hay demasiados ricos y demasiados pobres. Si hay demasiada desigualdad". Esto ocurría en los años 30 del siglo XX y en un contexto así es fácil clamar contra los distintos culpándoles de los problemas. ¿Quién se va a parar a pensar si los que vociferan dicen la verdad? Gentes con otro color de piel, extranjeros, judíos, son las que sufren. Stanley dice en una entrevista en La Vanguardia: "Desgraciadamente, en la UE los valores democráticos de tolerancia y europeísmo estaban ligados a un sistema financiero injusto y pervertido que decidió rescatar a los banqueros alemanes que provocaron la crisis inmobiliaria en lugar de a la gente. Cuando haces eso, permites a los fascistas decir que las élites que apoyaron la libre circulación de personas son las mismas que han permitido que se prestara dinero irresponsablemente y ahora exigen que se devuelva. Así, pueden decir que el problema es la UE, la globalización, el feminismo, la inmigración… en lugar de los banqueros".

La pelea contra el fascismo es difícil y cuando asciende, los conservadores se escoran ideológicamente para pillar tajada y convierten el ideario autoritario en aceptable. Pero no es tan sencillo, no podemos pensar que cómo es la gente cuando nosotros somos también gente. Sí, distinguirás a los fascistas o aspirantes a fascistas por pequeños detalles: se denominan españoles o italianos o catalanes, pero con un retintín excesivo que conecta con una mitología historizada de pueblo elegido a veces con tintes new age; censuran movimientos igualitarios como el feminismo, aunque sea con excusas como que hay feministas muy radicales o incluso feministas que no se depilan; son rígidos, incluso simples y dicen cosas como: "Franco hizo cosas bien". Pero no olvides que con la pelea demagógica, que es su narrativa, su método, llevan la discusión a su terreno y ganan. Pero ¿qué significa ganar cuando todos tenemos un pequeño fascista dentro pugnando por salir?

Para ver con más claridad tenemos que acudir a Foucault que, en su prólogo al Anti-Edipo de Guattari y Deleuze titulado *El Anti-Edipo. Introducción a la vida no fascista*, nos cuenta algo más que no podemos dejar de lado: "nuestro yo menos maduro ama el poder, está fascinado por el poder". Esta fascinación consigue que lleguemos a desear nuestra propia represión, dando lugar a la formulación del fascismo como una estrategia que engaña a nuestro deseo. Foucault no cree que exista esa famosa teoría de la que se habla que daría la explicación de todo y que nos tranquilizaría. Su consejo para dejar libre de fascismo nuestra vida a pesar de que lo llevamos hasta en el tuétano es que empecemos leyendo el libro que glosa porque es una Introducción a la vida no fascista. Pero yendo al detalle, nos da unos principios que son válidos para 1935 y para 2022, de nuevo en traducción de Claudia Oxman: "Liberad la acción política de toda forma de paranoia unitaria y totalizadora (...) No utilicéis el pensamiento para dar a la práctica política valor de Verdad (...) No os enamoréis del poder". Dice más cosas, pero para terminar recomienda el humor y el juego contra la mortal seriedad del fascismo.

Por eso, en la pelea contra el fascismo, Stefan, con su depresión a cuestas, no solo perdió, sino que se perdió y llegó a decir que era alguien que caminaba vivo detrás de su propio cadáver. Stefan sentía que todo lo que había construido había sido borrado por los nazis. No solo su éxito, sino también su casa, los manuscritos sobre los que edificó su obra, su patria, su confianza en sí mismo, su serenidad, su libertad.

Friderike recoge en sus memorias esta frase de Stefan: "Mi olfato para la tragedia política me tortura como un nervio inflamado". Los sensibles, los artistas, necesitan un yo fuerte, muy fuerte. Según Friderike, Stefan no se recuperó después de la primera gran catástrofe de la que fue testigo: "Después de que su fe en la posibilidad de perfeccionar la humanidad se hiciera añicos tras la primera guerra mundial, Stefan Zweig pasó a ser un pesimista, un agorero, tanto en su vida como en su obra. Su faceta de historiador alimentaba su pesimismo, además, con los acontecimientos del pasado. Reconocía el advenimiento de todo mal en su misma semilla. Y esa fue la tragedia que envenenó sus últimos diez años de vida".

La versión de Friderike es simple: Stefan, triste tras el registro de Salzburgo, huye de su vida anterior y se refugia en la complaciente secretaria que no será capaz de sostenerlo en los momentos difíciles. Esto no quita para que ella siempre hablara bien de él, de su capacidad de trabajo, de su bonita letra, de que le envió joyas de su madre, de que siempre la cuidó. Friderike cuenta en sus memorias que evitó dos veces que Stefan se suicidara en momentos de desesperación en los que le propuso que ella se suicidara junto a él. Friderike pudo evitarlo esas dos veces, la última motivada por la traición de un joven amigo de la que se enteró en Londres, pero no estuvo allí la tercera.

Los "pensamientos negros" de Stefan tenían que ver también con la falta de acceso a su biblioteca o a manuscritos, con la imposibilidad de publicar, con su 60 cumpleaños, con estar desterrado en un país cuyo idioma no dominaba. Así escribió *El mundo de ayer*, la nota de suicidio más larga de la historia. Lotte lo veía y en una carta que escribió a la madre de Eva decía: "Estoy un poco preocupada por él en este momento, está deprimido, no solo porque realmente no es un placer llevar una vida tan inestable, siempre esperando lo que sucederá al día siguiente antes de tomar otra decisión a corto plazo, sino también porque los hechos de la guerra, que ahora se está convirtiendo en un verdadero asesinato en masa, (...) pesan sobre su mente". Y luego estaba la mala salud de Lotte, con su asma y esa tos interminable.

Stefan llevaba toda la vida buscando sitios a los que escapar. Lo intentó muchas veces con España pero la cosa no cuajó. Estuvo aquí por primera vez en 1905, como aquel joven reportero que seguía las huellas de Rilke. La última vez que pisó suelo español fue en 1936, en la breve escala del barco que lo llevaba al cono sur. En febrero de 1931, Stefan y Friderike buscaban el cálido sur después de tantos inviernos germánicos. Pensaban pasar un tiempo en las Baleares, y Stefan había tomado clases de español. Demasiado tarde se dieron cuenta de que allí se hablaba catalán. Además, en Palma había mucho ruido y muchos ingleses en paro para los que el cambio de moneda era muy favorable. Aguantaron dos días allí y volvieron a la costa Azul. Acabaron en Cap d'Antibes, en un alojamiento que regentaban los descendientes de Guy de Maupassant, algo irresistible para un coleccionista como Stefan.

Stefan recopiló durante toda su vida ejemplos de artistas realizando sus obras maestras, pero también tenía ejemplos de grandes genios sobreponiéndose a la adversidad. En *Momentos estelares de la humanidad*, nos cuenta como Händel se recupera de una enfermedad que en teoría no tenía cura. Es verdad que su relato está escrito en los años 20 y pone una excesiva carga de patetismo en la creación del artista que compone *El Mesías,* pero lo importante es la historia que Stefan titula: "La resurrección de Georg Friedrich Händel". En 1737, cuando Händel tiene 52 años, sufre un ictus que le deja como secuela una parálisis de su mano derecha y cierta afectación cognitiva. El empeño del músico, que de repente se vio imposibilitado para tocar, le llevó a un balneario de Aquisgrán, cuyo programa de atenciones le sirvió de rehabilitación. Su total recuperación resultó milagrosa en aquella época. Así que, cuando estrenó *El Mesías,* renunció a los beneficios como agradecimiento a Dios y los entregó para los enfermos y los presos. Händel había estado preso y el arte y su empeño lo habían liberado cuando ya era viejo para la época, más o menos como Stefan.

No me resisto a mencionar al oculista itinerante John Taylor, el que operó mal a Bach de cataratas en Leipzig, lo dejó ciego y como consecuencia de la desgraciada operación murió al poco. Aunque Bach y Händel nacieron el mismo año y solo a 40 kilómetros de distancia, nunca coincidieron, eso sí, se admiraron mutuamente, pero lo que sí que compartieron fue oculista. Un par de años después de la muerte de Bach, tras dejar un rastro de desastres oftalmológicos por toda Europa, Taylor operó también de cataratas a un desesperado Händel. En esta ocasión solo lo dejó ciego. La ironía del destino quiso que Taylor tuviera que ser operado de los ojos al final de su vida y muriera a causa de la intervención.

MONTAIGNE Y MAGALLANES EN RÍO

Stefan encontró inspirador que un hombre de su edad se recuperase de una parálisis, pero se debió olvidar de él en 1942. Del que seguramente no se olvidó fue de Montaigne, de quien dejó una breve biografía en la que trabajó después de la *Novela de ajedrez.* Esta obra breve se publicó póstumamente en el mismo 1942, se tradujo al español en 1948 y se reeditó en 2008 en versión de Fontcuberta. La solución que encontró Montaigne para las penas del mundo, para las guerras de religión que asolaban Europa, fue aislarse. Stefan, que no paraba de trabajar, mientras lo relataba, se quejaba de que sus amigos, Goethe, Balzac o el propio Montaigne, tenían más de 200 años. Stefan ahora estaría a punto de cumplir 140 años y seguramente seguiría pensando que los *Ensayos* de Montaigne valen más que su obra. El francés fue su maestro en la lucha por la libertad individual, "un hombre del que soy hermano, un hombre que me aconseja, que me consuela y traba amistad conmigo, un hombre al que comprendo y que me comprende".

Montaigne también es testigo de la caída de la humanidad en el horror. En el siglo XVI la brutalidad es algo frecuente y, con quince años, a Montaigne le toca asistir a la cruel represión del levantamiento popular contra el impuesto sobre la sal. Cientos de personas son torturadas, ahorcadas, empaladas, descuartizadas, decapitadas y quemadas. El hedor de carne quemada y descompuesta inunda Burdeos.

Montaigne vuelve a ser un filósofo griego cuando la filosofía lleva más de mil años desaparecida bajo la Edad Media y vuelve a preguntarse cómo debe vivir un hombre. Se sabe solo y no tiene mucha esperanza de dejar de estarlo, por lo que se encierra en su castillo y escribe creyendo que probablemente nadie lo va a leer. Como dice Stefan: "Montaigne habría sonreído ante la idea de pretender transferir a otros, y menos a las masas, algo tan personal como la libertad interior, y desde lo más profundo de su alma odiaba a los reformadores profesionales del mundo, a los teóricos y expendedores de ideologías".

La cultura familiar de Montaigne le confiere las inseguridades que conserva alguien cuya familia paterna se dedicaba a vender pescado y cuya madre, por mucho que se hiciese llamar Louppes de Villeneuve, tenía como nombre de conversa López de Villanueva, provenía de la judería de Calatayud y había perdido a un familiar porque la Inquisición lo había quemado en la hoguera. Y algunas inseguridades más: "El niño es arrancado pronto de la cuna y del seno materno y, en vez de hacer venir a un aya, como es costumbre en las casas reales y aristocráticas, es alejado del castillo de Montaigne y confiado a gentes de condición inferior, unos pobres leñadores". Por deseo expreso del padre, alcalde de Burdeos, a Michel se le educó en la frugalidad y en la austeridad para que comprendiera "al pueblo y a la clase de hombres que necesitan de nuestra ayuda". A su regreso al castillo, tres años después, ya siempre prefirió el pan oscuro, el tocino y el ajo al azúcar, algo exclusivo de la nobleza. A partir de entonces se ocupan de su educación un sabio alemán y sus ayudantes que no hablan ni una palabra de francés y toda su vida transcurre en latín. A Montaigne nadie le habló en francés hasta los siete años. Si mencionásemos el concepto "lengua materna" delante de Montaigne, él se sentiría huérfano. Esparta se me antoja menos duro que aquel castillo, aunque eso sí, al niño siempre lo despertaron con música flautistas y violinistas. La extraña mezcla de dureza y mimos, en cierta medida parecida a la que recibió Stefan, creó a Montaigne que escribió esto sobre sí mismo: "Tengo un alma libre, completamente independiente y acostumbrada a comportarse según le place". El paralelismo entre los dos alcanza un máximo cuando Montaigne habla de lo que aprendió en la escuela más prestigiosa de Burdeos a la que le trasplantaron de los siete a los trece años: "Nos esforzamos solo en llenar la memoria, y dejamos el entendimiento y la conciencia vacíos". Desde luego que sí consiguieron reforzar su rebeldía. En su biografía, Stefan habla por los dos: "nadie sufre el martirio de la escuela como el niño dotado, cuyo talento y alcance los maestros, con sus métodos secos no saben cultivar ni hacer fértiles, y si Montaigne sale indemne de esta prisión de su juventud, es solo porque (...) descubre la secreta ayuda y el consuelo: el libro de poesía al lado del libro de texto".

Esto no impidió que tuviera éxito en la vida política y en los negocios, pero se harta, entre otras cosas de que tantos dependan de él: hijos de los que llega a confesar que no sabe con exactitud cuántos han muerto, criados, campesinos, esposa, demás familiares, y a los 38 años se retira y manda grabar esto en latín en la pared de su biblioteca:

> EL AÑO DE CRISTO DE 1571, A LA EDAD DE TREINTA Y OCHO AÑOS, LA VÍSPERA DE LAS CALENDAS DE MARZO, ANIVERSARIO DE SU NACIMIENTO, MICHEL DE MONTAIGNE, DISGUSTADO DESDE MUCHO ANTES DE LA ESCLAVITUD DE LA CORTE Y DE LOS CARGOS PÚBLICOS, SINTIÉNDOSE TODAVÍA EN PLENO VIGOR, VINO A REPOSAR EN EL SENO DE LAS DOCTAS VIRGENES, EN LA CALMA Y LA SEGURIDAD; ALLÍ PASARÁ LOS DÍAS QUE LE QUEDAN POR VIVIR. ESPERANDO QUE EL DESTINO LE PERMITA ACTIVAR LA CONSTRUCCIÓN DE ESTA HABITACIÓN, DULCE RETIRO PATERNO, LA HA CONSAGRADO A SU LIBERTAD, A SU TRANQUILIDAD Y A SUS OCIOS.

Para llegar a este punto tiene que ser testigo de la muerte de su amigo La Boétie, del que alaba la virtud de "haber pasado toda la vida en la inactividad, despreciado en las cenizas de su hogar". Con el amigo muerto es con quien dialoga y para ello tiene que inventarse sus *Ensayos*. No los habría escrito sin su muerte. Muertos que ayudan a los vivos. Si Stefan no hubiera muerto como murió no estaríamos aquí. La ausencia no es una terapia, pero sí puede ayudar a constituir una presencia interna. Montaigne y La Boétie se enamoraron intelectualmente y tuvieron *Una amistad extrema* como dice Jean-Luc Henning en su obra publicada en España por Ariel. Amor sin sexo, amor necesario para que los dos integrantes de la dupla puedan crecer. Si en una pareja domina el amor-pasión o mejor dicho, el amor-exclusión, desaparecerá la pareja del mundo y eso le horrorizaba a Stefan. Nos podemos constituir porque existe la mirada de otro. El sujeto solo no existe. El amor como ensayo, como intento de contactar, una especie de literatura del cuerpo y del alma de la que somos tan analfabetos.

El bisabuelo de Montaigne había comprado el castillo en 1477 por novecientos francos al arzobispo de Burdeos. El padre de Montaigne llegó a alcalde de la ciudad. El último salto, según Stefan, lo da Michel que llega a ser maestro de Shakespeare y consejero de reyes. Montaigne se prepara allí un encierro a medida: él puede salir cuando quiere, pero nadie puede entrar. Un castillo es la definición de libertad interior, como el castillo de Mick Jagger durante la pandemia del coronavirus, que está 300 km al norte del de Montaigne. Nadie lo ha hecho, pero un buen meme habría sido la imagen de Jagger a sus 76 años en su castillo junto a su hijo pequeño y su pareja, preguntándose lo mismo que se preguntaba Montaigne: "Que sais-je?" ("¿Qué sé yo?"). Pero la realidad supera a la ficción y el propio Jagger ha hecho un vídeo muy gracioso para la campaña de Save the Children en el que cuida de sus animales, cultiva su huerto y hasta cocina y hace ejercicio.

Durante una década, Montaigne escribe. Solo una década. Para qué más. El oficio de escritor es un oficio transitorio. En realidad, como decía Lacan, el deseo no tiene objeto. No tiene un único objeto, desde luego. Montaigne se queja de lo mal que escribe, pero escribe y escribe esto: "Lo soy todo menos un escritor de libros, mi tarea consiste en dar forma a mi vida". Se queja de su desmemoria y de su holgazanería pero en una década tiene listos sus dos tomos de ensayos y los publica. Ya tiene 48 años y decide que se va a marchar a ver dónde llega. Viaja con su cuñado, un hermano de veinte años, unos amigos y su secretario que es quien toma más notas del viaje para su diario que el propio Montaigne. Pasa por París para regalarle sus libros al rey. Sus principios son más precisos que las leyes de Kepler que solo tiene diez años y aún no sabe que será astrónomo: "Si hace mal tiempo por la derecha, me voy hacia la izquierda; si no me encuentro bien para montar a caballo, me detengo... ¿Me he dejado algo sin ver detrás de mí? Regreso; sigue siendo mi camino". Montaigne evita los lugares famosos. Qué interés tiene para él cuando todo lo nuevo le fascina y fuera de casa todo es nuevo: Basilea, Schaffhausen, Constanza, Augsburgo, Múnich, el Tirol, Verona, Vicenza, Padua, Venecia, Ferrara, Bolonia, Florencia, Roma.

Las cortesanas le interesan más que la Capilla Sixtina y después de diecisiete meses regresa a casa cuando en Burdeos lo han vuelto a nombrar alcalde y lo reelegirán al cabo de dos años. También lo reclaman en la corte.

Tras su reelección llega la peste y Montaigne huye y deja su casa vacía. En Burdeos mueren en menos de seis meses diecisiete mil personas, la mitad de la población. Erasmo también huyó de la peste. Entonces huir de la peste era la única opción posible. Montaigne y su familia pasan seis meses de vida errante y cuando regresan tienen que rehacerlo todo. El rey de Francia le llama a su servicio pero no lo acepta diciendo: "Soy, Señor, tan rico como deseo ser".

El dilema de los humanos es cuánto involucrarse. Tras la noche de San Bartolomé de 1572, el genocidio de los hugonotes llega hasta las puertas del castillo de Montaigne y él decide no intervenir. Él ya decidió no intervenir jamás, aunque acaba actuando como mediador político en alguna ocasión. Stefan dice de Montaigne: "Se da cuenta de que ni Cristo ni Platón, ni Séneca ni Cicerón han ayudado al mundo y de que en su época son posibles las mismas bestialidades que bajo el cetro de los reyes romanos. No se puede aleccionar a los hombres, solo guiarlos para que se busquen a sí mismos, para que se vean con sus propios ojos. Ni gafas ni píldoras".

Montaigne se creyó viejo con 38, Stefan con 50 y con 60 y quizá fue viejo siempre y por eso buscaba la misma casa y redactaba el mismo libro. Pero en 1942 escribió en su diario que había sido testigo de la más terrible derrota de la razón. Stefan era como una estrella de rock en sus giras. Las entradas se agotaban. A veces se sentía "acosado como un jabalí", sin tiempo para escribir, aunque todo eso tuviera grandes ventajas y privilegios. Stefan conoció a casi todas las personas importantes de su época. Por ejemplo, en 1930, durante una gira por Alemania, Albert Einstein insistió en conocerlo porque era un apasionado lector suyo. A pesar de esto, en 1927 desde Hamburgo, en mitad de una gira llena de éxitos, le escribió a Friderike: "Ahora tengo un nombre desagradablemente público; cada vez anhelo más batirme en retirada y poner fin a la fama, a pesar de todas las ventajas que conlleva. También deseo terminar con la correspondencia y las idas y venidas: con la mirada fija en el río Alster imagino lo maravilloso que sería recuperar la vida privada, mi propia vida, y viajar sin obligaciones ni compromisos. Confío en que se cumpla nuestro deseo: ese constante movimiento artificial y artístico destruye muchas cosas valiosas de nuestro interior".

Stefan tenía un visado brasileño permanente, lo que debía acabar con sus dudas obsesivas al respecto de volver a ser apátrida. El que menos dudas al respecto debía tener era Stefan, un hombre de fama mundial, pero también él dudaba y no sabía si había algún lugar en el mundo en el que pudiera escapar de la barbarie.

Aprender español y portugués con Lotte, mientras tienes el mundo entero a tus pies podría bastar. ¿Qué más necesitamos que algo de comer y un lugar donde vivir para que todo el mundo sea nuestro? En 1940, Stefan había escrito esto en su diario: "El único consuelo es que puede acabar en todo momento. La vida no es digna de ser vivida. Hay que admitir la derrota en todas la acepciones del término".

Si estamos el tiempo suficiente en un exilio, todos podemos llegar a parecer refugiados subsaharianos que cruzan el Mediterráneo semidesnudos, casi muertos. Si en el país de destino no nos acogen o no nos dejan entrar y nos apilan en campos de refugiados de forma indefinida, todos nos parecemos. Los refugiados no son una amenaza, somos nosotros.

Si en Nueva York hubo en su momento una Little Spain que acogía a exiliados españoles, Stefan podía haber montado una Little Viena en Río o en cualquier lugar de Brasil, ese país que lo había entusiasmado. Stefan siempre había sido capaz de inventarse proyectos a la mínima ocasión, como había hecho con Magallanes, con quien se cruzó en la Bahía de Río, pero con cuatrocientos años de desfase. Si la entrada del vienés en la Bahía resulta tan deslumbrante, no quiero ni imaginar lo que podría haber contado Magallanes de aquel paraíso virgen. Así nació el libro *Magallanes. El hombre y su gesta* que al principio solo iba a ser un capítulo para los *Momentos estelares*.

Todo fue por las especias. Esto lo digo para aquellos que gritan que Marx se equivocaba. En un mundo en el que la pimienta se vendía por granos y valía su peso en plata había mucha gente dispuesta a ir a buscarla, aunque hubiera que doblar el cabo de las Tormentas. Si se enviaban cinco barcos a adquirir especias y solo regresaba uno, el viaje seguía mereciendo mucho la pena. Los negociantes de antes sí que eran valientes y no como los de ahora que son muy liberales, pero cuando las cosas se tuercen piden el rescate del estado. Nada que ver con los navegantes cuyo lema era: "Navigare nesesse est; vivere non est necesse". Magallanes era uno de estos, no como Stefan a quien el excesivo movimiento aturdía o como su admirado Camöes, de quien dice que era blando en comparación. Pero vamos, que lo de Magallanes y aquellas gentes del mar merece mención aparte. Se iban a pesar de que el riesgo de morir era elevadísimo y lo dejaban todo atrás.

Magallanes está bien en Sevilla, tiene amigos que lo respetan, una esposa que lo ama y dos hijos, pero se va con un mapa erróneo en la mano, como había hecho Colón. Aun así, llegan un día a una Bahía que les parece muy bonita y la bautizan como Río de Janeiro porque era el día de san Jenaro. Cuando alcanzan la desembocadura del Río de la Plata se acaba la verdad del mapa y empieza la exploración pura y dura. Recomiendo mirar el mapa del estrecho de Magallanes, porque cuando yo lo hice me llevé las manos a la cabeza. Al lado de aquel laberinto extremo, el que tuvieran que pasar un durísimo invierno comiendo pingüinos en medio de una rebelión cuyos cabecillas fueron ejecutados en la Bahía de San Julián, no parece tan grave. Me imagino a esos hombres navegando por aquel dédalo agreste de cientos de pasadizos sin salida, donde nunca nadie había estado, y me dan ganas de llorar como decía el método infalible de Cortázar: "Para llorar, dirija la imaginación hacia usted mismo, y si esto le resulta imposible por haber contraído el hábito de creer en el mundo exterior, piense en un pato cubierto de hormigas o en esos golfos del estrecho de Magallanes en los que no entra nadie, nunca".

Parece imposible, pero la verdad es que solo tardaron 38 días en llegar al océano Pacífico. Esos hombres estaban hechos de otra pasta y solo puedo recomendar leer el libro de Stefan para conocer los detalles que llevaron a la absurda muerte de Magallanes y al regreso penoso y heroico de la nao Victoria, el único barco que sobrevivió.

El viaje que iba a llevar dos años dura tres más un día porque caen en la cuenta de que al dar la vuelta en ese sentido pierdes un día o lo vas disfrutando poco a poco, según se quiera ver. De los 239 hombres que partieron solo regresan 18.

El final de la historia de Magallanes es horrible. Aquí lo dejo en traducción de José Fernández: "No; nadie hereda de Magallanes pues nadie de su sangre vive ya para exigir la herencia, durante aquellos tres años han muerto su esposa Beatriz y los dos hijos, todavía menores. Queda extinguida la descendencia de Magallanes. Ni hermano, ni sobrino, ningún consanguíneo vive para recoger su escudo. ¡Ni uno tan solo! Fueron vanos los cuidados del hidalgo, del esposo y del padre, y baldío el piadoso deseo del creyente cristiano. Le sobrevive su suegro, Barbosa, pero ¡cómo debe maldecir el día en que aquel huésped sombrío, aquel 'holandés errante' entró en su casa! Hizo suya a la hija, y esta hija ha muerto; se llevó a su hijo en la expedición, el único hijo que tenía, y no ha vuelto con los supervivientes. ¡Qué terrible atmósfera de desdichas en torno al hombre único!" Quizá por eso eran tan valientes, porque no tenían elección.

LOS EXCESOS DE BALZAC

Dentro de los múltiples comentarios etnocéntricos de Stefan en toda su obra no se suele meter mucho con los portugueses. Entre las omisiones y las afirmaciones podemos pensar que le gustaban más que los españoles, pero quizá él no se diera mucha cuenta del lastre que acarreaba creyéndose heredero de la más noble Europa que no era precisamente la del sur. Cuando en Brasil le hicieron saber que se sentían tratados con condescendencia en el libro que dedicó al país, Stefan se sorprendió. Pero qué se puede esperar cuando generalizas y dices del hombre brasileño que tiene una "constitución más delicada que el europeo y el norteamericano. Falta casi por completo (...) toda brutalidad, violencia, vehemencia, grosería; todo lo zafio, presuntuoso, arrogante. El brasileño es un hombre tranquilo, soñador, y sentimental". Es verdad que a veces Stefan hace comentarios cargados de ingenuidad, como si mirase al mundo con los ojos de un niño o como si quisiera seguir haciéndolo, aunque no sea posible. Una vez visitó una prisión en Brasil y se sorprendió al saber que el preso que hacía de fotógrafo estaba condenado por asesinato. ¿Qué te esperas en una cárcel? Stefan no es el mejor ejemplo de objetividad, pues le atraía en general ver la parte buena o la parte espectacular, como nos pasa a muchos humanos, y escribía: "la tradición brasileña, de acuerdo con la cual las revueltas políticas se llevan a cabo, en lo posible, sin derramamiento de sangre y en forma conciliadora". Aun así, no podía evitar ver.

Según Freud, solo los poetas supieron anticipar lo que encontró el psicoanálisis y probablemente, si queremos saber, debamos mirar hacia ellos de nuevo y no hacia los mercados. La última esperanza para Stefan en Brasil era tomar la mano de su Balzac. Pero no olvidemos que lo que dice Freud es que los poetas revelan, no que curan. Stefan debía intuir que Balzac no era el camino. El 28 de noviembre de 1941 había cumplido 60 años y la frase que le perseguía era una de Goethe: "Ahora mi confianza está puesta en la nada". Lotte le regaló las obras completas de Balzac. Su amigo y editor Koogan le regaló un fox terrier. Quería que fuera un spaniel, pero no encontró uno. Las obras completas de Balzac y un cachorro. Si eso no le ancló a la vida, no sé qué podría haberlo hecho.

A pesar de que Stefan tenía escrito un buen borrador de la biografía de Balzac, que es el que se ha publicado, le podía haber dado para un lustro de entretenimiento como me ha pasado a mí con él, pero le podía la prisa por el logro. El proyecto de Balzac podría haber sido su piel de zapa, el objeto transicional que le hubiera podido dar todo lo que quisiera, aunque para ello hubiera tenido que vender su alma al diablo como el personaje de Balzac.

Algunos pensarán que a Stefan le faltaba una misión en la que ponerse manos a la obra para poder seguir en pie y que por eso claudicó, pero no, él tenía ideas a montones, lo que perdió fue la capacidad de engancharse a ellas como había hecho siempre.

El manuscrito de la biografía de Balzac, que se había quedado en Bath, aterrizó en las manos de Stefan justo al terminar *El mundo de ayer*. Realmente resultó milagroso que llegara a Petrópolis, pero Balzac no fue suficiente. Stefan podría haberse interesado por algún otro personaje de la historia, como le había pasado con Magallanes, el hombre que lo apostó todo a que la Tierra era redonda y a que volvería. Stefan lo apostó todo a la escritura como hombre libre y amante de la humanidad eurocéntrica. Los dos pierden. A Magallanes lo mata una tribu guerrera y Stefan muere horrorizado por el incendio del sueño de Europa.

A finales de 1939, en París, Stefan se reúne con Friderike y Jules Cain, director de la Biblioteca Nacional, donde recopila material sobre Balzac. Stefan les intenta convencer de que la guerra va a llegar ahí como un maremoto inevitable, que Alemania va a conquistar Francia. Stefan insiste en que aún están a tiempo de alejarse, de ponerse a salvo. Stefan está triste y que ignoren sus presagios lo afecta todavía más. El proyecto de Balzac lo mantiene en su rutina. Es un proyecto muy ambicioso, la culminación de su "Tipología del espíritu". Su obra cumbre es un relato de la vida de Balzac en el que se recoge también toda su vida. Pero siempre está la impaciencia de Stefan. Impaciente por llegar a algún lado cuando en realidad ya había llegado allí muchos años antes. Stefan no aguantaba más de una hora en un concierto. No aprendió que no hace falta llegar, que basta con estar, con respirar.

Figura 51. La casa de Balzac en una colonia de Passy, integrada actualmente dentro de París (fotografía del autor).

Balzac es otro igual. Su vida es una carrera angustiosa guiada por la ambición que parece no conducir a ningún sitio. Aunque si ves la única casa de Balzac que se conserva en París, en una colina de la antigua Passy, con preciosas vistas, también puedes pensar que el escritor no se lo montaba tan mal y que la ubicación le tuvo que encantar a Stefan.

La ambición es mala consejera y en la familia de Balzac había de sobra. El apellido Balssa del padre cuya familia conducía el ganado al abrevadero se transforma en Balzac y luego en "de Balzac" porque sonaba mejor. El padre era un fanfarrón que decía que había sido "avocat du roi" sin serlo y que pasó toda su vida a la caza de fortuna. Tan ocupado estaba en ello que olvidó todo lo demás y como tardó tanto en conseguirla también tardó en poder casarse con una mujer de buena familia, es decir, de dinero. La elegida era treinta y dos años más joven que él y al poco, el 20 de mayo de 1799, en Tours, nació el hijo mayor, Honoré. Según nos cuenta Stefan, de su padre heredó la vitalidad y el gusto por conversar y contar historias, y de su madre, la sensibilidad.

Balzac era el hijo de un vivales que parece que tuvo varios hijos ilegítimos y una "mujer enfadosa y perpetuamente amargada". Esta madre malhumorada que rechazaba toda muestra de cariño de sus hijos, hizo que Balzac escribiera en sus cartas: "Yo nunca tuve madre". Quizá el parecido con la madre de Stefan explique algo de su obsesión con Balzac.

La primera infancia de Balzac se da un aire a la de Montaigne: "En cuanto da a luz a su hijo, lo saca de su casa como a un leproso. Entrega el lactante a un ama de cría, a la mujer de un gendarme; la criatura permanece en el hogar de este hasta cumplir los tres años. Ni siquiera entonces se le permite reunirse con su padre, con su madre y con sus hermanos; no puede ir a la casa paterna, espaciosa y bien situada; le colocan a media pensión en casa de una familia extraña: solo una vez por semana, el domingo, le está permitido visitar a sus deudos, como si fuesen parientes muy lejanos. No se le permite brincar con sus hermanos y no se le dan juguetes, ni se le hacen regalos. Honoré no conoce a esa madre que, cuando estamos enfermos, vela nuestro sueño junto a nuestra cama; nunca oye pronunciar a su madre una palabra cariñosa y, cuando se acerca a su regazo y desea abrazarla, una palabra áspera ahuyenta tal intimidad, que se considera inconveniente".

Escribe el propio Balzac a la condesa von Hanska, que acabaría siendo su esposa: "Supusimos que estaba loca y consultamos a un médico que desde hace treinta y tres años mantiene relaciones de amistad con ella. Sin embargo, el médico nos dijo: '¡Oh! No, no está loca. Únicamente es mala'. Mi madre es la causa de todo el mal en mi vida".

Con razón su personaje *Louis Lambert* no tiene ni padre ni madre. Como Balzac, acaba en un internado y se refugia donde puede. Menos mal que a los doce o trece años encuentra los libros. Rafael, el personaje de *La piel de zapa*, su otro alter ego dice: "Los padecimientos que sufrí en el seno de la familia, en el colegio, en el internado, se repitieron bajo otra forma durante mi permanencia en el pensionado Lepître. Mi padre no me daba ningún dinero. Mis padres estaban contentos pensando que yo estaba alimentado, vestido y saturado de latín y griego. Durante mi vida en el internado conocí cerca de mil camaradas, y sin embargo no puedo acordarme de haber encontrado en ninguno tal muestra de indiferencia por parte de los padres".

De tanto andar entre libros, un día se planta ante los padres con que no quiere ser lo que ellos esperan: abogado, notario, juez o funcionario, y dice que quiere ser escritor, pero de los buenos. Por desgracia no le ocurre como a otros literatos de la época que tienen el riñón bien cubierto: Chateaubriand tiene un castillo, Lamartine se hace diplomático y luego político, hasta Hugo es hijo de un general, pero él no y además nunca tuvo buen ojo para los negocios. Los padres le conceden una renta ínfima y un plazo: puede escribir para alcanzar la gloria hasta el otoño de 1821. El joven impetuoso se encierra a escribir su obra maestra, pero aún no ha pensado en el argumento. Decide escribir una tragedia sobre Cromwell en la cama porque pasa frío fuera, como Stefan en los inviernos de Salzburgo. Menos más que el ferretero Dablin, conocido de la familia, le echa una mano. Con una familia como la suya, cuyos valores son la ambición y la mezquindad de la pequeña burguesía que solo busca ascender, uno no puede llegar lejos.

Balzac aún no sabe escribir y fracasa con la que iba a ser su primera obra maestra, pero tiene claro lo que dijo después Saramago con menos palabras que él: “No busques trabajo: escribe”, aunque el portugués tardó muchos años en hacerlo. La versión de Balzac es esta: “Si yo aceptara una colocación, estaría perdido. Me convertiría en un chupatintas, en una máquina, en un caballo de circo que da sus treinta o cuarenta vueltas y come, bebe y duerme en las horas señaladas; me convertiría en una criatura vulgar. Y a esto se le llama vivir, a este rotar como piedra de molino, a esa eterna repetición de las mismas, eternas cosas”.

Pero no le bastaba con escribir, él tenía que ser especial, como si tuviera la misión de un enviado. Stefan nos dice, en la traducción que cito de Arístides Gamboa, publicada por Paidós: “Impelido por esta ansia de libertad, Balzac se puso a trabajar como un galeote: veinte, treinta, cuarenta páginas, un capítulo al día era la media. Cuanto más ganaba, más quería ganar. Escribía igual que corre un perseguido, con la respiración acelerada y los pulmones palpitantes, para evadirse de la odiada prisión en que le mantenía su familia. Acabó por trabajar con un desenfreno tan demoníaco que hasta su madre se amedrentó: ‘Honoré trabaja como un poseso. Si sigue tres meses más llevando esta vida, caerá enfermo’”.

Esa ansia no lo abandonará nunca. Un ansia que evoca el neocapitalismo del siglo XXI en el que impera que todo vaya más y más rápido para poder ordeñar más veces la plusvalía. Balzac quiere el éxito ya, y lo quiere como el que tiene que apostar todo en la ruleta porque no tiene tiempo. Stefan dice que Balzac consigue escribir obras maestras aún rodeado de inmundicia porque su pulsión artística le confiere la misma fuerza que es capaz de reunir el barón de Münchausen, que salió de un aprieto tirando él de su propia coleta.

Pero Balzac no estará solo el resto de su vida. Siempre habrá una mujer o varias. Mujeres que, a diferencia de su madre, sí confiarán en él y sí lo amarán. La primera de ellas es Madame de Berny, más de veinte años mayor que él, que convirtió en hombre al Balzac veinteañero que andaba perdido en amores idealizados y estériles. Por cómo describe a la tierna y amorosa madame de Berny, a Stefan no le debían parecer atractivas las mujeres de cuarenta y tantos. Para él, ella estaba “ya fuera de los límites de una apetencia erótica”. La opinión de Balzac es otra: “Ella fue para mí madre, amiga, familiar, compañera y consejera. Me hizo escritor, me consoló de joven, me enseñó a tener gusto, lloró y rio conmigo como una hermana; venía a mí todos los días como un sueño bienhechor que aplaca los dolores... sin ella seguramente habría muerto".

Balzac pensaba que estaba hecho para amar, pero muchas de las mujeres con las que se encontró no eran como él esperaba. Hecho para amar y recibir amor gracias a todo ese déficit de amor materno que sufrió. Quizá por eso buscó siempre mujeres mayores que él, en general, madres. Según él: "La mujer de cuarenta años todo lo hará por ti; la de veinte, nada".

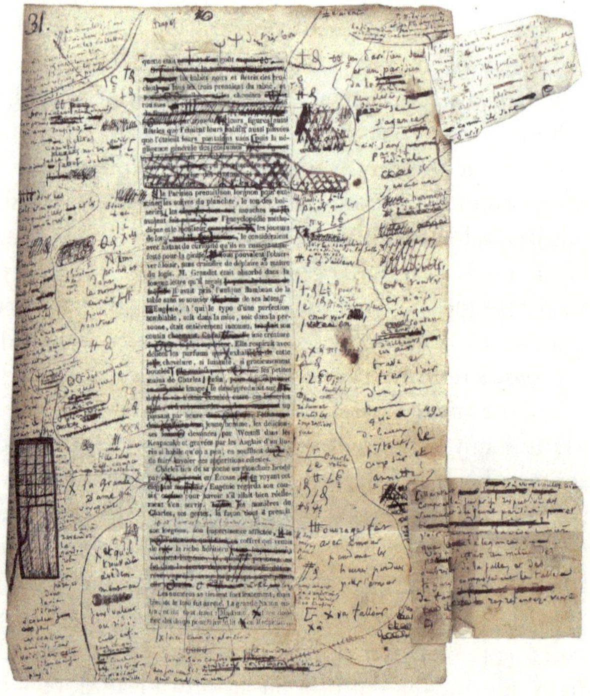

Figura 52. Borrador de Eugénie Grandet de Balzac con una maraña inmensa de correcciones del autor (dominio público. commons.wikimedia.org).

A pesar de que me apetece contar la historia de sus amores, la principal ocupación de Balzac será siempre su lucha sin descanso por alcanzar el éxito económico y por huir del desastre. Esta parte es como una repetición neurótica que siempre acaba mal. Primero intenta hacerse rico vendiendo sus obras, luego comprando una imprenta que solo le trae la ruina y deudas perpetuas. Balzac vive en un cuento de la lechera sin fin en el que llega a creerse sobrehumano: "Tengo que producir en un mes lo que otros no realizarían en un año entero". Litros de café exprimen a Balzac que escribe a mano sin ser consciente de que no se puede escribir así, como un torrente, todo el tiempo. Por eso, cuando le llegan las pruebas de imprenta, corrige sin parar hasta dibujar un bosque en la hoja limpia en la que a veces se ve obligado a pegar añadidos con engrudo. Estos collages que se pueden ver en Internet hacen imposible el trabajo del impresor que se angustia cuando le llegan sus amasijos de garabatos. Cada obra de Balzac no es el original, de él existe todo un historial de miles de páginas y correcciones que él encuaderna y regala, consciente de que ahí está lo más importante. Stefan, el buscador del instante de la creación artística, solo puede comparar estos documentos con los manuscritos de Beethoven, en los que también se ve la lucha del artista.

Menos mal que en su vida hubo mujeres que no le dejaron matarse aún más joven. Las dos más importantes fueron su hermana Laure, un año más joven que Balzac y Zulma Carraud, su alma gemela, su amistad más duradera, su confidente, también un año más joven que Balzac. Su relación duró toda la vida porque ella no dejó que su amistad se contaminara con el sexo. La familia Carraud siempre fue el refugio de Balzac durante la multitud de ocasiones en que se tuvo que ocultar de sus desgracias o acreedores. Una de las ocupaciones de Zulma y Laure era buscarle esposa a Balzac como única solución para sus problemas económicos. Pero es que llegó el éxito y Balzac, implacable, nunca supo convertir su fama en ingresos suficientes que estuvieran a la altura de las deudas. Lo que sí ocurrió es que, como en sus novelas parecía comprender el alma de las mujeres, ellas empezaron a buscarle. Él se engancha a las cartas que le llegan como un veinteañero tímido que acaba de descubrir Tinder. Su avidez por los amores de las mujeres que le escriben lo tiene encendido y en este maremágnum aparece Madame de Castries. Ella carga con la maldición de su historia clandestina y romántica con el conde Metternich que ha muerto y la ha obligado a regresar a casa de su padre. Madame de Castries se halla tullida. Su columna se ha roto al caer del caballo y tiene que pasar mucho tiempo recostada. No se relaciona con el círculo del que venía y solo tiene a los libros. A través de ellos encuentra a Balzac.

Lo que ocurre es que el hombre Balzac no consigue cautivarla como sí ha hecho el novelista o al menos, a ella no le interesa la intimidad física con él. Balzac lo intenta hasta el límite de sus fuerzas y su economía, pero se arruina dentro de su ruina previa por la pasión no correspondida hacia una esnob. De su esfuerzo por cautivar a la duquesa, Stefan dice: "Cada vez que Balzac se embellece y quiere transformarse en un dandy, es que está enamorado. Cada vez que instala un piso voluptuoso, espera a una amante. Sus sentimientos, como sus preocupaciones, siempre se expresan mediante el volumen de sus facturas. Así es como Balzac adquirió un tílburi y tomó un lacayo cuando galanteó a la duquesa de Castries". La historia acaba mal para Balzac. Madame de Castries hereda, porque fallece su padre, pero no se quiere casar con él.

Zulma y Laure vuelven al plan de encontrar una viuda rica, porque no les gustan las mujeres que se introducen en forma de carta y roban la energía de Balzac. Aunque así es como entra una "Desconocida" de la que Balzac se enamora y por carta le dice toda la verdad: "¡Oh, mi querida Desconocida, no desconfíe de mí! ¡No crea nada malo con respecto a mí; soy una criatura más alocada de lo que usted probablemente supone, pero, en compensación, también soy puro como un niño, y amo como solo saben amar los niños!". Esta desconocida resultó ser un amor aparentemente imposible que vivía en Ucrania, la señora von Hanska, aún no viuda, todavía casada.

Tras una intensa correspondencia, Balzac y von Hanska se conocieron en persona en 1833 en Neuchatel donde ella llega desde Ucrania con su marido y sus criados. Los enamorados aún no se han visto la cara. Gran riesgo. Ella ve que él no es un noble y que su "mala educación" le hace comer con el cuchillo aunque no llegue a sonarse con la servilleta. Solo se pueden ver a solas en dos o tres ocasiones.

Ella es una gran dama y aunque esté fascinada por el novelista, no enloquece por el hombre. Balzac es un inconsciente alocado que no para de correr, aunque esté siempre sentado y enferme por estar quieto. Es capaz de escribirle a von Hanska que su amor es virginalmente puro y que ha vivido tres años casto como una niña, pero es extraño, porque Balzac le acaba de contar orgulloso a su hermana que ha sido padre de un hijo ilegítimo.

Lo de Balzac y von Hanska sí que fue una amistad profunda o si se prefiere, un amor. Durante años y años sostuvieron el larguísimo hilo que los unía con encuentros infrecuentes en mitad de Europa a los que a Balzac le costaba llegar porque no tenía ni dinero ni salud para viajar. Entretanto aparecieron otras mujeres, siempre varias a la vez, pero la más importante fue la condesa Guidoboni-Visconti. Ella sí que lo amó o al menos sí demostró una actitud de amor hacia Balzac: "Se muestra con él en su palco, le hospeda en su casa cuando él no sabe cómo librarse de los acreedores, mora en una casa contigua a la suya cuando él se instala en Les Jardies. Delante del marido no representa ni de lejos la repugnante comedia de la esposa fiel, y del mismo modo que este no la importuna con sus celos, ella tampoco atormenta a Balzac con mezquinos espionajes y arrebatos celosos, como hace su rival en la distancia". Una amante que es también una buena amiga que no miente y que no le obliga a mentir y que encima le ayuda cuando tiene problemas económicos. Una mujer libre, quizá demasiado para Balzac, quien retrata sus amores con la condesa en *El lirio en el valle*.

A pesar de todo, prevalecerá el pacto que Balzac tiene con von Hanska, que consiste básicamente en que se casarán cuando su esposo ya no esté. Eso es mucho dinero. A cambio von Hanska le escribe "cartas llenas de desconfianza y reprensiones". Y Balzac miente como un bellaco y dice que la condesa solo es una amiga admirable: "La señora Visconti, a la cual te refieres, es una de las mujeres más atractivas, y es de infinita e incomparable bondad. Es de muy delicada y elegante hermosura, y me ayuda a soportar esta vida adversa. Es cariñosa y a pesar de todo firme, inconmovible e implacable en sus opiniones y aversiones. Es muy segura en sus relaciones. En ellas no ha sido muy dichosa, o más bien sus condiciones y las del conde no armonizan enteramente con el grandioso nombre que llevan (…) Desgraciadamente solo la veo muy de vez en cuando".

¿Quién en su sano juicio creería a Balzac? Pero von Hanska quiere a Balzac y presume de ser la que mejor le conoce. El problema es que vive en Ucrania y no es tan cálida como la condesa que por cierto, se sospecha que le dio un hijo, Lionel Richard, algo que dan por hecho en geneanet.org. Pero Balzac es Balzac y no puede parar de liarla. Así que cuando acaba de nacer el muchacho se va por encargo de la condesa a Italia a intentar cobrar parte de la herencia de su marido, pero no se va solo. Se lleva a una amante disfrazada de criado. Stefan escribe esto: "Como casi todas las amigas del escritor, también es una mujer casada, esposa de un marido complaciente. La señora Caroline Marbouty lleva en Limoges una vida fastidiosa, mujer de un alto funcionario de justicia, y como todas las mujeres desengañadas e incomprendidas de Francia escribe una carta romántica a Balzac, el abogado general de todas las esposas incomprendidas".

Cuando regresa de Italia, escarnecido tras lo de su criado que no se creyó nadie, se encuentra en París lo de siempre: edictos de los alguaciles clavados en la puerta y un montón de cuentas sin pagar encima de la mesa. Balzac ya está en la espiral. No ocurre, como dice Stefan, que "a una aventura sigue otra", por más que en un año conquiste a más mujeres que anteriormente en un decenio. A un desastre sigue otro mayor. Podría ahondar en la historia de las minas de plata de Cerdeña que debería haberle hecho multimillonario y que solo consiguió multiplicar sus deudas y obligarle a ocultarse en la casa de Passy. Nadie resume mejor que el propio Balzac su vida a los cuarenta años: "Todo ha ido a peor, el trabajo y las deudas". ¿Pero cómo iba a ir bien nada? El plan de Balzac debía sonar bien en su cabeza: escribo diez o veinte obras al año porque soy un genio y alguna dará la campanada, y para mantener el ritmo bebo ríos de café, como sin control y gasto sin conocimiento. Todo su trabajo se resume en doscientos mil francos de deudas. Es verdad que Balzac llegó a ser muy famoso en toda Europa, pero como le pasó a su Louis Lambert, "desea lo imposible". Se inspira en *La divina comedia* y quiere superar el *Fausto*, que a Goethe le llevó sesenta años, en seis semanas. Quiere escribir *La comedia humana* en 137 volúmenes pero no llega a los cien. Stefan nos habla de un superdotado que quiere escribir *Las mil y una noches* de Occidente. Balzac es un genio inigualable, desbordante, maravilloso que fascina a la parte más inmadura de Stefan, pero al contarnos su historia lo único que consigue es que rechacemos al megalómano enfermo que es Balzac. Un hombre que utiliza las mujeres como objetos, que utiliza la vida como objeto, que se usa a sí mismo como un objeto y que no se permite ser sujeto. Casi un neoliberal adelantado a su tiempo. No quiero imaginar qué habría ocurrido si alguna de sus empresas hubiese tenido éxito.

Por fin, Balzac se casa con von Hanska el mismo año de su muerte. Ya da igual. Él dice que se casa con la única mujer a la que ha amado. Lo que dice y lo que hace no van de la mano. Su megalomanía no le permite contactar con la realidad. El descuido corporal es una solución para escapar temporalmente. En su metro sesenta escaso, Balzac está cargado de grasa y cafeína. Así es como consigue que Stefan admire tanto su capacidad de producción literaria. Pero ¿para qué? ¿Se puede jugar durante décadas a la ruleta rusa del infarto y salir indemne? La respuesta es no. Menos mal que Balzac no fumaba porque pensaba que "el tabaco daña el cuerpo, ataca la inteligencia y abotarga a naciones enteras". Pero no importa. A los 51 años tiene una insuficiencia cardiaca que no para de hacerle entrar en edema pulmonar. Un buen día el edema se generaliza, sufre una peritonitis a la que sigue una gangrena y muere.

Stefan es más prusiano, se cuida y a los sesenta está bien de salud, aunque tenga dentadura postiza. El panegírico de Balzac lo hace Victor Hugo que fue el último que lo visitó y que se emociona y dice que, a partir de ese momento, las miradas no se dirigirán a las cabezas de los que gobiernan, sino a las de los que piensan. Lo entierran en el Père-Lachaise y Rodin le acabará haciendo la estatua de la que ya hablé.

COSAS QUE YO TE DIRÍA

Una vez muerto se pueden meter contigo como hace Ramón Rubinat, autor de la órbita de Gustavo Bueno, en su obra *Stefan Zweig,*

¿Cavernícola o imperialista? Y no le falta razón cuando se mofa de la ingenuidad de Stefan y con cómo se traga el mito de la cultura. Pero es que si ya llevas 75 años enterrado queda un poco fuera de lugar que te digan que tu error es que eres incapaz de distinguir entre literatura, teoría de la literatura y crítica literaria. Puestos a criticar, Rubinat no sabe pronunciar el apellido de Stefan y eso no invalida sus tesis, como la obra de Stefan no queda invalidada por su retórica. Buscar frases retorcidas y vacías en Stefan es sencillo, de hecho, en YouTube se puede escuchar una conferencia de Jesús Maestro, otro "buenista" militante, en la que pone a Stefan a caer de un burro porque no para de echar mano de lo que él llama "los cuatro fraudes": la psicología, la retórica, la ideología y la doxografía. Evidentemente, lo que no es filosofía es doxografía. Pero, a ver quién es el guapo que dice que él sí hace filosofía. Stefan, hablando de Hölderlin osa decir que la filosofía es un hospital para poetas desgraciados. Su intento de giro filosófico no le sirve a Hölderlin, que caerá en la psicosis. Jesús Maestro sabrá más que nadie de literatura, pero querer invalidar una obra porque echa mano de la psicología sí que me parece ingenuo e incluso retórico, válgame la retórica. Sí, Stefan caía en la retórica y se emborrachaba a veces con la apariencia de frases bonitas pero vacías. Sí, ocurría y también tenía cierta fascinación germánica que seguramente tuvo que ver en su caída y su desgracia. Y sí, fracasó porque se metió en un proyecto político, su europeísmo, sin darse cuenta de que "la Europa sublime" es un etnocentrismo como cualquier otro que, como dice Gustavo Bueno, estuvo detrás del nazismo. Lo bueno de los racionalistas es que creen tenerlo todo bajo control. Lo malo es lo mismo. Stefan, como dicen ellos, es clasista, germanófilo, retórico, irracional, oracular, dogmático, antiespañol, desconocedor de la crítica literaria, y encima, fácil de leer y entretenido y apreciado por el público de muchas generaciones hasta al menos bien entrado el siglo XXI. Y me pregunto: ¿Dónde lleva el racionalismo de su crítica literaria que dice que ellos saben y los demás no? ¿De qué sirve colocarse en la perspectiva adecuada para tu propio prisma mientras pontificas con tu jerga? Vaya por delante que me dedico a la psicoterapia, que he estudiado con psicoanalistas y que de galimatías algo sé. Pero bueno, por mi parte creo que debía

mencionar a estos autores, como también el eslogan de Hofmann en el London Review of Books cuando dice que Stefan es la Pepsi de la literatura austriaca, pero la discusión fálica que empieza en este párrafo, también quiere terminar en él.

Cerrando casi el primer borrador de este libro apareció en Acantilado la obra *Encuentros con libros* que recopila artículos de Stefan según la edición de Knut Beck. En este caso, la traducción es de Roberto Bravo de la Varga, y el editor, en el epílogo, nos habla de Stefan y de su relación con la literatura, como hacen los textos incluidos en el volumen que recorren desde *Las mil y una noches* hasta Paul Claudel. Uno de los primeros proyectos de Stefan era escribir una literatura universal y, de hecho, estudió en su juventud todas las historias de la literatura que encontró. Lo que ocurre es que a Stefan le interesaron más los personajes que sus obras, al tiempo que le gustaba más dirigirse a los lectores que a los académicos. Si caía en sus manos un libro apasionante que no estuviera publicado, le buscaba editor. Se involucraba en proyectos editoriales como hizo tras la primera guerra mundial con *Libri Librorum* o *Bibliotheca Mundi* para poder publicar a autores extranjeros durante el bloqueo y en plena escasez de papel. En el proyecto de "Los doce libros" que compartió con Carl Seelig insistía en que cualquier obra podría ser publicada en la colección "salvo aquellas de carácter político o con contenido polémico". La verdad es que no entiendo cómo Stefan no cayó en la cuenta de que este axioma que afirma que la literatura debe desvincularse de la política y de la polémica, lleva a una desconexión con la vida. Él lo aprendió de joven y creía que podría agarrarse a él como literato y salvarse, pero no. Ahora estaba en Brasil y el error ya no podía expulsarlo más lejos. Aunque si hubiera hecho lo contrario, como Rolland, con suerte estaría en Suiza y sin ella, muerto. Lo que más me llama la atención es que él lo sabía. Por ejemplo, de *El malestar de la cultura* dice en su autobiografía: "tuvimos que dar la razón a Freud cuando afirmaba ver en nuestra cultura y en nuestra civilización tan solo una capa muy fina que en cualquier momento podía ser perforada por las fuerzas destructoras del infierno; hemos tenido que acostumbrarnos poco a poco a vivir sin el suelo bajo nuestros pies, sin derechos, sin libertad, sin seguridad". Así llegó a Brasil.

La versión de Friderike se puede resumir así: Stefan se marchó demasiado rápido de Ossining apremiado por Lotte, y Brasil no pudo ser porque allí le dio "otra de sus terribles depresiones" y le pilló con "una mujer que pedía apoyo en lugar de ofrecerlo". La historia de Stefan se parece a tantas de hombres maduros en crisis que se emparejan con jóvenes admiradoras. Ellas se enamoran locamente de esos hombres admirables que caminan hacia su autodestrucción y no los pueden parar.

Friderike recorrió su propio *via crucis* desde que decidió quedarse en Salzburgo. A principios de 1938, junto con su hija Suse, dejó la casa que había alquilado para pasar tres meses en París. Allí se encontró con Stefan y la cosa no fue mal. Tras la anexión de Austria en marzo, en vez de regresar, le pidió a su otra hija, Alix, que embalase todo lo de valor que quedaba en Salzburgo y se lo enviase: muebles, libros y manuscritos, documentos, ahorros, joyas, cuadros, vajilla, alfombras. Pero todos sus bienes fueron incautados por la policía y Stefan, que había recibido solo parte del importe de su casa del Kapuzinerberg hasta esa fecha, nunca percibió la suma restante. Es verdad que había malvendido la casa, pero seguía siendo mucho dinero que nadie le pagó y, como es de esperar, la casa entera pertenece a alguien que no es heredero de Stefan. Podríamos mencionar también que Stefan perdió todo el capital que tenía en bancos austriacos que ascendía a 73.408 chelines. Toda guerra es una excusa estupenda para el expolio.

Las cartas se volvieron lúgubres y ella sintió que la echaba de menos. Stefan, culposo, le pedía perdón y le decía que qué importaba ya lo que quedara por vivir y experimentar porque los mejores años habían pasado y los habían vivido juntos.

Mientras, en Brasil, el asma de Lotte empeoró. Stefan y Lotte estaban solos. Martha Freud y Hans Carosa entre otros, culpan a Lotte de no haber frenado a Stefan y compran la versión de Friderike de que con ella no habría pasado. Thomas Mann le escribió a Friderike diciéndole que él no sabía de la enfermedad de la mujer de Stefan, pero critica a Stefan por no ser consciente de su responsabilidad ante cientos de miles de seguidores que estaban inmersos en la pelea contra el mal.

El mundo de ayer termina así: "El sol brillaba con plenitud y fuerza. Mientras regresaba a casa, de pronto observé mi sombra ante mí del mismo modo que veía la sombra de la otra guerra detrás de la actual. Durante todo ese tiempo, aquella sombra ya no se apartó de mí; se cernía sobre mis pensamientos noche y día; quizá su oscuro contorno se proyecta también sobre muchas páginas de este libro. Pero toda sombra es, al fin y al cabo, hija de la luz y solo quien ha conocido la claridad y las tinieblas, la guerra y la paz, el ascenso y la caída, solo éste ha vivido de verdad".

La vida de Stefan concluye un día, en cuya víspera envió a su editor la copia definitiva de *El mundo de ayer* mecanografiada por Lotte Altmann. Pero es que *El mundo de Ayer* se quedó cortado. Le falta el final de 1939, 1940, 1941 y el principio de 1942. Dos años y medio que están silenciados. Es verdad que el libro se publicó, pero este vacío no habla más que del silencio de un hombre derrotado que no tuvo, como dijo él en sus cartas de despedida, la paciencia de esperar. Le faltó porque no solo era necesario mucho tiempo para llegar a una reconstrucción y una vida como la de antes de la guerra, sino que era necesario algo más para llegar al final de la depresión.

Stefan, yo te diría que un hombre tan amado en todo el mundo como tú, podría haber tomado otro camino. Por ejemplo, podías haber pensado que merecía la pena esperar un poco y ser el primer austriaco en recibir el Nobel, aunque fuese después de tu vecina Gabriela Mistral en 1945. Pienso que tu mujer debería haberte admirado menos y pararte más. Pero ¿cómo se hace para sacar a un hombre deprimido de su enajenación y, con una bofetada de realidad, llevarle a bailar y a tomar tres copas? ¿Cómo se hace para no dejarse arrastrar por una tristeza que entonces era universal? Stefan, ¿por qué no te diste por enterado de lo que ya sabía Churchill en diciembre de 1941 tras el ataque de Pearl Harbor el día 7, cuando dijo que la muerte de Hitler estaba sellada y que los japoneses serían reducidos a polvo? Es verdad que unos días antes la vanguardia del ejército nazi había llegado a ver las cúpulas del Kremlin, pero no pasaron de ahí. El 5 de diciembre de 1941 llegó la contraofensiva rusa y por fin tuvieron que retroceder. Stefan, ¿por qué no quisiste ver que la suerte del Eje estaba echada? O si lo sabías, ¿por qué pudo contigo la desesperanza? Stefan, no se puede tener todo y menos con 60 años, que sí, que son muchos, pero no tantos si estás vivo. No se puede tener todo, amigo, pero no es lo mismo saberlo que pensar que ya se acabó. Ay, Stefan, si hasta los altos funcionarios del Tercer Reich sabían que sin derrotar a la URSS, Hitler no podría ganar la guerra y mucho menos con los Estados Unidos en liza, pero es verdad que ellos también se temían la paz de después. Ninguna paz es admisible para los que sueñan con imperios. Japón y Alemania culparían a sus dirigentes de la guerra, pero fue su cultura la que sostuvo aquel delirio colectivo de grandeza y la furia asesina que se llevaría por delante entre 70 y 80 millones de personas. Como sospechábamos, el eslogan de hacer a Alemania grande otra vez era mentira. Stefan, Hitler iba a desaparecer, no podía ser de otro modo, pero tú sabías que iba a dejar la orden de destruirlo todo. Sabías que se había rodeado de los peores hombres y mujeres de su país: Göring, Goebbels, Himmler, Eichmann, Bormann, Heydrich... Europa iba a ser un cementerio devastado y tú no tenías duda. Alemania parecía ser lo que menos le importaba de todo a Hitler, pues su legado fueron todas las grandes ciudades alemanas destruidas: Berlín, Colonia, Dresde, Stuttgart, Múnich, Nüremberg, Bremen, Hannover, Hamburgo, Dortmund, Düsseldorf... Un país de mujeres violadas por rusos o compradas con tabletas de chocolate americanas, un país sin hombres, un país dividido durante medio siglo, con deudas de guerra casi perpetuas. Stefan, tú sabes que hay que huir de la gente ambiciosa porque destruye más, porque contamina más la realidad. ¿Desde cuándo empezaste a estar quemado? ¿Desde que escribiste el Tolstoi en *Momentos estelares* donde el artista quiere huir pero es tarde? ¿Por qué no te inventaste una cuarta vida y te dedicaste a mirar por la ventana, a tomar café y a fumar tranquilamente mientras leías? ¿Por qué no te bajaste del drama ese tuyo de la literatura que te hizo decir aquello de "mientras lleven suelas mis zapatos"? ¿Por qué ese empeño tuyo de no dejar de ser quien eras si la única posibilidad es el cambio?

Stefan, dentro de los suicidios, el tuyo es uno claramente depresivo. Ves un mundo ya muy oscuro con las lentes negras de la depresión. Pero, por si alguien lo pregunta, que lo preguntarán, no puedo negarte un cierto componente filosófico. Todas tus cartas de despedida lo certifican, pues vienen a decir algo así: tras cuidadosa evaluación he considerado que mi vida no tiene ya sentido y que a partir de ahora me va a traer más sinsabores que alegrías, por lo que decido ponerle fin antes de causarme más sufrimiento a mí mismo y a los demás.

Si después de la anexión de Austria hubo intelectuales que se suicidaron, tú tomaste un camino un poco distinto: solo decidiste hacerlo cuando ya estabas a salvo. Tantas despedidas hicieron mella en ti, como la del 12 de mayo de 1937, tu última noche en Viena, la última vez que viste a tu madre. Quizá te entraron en Petrópolis ganas de tomar un Schnitzel con su carne de ternera ablandada con un mazo, empanada y frita en mantequilla. Allí no sufrías racionamiento, pero tampoco tenías Viena y sí que disfrutabas del duro privilegio de ser más rico que los demás, de estar más a salvo de los demás. En Brasil, me temo que no te apeteciera volver a "la casa encantada" de Salzburgo, como la llamaba Friderike, y que debías estar cansado de sentirte culpable por todo y de pensar que molestabas. Pero Stefan, si el trabajo que tenemos todos los días es molestar y joderles sus expectativas a los demás, por lo menos las que tienen que ver con nosotros. Moleste usted, le decía su terapeuta a Martín Romaña, contradiciendo su principio básico de no molestar.

Stefan, antes de matarte, ¿por qué no hiciste un libro con tus proyectos sin acabar? ¿Por qué no escribiste sobre Jonathan Swift o sobre Bach? ¿Por qué no te metiste a jardinero? ¿Por qué no buscaste al hombre sin atributos o al hombre sin deseo y por tanto sin sufrimiento de Buda? ¿Por qué no te cruzaste con Krahe y dejaste que te vacunase contra toda nostalgia porque todo tiempo pasado solo fue anterior? ¿Es que no querías que los americanos a las órdenes de Patton te llevasen como a los habitantes de Weimar en abril de 1945 a visitar el campo de Buchenwald? Así está hecho el mundo y tú lo sabías. A siete kilómetros del centro de la ciudad, a siete, ni uno más en línea recta, se pueden cometer crímenes horribles y nosotros miramos para otro lado mientas sale humo y ceniza por las chimeneas. Stefan, Proust no tenía razón cuando decía: "La verdadera vida, la vida al fin descubierta y dilucidada, la única vida, por lo tanto, realmente vivida es la literatura". Es verdad que nuestra vida, nuestra realidad, tiene que ver con la narrativa que la sostiene, pero la literatura no basta.

Me viene a la cabeza lo que me dijo mi exjefe con suficiencia desde detrás de su hebilla de Dolce & Gabbana. Aquello de que si todavía no me iba bien después de dejar el trabajo que no me preocupara porque si no va bien es porque todavía no ha terminado. En realidad se frotaba las manos por perderme de vista, pero es que encima llevaba razón el tío. Qué ironía, Stefan. La historia se repite porque en cada generación son muy pocos los que descubren cómo hay que vivir y no les da tiempo a transmitirlo. Es verdad Stefan, todos morimos en el intento y los que vienen nuevos tienen que volver a empezar. El mundo tiene su ritmo y no quiere que lo pensemos, que hablemos, que nos reunamos, que vayamos a terapia, porque ¿para qué vamos a buscar nuestra verdad si ya nos han regalado una brillante y acerada?

Stefan, podías haber hecho como tu admirado Benedetto Croce, que se exilió dentro de Italia por sus diferencias con el fascismo y siguió activo, claro que Mussolini se lo permitía porque "il Duce" tenía sus rarezas y te escuchó a ti una vez y también a María Montessori. Croce decía que es precisamente la resistencia lo que le mantiene joven a uno.

Stefan, es verdad que tú no podías regresar y mirabas a Europa como Casanova miró hacia Venecia durante años. Pero Casanova tuvo suficiente paciencia o se entretuvo escribiendo sus larguísimas memorias, y pudo volver. Casanova se sinceró totalmente porque creía que su historia nunca vería la luz y que acabaría destruyéndola pues solo era un remedio para la tristeza de la vejez, pero no. Siete años tardó en escribir su biografía y le sirvió como tratamiento. Stefan, tú podías haber hecho lo mismo con la versión no censurada y personal de *El mundo de ayer* y habrías llegado a 1949. Pero no lo hiciste. Los Goethes, los Tolstois y los Stendhals del mundo nos engañaron y solo nos mostraron una vida edulcorada que no es, que no tiene toda la carne que tiene que tener y desterraron de sus relatos la realidad. Stefan, no quisiste abrir la cruzada de empezar a contarlo todo porque lo carnal, lo terrenal, lo íntimo tal vez te parecía sucio o vergonzoso. *Debes saberlo todo* es el título de un relato de Isaak Babel que por intentar contar más fue fusilado por Stalin dos años antes de que tú te suicidaras. Stefan, ¿por qué dejaste escrito que para la inmortalidad, la moral no es nada y no nos dejaste el texto del que escribiste en tu diario de 1914: "he empezado a proyectar en secreto el libro en que narraré con toda intensidad lo que vivimos Marcelle y yo"?

Stefan, si pudiera, te contaría que las depresiones no solo se curan, sino que es posible evitar que vuelvan y que lo que a ti te pasaba era que estabas deprimido. Nada que ver con unas semanas atrás cuando por tu cumpleaños recibiste todas aquellas felicitaciones y escribiste este poema, "El sexagenario da las gracias":

La danza de las horas se cierne más benigna
sobre los cabellos ya grises,
pues solo cuando la copa se inclina
es posible ver el fondo de oro claro.

El presentimiento del próximo anochecer
no molesta, ¡quita peso!
El puro aire de la contemplación del mundo
solo lo conoce quien ya nada apetece.

Ya no interroga a lo que consiguió,
ya no se queja de lo que añoró,
y envejecer solo es el ligero
comienzo de su despedida.

Nunca brilla más el horizonte
que con el destello de la luz que se despide,
nunca se ama más fielmente a la vida
que a la sombra de la renuncia.

Stefan, este no es un poema triste sino casi meditativo y no creo que esta versión de Cristina Sánchez se deje nada en el tintero. ¿Por qué después de sesenta años te rendiste y por qué dejaste que ella también se suicidara contigo como hicieron Crosby, Dazai, Heinle, Koestler, Lafarge o tu admirado Kleist?

LA FASCINACIÓN POR EL DEMONIO

Stefan estaba fascinado por lo demoniaco que habita los límites del arte, por esa energía oscura que alienta y destruye a la vez la vida de los creadores y si encima son alemanes, mucho más. Esta curiosidad recorre sus escritos, nutre su colección de manuscritos y le retrata, pero su obra de referencia es *La lucha contra el demonio* de 1925. El libro contiene las biografías de Hölderlin, Kleist y Nietzsche que abre fuego con esta cita: "yo amo a aquellos que no saben vivir más que para desaparecer, porque esos son los que pasan al otro lado". Aunque estos son los tres protagonistas de la obra, el libro, del que citaré la traducción de Joaquín Verdaguer, cuenta también la historia de todos aquellas estrellas que Stefan reconoce como sus ancestros artísticos que son fugaces casi sin excepción: Chenier acaba guillotinado un día antes de que desmonten la guillotina, Keats fallece de tuberculosis a los 27, Shelley acude a su tumba para honrarlo con su *Adonais* y se ahoga en una tempestad, Byron enciende su pira funeraria cual Aquiles y cae por unas fiebres antes de caer por una imprudencia, Novalis se desangra a los 28 por una tuberculosis, a Büchner y a Hauff se los lleva el tifus con 23 y 25 años, Grivoyedov es linchado en Teherán condenado por una fatwa que siguió los mismos principios que la de Rushdie, Bécquer muere por tuberculosis, Larra se pega un tiro desairado; Ganivet se tira una vez más al Duina. Hay excepciones, como Goethe, que entregó a Werther a la muerte y siguió vivo, pero el demonio ronda a todos los escritores que admira Stefan, empezando por Hölderlin.

Hölderlin tiene dos vidas, la de poeta puro, incapaz de ser otra cosa a pesar de no ser un poeta sublime, y la de muerto viviente que vive tanto que ve caer a Schiller, a Kant y a Napoleón. Hölderlin apuesta todo a la poesía porque si no siente que peca contra sí mismo pero su elección es tan extrema, tan delirante, que por agarrarse al arte deja de lado todas las cosas del mundo. Aun así, el poeta se dirige al centro del mundo de los poetas de su época, a Weimar. Según Stefan, no se ha prestado la suficiente atención al poder destructivo que tuvo la filosofía alemana y concretamente Kant y su metafísica sobre los poetas que se acercaron a ella en busca de la pureza. Stefan se despacha a gusto con el de Könisberg: "Soy de la firme opinión de que la influencia de Kant limitó en extremo la producción poética de la época clásica (...) Kant perjudicó en extremo la expresión sensual, la euforia de la poesía, el libre curso de la imaginación, al quererlas llevar hacia su criticismo estético. Esterilizó las facultades puramente poéticas de todo aquel que abrazó sus teorías. ¿Y cómo podría ser de otro modo? Un ser todo cerebro, todo fría razón, ¿cómo podría ese hombre, que no conoció mujer ni salió de su provincia, ese hombre que era como un delicado mecanismo de relojería (...) desprovisto de espontaneidad (...) cómo podría ese hombre, repito, ser jamás útil a un poeta, a un poeta que vive solo por sus sentidos, que se eleva por su imaginación y a quien la pasión arrastra siempre a la inconsciencia?"

Stefan se aplicaría unos años después a la poética radical de Hölderlin: "Entregaos a la naturaleza antes de que sea ella la que os tome", "Debe marcharse aquel cuyo espíritu ya ha hablado", cosa que no hizo el propio Hölderlin, al menos no de una manera radical. En vez de suicidarse, enloqueció y durante cuarenta años, convertido ya en Scardanelli, se apartó del mundo y sobrevivió acogido por la familia de un carpintero. Nos dejó su novela Hiperión en la que nos habla del amor y de su poder transformador del mundo y de la humanidad y la memorable cita de Thomas Mann que recoge Cortázar en su *Prosa del observatorio*: "Las cosas estarían mejor si Marx hubiera leído a Hölderlin".

El libro continúa con Kleist y con Nietzsche y nos deja entrever casi con dos décadas de adelanto el final de Stefan. La vida de Kleist y su suicidio doble lo fascinaron desde siempre y Stefan tenía en su colección de manuscritos todo lo que se podía conseguir de él. Kleist había nacido justo un siglo antes que Stefan y no lo definiríamos bien si dijéramos lo que empieza diciendo Wikipedia de que fue un poeta, dramaturgo y novelista alemán. Kleist fue una bala perdida, una flecha, como dice Stefan, que conociendo su peripecia vital casi parece increíble que llegase a los 34 años. Kleist viaja sin descanso como después harán Nietzsche o Rimbaud: Frankfurt, Maguncia, París, Berna, Milán, Hamburgo, Bolonia Dresde, Bayreuth, Könisberg, Alemania entera, Berlín. Tanto movimiento resulta sospechoso y poco falta para que lo maten por espía. También está a punto de morir cuando siente que ha fracasado como escritor y se quiere alistar en el ejército francés que pretende invadir Inglaterra. Un amigo lo retiene. Se desplaza sin rumbo desde su nacimiento pues se lo quitan de encima y lo meten al ejército. Él escapa y quiere ser poeta pero se choca con Kant y luego quiere ser campesino. Deja de escribir mucho porque de tanto correr no le da la vida y quema mucho de lo que escribe porque no alcanza la perfección, aunque lo intente más de medio millar de días seguidos.

"La vida de Kleist no fue vida, sino un eterno correr por la tierra; una cacería monstruosa, llena de sangre y de sensualidad, de crueldad y de terror, rodeada de la máxima excitación y del sonar de la trompa de caza. Toda una jauría lo acosa; él, como ciervo perseguido, se mete en la espesura; a veces, se vuelve de pronto, movido por su voluntad, contra alguno de los perros acosadores del destino, hace su sacrificio –tres, cuatro, cinco obras concebidas en la sacudida de la pasión– y sigue su carrera, sangrando". Como dice Stefan, su abismo interior no se lo puede sacudir porque lo acompaña como una sombra. Y esa sombra espanta a los demás. Como ocurrirá con Nietzsche, el aislamiento de ambos aumenta y cuando Kleist desaparece dos meses sus amigos tranquilamente lo dan por muerto. Nadie se preocupa por su *Historia de mi alma* que escribe al final y en la que cuenta todo. Al parecer él mismo la quema antes de morir o simplemente desaparece. No tiene un Max Brod.

Kleist y Nietzsche buscan cómo vivir, pero no hay maestros para semejante asignatura. Kant evidentemente no lo es o al menos no les sirve. La música que ambos aman no es suficiente y su búsqueda los deja solos. Van demasiado por delante. Nietzsche, además, apenas ve y como nadie sabe decirle el mal que le aqueja, se automedica. Llega a tomar cantidades enormes de muchos fármacos, incluido el veronal. Tomaba tanto, que la dosis que resultará letal para Stefan seguramente no lo habría sido para él. "Lo que no me mata, me hace más fuerte" es una frase estupenda pero mata. "El pensamiento del suicidio es un gran consuelo; gracias a él uno supera con éxito muchas noches malas" pero no las pasa bien. Si Apolo y Dionisos no se sientan a negociar, es la guerra y uno puede acabar en una calle de

Turín abrazado a un caballo diciendo sus últimas palabras: "Madre, soy tonto", nada menos que diez años antes de morir.

Kleist y Nietzsche quieren asaltar los cielos ahora que parece que Dios ha muerto, pero conseguir la inmortalidad no es un buen proyecto y menos si se pretende alcanzar con la muerte. "Solo aquel que lleva en su pecho todo un infierno puede luchar como lucha un Dios, como lucha Kleist contra sí mismo". Todo esto le fascina a Stefan que tiene un corazón romántico y una coraza casi prusiana. No ve con claridad o al menos no denuncia que, independientemente de su valía, el narcisismo patológico de Kleist y de Nietzsche genera unas pasiones terriblemente destructivas. Claro que la historia está llena de narcisismos patológicos mucho más peligrosos, como los de Hitler o Stalin. Y sí, es una pena que Mishima se suicidara, pero peor habría sido que desencadenara otra guerra en Japón.

Stefan insiste en su fascinación: "Kleist no ama la muerte de cualquier manera, sino con pasión, con exaltación; no quiere matarse, pues miserablemente, cobardemente, sino con ansia". Es como si confundiera Eros con Thanatos. En realidad lo de Kleist es pasión de muerte, no de vida. Que sí, que es muy romántico y todo eso: "Él, que durante la vida ha estado sediento de amor, pide ahora una muerte de amor. En el mundo ninguna mujer logró satisfacer su amor ilimitado", pero todo lo que deja es destrucción. Al final, después de muchos noes, encuentra a la mujer, Adolfine Vogel y no Karoline von Schiller como dice Stefan. Si Vogel tuviera voz en esta historia, sería la precursora del derecho a morir dignamente, pero solo es un objeto que toma Kleist para decorar su martirio. Ella elige entre agonizar por el cáncer que la devora y la bala. Prefiere la bala. Kleist no tiene elección. Le dispara a ella en el corazón sin haberse parado a mirarla y después se dispara él en la boca. Su epitafio en piedra recoge una frase de su tragedia *El príncipe de Homburg* no representada en vida: "Ahora, ¡oh, inmortalidad! Eres toda mía".

Cuando no llega ese éxito fulgurante que nunca nadie ha conseguido en la Tierra, se puede hacer como Kleist, matarse y responder al supuesto rechazo con un silencio eterno. Ese silencio cruel en el que también era maestra Sylvia Plath, tal como cuenta Janet Malcolm en la tremenda anécdota que recoge en *La mujer en silencio*. Pero no era este el estilo de Stefan y además no había nadie que objetivamente tuviera más éxito que él.

LAS CARTAS DE LOTTE ALTMANN

Lo que pasaba es que Stefan despertaba todos los días en su pequeña cama de hierro, gemela de la cama de Lotte, rodeado por todos los estímulos del trópico, pero incapaz de disfrutarlos. La luz era distinta, más intensa, pero para él no iluminaba suficiente. Una montaña de hechos hace pensar en la esperanza, mientras otra conduce a la desesperación. Lotte pide a su familia en Inglaterra la receta de la Linzer Torte con su elegante enrejado para que Stefan se sienta en casa; los japoneses atacan Pearl Harbor; Pluky, el fox terrier, ladra y quiere jugar, pero por las noches llora porque quiere dormir con ellos; piensan ampliar el contrato de alquiler otros seis meses; los nazis acuerdan "la solución final para la cuestión judía" el 20 de enero en Wannsee, aunque esto no se sabrá hasta años después; muchos días Stefan piensa que Brasil está a salvo, otros pregunta a los demás si creen que los nazis llegarán a Sudamérica y si la respuesta es afirmativa, tiembla; Stefan lee *La Malquerida* de Jacinto Benavente y le encanta; la mujer del jardinero da a luz y el nacimiento del bebé altera mucho a Lotte y no precisamente porque después del parto el padre se largase al café; el 8 de enero Stefan recibe, según él, la mejor carta que le ha llegado en años, en la que Roger Martin du Gard, desde Niza anticipa un nuevo orden mundial después de la guerra y dice lo que Stefan siente, que los hombres de su edad deben contentarse con quedarse callados y hacer un mutis digno; Lotte tose mucho y Stefan no duerme bien; el 15 de enero la RAF bombardea Hamburgo, el 21, Bremen, el 22 termina la batalla de Moscú y el ejército alemán retrocede, pero hasta junio los japoneses no perderán en Midway; 1942 marca el inicio del derrumbamiento de las potencias del Eje, pero todavía falta lo peor.

En diciembre, dos meses antes de suicidarse, Stefan y Lotte habían estado en Rio y Lotte había escrito a su cuñada Hannah comunicándole que Stefan volvía a sentirse mejor, estaba feliz con su trabajo y ya había desaparecido su sentimiento de que todo sería inútil una vez acabada la guerra. Por eso le pidió todo el material de Balzac. El 16 de febrero decidieron bajar al carnaval del pueblo en Praça Onze como unos espectadores más. Stefan había escrito esto sobre los brasileños y el Carnaval de Río: "durante meses hacen economías y se realizan ensayos, ya que cada carnaval produce nuevos cantos y bailes. Y puesto que en Río el carnaval es una fiesta democrática, una explosión de alegría (...) queda abolida toda diferencia social, extraños van del brazo de extraños, todo el mundo dirige la palabra a todo el mundo, y poco a poco la animación recíproca y el batifondo incesante aumentan hasta una especie de delirio. Se ve gente exhausta tirada en la calle, sin que haya probado una gota de alcohol; solo ha bailado y hecho ruido hasta enfermar y quedar extenuada (...) Pese a la libertad de usar antifaces nada grosero acontece en medio de una multitud que día y noche bulle con alegría infantil". Ese día era Lunes de Carnaval, del latín "dejar atrás la carne", por eso después venía el Miércoles de Ceniza y solo cuatro días después, el Domingo de Suicidio.

Y Lotte estaba ahí. Ella tenía entonces 33 años y desde el principio sabía que no iba a tener hijos con Stefan. Lo había seguido por todo el mundo y ahora estaban en el último rincón o en lo que a ellos les parecía el último rincón. Stefan la consideraba una enferma y se empeñaba en que recibiera inyecciones de hígado para que ganara peso. La verdad es que Lotte no estaba tan mal, aunque en toda esta historia es una figura casi muda.

En 2013 se publicó la correspondencia que intercambiaron Stefan y Lotte entre 1934 y 1940. El editor, Oliver Matuschek, apenas podía creerse que hubieran aparecido las cartas de Stefan en el ático de Eva Alberman, la sobrina de Lotte. Setenta años después de la muerte de Stefan, Fischer Klassic publicó las cartas con el título: *Ich wünschte, dass ich Ihnen ein wenig fehlte.* "Desearía que me extrañases un poco" es algo que le escribe Stefan a Lotte en la carta que le envía con matasellos del 4 de marzo de 1935. Stefan empieza quejándose de que la prensa ha publicado que se hospeda en el Regina de Viena y de que sin una secretaria fiable y discreta como ella no paran de abordarlo. La miseria reinante le deprime, no como en la isla de

Londres y le escribe más o menos esto: "¡Vuelve pronto! (...) es casi feo por mi parte decir que desearía que me extrañases un poco porque yo te extraño mucho, extraño tu buen trabajo. No pasa un día, ni siquiera medio día, en que no sienta lo mucho que me acostumbré a tu excelente ayuda". Es normal que en esa tesitura, la hermana de Rieger, que ejercía de secretaria temporal, no le pareciera eficiente. Stefan anda liado con las correcciones de *María Estuardo* y con los preparativos de la ópera que estrenará en verano con Richard Strauss y todavía no sabe que tendrá que cambiar de editorial por las leyes nazis contra los judíos que "ejecutarán su libro" como le pasó a la protagonista. En esa carta Stefan le cuenta a Lotte que ni siquiera el reencuentro con sus amigos le hace feliz en Viena y que echa en falta "esa libertad interior del corazón, fácil y feliz, desinhibición que el cielo me dio inesperadamente en una época muy convulsa el año pasado. Ahora tengo que conformarme con el trabajo".

Figura 53. La mesa de trabajo del autor con el libro donde se recogen las cartas que Stefan le escribió a Lotte en formato electrónico (fotografía del autor).

Esta última línea habla de la historia de su amor por Lotte que ha pasado décadas oculta principalmente por la táctica de su primera mujer de seguir ejerciendo de Sra. Zweig y de minimizar la importancia de la que antes de ser esposa fuera secretaria y a la que ella apodaba "la víbora". Por desgracia, en este libro de cartas no tenemos la voz de Lotte, porque las cartas a su amado se perdieron. De las que le escribió, solo queda la carta que aparece íntegra en este texto y que antes de llegar a nosotros fue transcrita por la censura de Friderike. Aquella carta que Lotte escribió como despedida cuando Friderike pilló a los dos amantes en el hotel de Niza en las Navidades de 1934.

En las cartas, Stefan es un hombre con energía cuando habla de sus proyectos y con alegría cuando habla a Lotte y parece en general un hombre feliz. Lo que sí es muy llamativo es que no habla claro de sus sentimientos ni a su amada. Es como si no quisiera darse por enterado de ellos.

La historia de Stefan y Lotte comienza en 1933, cuando Lotte es expulsada por las leyes antijudías de Universidad de Frankfurt am Main. Seguramente, todavía quería ser bibliotecaria, pero rápidamente sobrevivir se volvió prioridad, así que se fue a Londres con su hermano, hizo un curso de mecanografía y acabó trabajando para Stefan. En la misma época podemos ver a Stefan en uno de los tres vídeos ultra breves que perduran de él. Me refiero a uno en el que sonríe mientras habla con Frida Richard, la actriz que va a actuar en el Fausto dirigido por Max Reinarte en el Festival de Salzburgo. Al parecer, la actriz se despide de Stefan diciendo que está encantada de que haya sido su invitado aquel día. No se oyen sus palabras. Stefan va vestido con una camisa de verano y una corbata a rayas, sonríe entre tímido y complaciente, no dice nada, sostiene un cigarro y besa la mano de la anfitriona. Tiene buen aspecto y no parece tan acabado como él dice.

La primera carta que se conserva la escribe Stefan el 1 de mayo de 1934, porque Lotte está en Alemania por la enfermedad de su padre, quien fallecerá justo ese día. Empieza diciendo: "Estimada señora, permítame decirle que estamos completamente con usted en estas horas difíciles". Y luego se disculpa por si la ha presionado para que vuelva pronto. El 9 de mayo sí que escribe: "Tengo muchas ganas de verte de nuevo", pero todo rodeado de fórmulas educadas y cordiales.

También Friderike le escribe una postal a Lotte. En realidad, es imposible saber por las cartas de Stefan cuándo comienza una relación más allá de lo profesional. Lo que sí está claro es que cuando Stefan vuelva a Londres, se irá con Lotte a Escocia para documentarse sobre María Estuardo y pasarán mucho tiempo juntos.

En agosto Stefan le escribe una carta muy larga. Por lo que cuenta, parece que encontró a alguien que le ofrecía mucha más empatía que su antigua secretaria, la señora Meingast o, incluso, su esposa: "No es tan fácil como piensas encontrar a alguien que comprenda e incluso adivine deseos con tanta dedicación; siempre tengo un sentimiento de miedo, como si fuera demasiado viejo, (...) créeme que en todas estas semanas no hubo un solo desacuerdo entre nosotros. Puede que no sea una persona muy fácil, en general me canso rápidamente de la gente, (...), pero percibí tanta sinceridad desde el principio que me sentí seguro. Me arrepentiré esta vez en Londres. Me has mimado mucho y mi leal señora Meingast y algunos otros, me temo, notarán que ahora estoy haciendo demandas diferentes; sí, te acostumbras rápidamente a lo bueno (...). Por favor, créeme esto también: no me olvido de la amistad. Puedo olvidarme de conocidos y de gente que me encontré. Pero donde realmente siento amistad, siempre me he mantenido firme y he sido más fiel que otros que lo prometen en voz alta y patética. Quien me ayudó una vez puede contar conmigo. Así que de nuevo: ¡muchas gracias por todo! Tu devoto St. Z".

Stefan ya no parará de decirle que la echa de menos... laboralmente. Ella deja inmaculados los manuscritos de Stefan y él, según reescribe, los deja que parecen un barrizal. Stefan añade: "No solo me preocupan mis textos, sino también tu afectuoso corazón'. En realidad no sabría decir si se tratan de usted o su trato equivale a un tuteo educado actual. En general, he optado por esta última opción en la traducción pero no estoy seguro. Casi diría que se tratan de usted y que Stefan le escribe cosas como: "Querida señorita Altmann, (...) Pienso a menudo y con afecto en usted".

Tras unos meses de relación ocultada, llegó la Navidad, la pillada de Niza, "el asunto ridículo que no se puede arreglar" según una carta de Stefan de febrero de 1935, la separación forzada por Friderike y por el viaje de Stefan a los Estados Unidos. Poco después es cuando le escribe aquello de: "Desearía que me extrañases un poco" y en las cartas de esos días dice que no es del todo él mismo, que le falta la alegría y el brillo y que solo le funcionan los músculos del cerebro.

A pesar de que Stefan desea regresar a Londres y reunirse con Lotte, como se puede entender cuando se despedía en sus cartas diciendo cosas así: "Usted sabe cuán cálidamente pienso en usted y cuánto amo su ayuda, más y más. Sinceramente suyo. St. Z", su vuelta se retrasa. La madre de Stefan no está bien e incluso piensan en internarla en un sanatorio, aunque luego no lo hacen. Friderike ejerce de nuera e intenta que todo vuelva a ser como antes con Stefan y que recapacite respecto a vender Salzburgo en una actitud que a Stefan le parece una "oposición francamente histérica". Stefan ya lo había decidido cuando registraron su casa y sabía que no se podía quedar en Austria. En eso tenía toda la razón, pero Friderike no lo veía.

Stefan, que aquel año no sabía dónde ubicarse, acabó en su querido Zúrich para investigar la vida de Castellio. Lotte le esperaba sin trabajo en Londres y Stefan sabía que necesitaba el dinero por lo que la recomendó como secretaria diciendo a sus conocidos: "trabajarías con ella el doble". Stefan escribe a Lotte diciendo que hubiera preferido Londres mil veces, pero eso es muy lejos de su madre, y que le deprime saber que ella está preocupada por él. La equidistancia de Stefan en Zúrich aquel 1935 es total entre Londres y su madre, entre su vida y su obra, entre Lotte y Friderike; total e insostenible. Stefan se establece en Zúrich junto al lago, a cinco minutos del Café Odeón, y le escribe a Lotte que "la nostalgia de Londres sigue siendo muy violenta".

Stefan se planteó ir a Londres, aunque fuera fugazmente, pero al final Lotte viajó a Zúrich con un visado que Stefan ayudó a conseguir. Seguramente trabajaron mucho, pero también se les ve muy sonrientes en un coche que conduce Erich Ebenmayer del viaje que ya mencionamos a Pontresina. Como escribió su amigo, Stefan estaba construyéndose una vida nueva. Al poco, Stefan volvió a Viena. Trabajó con su secretaria de siempre y después, en agosto, se fue con ella y con Friderike a Marienbad a hacer lo que se hacía allí: beber mucha agua y hacer vida sana. Con caminatas, barros, verduritas, gimnasia, sudar, masajes y pasar hambre, Stefan perdió 5 kg en 8 días..., de 84,1 a 79,1 y aún le anunciará a Lotte que serán 7kg. Allí no dejó de pensar en ella: "Echo de menos la dulzura (y eso que las pastelerías están muy bien surtidas)".

En el verano de 1935, Stefan todavía podía veranear a poco más de diez kilómetros de Alemania, volver a Viena, pasar por Salzburgo, Zúrich, Montreux, Ginebra, París, regresar a Londres y vuelta a empezar con los viajes, con la escritura y la revisión de manuscritos. Pero todo giraba alrededor de Viena. Desde allí le escribe a Lotte intentando quedar con ella en París, aunque le cambia las fechas. Stefan tiene reservas con las mujeres, como si no supieran guardar un secreto, le dice a Lotte que no le cuente a nadie los preparativos para la fiesta de 70 cumpleaños de Rolland, que de ella se fía. Por desgracia, en Montreux, Stefan se enfada con Rolland por su apoyo a Stalin. Aquello sí que debió ser grave porque Stefan acabó cancelando su participación en la celebración de principios de 1936.

Al final Stefan y Lotte no se verían en París y tuvieron que esperar hasta el regreso de Stefan a Londres. Allí, él decidió mudarse a un apartamento más grande en Hallam Street que tenía lo que él consideraba esencial: cuatro habitaciones, cocina y baño. Friderike y Stefan acordaron reservar para Friderike privilegios con respecto a la nueva casa, donde ella tendría su sitio, aunque no lo habría para sus hijas que solo se podrían quedar si Stefan no estaba. Sellaron el acuerdo con una fotografía que les hizo en Londres Madame Yevonde, la Annie Leibovitz de aquella época. A pesar de ello, la presencia de Friderike se fue diluyendo poco a poco y, aunque llegaría a instalar cosas suyas en la casa, la pareja tuvo amargas y largas discusiones en persona y por carta al respecto de su separación de hecho. El desencuentro fue tan intenso que hizo que Stefan abriera una carpeta llamada: "Reclamaciones de mis esposas". Después de aquello, dejarán de verse durante meses y solo se volverán a cruzar en aquella extraña escena del consulado inglés de Nueva York.

Hay muchas formas de contar el final de Stefan y de Lotte y yo he probado varias, pero me quedo con la que revelan sus últimas cartas desde Brasil a los padres de Eva. Desde agosto de 1941, Manfred y Hanna recibirán en Inglaterra unas treinta cartas, muchas veces escritas por Stefan y por Lotte a la vez para aprovechar el franqueo. Aparte de la carta que Lotte le escribió a Stefan siete años atrás en Niza, es la única oportunidad que tenemos de escuchar a Lotte. Todas estas cartas aparecen recogidas en el libro *Stefan and Lotte Zweig. South American Letters* publicado por Continuum.

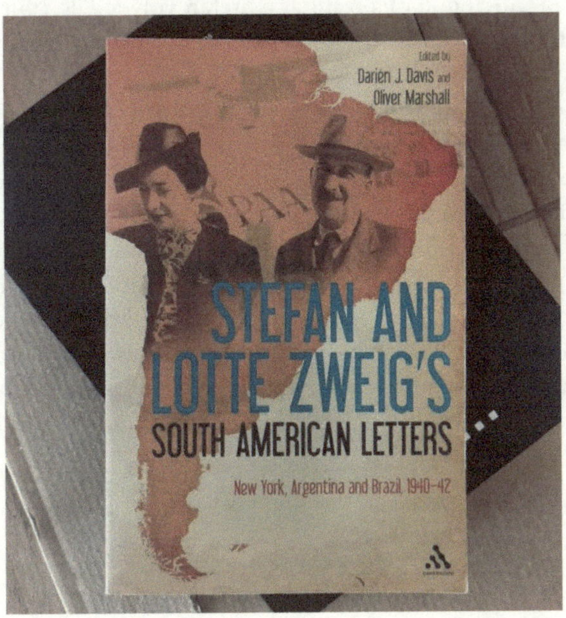

Figura 54. Mi ejemplar del libro que recopila las cartas que Stefan y Lotte enviaron desde Brasil (fotografía del autor).

A finales de agosto, todavía en el barco que les lleva a Brasil, Stefan les escribe diciendo que nunca ha estado tan bajo de ánimo como en las últimas semanas y que Lotte tampoco ha estado muy bien. Está preocupado por la guerra y les cuenta que estarán en Brasil al menos seis meses para poder descansar y que están aprendiendo portugués. Las palabras de Lotte son más sosas, se disculpa por lo poco que cuenta e insiste, como si repitiera algo que le ha oído a Stefan, en que el viaje en avión habría sido más cansado.

En las siguientes cartas Lotte relata cómo se instalan en el 34 de la Rua Gonçalves Dias de Petrópolis y lo difícil que resulta encontrar personal de servicio adecuado, sus avances con el portugués, aunque no cree que vaya a dominar nunca la pronunciación, sus quejas por que no se habla español allí, lo mucho que echan de menos a Eva, su extrañeza por que todos los exiliados quieran ir a los Estados Unidos, lo difícil que va a resultar a Stefan volver a escribir después de su autobiografía. Ella les insiste a su hermano y a su cuñada que no se preocupen por Rosemount, la casa de Inglaterra.

Stefan, por su parte, cuenta que el asma de Lotte no les deja una noche tranquila, que tiene una dentadura postiza completa como un caballero inglés, que, aunque le gusta viajar, siente que últimamente se ha pasado, que su indiferencia por todas las cosas que ha dejado en Bath, incluidos los libros, se debe a que nunca las volverá a ver y eso que con respecto a la guerra es optimista, solo que la victoria llevará algún tiempo. Después de comentarios tan sombríos como este o de su cantinela de que ya está mayor y que debe dejar espacio para otros, cuenta que seguramente dé conferencias en Argentina en la primavera y que cuando le llegue el manuscrito de Balzac estará salvado.

DECLARAÇAO

Parece que se adaptan. Stefan tiene su barbero, su café, su mesa de trabajo y su secretaria. Lotte sus tiendas, su asma y con su vocabulario básico empieza a entenderse con la sirvienta que cocina cada vez más a su gusto y que es capaz de elaborar platos europeos. Lotte escribe en octubre a su hermano que ya pueden utilizar la dirección de Petrópolis, pero que por favor no dejen de escribir muy claro "Brasil" porque tiene pesadillas con que las cartas se extravíen y acaben en Grecia. En esas fechas ella cuenta que ha conocido a Gabriela Mistral y que por desgracia tuvieron que comunicarse en su mal español.

En noviembre, Stefan escribe que no se lo habría creído si le hubieran contado que a sus sesenta años estaría viviendo en un pueblo de Brasil atendido por una sirvienta que va descalza. En general, sus mensajes son contradictorios, pues en la misma carta puede decir que están extremadamente felices en Brasil, pero que con su edad no va a poder o a querer adaptarse al mundo que viene. Si Tolstoi había dicho que un hombre de sesenta años debería retirarse al desierto, él no es capaz de ponerlo en duda y habla del 28 de noviembre, el día de ese cumpleaños, como su "día negro". Lotte le hace los coros y escribe que ese será un día duro, aunque también podría haber dicho que cumplir sesenta, según estaba el mundo, era algo que había que celebrar. Stefan no sale de ahí y cuenta que escribe sus libros como en un "tour de force" para transmitirse a sí mismo el mensaje de que todavía está vivo. Pero en alguna de las cartas confiesa tener un estado de ánimo melancólico. Ya no están sus editores habituales. No sabe dónde va a poder publicar y, entre otras cosas, se ha dado cuenta de que sin poder documentarse a fondo no va a ser capaz de terminar el libro de Balzac.

Petrópolis es una ciudad extraña, en la que se pueden encontrar pastelerías que conservan la tradición de los colonos alemanes que se establecieron allí cien años atrás y en la que se puede vivir por un tercio del dinero que les costaba vivir en los Estados Unidos. Mientras espera que lleguen los veraneantes de Río en las próximas semanas, Lotte escribe el 2 de diciembre: "Estoy muy contenta de que Stefan se sienta mejor y de que haya pasado ese periodo en el que pensaba que todo carecía de sentido a causa de la guerra y la posguerra, y en el que incluso había perdido el placer por su trabajo". Stefan la contradice escribiendo esto sobre su propiedad de Bath: "Me es bastante indiferente si la casa se conserva mejor o peor (...) no podéis imaginar lo indiferentes que se han vuelto para mí todas las cosas materiales y lo lejos que está la casa de mis pensamientos, y cómo me he resignado a no volver a ver los libros". Stefan reconoce también no disfrutar de los espectáculos y agradece que Lotte no proteste por la vida monacal que llevan.

"Queridos Hanna y Manfred, os escribimos impresionados por la declaración de guerra a Japón que quizá nos aísla todavía algo más de vosotros y de casa; todavía no está claro si Brasil declarará también la guerra a Japón, pero en cualquier caso la guerra no nos influye demasiado ya que el país es autosuficiente". Stefan empieza así la carta del 10 de diciembre que firman los dos. A partir de ahí el correo se vuelve aún más irregular. Se conserva la carta que escribió Stefan el día de fin de año en la que cuenta que Lotte está algo mejor, pero sus noches no son totalmente tranquilas. Según dice, no deben olvidar que están viviendo la mayor catástrofe de la historia.

No es cierto lo que escribió Stefan. La guerra les influía totalmente, aunque la batalla de Moscú estaba venciendo la balanza contra Alemania en ese preciso momento, tal como relata con minuciosidad Anthony Beevor en su obra *La segunda guerra mundial.* Los alemanes embarcados en el delirio de Hitler habían pensado en un primer momento que la Operación Barbarroja derrotaría a Rusia. Y las cosas les fueron bien al principio por el factor sorpresa y también por la desesperación que dirigía todos los movimientos nazis que pensaban que Rusia caería en cuatro meses de guerra relámpago. El número de soldados del ejército nazi multiplicaba por cinco el del ejército de Napoleón y en la cabeza de Hitler no cabía la posibilidad de una derrota. Esa certeza no es buena si te adentras en Rusia y prohíbes hablar del abastecimiento de ropas de abrigo o si no prestas atención a los repuestos de tus blindados como hizo Hitler. El desastre era cuestión de tiempo, por mucho que los alemanes más sádicos se divirtieran aplastando soldados del Ejército Rojo con sus vehículos. Pero Hitler tenía prisa, como Stefan. No en vano decía en 1939 que prefería entrar en guerra en ese momento que tenía cincuenta años y no dejarlo para cuando tuviera cincuenta y cinco o sesenta.

Los rusos se llegaron a plantear algún tipo de rendición porque la situación llegó a ser bastante caótica con terribles derrotas como la de Viazma o la de Briansk. Los alemanes se acercaban rápidamente a Moscú, pero a principios de octubre se hizo cargo de la situación el general Zhúkov. Zhúkov era de los pocos que decían lo que pensaban y no lo que creían que Stalin quería oír. Por eso dimitió como jefe del Estado Mayor y fue asignado a organizar la defensa de Leningrado, donde consiguió bloquear a los Alemanes. Por eso fue reclamado de nuevo en Moscú. Guderian, el otro gran general de aquella batalla, alemán en este caso, estableció su cuartel general para la campaña en Yásnaia Poliana, la casa de Tolstoi, a doscientos kilómetros de Moscú, donde Stefan había rendido homenaje al escritor con motivo de su centenario trece años atrás.

Y ahí empezó a cambiar todo y no solo por la doctrina del Comisariado del Pueblo (NKVD) ruso de utilizar el miedo para vencer al miedo pegando un tiro a todo el que diera un paso atrás. Zhúkov mandó construir una nueva línea defensiva con zanjas antitanque que la Luftwaffe no pudo parar a pesar de los miles de civiles que mató desde el aire, en su mayoría mujeres. Se hicieron preparativos para volar el metro y los edificios más importantes de la ciudad, se llenó la ciudad de pisos francos con pelotones del NKVD listos para resistir. Además, los espías habían informado de que los japoneses pretendían atacar a los americanos por lo que Zhúkov no dudó en utilizar el Transiberiano para traer numerosas tropas de Extremo Oriente. Y encima llegaron la lluvia, el fango espeso y negro de Rusia y, finalmente, el General Invierno. El ejército alemán se aproximó a Moscú sin anticongelante, sin lubricantes adecuados para el frío extremo y sin suficiente ropa de abrigo, de lo que Guderian se quejaba amargamente. Aquel invierno la temperatura llegó a los cuarenta bajo cero y mientras Rusia había organizado otro ejército detrás del que había sido derrotado por Alemania. Hitler solo pensaba en la victoria y mandó a las SS a exterminar a los civiles rusos a los que consideraba inferiores, mientras que Stalin no dudó en defender su posición aún a costa del sacrificio de toda su población. Pobres rusos.

A finales de noviembre, el ejército alemán llegó a estar a menos de veinte kilómetros de Moscú. Pero, igual que Leningrado se había salvado por la determinación de los rusos y porque los alemanes se centraron en Moscú, Moscú se salvó porque los alemanes se demoraron, confiados, y llegaron agotados al invierno. El horror de la retirada de los soldados alemanes fue total, porque las tropas soviéticas sabían de los desastres que habían perpetrado en su camino y entre el frío, los piojos, los cosacos, la fuerza aérea, los tanques y la artillería, los exterminaron.

Hitler no se lo llegó a creer del todo hasta la derrota final, en la que si hubiera podido le habría pegado un tiro a cada alemán cuando se lo pegó él. Por eso declaró también la guerra a los Estados Unidos tres días después del ataque japonés a Pearl Harbor y por eso la guerra todavía duraría más de tres años de destrucción total.

En eso sí acertó Stefan, aunque no pudo ni imaginar la magnitud del desastre.

La Alemania nazi y el Japón imperial tenían en común una beligerancia tan excesiva que los llevaba a la autodestrucción. Hitler declaró la guerra a un enemigo tan poderoso como los Estados Unidos cuando sus tropas se retiraban de Moscú y el alto mando Nipón había hecho lo propio basándose en el axioma que compartían con los nazis de que ellos eran superiores. Podría compararse esta actitud con la arrogancia inglesa al menospreciar a los propios japoneses en el sudeste asiático, pero estaríamos comparando un delirio con una creencia sobrevalorada. Poca esperanza queda cuando la elección de los líderes se ha hecho aplicando el criterio de la agresividad y solo saben o morir o matar, como ocurría con el Almirante Dönitz que creía que podía ganar la guerra hundiendo barcos enemigos con sus submarinos, aunque luego, en ausencia de Hitler, fue a quien le tocó firmar la rendición de Alemania. Es el patriarcado, amigos, que diría el otro. Y no hay peor patriarcado de un patriarcado imperial. Todo lo que pasó en los años posteriores se explica en lo que recoge Beevor que dijo el general Yamamoto: "Durante los primeros seis o doce meses contra los Estados Unidos y Gran Bretaña causaré estragos en todos sus flancos y conquistaré una victoria tras otra. Después... no tengo esperanzas de ganar".

Este delirio bélico compartido por Alemania y Japón acabó convirtiéndose en las ofensivas de los "tres todos" del general Okamura: matarlos a todos, quemarlo todo y destruirlo todo, y esto es quizá lo que angustiaba a Stefan. Él sabía que las potencias del Eje no tenían nada que hacer contra la URSS, los Estados Unidos y Gran Bretaña, pero como había dicho Hitler, para ellos solo había dos opciones: victoria o aniquilación. Stefan no quiso soportar otra posguerra más terrible que la primera.

El nuevo año de 1942 comienza para Lotte y Stefan en el verano austral. La correspondencia con los Estados Unidos sigue funcionando aunque tarde más y Lotte le puede mandar a Eva una rebeca que le ha tejido. En las cartas de papel fino, arrugado por el carro de la máquina de escribir, cuentan que han decidido prolongar su estancia en Petrópolis. El 21 de enero, Stefan dice que Lotte se encuentra mucho mejor y bromea con que no puede devolverla porque solo pesa dos o tres kilos menos que cuando la conoció. Por lo que escribe es plenamente consciente de que la maquinaria de los Estados Unidos, cuando esté funcionando a plena capacidad, será imparable en la guerra, como también lo es Brasil que se alinea con los aliados. El problema es que, en Petrópolis, la espera será muy larga y "la casa está algo húmeda y los zapatos y todas las cosas de piel, incluso los libros, están húmedos (mohosos) después de un día de lluvia, pero odiamos cambiar, mudarnos, las direcciones nuevas, y preferimos quedarnos".

La pelea contra la humedad y contra el calor la llevan como pueden. Stefan escribe a sus corresponsales en Inglaterra: "La mujer del jardinero que vive al lado ha tenido un bebé, nosotros tenemos un perro, el perro tiene pulgas que nos pasa a nosotros y nos pican, también nos pican los mosquitos, las arañas y otros pequeños animales y en nuestro jardín han aparecido dos serpientes (no peligrosas nos han dicho)".

El primero de febrero, Lotte les pide a Hanna y a Manfred que busquen los contratos de derechos cinematográficos de Stefan, que deben ser una docena, para saber cuándo expiran. No dieron tiempo a recibir una respuesta. El día 10, Stefan les cuenta que hay algo en la atmósfera que le vuelve perezoso en relación con su trabajo. No se resigna al confinamiento que supone estar a salvo en Petrópolis. Llevan más de seis meses sin ir al teatro o a un concierto. Ni siquiera han ido al cine. Ha pasado más de un mes sin recibir carta de Inglaterra. El tono no es más sombrío que los meses anteriores y Lotte cuenta que se quedarán hasta después del invierno.

Diez días lo cambian todo. Lotte escribe el 21 de febrero: "Mi queridísima Hanna, Al marcharnos así, mi único deseo es que pienses que es lo mejor para Stefan, que ha sufrido muchísimo todos estos años con todos los que sufren la dominación nazi, y para mí, siempre enferma con asma. Me gustaría haber podido hacer más por Eva (...) Muchas gracias por todo lo que has sido para mí y perdóname por causarte dolor a ti y a Manfred. Créeme, es mejor que lo hagamos ahora. Lotte".

Stefan escribió también y dejó para enviar las últimas cuatro cartas de despedida y su famosa “Declaração”:

> Antes de abandonar la vida por propia voluntad y con un juicio perfecto, se me impone una última obligación: agradecer a este maravilloso país, Brasil, que nos ha ofrecido a mí y a mi obra un buen y hospitalario refugio. Cada día pasado en este país me ha servido para amarlo más y en ningún otro lugar podría haber reconstruido mi vida desde cero, justo cuando el mundo de mi propia lengua se ha acabado para mí y mi lugar espiritual, Europa, se autoaniquila.
>
> Pero después de los sesenta años se necesitan unas ganas enormes para empezar de nuevo. Y las mías están agotados en estos largos años de vagabundeo sin patria. Así, me parece mejor terminar a su debido tiempo y con la cabeza alta, una vida que siempre ha tenido en el trabajo intelectual la más pura alegría, y en la libertad personal, el bien más preciado de la Tierra.
>
> ¡Saludos a todos mis amigos! ¡Que todavía vean el amanecer después de la larga noche! Yo, demasiado impaciente, me adelanto a ellos.
>
> Stefan Zweig
> Petrópolis, 22. II. 1942

Esta declaración no fue publicada por la Biblioteca Nacional de Israel hasta 2012. Llegó allí en los noventa, donada por un doctor judío que fue el que se la tradujo del alemán a las autoridades de Petrópolis en 1942. Él quiso conservarla, pero la policía la guardó como prueba. Veinte años después el mismo doctor se la compró a un policía jubilado y la conservó mucho tiempo.

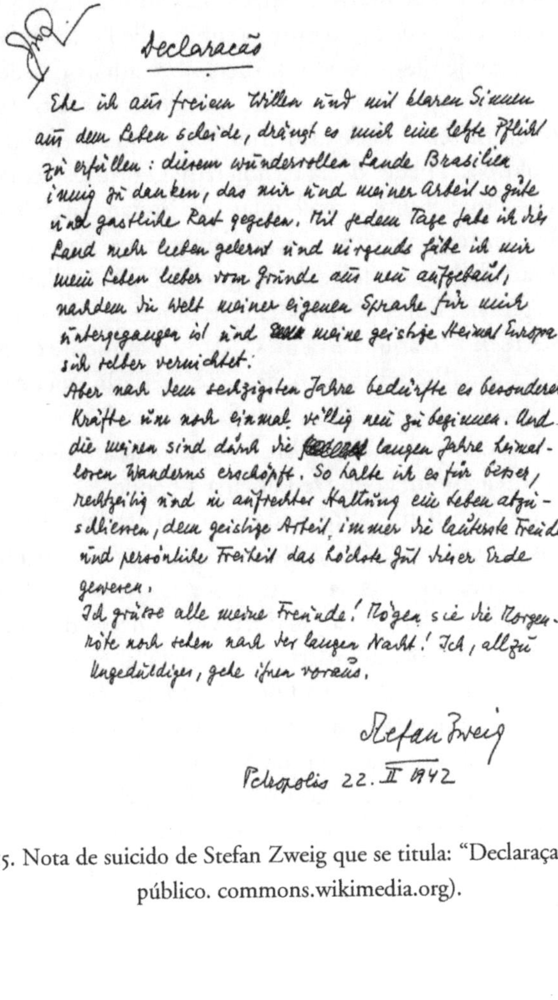

Declaracão

Ehe ich aus freiem Willen und mit klaren Sinnen aus dem Leben scheide, drängt es mich eine letzte Pflicht zu erfüllen: diesem wundervollen Lande Brasilien innig zu danken, das mir und meiner Arbeit so gute und gastliche Rast gegeben. Mit jedem Tage habe ich dies Land mehr lieben gelernt und nirgends hätte ich mir mein Leben lieber vom Grunde aus neu aufgebaut, nachdem die Welt meiner eigenen Sprache für mich untergegangen ist und meine geistige Heimat Europa sich selber vernichtet.

Aber nach dem sechzigsten Jahre bedürfte es besonderer Kräfte um noch einmal völlig neu zu beginnen. Und die meinen sind durch die langen Jahre heimatlosen Wanderns erschöpft. So halte ich es für besser, rechtzeitig und in aufrechter Haltung ein Leben abzuschliessen, dem geistige Arbeit immer die lauterste Freude und persönliche Freiheit das höchste Gut dieser Erde gewesen.

Ich grüsse alle meine Freunde! Mögen sie die Morgenröte noch sehen nach der langen Nacht! Ich, allzu Ungeduldiger, gehe ihnen voraus.

Stefan Zweig

Petropolis 22. II 1942

Figura 55. Nota de suicido de Stefan Zweig que se titula: "Declaraçao" (dominio público. commons.wikimedia.org).

PERDONE MI ESTADO DE ÁNIMO

Ernst Feder, una de las últimas personas que vio a Lotte y a Stefan con vida, escribió el 5 de marzo una carta a Manfred. En ella contaba que su casa de verano estaba a cinco minutos de la de Stefan y que cuando él y su mujer llegaron el 1 de diciembre notaron la depresión de Stefan. Se veían una o dos veces a la semana durante tres o cuatro horas, casi siempre en casa de los Feder, por lo que Stefan decía que eran unos "okupas". Feder decía también que Lotte les pedía que les visitaran más y que él intentaba hablar con Stefan con la intención de ayudarle a enfrentarse con su depresión y su pesimismo. En uno de sus últimos diálogos, Stefan le preguntó: "¿De verdad cree que podremos regresar a Europa?" y Feder le respondió: "Tan cierto como que está usted sentado aquí a esta mesa, estoy totalmente convencido de que un día usted se sentará en su mesa de Bath, puede que con nosotros". Pero la persistente lluvia no hacía que el estado de ánimo de Stefan mejorase y ya no escribiría esa novela ambientada en la época de la inflación de la que le hablaba a Feder.

El día 21 Stefan llamó a los Feder para invitarles a su casa y se encontraron a Lotte muy seria y a Stefan escribiendo a una hora a la que habitualmente no lo hacía. Debían ser sus cartas de despedida. Según el relato de Feder, Stefan le devolvió las obras de Montaigne y Lotte un libro de cocina austriaca. Jugaron al ajedrez como de costumbre y Stefan le preguntó a Lotte: "¿No deberíamos aceptar la invitación de Germán de Arciniegas y visitar Colombia?" Arciniegas, un humanista vital, hijo también de Montaigne, les acababa de escribir desde su amor y admiración por Stefan y desde la energía de sus cuarenta años, pero Lotte dijo que no. Después Stefan leyó algo que había escrito Feder, le hizo algunos comentarios espléndidos según él y se despidieron en una maravillosa noche de verano sin que Feder pudiera sospechar lo que iba a ocurrir. Las últimas palabras de Stefan fueron: "Perdone mi estado de ánimo. Hoy es culpa de mi bilis negra".

Feder cree que no vieron a nadie más y le cuenta a Manfred que en Río le dijeron que Stefan había ido dos veces a ver a un neurólogo pero no sabe por qué.

A las 8 en punto de la mañana del lunes 23 de febrero, el criado, siguiendo las órdenes de Stefan para los días laborables, llamó suavemente a la puerta de la habitación. No hubo respuesta. Al mediodía lo volvió a intentar. La criada lo tranquilizó, pero a lo largo de la tarde nadie respondió ni siquiera a los golpes o a los gritos. Con la ayuda de unos vecinos echaron la puerta abajo. En algún lugar de la casa estaba la mariposa de Brasil enmarcada que le había regalado Friderike cuando se conocieron y que Stefan siempre conservó. Cuando llegaron al dormitorio lo encontraron muy ordenado. En la mesilla, el vaso con restos de veneno y las cartas. Sobre la cama, Stefan con las mejillas hundidas por la ausencia de dentadura, camisa de manga corta y corbata oscura, abrazado por su esposa que viste un camisón de flores. Los dos muertos, los dos fríos. Da igual que la criada dijera que había oído un ronquido. Según el forense el veronal lo habían ingerido a las 6 de la mañana. El veronal se llama así por Verona y por Romeo y Julieta. Dato ridículo, la verdad, pero es que todo suicidio doble no solo es trágico, sino que tiene algo de ridículo.

Con su suicidio se anticiparon a la oleada de suicidios y de suicidios en pareja que arrasaría el mundo y cuyo pico lo marcaría el de Hitler y Eva Braun. Queda la fotografía que publicó Life, inolvidable, porque no es lo mismo que te cuenten un suicidio doble, que verlo. Ver a los dos casi abrazados en sus dos camitas de hierro, dándose la mano, como si estuvieran posando. Stefan se convierte así en el personaje de una de sus novelas: un perseguido que recorre el mundo con su amada, pero al no encontrar su lugar y no poder regresar decide que no hay opción, que el mundo no tiene sitio para él y se suicida de la forma más romántica posible. Si hubiera sido una novela de Stefan, de esas que tuvieron y tienen tanto éxito, habría hablado de sus sentimientos contradictorios hacia la vida, hacia llevarse consigo a su joven esposa. Esa novela habría estado muy bien, pero es difícil pensar en escribir y en matarse a la vez.

No puedo dejar de pensar en Lotte. Allí sola, con el gran hombre deprimido. Ella se da una explicación que recoge Prochnik: "Porque los escritores, debido a su imaginación y al hecho de que son libres de recrearse en el pesimismo antes que en su trabajo, son más dados a dejarse afectar por las depresiones de los otros". Los empáticos tienen que tener cuidado con su superpoder, porque les puede llevar a la ruina. Lotte comprendía a Stefan. Quizá demasiado.

Lotte se llamaba casi igual que la amante de Elisabeth Bishop, Lota de Macedo, con quien Bishop vivió durante muchos años cerca de Petrópolis, como ya conté. Lota, en una de sus reconciliaciones tras tormentosa ruptura, se tomó una sobredosis de barbitúricos y murió tras una semana de agonía. Bishop lo clasificó como un accidente. Sospechoso accidente en una mujer depresiva que había estado ingresada por ello. Además, Bishop se quería separar definitivamente de ella, motivo por el cual estaba en Nueva York, donde Lota justo acababa de aterrizar cargada de café. A veces uno se golpea y desconoce su fuerza y entonces se hace más daño del esperado. La verdad es siempre más compleja y siempre está un paso más allá. Por ejemplo, José Carlos Macedo Soares, el tío de Lota, fue el que facilitó la llegada de Stefan a Brasil al interceder como ministro de Asuntos Exteriores ante el dictador Getúlio Vargas. Y el propio Vargas fue quien presidió el cortejo fúnebre de Stefan que recibió honores de Estado. Y hablando de honor, Vargas se suicidó en agosto de 1954 pegándose un tiro en el corazón y dejando una carta de despedida de mártir megalomaníaco que termina más o menos así: "Luché contra el expolio de Brasil. Luché a pecho descubierto. El odio, las infamias, las calumnias no abatieron mi espíritu. Di mi vida y ahora ofrezco mi muerte. Nada temo. Serenamente doy el primer paso al camino de la eternidad y salgo de la vida para entrar en la historia". Por cierto, que Bishop lo retrataría en su obra: *Suicidio de un dictador moderado.*

El caso es que Lotte no pudo aliviar la desesperación de Stefan y además se contagió de ella. Porque a Stefan le parecía todo muy lógico. Como le dijo a Viertel: "a cierta edad uno paga por el lujo de no haber tenido hijos… y mis otros hijos, mis libros… ¿Dónde están? Muchos han muerto antes que yo, muchos están inaccesibles, y hablan otros idiomas que el mío".

Claro que, también Stefan podía haber escrito una declaración muy distinta que empezara así: Mi depresión no es que me haga ver la realidad peor de lo que es, porque ya es suficientemente mala y eso que hay cosas cuya magnitud no conocemos bien como el exterminio de judíos en Europa. Mi depresión me hace pensar que la única salida es el suicidio y eso es un síntoma diagnóstico de lo que me ocurre. Si alguna vez les pasa a ustedes, si alguna vez piensan que la única salida es el suicidio, independientemente de las circunstancias, es muy probable que tengan una depresión y deben pedir ayuda. Cuéntenles a sus familiares, a su médico o llamen al 024.

Evidentemente no fue así. Habría sido bonito que Stefan viviera hasta 1971 como Friderike y pudiera bromear con la idea de que si se hubiera suicidado en Brasil en 1942 habría tenido un funeral en condiciones. Como escribió en *El mundo de ayer*: "La ambición de todo verdadero vienés era tener unas 'buenas honras fúnebres', con mucha pompa y un gran séquito; un verdadero vienés convertía incluso su muerte en un espectáculo para los demás". Pero él no era así, él prefería una vida tranquila y no muy llamativa. Por eso se refugió en Salzburgo y por eso se sintió tan mal al tener que marcharse de su casa, de su país, de su vida.

Figura 56. La casa de Petrópolis donde vivieron Stefan y Lotte Zweig, convertida actualmente en museo (dominio público. commons.wikimedia.org).

El 21 de febrero, Alfred Zweig recibió una carta de Stefan que parecía escrita por otra persona distinta a la que ya estaba con los preparativos de su suicidio. Había tardado más de una semana en llegar desde Brasil y lo más importante que contaba era que habían podido alquilar la casa de Petrópolis medio año más. Ese día, Stefan mandó *Novela de ajedrez* a sus editores y a Cahn, su traductor argentino, y envió también varios sobres dirigidos a amigos y parientes. Todos contenían cartas de despedida. Una de las últimas que escribió fue la carta de Friderike que redactó en inglés porque era un idioma menos problemático que el alemán y que llegaría con un regalo, el manuscrito de la canción de Mozart, *la violeta*. En ella le decía: "Querida Friderike, cuando recibas esta carta, yo me sentiré mucho mejor (...) recuerda siempre al bueno de Joseph Roth y a Rieger, cómo me alegré por ellos porque supieron evitar estos sufrimientos".

Un 22 de febrero, aunque muchos años después, también se suicidó el húngaro Sandor Marai, otro desterrado al que la guerra había robado su idioma. Él no fue capaz de cambiar de lengua para escribir como hicieron Vicinczey, Nabokov o Koestler. En su biografía de María Antonieta, Stefan relata que, poco tiempo antes de ser decapitada, la reina escribió en su diario que solo en la desgracia se sabe de verdad quién se es. Lo que fue Stefan no lo define su suicidio. Él fue un hombre que enfermó por las desgracias que le tocó vivir y por eso se suicidó. En su primer libro de poemas, Stefan hablaba de un muchacho que sin duda era él que caminó todo el día hasta el agotamiento, con los ojos soñadores y muy abiertos. Él a los veinte y también a los sesenta cuando no estaba deprimido. De ese muchacho le habría hablado si me hubiera llamado por teléfono, como parece que hizo con algunos amigos, pero aún faltaban 30 años para que yo naciera. Le habría contado que varias veces a lo largo de una vida ocurre que uno está desolado y se sienta bajo un árbol o mirando por la ventana sin saber qué hacer. En esos momentos la desesperanza se apropia de nuestro cerebro y sentimos un sufrimiento que no parece tener solución. En esos momentos, hasta los que llegan a estar muy deprimidos, saben o creen saber que pasará, aunque tarde, aunque duela, pasará. Son muy pocos los que no tienen ni esa rendija de luz en su horizonte, la luz que Stefan perdió. "Sobrevivir lo es todo", decía su amigo Rilke, pero se pinchó con la rosa equivocada en 1927. Stefan lo olvidó.

Koogan, preparó el funeral del que se puede ver un vídeo en el minuto 2 de *Ein Europäer von Welt.* Dos minutos después, en este documental del Canal Arte de 2015, se muestran los tres únicos vídeos que existen de Stefan, los tres mudos. El gobierno brasileño pagó y los periódicos anunciaron su muerte en primera plana. Stefan y Lotte dispusieron que su ropa se diera a los pobres, que a la criada se le pagase el sueldo de dos meses y muchos detalles más. Suse lo escuchó en la radio y ella y su marido se lo comunicaron a Friderike para que no se enterase por casualidad, pues la carta aún tardaría días en llegar.

El psiquiatra y escritor brasileño Cláudio de Araújo Lima, publicó unos meses después de la muerte de Stefan el libro *Ascensión y caída de Stefan Zweig*, donde defiende una tesis con la cual es difícil no estar de acuerdo, esto es, que, independientemente del análisis de las causas, Zweig, que según él era ciclotímico, sufrió un episodio depresivo profundo durante su exilio brasileño, agravado probablemente por el consumo exagerado de hipnóticos, que usaba como automedicación para su problema crónico de insomnio. El propio Stefan, aunque no aceptase iniciar tratamiento específico para la depresión, era consciente de la situación psíquica por la que pasaba. Días antes de suicidarse, explicó a varios amigos de Río de Janeiro el motivo de su abatimiento: había sido invadido por la melancolía. "Ich habe meine schwarze Leber", que se podría traducir como "mi hígado está negro" en referencia a la teoría humoral hipocrática del exceso de bilis negra como explicación para la depresión. Araújo traza en su libro una tentativa de autopsia psiquiátrica según la cual Stefan murió de forma inesperada como un tuberculoso puede sucumbir a una hemoptisis, o un hipertenso a una crisis hipertensiva fulminante. Según él, fue un suicidio "de melancólico" que era un mal ejemplo de claudicación ante la amenaza nazi.

En mis notas de hace unos veinte años, cuando preparaba una charla sobre el oficio de escritor y me encontré con tantos escritores que se habían suicidado y aquello se convirtió en un libro, pone sobre Stefan: "Aparentemente, el ejemplo de suicidio filosófico, que cuando no encuentra motivos para vivir, decide suicidarse". Por cierto, que la primera vez que vi *Los escritores suicidas* en un escaparate estaba al lado de *Los últimos días de Stefan Zweig* y me emocionó verlos juntos. Pero volvamos al tema de si es un suicidio filosófico o un suicidio melancólico. Ahora, creo que es una mezcla de ambos tipos, pues esta parte, la filosófica, la mencionó Stefan muchas veces como ya he contado, aunque quizá nunca de una manera más clara que en su diario el 15 de junio de 1940: "Además, llegan noticias escalofriantes: ¡la bandera de la cruz gamada ondeando en la torre Eiffel!, soldados de Hitler haciendo guardia delante del Arco del Triunfo. La vida ya no merece la pena ser vivida. Tengo casi 59 años y los próximos serán terribles: ¿para qué pasar tantas humillaciones?" Y también dos días después: "Depresión total: Francia perdida, el país más adorable de Europa quedará asolado durante siglos –¿para quién escribir?, ¿para qué vivir?" Pero esto lo supo Stefan durante mucho tiempo, al menos desde ese momento hasta febrero de 1942. El filósofo que había en él sabía que la vida, sobre todo en guerra con nazis y similares, solo iba a traer desgracias horribles, pero el filósofo, en mi opinión, no se suicida a menos que esté deprimido. Cioran no se suicidó, aunque escribió toda la vida sobre los motivos para hacerlo.

Estas citas son de los *Diarios (1931-1940)* de Stefan que se publicaron el 1 de enero de 2021, junto en el momento en el que terminaba el primer borrador de este libro. Ediciones 98, que publica y firma la traducción sin que se mencione a un traductor con nombre y apellidos, publicó después los diarios en cómodos plazos de 17,95 € las ciento y poco páginas de diario. Los volúmenes fueron: *Diarios (1912-1914)*, *Diarios (1915-1916) y Diarios (1917-1918)*. Pero en junio, Editorial Acantilado, que no está de acuerdo con Ediciones 98 en que haya expirado la propiedad intelectual de Stefan, por mucho que fuera ciudadano británico cuando murió, publicó su propia versión de los diarios completos en un solo volumen con prólogo de Mauricio Wiesenthal. De forma premonitoria, en la primera anotación del 10 de septiembre de 1912, Stefan con 30 años dice: "en cierto sentido, en mi vida todo es como un manantial incesante, y cuando deja de fluir la corriente se seca por completo".

Figura 57. Mi ejemplar de los Diarios (1931-1940) de Stefan Zweig en la edición de Ediciones 98 (fotografía del autor).

Este ha sido el último libro de Stefan que he leído y que leeré en mucho tiempo. Las citas de los diarios de Stefan que he entresacado de esta publicación, en traducción de Teresa Ruiz Rosas, están dispersas por el libro en lo que se refiere a anotaciones previas a 1931, mientras que en las posteriores cito la versión de Ediciones 98 si no menciono otra. Pero vamos, lo que está claro es que Stefan sigue vendiendo y más aún a partir del 1 de enero de 2023, cuando todo el mundo se ha puesto a publicar nuevas ediciones de sus obras al expirar los derechos de autor. Está claro eso y que yo tengo que buscar ya otro tema. Porque Stefan, en su obsesión de *Homo faber*, no para de escribir y si no escribe cree que no ha hecho nada. Es curioso que se extrañe en sus diarios de que los norteamericanos no puedan estar sin hacer algo. Él también es así. En una página de 1935 se adelanta y deja el veredicto para él y para sus contemporáneos: "¡Vergüenza para Europa!, ¡vergüenza para toda nuestra generación! Vergüenza por esperar tan sumisamente, por preguntar en vez de modelar un mejor destino para la humanidad aplicando el arma de la razón". Stefan es consciente de que todo será peor que en la otra gran guerra: "No tenemos ni idea de qué nuevas y horrorosas armas químicas e incendiarias aparecerán en esta guerra. Espero cualquier cosa de estos criminales". Y se equivoca en un curioso vaticinio: "Será una guerra lenta e implacable que finalizará con el desmoronamiento del capitalismo".

Stefan está triste, apagado, desganado. Llega a utilizar la palabra "depresión" para describir su estado y para dejar de escribir en su diario de 1939 con estas frases: "Temo muchísimo que todo esto no sea más que el preludio del desastre absoluto. (...) Ni siquiera veo cómo esta guerra podría durar tres años: el poder destructivo ha avanzado tanto que bastaría un año para aniquilar al mundo entero". Ahí se equivocaba. La capacidad destructiva de los nazis era mucho mayor de lo imaginado, pero aun así necesitarían unos pocos años. Solo tenían en mente una posibilidad: doblegar y aniquilar a los que no eran como ellos por lo que, aunque perdieran, perdimos todos.

En su diario de 1940 solo hay unas pocas páginas en las que da cuenta de cómo la despreocupación inglesa y su propia incredulidad son arrolladas por el avance de Hitler. "Considero que ni siquiera es descartable un desembarco enemigo (...) Mejor pensar ahora en uno mismo, pues encontrarse a los alemanes, después de haber estado huyendo de ellos durante siete años, sería terrible; además, lo que nos espera aquí después de la guerra, como judíos o como alemanes, no será menos espantoso. Ahora quizá tendría opción de obtener un permiso para trasladarme a América, aunque también puede que ya sea demasiado tarde". De nuevo, debido al drama del que es testigo, escribe que tomará notas a diario, pero no es así. Como todo el grupo de Bloomsbury, con Virginia Woolf a la cabeza, se hace con una cantidad suficiente de morfina para suicidarse en caso de invasión. El 26 de mayo escribe: "En cualquier caso, sería recomendable tener siempre a mano una 'botellita' con morfina; quizá la necesite". Dos días después anota: "Ya he preparado cierta 'botellita' previendo que pudiera suceder cualquier cosa". La botella debía ser parecida a que la que llevaba Walter Benjamin en su huida, con las treinta pastillas de morfina que compartió con Arthur Koestler. Por su parte, Virginia Woolf no la necesitó y se perdió en las aguas del Ouse en marzo de 1941 con los bolsillos llenos de piedras cuando los alemanes habían abandonado la idea de invadir el Reino Unido.

En el cuaderno hay anotaciones tristes, quizá depresivas: "No quiero ir a Nueva York. Con excepción de San Francisco, América me parece desoladora. Ya es tarde para elegir. Todo lo práctico me fatiga; (...) Si esta guerra continúa será la más terrible que las personas hayan conocido jamás; significará el acabose para Europa. Y, sin embargo –por pereza, valentía o lealtad– no siento ganas de huir ni aun facilitándome la salida. (...) ¿Acaso no será mejor morir con Europa? (...) Me enoja quedar condenado a seguir escribiendo toda la vida en la misma lengua que solo hablan aquellas personas que no le pueden leer a uno. (...) La destrucción de nuestro mundo avanza imparable. (...) Considero que mi vida no se va a arreglar jamás y carecería de sentido con una Francia destruida y con una Inglaterra que me fuese hostil. (...) La única idea consoladora es que uno puede 'poner fin' en cualquier instante". Tal vez sea una "depresión total" como dice Stefan el 17 de junio de 1940 en la antepenúltima anotación del diario que cité antes.

El diario termina cuando obtienen aquellos dos pasajes de tercera para América que el capitán del barco canjearía por su propio camarote.

Stefan, ¿hay algo mejor que podamos hacer en este mundo que salir a caminar por Petrópolis y tomarnos una feijoada con quien queremos?

Podías haberte quedado con Alfred en Nueva York, porque tu hermano vivió hasta 1977, casi centenario, al lado de Central Park. Habría estado bien, por mucho que escribieses esto sobre él en tu diario de 1939: "Recibo una carta estúpida de mi hermano, que siempre busca pretextos para ofenderse y hacer servicio a su egoísmo. Verdaderamente repugnante, considero que ya tengo bastante para siempre". Suena sobre todo a que nadie te conoce y te puede tocar las narices mejor que tu hermano.

La verdad es que Rollad la clavó cuando dijo esto de ti en el famoso prólogo de la edición francesa de *Amok*: "Siempre está de viaje, roza todos los territorios de la cultura, siempre observando y anotando, sus obras más personales las escribe durante fugaces paradas en alguna habitación de hotel". Pero te cansaste. Tal vez fuera por la mezcla explosiva entre saudade y carnaval de aquella ciudad.

No lo sabes, claro, pero Gabriela Mistral escribió un artículo en *La Nación* justificando lo ocurrido y pidiendo respeto: "… que renuncien al fácil ejercicio de ofrecer lecciones sobre un muerto". En el cementerio de Petrópolis os enterraron en dos lápidas pesadas y contiguas, como las camas de hierro, pero esta vez unidas por un cabecero de piedra.

Para poder cerrar este texto estuve meses leyendo libros y viendo documentales sobre la época. Sin exagerar, creo que vi todos los documentales de la segunda guerra mundial y todos los vídeos de YouTube que pudieran hablar sobre el principio del final de Hitler, pero no pude parar hasta que leí *Los amnésicos* de Geraldine Schwarz. En este libro, la autora nos cuenta la historia de su abuelo alemán que se benefició del antisemitismo nazi y tirando de ese hilo acaba relatando la historia de cómo Europa y el mundo entero prefirieron mirar para otro lado y seguir adelante. Negar es el pilar fundamental de nuestro mundo y por ello, la mayoría somos "Mitläufer", aquellos que, como dice Schwarz, nos dejamos llevar por la corriente como les pasó a los alemanes. Cuando llegaron los aliados, muchos alemanes quemaron sus banderas nazis y sus certificados de arianidad y siguieron como si nada. Pero en Francia ocurrió igual, de repente todos habían pertenecido a la resistencia y nadie había visto nada en relación con la deportación de miles y miles de niños judíos al exterminio. Los niños supervivientes Georges Perec y Boris Cyrulnik decían que eran escritores aunque aún no habían cumplido los diez años porque de forma no consciente sabían que lo único que tenían que hacer en la vida era relatar lo que habían vivido. Para su desgracia, cuando contaban los horrores a los que habían sobrevivido les acusaban de mentir y eso hizo que callaran durante muchos años.

Preguntarnos qué habríamos hecho nosotros como hace Geraldine Schwarz no deja de ser una pregunta retórica, porque sabemos que la mayoría nos habríamos dejado llevar. Eso lo sabía Stefan y no quería volver a las ruinas de un mundo como ese, como el que muestra Roberto Rosellini en *Alemania, año cero*.

Y hasta aquí. La despedida será breve y el duelo ya lo haremos en movimiento hacia la siguiente estación. Este relato no tiene epílogo ni prólogo. Como ya expliqué, no se incluye bibliografía como homenaje al estilo de Stefan, aunque todas las referencias relevantes están incluidas en el texto. Paul Valéry, buen amigo de Stefan, dijo: "Un poema nunca se termina, solo se abandona". Y a mí me faltaría llevar un ramo de flores al cementerio de Petrópolis y decir esto que dejó escrito Stefan en sus diarios en 1912: "Se ha intentado".

Figura 58. Firma de Stefan Zweig en 1927 (dominio público. commons.wikimedia.org).

ESTE LIBRO SE TERMINÓ DE IMPRIMIR
EN EL MES DE OCTUBRE DE 2024